古代歷史文化_{研究輯刊}

古代歷史文化 研究輯刊

三二編

王明蓀 主編

第 17 冊

古史辨與今文經學關係再研究

范靜靜 著

國家圖書館出版品預行編目資料

古史辨與今文經學關係再研究／范靜靜 著 -- 初版 -- 新北市：
花木蘭文化事業有限公司，2024〔民 113〕
目 2+272 面；19×26 公分
（古代歷史文化研究輯刊 三二編；第 17 冊）
ISBN 978-626-344-880-3（精裝）
1.CST：古史辨派 2.CST：今文經學 3.CST：學術思想
4.CST：比較研究 5.CST：中國哲學史
618   113009486

ISBN-978-626-344-880-3

9 786263 448803

古代歷史文化研究輯刊
三二編　第十七冊　　　　　　　ISBN：978-626-344-880-3

古史辨與今文經學關係再研究

作　　者　范靜靜
主　　編　王明蓀
總 編 輯　杜潔祥
副總編輯　楊嘉樂
編輯主任　許郁翎
編　　輯　潘玟靜、蔡正宣　美術編輯　陳逸婷
出　　版　花木蘭文化事業有限公司
發 行 人　高小娟
聯絡地址　235 新北市中和區中安街七二號十三樓
　　　　　電話：02-2923-1455／傳真：02-2923-1452
網　　址　http://www.huamulan.tw 信箱 service@huamulans.com
印　　刷　普羅文化出版廣告事業
初　　版　2024 年 9 月
定　　價　三二編 28 冊（精裝）新台幣 84,000 元

古史辨與今文經學關係再研究

范靜靜　著

作者簡介

范靜靜，1993 年生，現為清華大學歷史系博士後，研究方向是中國學術史、海外中國學以及社
會經濟史，主要論著有《「名」分「實」合——20 世紀初中國「無史」與「有史」論爭研究》
《重評伊懋可〈大象的退卻：一部中國環境史〉徵引史料問題》《今文經學是否促成了層累說？
——層累說提出一百周年之際的思考》等。

提　　要

　　古史辨與今文經學的關係是 20 世紀中國學術史上的重要問題。辨明今文經學的學術價值
是理解這一問題的前提。顧頡剛學問的起點是目錄學，《詢姚際恒著述書》的出現促使其全面
轉向經學辨偽。提出層累說之前，顧頡剛與今文經學保持著距離，今文經學並非促成層累說的
必要條件；之後，他注意到託古改制說的學術價值。這一變化影響到顧頡剛對過去有關今文經
學看法的追溯，既有研究將今文經學對層累說的影響由推動性倒置為源頭性的行為由此發生。
從提出層累說到撰寫《三皇考》，繼託古改制說之後，劉歆是否造偽成為他必須面對的問題。
當無法從事實層面排除劉歆造偽的可能時，顧頡剛接受了今文經學的看法。其史家身份遭受質
疑，古史辨的學術地位岌岌可危。爭論的雙方雖互不相讓，但所爭論的問題皆是在史學意義上
展開的。《古史辨》的完結並不意味著顧頡剛古史研究的終結，今文經學依舊處於其學術研究
的核心位置。顧頡剛繼續找尋劉歆是否造偽的新證據，這讓他陷入了進退兩難的境地。在此過
程中，顧頡剛也遭到了今文經學的反噬，但這並不意味著顧頡剛走上了經學家的老路。在一系
列政治運動的衝擊之下，顧頡剛被迫重新審視自己與今文經學的關係，而這為後來的研究橫添
了許多迂迴與歧迷。

本研究成果由「國家資助博士後研究人員計劃」資助（GZC20231391）。

同時，係國家社會科學基金重大項目「多卷本《20世紀中國史學通史》」（17ZDA196）階段性成果。

目

次

引　言

一、問題的提出

　　若說古史辨與今文經學的緣分，還要從胡適寫給顧頡剛的《詢姚際恒著述書》談起。在外人看來，這篇綴於《古史辨》書首的文字並沒有什麼特別之處，但卻被顧頡剛視作開啟其治史之門的密鑰。不為人所注意的是，這封信與梁啟超寫作《清代學術概論》有關。〔註1〕1921年2月，《清代學術概論》單行本出版。胡適在5月2日回憶說，書中「姚際恒與崔適的加入，皆是我的意見」。〔註2〕在此之前，梁啟超曾於1920年10月18日與12月18日兩次致函胡適尋求批評。由此可以推測，胡適的意見大致形成於這一時期，而《詢姚際恒著述書》也正巧作於此時。雖然胡適此信是直接針對顧頡剛所作《清代著述考》而起，但若沒有《清代學術概論》帶給他的刺激，那封信能否出現都將成為問題。胡適的這一舉動不僅將沉浸在目錄學中的顧頡剛拉到了辨偽上來，還在不經意間拉近了顧頡剛與今文經學之間的距離。而且在那段時間內，胡適也曾與顧頡剛就《清代學術概論》的稿本進行過討論，這或許也對顧頡剛認識今文經學產生了潛移默化的影響。相比於那些大問題，這段小插曲已經漸漸被人遺忘，而從歷史細節中去透視古史辨與今文經學的關係總能帶給人意想不到的驚喜。

〔註1〕參見俞國林：《校訂說明》，梁啟超著，俞國林校：《清代學術概論》，北京：中華書局，2020年，第11～16頁。

〔註2〕曹伯言整理：《胡適日記全集》第三冊，臺北：聯經出版事業股份有限公司，2004年，第18頁。

　　倏忽間已過百年，那些書寫歷史的人也已經遠去了。「多年來，史學界已養成習慣，每逢『大年』『小年』，只要是『革命』歷程中的重大事件都要舉行一場拜祭典禮，故可稱之為『紀念史學』。」〔註3〕值此顧頡剛誕辰一百三十週年暨層累說發表一百週年之際，自然少不了各種紀念活動。難免會有人問：古史辨已經被討論了這麼多年，還有繼續研究的空間嗎？甚至也會有人說：古史辨已經過時了，再研究已然毫無意義。這些質疑多多少少會引起人們的同感，而筆者感興趣的問題在於為什麼會出現這樣的質疑？是古史辨本身確實不值得研究了，還是因為其他原因？或許我們應當靜下心來考慮一點——與古史辨有關的問題真正得到解決了嗎？如今再談古史辨與今文經學的關係不免令人有著同樣的擔憂與困惑。顧頡剛在面對批評時曾說：「無論如何，今古文問題總是一件懸案，懸案是必須解決的。」〔註4〕古史辨與今文經學的關係問題同樣如此，既然還能引起爭議，就說明仍有繼續探索的必要。

　　不必為古史辨與今文經學發生交集感到驚訝。19世紀末20世紀初，「中國進入了一個全面變動的歷史階段；傳統的價值系統受到了最嚴厲的挑戰」。〔註5〕對承載傳統價值系統的權威經典進行清理是回應這種挑戰的必經之路，若要繞開這條路而另闢蹊徑倒也並非不可行，但總有避重就輕之嫌。時代的潮流固然浩浩湯湯，一旦落到個人身上，會對其產生怎樣的影響以及個人會接受並回應到何種程度則難以把控。古史辨與今文經學的關係便是個人與時代互動的一個縮影。顧頡剛選擇以怎樣的方式對待今文經學既是其身處的時代所給定的，也是作為獨立學者的顧頡剛的個人選擇，這種選擇在時隔多年後看起來似乎是順理成章之事，但對於當事人而言卻不亞於一場觀念革命。縱然疑古是一種普遍現象，但如果沒有顧頡剛，會有其他人衝上前去為之鼓與呼嗎？這種後置敘事的視角也可以為我們回看那段歷史提供些許參考。

　　關於古史辨與今文經學關係的解讀還有一些癥結有待疏通。孔子與六經的結合是經學之所以為經學的關鍵，而當顧頡剛試圖解構孔子與六經的關係時，

〔註3〕楊念群：《五四的另一面：「社會」觀念的形成與新型組織的誕生》，上海：上海人民出版社，2019年，第3頁。

〔註4〕顧頡剛：《自序》，顧頡剛編著：《古史辨》第五冊，上海：上海古籍出版社，1982年，第3頁。

〔註5〕余英時：《中國近百年價值觀的變遷》，余英時著，彭國翔編：《中國情懷：余英時散文集》，北京：北京大學出版社，2012年，第3頁。

也就意味著作為「反叛者」的顧頡剛已然不能與經學家同日而語了，[註6] 即便他們在觀點上仍有相通之處。恰恰相反的是，憑藉顧頡剛與今文學家觀點的相似而認為顧頡剛落入經學窠臼的看法卻不在少數。與此相應，關於另外一個問題的認識也容易掉入這樣的邏輯陷阱，即因為今文學家可能會持託古改制說與劉歆造偽說，所以顧頡剛是今文學家。但主張託古改制說與劉歆造偽說並不是成為今文學家的充分條件，所以不能因為顧頡剛認同這兩點便輕言其走上了經學家的老路。若是混淆了這些關係，便難以澄清古史辨與今文經學的本質區別。當然，分歧的產生並不完全是因為對邏輯關係認識不清，「意識形態、門戶之見、個人偏好」以及「對『學術』本身的偏好」也是重要的影響因素。[註7] 這些暫且不論，在理清邏輯關係的基礎上，理解古史辨與今文經學關係的關鍵就轉移到了如何闡明二者之間的本質區別，以及如何以此為前提討論今文經學之於古史辨的影響上來，而這又關涉到如何評價古史辨的學術價值、如何理解現代學術以及如何書寫學術史等更為宏觀的問題。對以上問題的思考同樣促成了本文的成型。

如果說關於「五四」的研究足以撐起「五四解釋學」這一概念，[註8] 那麼對古史辨的探討也可以構成所謂的「古史辨解釋學」。「思想的偏激是經歷了世變的結果。」[註9] 處於大變局時代，似乎隨便幹些事業都會是轟轟烈烈的，疑古過頭也不是什麼新鮮事。這並非意味著矯枉過正就是對的，也不是說疑古與理性、科學相對立，只是希望將對古史辨及其與今文經學關係的理解置於「大五四」的背景下，盡可能地以歷史主義的態度看待這些問題，而這也是書寫學術史的基本要求。回到當下來說，古史辨的有些觀點確實已經被證明是錯誤的了，但不能因此否定古史辨在現代學術發端中所發揮的作用，那麼如何合理地認識古史辨的當代屬性便成為值得我們思考的問題。從某種意義上講，所謂「『重新』審視」是難以成立的，或許我們都是在「編製

[註6] 「反叛」意味著「去質疑那些被廣泛接受的說法，重新質疑、一再質疑」。顧頡剛無疑具有這一特質。羅新：《有所不為的反叛者：批判、懷疑與想像力》，上海：上海三聯書店，2019 年，第 9 頁。

[註7] 王學典：《「二十世紀中國史學」是如何被敘述的——對學術史書寫客觀性的一種探討》，《清華大學學報（哲學社會科學版）》2008 年第 2 期，第 25 頁。

[註8] 楊念群：《五四的另一面：「社會」觀念的形成與新型組織的誕生》，上海：上海人民出版社，2019 年，第 3 頁。

[註9] 余英時：《中國近百年價值觀的變遷》，余英時著，彭國翔編：《中國情懷：余英時散文集》，北京：北京大學出版社，2012 年，第 5 頁。

合理主義的歷史鏡象」，〔註 10〕而學術史的客觀性就存在於這種不斷編制與不斷審視的交錯中。關於古史辨與今文經學關係的再研究也正是如此，希望本文能為這一問題的探討提供一個有益的視角。

二、學術史回顧

「有些學者活在他的作品中，當肉體消失時，他的生命即刻在其著作中啟動另一段旅程。」〔註 11〕1980 年 12 月 25 日，顧頡剛因腦溢血離世，古史辨的靈魂人物就此隕落，兩千五百餘萬字的著述變作他與這個世界繼續對話的唯一紐帶。在關於古史辨與今文經學關係的討論中，顧頡剛已經無法身返現場表達自己，種種研究不得不以他的缺席為前提，而借由與其文字對話的形式展開。

（一）回歸學術語境中的古史辨與今文經學關係研究

伴隨著意識形態話語向學術話語的轉變，史學上的「八十年代」進入了一個新階段，而重寫學術史是這一時期的一項重要工作。〔註 12〕執拗的歷史慣性不會輕易允許這一進程過於順利，此前批判話語的陰影仍會在逐漸回歸正常路徑的學術研究中不時出現。重啟並不意味著與過去徹底決裂，歷史本身的複雜性也並不因人為的有序書寫而減少分毫。在「八十年代」史學趨向的整體變化中，應該給予具體問題以更加多元化的理解。作為趨向多元化的「八十年代」史學的一環，古史辨與今文經學關係研究也被賦予了那個時代的色彩。

1981 年 1 月 23 日，悼念顧頡剛學術報告會在北京舉行。〔註 13〕與會學者雖然對顧頡剛的治學道路進行了討論，但並未涉及其與今文經學的關係這一方面內容。儘管「悼念會」這一形式有其特殊性，但學者發言的內容依舊可以傳遞出學術轉型的信號：自 50 年代以來的政治批判話語逐步退居後臺。

〔註 10〕陳泳超：《〈世經〉帝德譜的形成過程及相關問題——再析「五德終始說下的政治和歷史」》，《文史哲》2008 年第 1 期，第 54 頁。

〔註 11〕郭震旦：《他仍然值守在八十年代的崗位上》，《讀書》2019 年第 4 期，第 83 頁。

〔註 12〕參見王學典：《「80 年代」是怎樣被「重構」的？——若干相關論作簡評》，《開放時代》2009 年第 6 期，第 44 頁；郭震旦：《「八十年代」史學譜》，山東大學 2010 年博士學位論文，第 37 頁。據王學典之意，這裡的「八十年代」「涵括『文革』結束至 1989 年這十多年的時間」。

〔註 13〕參見《北京舉行學術報告會：悼念史學家顧頡剛》，《人民日報》1981 年 1 月 24 日第 4 版；王學典主編，郭震旦編撰：《20 世紀中國史學編年（1950～2000）》下冊，北京：商務印書館，2014 年，第 483 頁。

在此之後，最先對古史辨與今文經學關係作出再評價的是余英時。〔註14〕他在《顧頡剛、洪業與中國現代史學》中稱顧頡剛是「中國史現代化的第一個奠基人」，其著作是「中國現代史學史上的重要里程碑」。正是從現代史學觀念出發，余英時認為顧頡剛建立了古籍整理的新典範，化經傳為史料這一點相較於康有為「更向前跨了一步」，「顧先生雖然接著康有為、崔適講王莽、劉歆偽造群經的問題，但他卻早已跳出了今文經學的舊門戶。他曾一再聲明，他只是接受今文學家的考證，而並不採取他們的經學立場。換句話說，他的目的與經學家不同，不是為了證明某種經學理論而辨偽」。〔註15〕余英時以現代性為出發點，對顧頡剛與今文學家的本質差異進行了區分，從而確立了顧頡剛及古史辨在現代史學版圖中的位置。若套用余英時對顧頡剛的讚譽，可以說余英時是以現代學術標準重新審視古史辨與今文經學關係的第一位學者，其判斷因富於顛覆性與開創性而具有里程碑意義。然而，余英時的認識在當時既非學界共識，也沒有激起多少漣漪，其觀點得到關注是 90 年代甚至 21 世紀以來的事情。約略同時，李民提到古史辨派受到今文經學懷疑古文經學的影響；〔註16〕緊接著，蔡尚思說到顧頡剛比今文學家更進一步，「跳出經今古文兩派的範圍外」。〔註17〕與余英時著眼於傳統學術的現代轉型不同，李民與蔡尚思更強調古史辨的反孔反封建意蘊。此種偏重是反封建新啟蒙語境的體現，傾向於社會學意義與意識形態層面而非歷史學意義與學術層面。〔註18〕李民與蔡尚思代表了 20 世紀 80 年代學界在古史辨與今文經學關係問題上的主流觀點。

〔註14〕需要提前說明的是，本節以作為整體的古史辨或顧頡剛與今文經學的關係研究為討論範圍，而對於從古史辨中分出的子問題（如層累說、五德終始說等）與今文經學關係的研究情況將隨正文進行說明。

〔註15〕余英時：《顧頡剛、洪業與中國現代史學》，陳其泰、張京華主編：《古史辨學說評價討論集》，北京：京華出版社，2001 年，第 512～518 頁。是文初刊於香港《明報月刊》1981 年 5 月號。

〔註16〕參見李民：《可貴的治學精神——悼念顧頡剛先生》，《鄭州大學學報（哲學社會科學版）》1981 年第 2 期，第 82 頁。是刊第 2 期似於 5 月 1 日出刊。

〔註17〕蔡尚思：《顧頡剛創建的新疑古派——〈古史辨〉派作用的具體分析》，《社會科學戰線》1981 年第 4 期，第 17 頁。是文作於 1981 年 6 月。

〔註18〕參見王學典：《語境、政治與歷史：義和團運動評價 50 年》，《史學月刊》2001年第 3 期，第 17～18 頁。是文最初以《「語境」中的「歷史」：義和團運動評價 50 年》為名載於《義和團研究一百年》。參見蘇位智、劉天路主編：《義和團研究一百年》，濟南：齊魯書社，2000 年，第 62～63 頁。

1982 年 2 月，美國《亞洲研究雜誌》（*The Journal of Asian Studies*）刊布了德國慕尼黑大學吳素樂（Ursula Richter）所撰關於顧頡剛的訃文，其中提及顧頡剛在處理王莽時期偽經問題時曾受到康有為的影響。〔註19〕之後，楊寬述及顧頡剛與今文經學的關係可以 1963 年《史林雜識初編》的出版為標誌而劃分為兩個階段，前期「受到經今文家康有為『託古改制說』和『新學偽經說』的影響」，尤其在「《古史辨》第五冊前後，是他採用『新學偽經說』解釋古史傳說的突出時期」，後期則漸漸放棄劉歆造偽說。〔註20〕1984 年，周春元談到古史辨派史學「接受經今文學的改革進取精神」，但不拘泥於家法，比今文經學「又前進了一步」。〔註21〕不久，余英時再次說到「《改制考》開始便是『上古茫昧無稽考』」；《新學偽經考》更把許多古文經斥為劉歆的偽造。這可以說是後來疑古運動的源頭」。〔註22〕鄭良樹表示了對古史辨的否定態度，認為顧頡剛繼承康有為與崔適餘緒，《古史辨》第五冊《自序》表明「顧頡剛通盤接受了康、崔的見解，把劉歆偽造古經當作鐵案，而且也清楚地暴露他承繼康、崔誇大飾偽的態度和作風」。〔註23〕在尹達主編的《中國史學發展史》一書中，古史辨被定性為資產階級新史學。〔註24〕相比於唯物史觀史學，「『資產階級史學』本身是落後的、反動的；如果具有反對封建性質，相對於『封建』，又是進步的、值得肯定的」。〔註25〕這種說法仍將古史辨放在了無產階級的對立面上，帶有濃鬱的階級鬥爭色彩。此類看法契合於當時的政治氣候，故為學界普遍認可。

1986 年 5 月，劉起釪《顧頡剛先生學述》出版。該書是國內研究顧頡剛的首部專著。雖然作者在後記裏自陳是著重「述」輕「作」，但從其關於顧頡剛一生學術事業的勾勒中仍能明顯看到他對顧頡剛持何評價。其中指出顧頡

〔註19〕參見 Ursula Richter, "Obituaries: Gu Jiegang（1893～1980）," *The Journal of Asian Studies*, Vol. 41, Issue. 2, 1982, p. 441.

〔註20〕楊寬：《顧頡剛先生和〈古史辨〉》，《光明日報》1982 年 7 月 19 日第 3 版。

〔註21〕周春元：《論古史辨派的史學》，《史學史研究》1984 年第 1 期，第 27 頁。

〔註22〕余英時：《〈中國哲學史大綱〉與史學革命》，胡頌平編著：《胡適之先生年譜長編初稿》，臺北：聯經出版事業公司，1984 年，第 64 頁。

〔註23〕鄭良樹：《論古籍辨偽學的新趨勢（代序）》，鄭良樹編著：《續偽書通考》上冊，臺北：臺灣學生書局，1984 年，第 28 頁。

〔註24〕尹達主編，《中國史學發展史》編寫組編著：《中國史學發展史》，鄭州：中州古籍出版社，1985 年，第 509 頁。

〔註25〕王學典：《「二十世紀中國史學」是如何被敘述的——對學術史書寫客觀性的一種探討》，《清華大學學報（哲學社會科學版）》2008 年第 2 期，第 14 頁。

剛受《孔子改制考》的啟發走上疑辨道路,「並採用了今文家的一些結論來作
為自己考辨古史的武器」,如在討論五德終始說時「輕於相信清末今文家並無
確證的主觀臆說」等,但同時又認為顧頡剛始終堅持捨棄今文學家的治學態
度,在承受今文經學論斷的基礎上又超出其上。〔註 26〕與之前學者偏重於論述
顧頡剛如何採納今文經學形成對比,劉起釪更強調顧頡剛對今文學家治學態
度的摒棄,並將顧頡剛再次定位為現代史學家。較之於某些極端化表達,他以
相對客觀的態度將對顧頡剛與今文經學關係問題的討論拉回正軌。其後不久,
許冠三在《新史學九十年》中論及顧頡剛的疑古辨偽史學「近宗晚清公羊學派
論託古改制和新學偽經的大膽假說」,新學偽經說一度「深入顧氏思維系統核
心」,而且其方法系統的源流之一是「原於康有為但經他發展的『偽史移用
法』」,但「由於他過信『託古改制』的假說,在許多推想與解釋上不免失之於
粗疏,甚至流於武斷」。〔註 27〕偽史移用法是理解古史辨與今文經學聯繫的關
鍵,但稍顯遺憾的是許冠三並未清晰地呈現偽史移用法何以原於康有為又何
以經顧頡剛而得到發展的內在理路。

　　王汎森《古史辨運動的興起——一個思想史的分析》一書提供了一種從學
術史研究轉向思想史研究的新視角,同時該書也是以古史辨與今文經學關係
為重點闡釋對象的第一部專著。如果說此前的研究是提綱的話,那麼王汎森的
推進便是首次將提綱細目化。或許正因如此,是著的被接受程度與被徵引率都
高於其他論著。以探討「清季今文家的歷史解釋與『古史辨』的重要因果關聯」
為目標,〔註 28〕王汎森借助層累說這一整體概念與「禹的問題與中國古史系
譜」「經書歷史性與倫理性的衝突」「五德終始說與古史系統的整理」「先秦諸
子的歷史背景」「層累造成說的變形——神話分化說」五個具體論題,對顧頡
剛何以弔詭式地繼承了康有為的歷史觀作出了思想史解讀。他認為「古史辨一
開始就帶有全盤『抹煞』上古信史的精神」,「這個精神主要便是承繼清季今文

〔註 26〕劉起釪:《顧頡剛先生學述》,北京:中華書局,1986 年,第 48、182 頁。書
　　　　中梳理了顧頡剛去世後海外關於顧頡剛的研究情況。此前,劉起釪已在為顧
　　　　頡剛所寫的簡短評傳中說到今文經學是古史辨的來源之一。參見陳清泉、蘇
　　　　雙碧等編:《中國史學家評傳》下冊,鄭州:中州古籍出版社,1985 年,第 1438
　　　　～1441 頁。
〔註 27〕許冠三:《新史學九十年》上冊,香港:香港中文大學出版社,1986 年,第 175、
　　　　177、185、187 頁。
〔註 28〕王汎森:《序》,《古史辨運動的興起——一個思想史的分析》,臺北:允晨文化
　　　　實業股份有限公司,1987 年,第 7 頁。

家的歷史觀而來」,「為了尊孔而推倒信史和為了重建真正的上古史而推倒傳統信史就是兩種精神依附在同一個同樣的結構中」,準確地說,「顧頡剛在整個疑古工作的架構上依附康氏。康氏為了尊孔及『託古改制』而對上古信史所從事的解消工作,幾無保留地被顧氏所繼承,並被用作重新檢討整個古代信史的武器」,正是從這一意義上,今文經學中的造偽觀念構成了顧頡剛疑古史學的核心。〔註29〕王汎森的嘗試是對既有路徑的一次突破,由其開啟的思想史取徑在深化討論的同時,明顯影響了後來學界的書寫。微觀考索有助於增強說服力,但同時也冒有一定風險,此種建構是否合於學術本身以及能否經得起事實與邏輯的驗證尚有商榷餘地。王汎森對古史辨的批評是嚴厲的,雖然他同樣關注古史辨與激烈反傳統之間的關聯,但立論仍以學術思想線索為主,屬於學術史式的思想史研究。這種研究路徑既與大陸學界不同,亦與余英時、許冠三等有別。之後,王仲孚說到顧頡剛繼承了今文經學的辨偽傳統,《五德終始說下的政治和歷史》「建立在今文家否定《左傳》、《國語》和劉歆偽造『偽造說』的基礎上」。〔註30〕王煦華也提到康有為將顧頡剛引上考辨古史的道路。〔註31〕

1988 年,陳寒鳴和劉俐娜先後述及晚清今文經學給予顧頡剛的啟示。〔註32〕翌年,湯志鈞談到顧頡剛「懷疑經籍,辨析古史」受到康有為《新學偽

〔註29〕王汎森:《古史辨運動的興起——一個思想史的分析》,臺北:允晨文化實業股份有限公司,1987 年,第 217、210、52 頁。時隔四年,羅志田與葛小佳在評價此書時,對王汎森如何理解古史辨與今文經學的關係進行了說明:「層累完全可以釋為無意的自然積澱,而顧氏學說之要旨卻在其認定這一切均為戰國到漢代有意的偽造。所以無須層層辨偽,只需一舉推翻。依王君之見,這是『古史辨』派與傳統考據辨偽的本質區別。只有把握這一特質,才能搞清除了崔述、章太炎、胡適及民俗學的影響外,顧頡剛這位『五四』學生的疑古學說之基本構架,實是依附於『舊派』的康有為所集大成的清季今文經學。所以王君《古》書以一半篇幅來解析康有為等今文家『本意尊聖』而終至『疑經』(余聯源語)之悖謬性發展。」羅厚立、葛佳淵:《跨世紀的啟示:從章太炎到古史辨》,《讀書》1991 年第 10 期,第 25 頁。

〔註30〕王仲孚:《顧頡剛的古史研究與著述》,《臺灣師範大學歷史學報》第 15 期,1987 年 6 月,第 7 頁。

〔註31〕參見王煦華:《前言》,顧頡剛:《顧頡剛古史論文集》卷一,北京:中華書局,2011 年,第 2 頁。

〔註32〕參見陳寒鳴:《試論顧頡剛先生的疑古思想》,《蘇州大學學報(哲學社會科學版)》1988 年第 3 期,第 128~129 頁;劉俐娜:《顧頡剛與古史辨派》,《近代史研究》1988 年第 4 期,第 166 頁。

經考》《孔子改制考》的影響,雖然顧頡剛攻擊劉歆造偽「仍然是今文學派的方法,多少重複過去的老路」,「有時還沒有完全脫離經學家的圈子,存有一定局限」,但還是比今文學家前進了一步,應當歷史地肯定其貢獻。〔註33〕經學與政治的互動是湯志鈞著意的重點,反封建是其衡斷古史辨與今文經學關係的標尺。

徐中舒提出了不同於大多數學者的看法,從學術層面明確地將古史辨與今文經學區別開來,指出「過去有人說《古史辨》出於今文學派,這只是一種表面現象,是不足為憑的」,顧頡剛「對康有為上古茫昧無稽之說只是一個初期的印象,他對今文家『總不能佩服』這個意見,貫徹在全部《古史辨》中,到處都可以看到」,這一點可以通過其不信《左傳》《周禮》為偽得到證明。〔註34〕

1991 年,吳方與胡逢祥、張文建陸續說到顧頡剛承受了《孔子改制考》中關於上古茫昧無稽的思想。〔註35〕彭明輝認同許冠三與王汎森的判斷,繼續指斥顧頡剛所持刻意造偽說為陰謀理論,並對古史辨交出的成績單表示不滿。他在《疑古思想與現代中國史學的發展》中認為「顧氏的先有成見,而後動手找材料證明其說,毋寧是比較接近康有為《新學偽經考》與《孔子改制考》的模式!也就是近於『刺蝟式』立論,而非『狐狸式』」,「一開始便全面推翻整個上古信史,這種方式和康有為推翻古文經系統的手法如出一轍」,「這是他們心意最相通的地方」,其中顧頡剛辨偽書承續《新學偽經考》而辨偽事則與《孔子改制考》存有內在關聯,其方法論基礎之一是從康著「所發展出來的『偽』史移用法」,「承繼康有為精神的典型著作」是《戰國秦漢間

〔註33〕 湯志鈞:《近代經學與政治》,北京:中華書局,1989 年,第 352、354、358 頁。之後,湯志鈞在《〈古史辨〉和經今文——紀念顧頡剛先生》中重申了這一觀點。參見尹達、張政烺等主編:《紀念顧頡剛學術論文集》上冊,成都:巴蜀書社,1990 年,第 75~78 頁。

〔註34〕 徐中舒:《經今古文問題綜論》,尹達、張政烺等主編:《紀念顧頡剛學術論文集》上冊,成都:巴蜀書社,1990 年,第 71~72 頁。是文作於 1982 年,「為『紀念顧頡剛學術論文集』徵稿撰寫」,初刊於《紀念顧頡剛學術論文集》。根據見刊時間,置於此處。吳天墀:《徐中舒先生對學術、教育的貢獻——為其九十誕辰而作》,四川大學歷史系:《徐中舒先生九十壽辰紀念文集》,成都:巴蜀書社,1990 年,第 343 頁。

〔註35〕 參見吳方:《晚成堂主人:史家顧頡剛》,《讀書》1991 年第 1 期,第 53 頁;胡逢祥、張文建:《中國近代史學思潮與流派》,上海:華東師範大學出版社,1991 年,第 323 頁。

人的造偽與辨偽》與《五德終始說下的政治與歷史》。因此在彭明輝看來，無論方法還是精神，康有為是古史辨「最直接的源頭活水」，「開啟了古史辨運動的先河」。〔註36〕

相比於前三十年，80年代已然顯現出一番新景象。雖然還沒有完全擺脫「現代經學」的束縛，〔註37〕但對古史辨與今文經學關係的討論終究回到了學術軌道上。過渡階段自帶的複雜性特徵拒絕對這一階段進行一概而論式的籠統分析，從古史辨與今文經學關係的研究中即能明顯感受到這一點。不論是從學術淵源還是從思想與理論來源上看，各位學者皆承認今文經學是影響古史辨的因素之一，但在確定影響的程度以及如何闡釋這種影響等問題上則有不同見解。而且在有限度地肯定古史辨學術貢獻的前提下，古史辨與今文經學的本質區別也受到了關注。無論大家如何看待這一問題，此前一邊倒與絕對化的非理性批判都未再露面。學術意識的增強要求客觀理解二者間的關係，這是繼續討論的前提。如果說大陸學界仍囿於革命史敘事的話，那麼海外與港臺學界則力圖以現代化敘事書寫歷史。雖然在余英時與許冠三、王汎森、彭明輝之間也存在差異，但現代學術導向卻是他們共同感興趣的。基於已有研究，還可以看到在對此問題的研究中存在學術史與思想史兩種路向。嚴格意義上的思想史研究起於王汎森，彭明輝繼之，而其餘探討則大致隸屬於學術史範疇，之後的討論也基本延用了這兩種方式。學術史與思想史的分野本非涇渭分明，若拘泥於此則不足以表現種種糾葛，對問題的判斷還須回到學術史與思想史交錯下的具體闡釋之中。關於今文經學之於古史辨的影響，絕大多數學者都著眼於晚清康有為在「兩考」中所持託古改制說與劉歆造偽說予以顧頡剛的刺激，這幾乎成為一種定評。在80年代的史學版圖中，古史辨是被邊緣化的一方，與此相關的文章數量足以說明這一點。〔註38〕「學術史常常是一次價值重估」，〔註39〕價值的判定並不由學術單方面決定，而是常被意識形態左右。對古史辨與今文經學關係的評價也不例外。一次重估絕非終點，等待它的將是新一輪價值估定。

〔註36〕彭明輝：《疑古思想與現代中國史學的發展》，臺北：臺灣商務印書館股份有限公司，1991年，第55、62～63、166、163、58、42頁。

〔註37〕郭震旦：《「八十年代」史學譜》，山東大學2010年博士學位論文，第8頁。

〔註38〕參見第29頁腳注中的表格。下文凡提及與此相關的文章數量處，皆參見此表。

〔註39〕葛兆光：《且借紙遁：讀書日記選（1994～2011）》，桂林：廣西師範大學出版社，2014年，第9頁。

（二）「疑古」與「走出疑古」語境中的古史辨與今文經學關係研究

　　回歸正軌的學術該往何處去是擺在學者面前的難題。「疑古」與「走出疑古」的爭鋒既是學術重啟的鏡象，也是這一難題的集中表達。如果說 80 年代學界關於古史辨與今文經學關係的考量尚以政治屬性為主要標準，那麼 90 年代之後在對此問題展開的新一輪重估中，意識形態色彩已然明顯減弱。某種程度上，「走出疑古」的先聲與學術正常化的時間線是一致的，但聚合為一股思潮則發生在 90 年代，而「疑古」能夠與之同臺唱戲卻已是新世紀初的事情了。1982 年，李學勤在被視為「走出疑古」先聲的《重新估價中國古代文明》中提出今文經學是導致古代文明被低估的重要原因，應在肯定今文學派具有思想史意義的同時，從學術層面糾正其因辨偽過度造成的「冤、假、錯案」。〔註40〕這一看法在其日後以《走出「疑古時代」》為代表的論著中被反覆申述，同時也是支持「走出疑古」一方的主要態度。值得注意的是，「走出疑古」的矛頭不僅指向今文經學，也指向了被認定為疑古過頭的古史辨。〔註41〕受此說影響，關於古史辨的評價一度被人們對今文經學的評判所左右，甚至至今仍存在將二者混為一談的傾向。這種做法既掩蓋了古史辨的學術自主性，也讓顧頡剛在學術史上的地位變得岌岌可危。〔註42〕面對「走出疑古」的質疑，要求回到學術史上的顧頡剛以及從學術史角度重審古史辨與今文經學關係的呼聲隨之而起。此種努力糾正了過往研究中的些許偏差，但對此問題的解決還有很長一段路要走。處於世紀之交的特殊節點，對古史辨與今文經學關係的討論自然帶有某種重新定向的意味。「走出疑古」的浩大聲勢與「疑古」的艱難前行對比鮮明，在此種情境下展開的古史辨與今文經學關係研究對研究者提出了更高的要求。

　　1992 年，趙光賢談到顧頡剛疑古思想的來源之一是清末今文經學，顧頡剛在古史辨後期受到錢玄同的影響，「竟滑到今文家的宗派裏去，甚至承認《新

〔註40〕李學勤：《重新估價中國古代文明》，人文雜誌編輯委員會：《人文雜誌》專刊《先秦史論文集》，1982 年，第 6～7 頁。

〔註41〕參見李學勤：《走出「疑古時代」》，《中國文化》1992 年第 2 期，第 4 頁；李學勤：《走出疑古時代》，瀋陽：遼寧大學出版社，1994 年，第 9 頁；李學勤：《走出疑古時代》，瀋陽：遼寧大學出版社，1997 年，第 344 頁；郭震旦編撰：《〈文史哲〉與中國人文學術編年（1951～2021）》，濟南：山東大學出版社，2021 年，第 253～254 頁。

〔註42〕參見王學典：《「顧頡剛研究」應更多地納入到學術史範疇中去》，《中華讀書報》2013 年 6 月 26 日第 7 版。

學偽經考》是一部學術著作，走到他的原義的反面」，這一點著實令人惋惜。
〔註43〕其後，余兼勝說到「顧頡剛繼承了康氏經學以懷疑精神為主的劉歆造偽
經說及上古茫昧無稽說。特別是古史茫昧無稽說直接啟發他推翻古史動機的
形成。對康有為經學學術成果的繼承，構成顧頡剛古史觀形成的重要啟發性思
想來源」。〔註44〕此外，從王晴佳為吳素樂的新作 *Doubts on Antiquity: Gu
Jiegang and the Discussion on China's Ancient History as Consequence of the New
Culture Movement, 1915～1923.*所寫的書評中，可以看到吳素樂仍堅持康有為
出於政治動機對古文經書的批判予顧頡剛以靈感的觀點。〔註45〕

　　當王汎森與彭明輝的看法幾成定勢時，陳志明則對這一趨向保持了警惕。
他在《顧頡剛的疑古史學》中「試圖強調出身新文化運動成員的顧頡剛對康有
為的『背離關係』，來修正王汎森太過誇大顧、康『繼承關係』的見解，以便
更明確地顯現出顧頡剛對康有為既有依襲更有批判的繼承關係，甚至瞭解顧
氏超越康氏之處」。他指出顧頡剛辨偽古史雖深受康有為影響，但「已擺脫今
古文的家派色彩，只是以『新學偽經』為純粹的辨偽方法」，顧頡剛「之所以
會大體地接受康氏『新學偽經』的看法，是基於他認為康氏的辨偽方法合乎『科
學』，且康氏的『疑古思想』也符合五四以來以民主自由與帝制孔教抗衡所導
致的『全面反傳統思想』所致」，至於「顧氏的諸子造偽又可分為『戰國人的
有意造偽』，及戰國人因缺乏歷史智識的『無意造偽』，可見『託古改制』也只
是顧氏『諸子造偽』的涵義之一而已」，「如果企圖以顧氏曾使用了『託古改制』
和『新學偽經』等觀念作理由，來誇大康、顧二人之間的關聯是不恰當的，因
為總是有簡化顧頡剛之嫌」。〔註46〕陳志明的態度是對思想史取向的一次糾
偏，也向大陸學界持與王汎森類似觀點者發起了挑戰，同時在某種程度上回應
了古史辨與今文經學聯繫之建立在何種層次上具有合理性這一疑問。若沿此

〔註43〕趙光賢：《顧頡剛與〈古史辨〉》，《史學史研究》1992 年第 1 期，第 9～10 頁。

〔註44〕余兼勝：《顧頡剛古史觀的形成與其古今文經學認識的關係》，《歷史教學問題》
　　　　1992 年第 3 期，第 30 頁。「上古茫昧無稽說」，原作「上古上茫昧無稽說」，
　　　　疑誤。

〔註45〕參見 Qingjia Edward Wang, "Zweifei am Altertum: Gu Jiegang und die Diskussion
　　　　über Chinas Alte Geschichte als Konsequenz der 'Neuen Kulturbewegung' ca. 1915
　　　　～1923," *The Journal of Asian Studies*, Vol. 53, Issue. 2, 1994, pp. 537～538.吳素
　　　　樂之作出版於 1992 年。

〔註46〕陳志明：《顧頡剛的疑古史學》，臺北：商鼎文化出版社，1993 年，第 324、
　　　　16、312、17 頁。

方向繼續深思，在古史辨與今文經學關係這一問題上或許會有更重要的發現。相比於許冠三、王汎森甚至彭明輝，陳志明的觀點似乎早已被人們遺忘，如今應當重新考慮是著的學術價值。其後，陳少明認為康有為的疑古精神對顧頡剛極具吸引力，顧頡剛對劉歆造偽說的推斷「可以看成康氏偽經考的框架的精緻化」，但二者之間存在著本質差別。〔註47〕

　　1993 年，臨近顧頡剛 100 週年誕辰之際，《文史哲》第 2 期設立了「紀念顧頡剛先生誕辰 100 週年」專欄，〔註48〕但相關文章並未涉及古史辨與今文經學的關係這一問題。5 月 7 日至 9 日，顧頡剛先生誕辰 100 週年學術討論會在蘇州舉行。臧知非撰寫的會議綜述雖然述及古史辨派的學源，但也沒有提到與會人員關於古史辨與今文經學關係的態度。〔註49〕其中，參會學者如吳懷祺談到「康有為的歷史變化的三世進化說，使顧頡剛感到無限敬佩」。〔註50〕同為紀念顧頡剛誕辰 100 週年而作，蘇聯學者越特金（P.B.B ЯТКИН）說到從《古史辨》中能夠看出康有為對顧頡剛學術思想的影響。〔註51〕之後，胡新生提及古史辨派雖與今文經學關係甚深，但已超乎其上；〔註52〕路新生則不同意趙光賢在《顧頡剛與〈古史辨〉》中所言顧頡剛「滑到今文家的宗派裏去」的看法，堅持認為顧頡剛未存門戶之見，不應把顧頡剛認同劉歆造偽說等同於尊今文家言；〔註53〕趙儷生也曾論及古史辨承襲了清中後期今文經學的餘緒。〔註54〕

〔註47〕 陳少明：《漢宋學術與現代思想》，廣州：廣東人民出版社，1998 年，第 114、116 頁。所引文字出自是著中《走向後經學時代》一節，是文初刊於香港《中國社會科學季刊》總第 2 期（1993 年 2 月）。

〔註48〕 參見王學典主編，郭震旦編撰：《20 世紀中國史學編年（1950～2000）》下冊，北京：商務印書館，2014 年，第 786 頁。是著將「第 2 期」誤作「第 3 期」。

〔註49〕 參見臧知非：《顧頡剛先生誕生一百週年學術討論會綜述》，《蘇州大學學報（哲學社會科學版）》1993 年第 3 期，第 134 頁。

〔註50〕 吳懷祺：《近代新文化和顧頡剛先生的史學思想》，《史學史研究》1993 年第 2 期，第 15 頁。據張青記述，吳懷祺在顧頡剛先生誕生 100 週年學術討論會上的報告內容應是此文。參見張青：《風雨飄搖九十年 長留風範在人間——記顧頡剛誕生一百週年學術研討會》，《學術月刊》1993 年第 8 期，第 109 頁。

〔註51〕 參見越特金：《紀念史學家顧頡剛先生——寫於顧頡剛先生誕生一百週年之際》，王煦華編：《顧頡剛先生學行錄》，北京：中華書局，2006 年，第 374 頁。

〔註52〕 參見胡新生：《略論「古史辨派」的古史研究方法》，《史學月刊》1993 年第 6 期，第 28～29 頁。

〔註53〕 參見路新生：《崔述與顧頡剛》，《歷史研究》1993 年第 4 期，第 66 頁。

〔註54〕 參見趙儷生：《〈洪範疏證〉駁議——為紀念顧頡剛先生誕生 100 週年而作》，《齊魯學刊》1993 年第 6 期，第 71 頁。

　　此後至 1997 年，張書學、陳其泰、顧潮、王樹民及李學勤等諸多學者先後述及今文經學對古史辨的影響。〔註 55〕1998 年，陳平原談到顧頡剛對今古文經學的取捨及其在此基礎上所進行的調整；〔註 56〕谷中信一提到古史辨繼承了今文經學；〔註 57〕廖名春同意王汎森、楊向奎等學者的看法，認為古史辨興起的關鍵因素是其承接了今文經學的歷史觀；〔註 58〕邵東方說到古史辨上接今文經學傳統，清末今文經學是顧頡剛疑古思想形成的因素之一；〔註 59〕楊

〔註 55〕　參見張書學：《顧頡剛與傅斯年治史異同論》，《東嶽論叢》1994 年第 1 期，第 75 頁；陳其泰：《中國近代史學的歷程》，鄭州：河南人民出版社，1994 年，第 18 頁；高國抗、楊燕起主編：《中國近代史學史概要》，廣州：廣東高等教育出版社，1994 年，第 290～291 頁；馬金科、洪京陵編著：《中國近代史學發展敘論（1840～1949）》，北京：中國人民大學出版社，1994 年，第 295 頁；Ursula Richter, "Historical Scepticism in the New Culture Era: Gu Jiegang and the 'Debate on Ancient History'," 《「中央研究院」近代史研究所集刊》第 23 期，1994 年 6 月，第 366 頁；楊善群：《論顧頡剛的史學思想》，《江漢論壇》1994 年第 7 期，第 59 頁；顧潮：《略論顧頡剛先生研究古史的方法》，《中國史研究》1994 年第 4 期，第 162 頁；顧洪：《論古史辨學派產生的學術思想背景》，《中國文化研究》1995 年第 2 期，第 37 頁；彭明輝：《歷史地理學與現代中國史學》，臺北：東大圖書股份有限公司，第 42 頁；蔣俊：《中國史學近代化歷程》，濟南：齊魯書社，1995 年，第 82 頁；顧潮、顧洪：《顧頡剛評傳》，南昌：百花洲文藝出版社，1995 年，第 2～7、35 頁；劉夢溪：《總序》，劉夢溪主編：《中國現代學術經典‧黃侃 劉師培卷》，石家莊：河北教育出版社，1996 年，第 26 頁；王煦華：《試論顧頡剛的疑古辨偽思想》，《中國哲學》編委會主編：《中國哲學》第十七輯，長沙：嶽麓書社，1996 年，第 489～490 頁；林甘泉：《二十世紀的中國歷史學》，《歷史研究》1996 年第 2 期，第 9 頁；Tze-Ki Hon, "Ethnic and Cultural Pluralism: Gu Jiegang's Vision of a New China in His Studies of Ancient History," *Modern China*, Vol. 22, No. 3, 1996, p. 319；湯志鈞：《經史糾誤和辨明真偽》，《史林》1996 年第 3 期，第 22～23 頁；王樹民：《〈古史辨〉評議》，《河北師院學報（社會科學版）》1997 年第 2 期，第 45 頁；王樹民：《中國史學史綱要》，北京：中華書局，1997 年，第 195 頁；李炳泉、邸富生主編：《中國史學史綱》，大連：遼寧師範大學出版社，1997 年，第 460 頁；李學勤：《走出疑古時代》，瀋陽：遼寧大學出版社，1997 年，第 344 頁；等等。

〔註 56〕　參見陳平原：《西潮東漸與舊學新知——中國現代學術之建立》，《北京大學學報（哲學社會科學版）》1998 年第 1 期，第 42 頁。

〔註 57〕　參見谷中信一著，張青松譯：《新出土資料的發現與疑古主義的走向》，《中國歷史博物館館刊》2001 年第 1 期，第 130 頁。是文初刊於日本《中國出土資料研究》1998 年 3 月號。

〔註 58〕　參見廖名春：《試論古史辨運動興起的思想來源》，陳明主編：《原道——文化建設論集》第四輯，上海：學林出版社，1998 年，第 126 頁。

〔註 59〕　參見邵東方：《崔述與中國學術史研究》，北京：人民出版社，1998 年，第 242～243 頁。

國榮也談到今文經學的懷疑態度對顧頡剛懷疑古史具有一定的激發作用。
〔註60〕9 月 13 日，20 世紀疑古思潮回顧學術研討會在北京召開，古史辨的
學術與思想淵源是會議討論的內容之一。其中，陳其泰提到顧頡剛從今文經
學那裏汲取營養並有所取捨；〔註61〕錢婉約論及古史辨曾受到康有為的啟
發；〔註62〕高峰指出「脫胎自近代今文經學的『疑古』學派，依其各自意識形
態對於古代經史的諸多舊說進行逐層消解，也不失為一種『託古改制』的當機
施設，一如近代今文經學家所為」；〔註63〕另外如楊慶中等學者對此問題也有
所論述。〔註 64〕其後，袁忠東說到顧頡剛抽象地繼承了康有為的懷疑批判精
神，跳出了今古文學派對立的藩籬。〔註65〕

　　1999～2002 年間，廖名春重申古史辨「這種極端的疑古觀就是今文學家
孔子創教改制，劉歆為佐王莽篡位而偽造史文經說的翻版。所以，儘管疑古學
派的代表們想抬高自己而特標其不同，但實質兩者只是五十步與一百步的區
別而已」。〔註66〕2000 年 7 月，王學典與孫延傑合著的《顧頡剛和他的弟子
們》出版。該書甫出即好評如潮，〔註67〕被譽為研究顧頡剛與其學生關係的首
部佳作。其中認為「顧頡剛及其『古史辨』派接受了今文家言是無須辯護和開
脫的學術史上的事實」，康有為是顧頡剛通過研究偽史背景進而走向辨偽的引
路人。顧頡剛信從今文家言而懷疑《左傳》《周禮》為劉歆偽作，《五德終始說

〔註60〕參見楊國榮：《史學的科學化：從顧頡剛到傅斯年》，《史林》1998 年第 3 期，
　　　　第 92 頁。
〔註61〕參見陳其泰：《「古史辨派」的興起及其評價問題》，洛陽大學文化研究院主編：
　　　　《疑古思潮回顧與前瞻》，北京：京華出版社，2003 年，第 24 頁。
〔註62〕參見錢婉約：《「層累地造成說」與「加上原則」——中日近代史學上之古史辨
　　　　偽理論》，洛陽大學文化研究院主編：《疑古思潮回顧與前瞻》，北京：京華出
　　　　版社，2003 年，第 230 頁。
〔註63〕高峰：《史官文化與歷史精神——老子「道論」辨宗》，洛陽大學文化研究院主
　　　　編：《疑古思潮回顧與前瞻》，北京：京華出版社，2003 年，第 251 頁。
〔註64〕《眾議疑古思潮——「二十世紀疑古思潮回顧」學術研討會紀要》，洛陽大學
　　　　文化研究院主編：《疑古思潮回顧與前瞻》，北京：京華出版社，2003 年，第
　　　　337 頁。
〔註65〕參見袁忠東：《試論顧頡剛現代學術觀念的形成》，《山東大學學報（哲社版）》
　　　　1998 年第 3 期，第 100 頁。
〔註66〕廖名春：《錢穆與疑古學派關係述評》，陳明、朱漢民主編：《原道》第 5 輯，
　　　　貴州：貴州人民出版社，1999 年，第 216～217 頁。
〔註67〕參見王學典：《增訂本引言》，王學典主撰：《顧頡剛和他的弟子們》，北京：中
　　　　華書局，2011 年，第 1 頁。

下的政治與歷史》與《漢代學術史略》「幾乎全部接受了康有為、崔適、錢玄同等今文家說、特別是以《新學偽經考》為出發點」等，這些均表明「顧頡剛在對待今古文問題上，重又站到今文家的立場上了，主要表現是一切委過於劉歆」。〔註68〕劉巍所作《〈劉向歆父子年譜〉的學術背景與初始反響——兼論錢穆與疑古學派的關係以及民國史學與晚清史學與晚清經今古文學之爭的關係》，是系統討論錢穆與疑古學派關係以及古史辨與今文經學關係的一篇長文。其中提出「疑古思潮與晚清今文家說有一脈相承的關係，這在當年就已不是秘密，到今天就更為清楚了」，「學者從今古不分或信古文經學而改尊今文學派乃至如錢玄同、顧頡剛等尚要超越今古兩派的，均經歷了崇信康有為的一環，甚至在一些根本觀點上不越雷池一步」。而且他認同楊向奎之論，主張「《五德終始說下的政治和歷史》的根本方法和路徑完全承襲了康有為《新學偽經考》、崔適《史記探源》的做法」，顧頡剛重複了過去的老路，重新回到了康有為的立場。同時，劉巍認為晚清經學之於民國史學「只是一種『橋樑』的作用」，我們在談論經今古文之爭對民國史學的影響時應當保持謹慎，注意區分民國史學家與經學家的本質區別。這一點具體到古史辨與顧頡剛身上則表現為，古史辨是現代古史研究的一個環節，與道咸之間有關今古文問題的討論不可同日而語，顧頡剛雖然還沒有完全擺脫今文學家的謬見，但卻始終堅守「超經學的『歷史家』的立場選擇」。〔註69〕

　　路新生的態度相較於此前則有所變化，他談到「關於劉歆造偽一事，顧先生蓋因受康有為《新學偽經考》影響太深」，顧頡剛為證成是說所列舉的理由皆「疲軟很難成立」，「終因太過於相信康有為，輕信了康氏的劉歆造偽說，故而提出了王莽的時代劉歆曾經主持過一場大規模的偽造古文經學的運動。將劉歆的個人作用提得那麼高，這就背離了顧先生『層累說』的方法論原則」。〔註70〕之後，汪榮祖也說到「震動民國史壇的疑古辨偽學風，追根溯源，確實

〔註68〕王學典、孫延傑：《顧頡剛和他的弟子們》，濟南：山東畫報出版社，2000年，第325～326、331頁。

〔註69〕劉巍：《〈劉向歆父子年譜〉的學術背景與初始反響——兼論錢穆與疑古學派的關係以及民國史學與晚清史學與晚清經今古文學之爭的關係》，中國社會科學院近代史研究所編：《中國社會科學院近代史研究所青年學術論壇》2000年卷，北京：社會科學文獻出版社，2001年，第681、686、712、725、735頁。

〔註70〕路新生：《中國近三百年疑古思潮研究》，上海：上海人民出版社，2001年，第561、565頁。

是受到康有為的啟迪」。〔註71〕逢世紀之交，另有周文玖、趙吉惠、趙利棟、田旭東、李錦全及吳懷祺等學人陸續論及這一問題。〔註72〕

　　2003 年，吳少珉與趙金昭主編的《二十世紀疑古思潮》出版。書中單列一節討論了「晚清今文學派疑古辨偽思想對古史辨派的影響」，指出「顧頡剛繼承了康氏經學以懷疑精神為主的劉歆造偽經的觀點」，「康有為的一些觀點也成為古史辨派的思想來源之一，對他們考辨古史，探求可信的古史體系產生了直接影響」。此外，作者還論及《五德終始說下的政治和歷史》「沿用了今文家的研究方法和結論，判定劉歆曾為王莽篡漢而偽造群經諸史」，「文中的大部分論斷都不能成立」，顧頡剛雖非經師，「但確實是走了經學的路子」，「同時由於顧頡剛『超今古文』理想的不能成立，反而就連經學所據有的高度也難於保持，致使這一派的史學研究很快就下滑到了史料學的層面」。〔註73〕8 月 8 日，紀念顧頡剛先生誕辰 110 週年學術座談會因「非典」疫情由 5 月

〔註71〕　汪榮祖：《從傳統中求變——晚清思想史研究》，南昌：百花洲文藝出版社，2002 年，第 425 頁。

〔註72〕　參見周文玖：《我國二十世紀三四十年代的史學評述》，《史學理論研究》1999 年第 2 期，第 40 頁；趙吉惠、毛曦：《顧頡剛「層累地造成中國古史」觀的現代意義》，《史學理論研究》1999 年第 2 期，第 50 頁；劉俐娜：《顧頡剛學術思想評傳》，北京：北京圖書館出版社，1999 年，第 122～130 頁；曹家齊：《頓挫中嬗變——20 世紀的中國歷史學》，北京：西苑出版社，2000 年，第 61～62 頁；陳勇：《疑古與考信——錢穆評古史辨派的古史理論》，《學術月刊》2000 年第 5 期，第 82 頁；何小蓮：《試論「層累說」的方法論及其當代價值》，《人文雜誌》2000 年第 4 期，第 111 頁；趙利棟：《〈古史辨〉與〈古史新證〉——顧頡剛與王國維史學思想的一個初步比較》，《浙江學刊》2000 年第 6 期，第 110 頁；羅志田主編：《20 世紀的中國：學術與社會·史學卷》下冊，濟南：山東人民出版社，2001 年，第 623 頁；田旭東：《20 世紀中國古史研究主要思潮概論》，中國社會科學院研究生院 2001 年博士學位論文，第 45 頁；李桂花：《錢穆〈劉向歆父子年譜〉與現代疑古運動》，《思想戰線》2001 年第 4 期，第 129 頁；路新生：《顧頡剛疑古學淺論》，《華東師範大學學報（哲學社會科學版）》2002 年第 1 期，第 114 頁；洪認清：《顧頡剛的「疑古辨偽」思想與胡適的學術影響》，《安徽史學》2002 年第 1 期，第 64 頁；李錦全：《如何理解「層累造史」理論在歷史研究中的作用》，《廣東社會科學》2002 年第 5 期，第 80～81 頁；吳懷祺主編、洪認清著：《中國史學思想通史·近代後卷（1919～1949）》，合肥：黃山書社，2002 年，第 195 頁；等等。

〔註73〕　吳少珉、趙金昭主編：《二十世紀疑古思潮》，北京：學苑出版社，2003 年，第 71、76～77、143、186、202 頁。是著由張利、張京華、沈頌金及李廷勇合撰，上文所引述及古史辨與今文經學關係之處出自張利與張京華之手。

8 日推遲至此日在北京舉行。會上僅有葉林生約略提到古史辨與今文經學的關係。〔註 74〕

近兩年後，李揚眉在其博士學位論文《方法論視野中的「古史辨派」》裏談到康有為的觀點令顧頡剛產生共鳴「時間上早在接受胡適的方法之前」，《新學偽經考》《孔子改制考》的路徑貼近顧頡剛設定的工作目標，託古改制說「特為符合顧頡剛對於經學及子學的基本判斷」，康有為之於顧頡剛不僅僅是思想史意義上的精神傳遞，更重要的是作為學問家的顧頡剛「充分發掘並利用了康氏學說中的學理性因素」，「作為今文學家的康有為斥正統復求正統，而作為現代史家的顧頡剛則斥致用而為求真實，他們的工作，畢竟已不可同日而語」，但而今關於古史辨學術價值的評判卻正陷入人們對今文經學的偏見陷阱中，「已大大損害了顧頡剛古史研究的學術品格」，應從學術史角度重新看待二者間的學術關係。〔註 75〕李揚眉此文的主旨是以「學術」糾偏「思想」，要求回到學術史上的顧頡剛，關注古史辨在接受今文經學時所注意到的今文經學在學理而非思想上的合理性。李揚眉的學術眼光為理解古史辨與今文經學的關係提供了一種新的思考路徑，這在當時的思想背景下顯得難能可貴。截至是年，還有張越、許雪濤、王法周及劉開軍等學者提及今文經學對古史辨的影響。〔註 76〕

〔註 74〕 參見葉林生：《創新是古史研究的靈魂——紀念顧頡剛先生誕辰 110 週年》，中國社會科學院歷史研究所、中山大學歷史系合編：《紀念顧頡剛先生誕辰 110 週年論文集》，北京：中華書局，2004 年，第 81 頁。

〔註 75〕 李揚眉：《方法論視野中的「古史辨」派》，山東大學 2005 年博士學位論文，第 77、84、78、85、59 頁。

〔註 76〕 參見葉林生：《我看顧頡剛的「疑古」》，北京大學考古文博學院編：《考古學研究（五）：慶祝鄒衡先生七十五壽辰暨從事考古研究五十年論文集》，北京：科學出版社，2003 年，第 811 頁；田旭東：《〈古史辨〉及疑古學派之我見》，《西北大學學報（哲學社會科學版）》2003 年第 3 期，第 53 頁；裘錫圭：《出土文獻與古史重構》，北京大學中國古文獻研究中心編：《北京大學中國古文獻研究中心集刊》第 4 輯，北京：北京大學出版社，2004 年，第 49 頁；張越：《五四時期中國史壇的學術論辯》，南昌：百花洲文藝出版社，2004 年，第 122 頁；盛邦和主編：《現代化進程中的中國人文學科·史學卷》，上海：上海人民出版社，2005 年，第 77 頁；許雪濤：《錢玄同、顧頡剛對待儒家經典的態度與方法》，《華南師範大學學報（社會科學版）》2005 年第 4 期，第 44 頁；姜義華、武克全主編：《二十世紀中國社會科學·歷史學卷》，上海：上海人民出版社，2005 年，第 344 頁；王法周：《從〈古史辨〉看 1920 年代史學中的西學觀念與方法》，鄭大華、鄒小站主編：《中國近代思想史研究集刊》第二輯《西方思想在近代中國》，北京：社會科學文獻出版社，2005 年，第 240 頁；劉開軍：

　　2006 年被譽為「顧頡剛年」。〔註77〕是年發生的一件大事是，上古重建的新路向暨《古史辨》第一冊出版八十週年國際學術研討會於 10 月 21 日至 22 日在濟南召開。「這次會議最引人注目的特點，是『疑古』與『走出疑古』兩派同臺唱戲，展開了近幾十年來的首次正面交鋒。」〔註78〕會議綜述似未涉及古史辨與今文經學的關係問題。〔註79〕其中，與會學者陳淳提到疑古派繼承了今文經學的辨偽精神。〔註80〕李幼蒸主張不宜將顧頡剛的思想根源歸結為其「一時追隨過什麼主義（今文學）」，「顧頡剛所深入考研的所謂今文學（康有為）和古文學（章太炎）對他的影響也只是表現在最初資料的歸類和思考方向方面」，「儘管他本人也會以為在遵照前人的路子前進，實際上他已是大步地走著自己的路子」，是故應當強調顧頡剛本人的思想獨創性，「要超出顧本人有關其思想淵源之自述來加以客觀理解」，而「不必拘泥於時間上思想影響的先後」。〔註81〕李幼蒸力圖擺脫影響式的思維模式，意欲突出作為「創新者」而非「模仿者」的顧頡剛的學術個性，〔註82〕並藉此呈現古史辨與今文經學的本質不同。李銳則說到正是因為相信了今文家言，顧頡剛才將層累的古史這一現象歸結為古人有意造偽的結果。〔註83〕

《顧頡剛對「古史辨」的自我反思》，《淮北煤炭師範學院學報（哲學社會科學版）》2005 年第 6 期，第 15 頁；等等。

〔註77〕楊春梅：《為「顧頡剛年」做個標點》，《中華讀書報》2007 年 1 月 10 日第 4 版。

〔註78〕祝曉風：《「中國古典學」面臨重新定向嗎？》，《文匯讀書週報》2007 年 7 月 27 日第 5 版。

〔註79〕參見劉秀俊：《「疑古」與「走出疑古」的第一次正面交鋒——〈古史辨〉第一冊出版八十週年國際學術研討會綜述》，《文史哲》2007 年第 1 期，第 164～166 頁。

〔註80〕參見陳淳：《疑古、考古與古史重建》，《文史哲》2006 年第 6 期，第 16 頁。

〔註81〕李幼蒸：《顧頡剛史學與歷史符號學——兼論中國古史學的理論發展問題》，《文史哲》2007 年第 3 期，第 48 頁。

〔註82〕王汎森曾述及「創新者」與「模仿者」之間的區別，並藉此說明在「未來是已知」與「未來是未知」兩種前提下所展開邏輯思考的不同，認為「在未知狀態中的創造，與後來的複製者所感知的完全不同」，創新者的努力及其特殊性不能與模仿者同日而語，應對此予以特別關注。王汎森：《執拗的低音：一些歷史思考方式的反思》，北京：生活・讀書・新知三聯書店，2014 年，第 56～57 頁。

〔註83〕參見李銳：《疑古與重建的糾葛——從顧頡剛、傅斯年等對三代以前古史的態度看上古史重建》，《清華大學學報（哲學社會科學版）》2009 年第 1 期，第 97 頁。據李銳的記述，此處所引陳淳、李幼蒸及李銳的文章皆為與會論文。參見李銳：《「上古史重建的新路向暨〈古史辨〉第一冊出版八十週年國際學術研討

　　黃海烈於 2007 年完成的《顧頡剛「古史層累說」初探》是首篇以層累說為主題的博士學位論文。他認為古史辨的來源之一是今古文家言,「康有為的學說是顧頡剛創立『古史層累說』的直接誘因」,「打破古代為黃金世界」與「解釋古史是如何『層累』的思路」均受到今文經學之啟發,而且層累說中的「『社會背景法』主要來源於對康有為今文學說的批判繼承」,「利用康有為對經的客觀破壞結果,認為經也不可信」。他認為,顧頡剛雖然沒有接受今文學家觀點的目的,但認同「他們的研究方法和手段,並將其融匯貫通,進一步理論化、系統化,在批判繼承的基礎上有所發展」。黃海烈對王汎森之說多有徵引,同意古史辨一開始就帶有全盤抹殺上古信史的傾向主要是承繼晚清今文學家的歷史觀而來這一觀點,並指出「顧頡剛在繼承今文學家的學說時對中國古史學所造成的負面影響,一定要清除」。〔註84〕對層累說進行階段化分析,將視野從《古史辨》放寬至《顧頡剛讀書筆記》等被邊緣化的史料,重新回到學術史範疇中來,黃海烈之見是對成說的又一次突破,使得古史辨與今文經學的原有聯繫得以加固。

　　2009 年,王學典與陳峰合著的《二十世紀中國歷史學》一書出版。其中指出以《孔子改制考》為代表的今文經學給予了中國史學轉變的三大動力,認為作為晚清學術主流的今文經學「直接導致了後來所謂『新漢學』的出現」,古史辨直接受到今文經學的刺激「則是朗如白晝的事實」。〔註85〕緊接著,張京華在《古史辨派與中國現代學術走向》中重申並進一步闡釋了其在《二十世紀疑古思潮》及《顧頡剛的經學與史學》中的看法,說到「顧頡剛一方面推崇今文家,一方面又是『以今文打破古文,以古文打破今文』,有所謂『超今古文』之說,而非從學理上真正領會其學術精華,所以實際上卻是對今文家和古文家兩方面都缺乏創獲,進而使得 40 年代以後古史辨派很快下滑到了史料學層面」。〔註86〕與趙光賢、廖名春等學者一樣,張京華關於古史辨與今文經學

會」側記》,《學燈》(網刊)2007 年第 2 期。是文網址為 http://www.guoxue.com/magzine/xueden/xd002/xd002_16.htm。另可參見楊春梅:《為「顧頡剛年」做個標點》,《中華讀書報》2007 年 1 月 10 日第 4 版。

〔註84〕黃海烈:《顧頡剛「古史層累說」初探》,吉林大學 2007 年博士學位論文,第 32、34、132、40、216、215 頁。

〔註85〕王學典、陳峰:《二十世紀中國歷史學》,北京:北京大學出版社,2009 年,第 44～45、47 頁。

〔註86〕張京華:《古史辨派與中國現代學術走向》,廈門:廈門大學出版社,2009 年,第 179 頁。

關係的評價亦向來犀利。此外，2006年至此年間，另有劉錫誠、侯雲灝、李吉東、盧毅及彭國良等學人述及於此。〔註87〕

　　李澤厚曾將1990年代的學風概括為「學術家凸顯，思想家淡出」；〔註88〕許紀霖稱90年代的學界轉向實證化、樸學化，乾嘉傳統再次「成為當代中國史學的主流」；〔註89〕王學典認為「整個90年代的史壇、學壇已基本走出了意識形態的籠罩」，形成了多元化格局，國學復興，史料派占上風的局面重新出現。〔註90〕「學術」壓倒「思想」是學者們關於90年代學界動向較為一致的認識。至新世紀的前十年，「史學界發生的最明顯變化」是「對西方史學範式的追逐和應用」，〔註91〕偏重「學術」的傾向並未改變。學術風氣的變化固然與政治氣候息息相關，但若從學術自身的發展來看，20世紀末與21世紀初對

〔註87〕 參見劉俐娜：《由傳統走向近代：論中國史學的轉型》，北京：社會科學文獻出版社，2006年，第277頁；劉錫誠：《顧頡剛與「古史辨」神話學──紀念〈古史辨〉出版80週年》，《長江大學學報（社會科學版）》2006年第4期，第5頁；張京華：《顧頡剛的經學與史學》，《中南大學學報（社會科學版）》2006年第6期，第720頁；侯雲灝：《20世紀中國史學思潮與變革》，北京：北京師範大學出版社，2007年，第205頁；林分份：《古史辨派「科學」形象的自我塑造──以顧頡剛、胡適為中心》，《雲夢學刊》2007年第1期，第12～15頁；張越：《新舊中西之間：五四時期的中國史學》，北京：北京圖書館出版社，2007年，第271頁；麻天祥：《中國近代學術史》，武漢：武漢大學出版社，2007年，第217頁；彭國良：《顧頡剛史學思想的認識論解析》，山東大學2007年博士學位論文，第99頁；李吉東：《論顧頡剛的「由經入史」說》，《山東大學學報（哲學社會科學版）》2008年第2期，第71頁；盧毅：《「整理國故」運動與中國現代學術轉型》，北京：中共中央黨校出版社，2008年，第175～179頁；彭春凌：《五四前後顧頡剛的思想抉擇與學術徑路》，《現代中文學刊》2009年第1期，第78頁；楊善群：《顧頡剛疑古思想評價》，《淮陰師範學院學報（哲學社會科學版）》2009年第2期，第216頁；王曉冬：《「古史辨」在學術與思潮間的兩難之境》，《南京師範大學文學院學報》2009年第2期，第107頁；彭國良：《不應被樹立的真相──論顧頡剛「不立一真」口號下對歷史本體的擱置》，《遼寧師範大學學報（社會科學版）》2009年第4期，第104頁；謝進東：《現代性與「古史辨」》，《古代文明》2009年第4期，第4頁；等等。
〔註88〕 李澤厚之言首次見於其1994年4月致香港《二十一世紀》編輯部的信中，是信在「《二十一世紀》6月號『三邊互動』欄目刊登」。王學典主編，郭震旦編撰：《20世紀中國史學編年（1950～2000）》下冊，北京：商務印書館，2014年，第808頁。
〔註89〕 許紀霖：《沒有過去的史學危機》，《讀書》1999年第7期，第66～67頁。
〔註90〕 鄧京力：《探索中國當代史學思潮的變遷──王學典教授訪談錄》，《文史哲》2001年第3期，第18頁。
〔註91〕 王學典：《六十年來中國史學之變遷》，《文史知識》2009年第8期，第12頁。

學術研究的重視「很大程度也是為了解決自身的困惑」，〔註92〕兼具總結與開新的雙重意義，那麼自上世紀初便爭論不休且作為重要歷史遺留問題的古史辨自然會進入人們的視野。「疑古」與「走出疑古」的交鋒在某種程度上可以說是古史辨的邏輯延伸，在此種語境下討論古史辨與今文經學的關係也因此呈現出了一種新樣貌。

不同於上一階段，此近二十年的研究已基本拋卻了「階級史學」「反封建」一類泛政治化語詞，學術意識明顯增強。有關研究路徑的天平開始向學術史方向傾斜，思想史討論逐漸淡出。延續 80 年代的主要看法，絕大多數學者是在承認古史辨與今文經學本質不同的前提下探討二者間關係的，對古史辨的肯定仍多從思想與精神而非學術層面出發。因出土文獻日益受到重視，加之夏商周斷代工程與中華文明探源工程的推進，在「走出疑古」的強勁勢頭下，人們對古史辨學術價值的質疑依舊強烈。在這裡，須特別注意那些「執拗的低音」。以陳志明、李揚眉、李幼蒸為代表的學者提出了應謹慎對待古史辨與今文經學是何關係，以學術史檢視思想史上的古史辨之合理性，尊重顧頡剛的學術原創性，勿以今文經學衡斷、掩蓋甚至誤判古史辨的學術價值等觀點。破壞與重建二位一體，不應出於建設需求而全面否定古史辨寓建設於破壞之中的打破意義，更不能因此給古史辨亂扣帽子，這些看法已經逐漸成為學界共識。「疑古」與「走出疑古」的爭論為深入探索、理解與解答古史辨與今文經學的關係問題提供了一次寶貴契機。

（三）多元語境中的古史辨與今文經學關係研究

「疑古」不曾佔據一個時代，「走出疑古」也同樣如此。就如今而言，無論是用「後『疑古』時代」還是用「後『走出疑古』時代」似乎都不太合適。當「疑古」與「走出疑古」的爭議熱潮漸漸歸於平靜，關於古史辨新一輪的價值重估與學術省思又將再次開始。此階段的標誌性事件是《顧頡剛全集》與《顧頡剛全集補遺》的先後出版，〔註93〕這極大地夯實了顧頡剛研究的史料基礎，為從多個角度理解古史辨與今文經學的關係提供了更多可能。出於對之前占主流地位的定性或定論式研究的反思，以王學典、吳銳、陳聲柏等為代表的學

〔註92〕陳平原：《中國現代學術之建立：以章太炎、胡適為中心》，北京：北京大學出版社，2020 年，第 5 頁。

〔註93〕在此之前，臺灣曾於 2007 年出版《顧頡剛日記》（全十二冊）。參見顧頡剛：《顧頡剛日記》，臺北：聯經出版事業股份有限公司，2007 年。

者提出了重新考慮古史辨與今文經學關係的要求，並提供了幾種切實可行的研究方案。新的時代背景催生新的學術，面對紛繁複雜的研究成果，向何處突圍以及如何突圍仍考驗著顧學研究者。

2010 年 12 月 25 日，《顧頡剛全集》出版發布會暨紀念顧頡剛先生逝世 30 週年學術座談會在北京舉行。王學典在發布會上指出，顧頡剛與今文經學關係的研究「牽涉到對顧先生一生學術的評價。之前由於顧先生對康有為《新學偽經考》和《孔子改制考》中劉歆『遍偽群經』說的認同，使得人們普遍認為顧先生是個『經師』，而實際上他的研究完全超越了傳統意義上的『今古文之爭』。這一點有賴於深入的專題研究予以說明」。〔註94〕翌年伊始，《顧頡剛和他的弟子們》增訂本發行。王學典就古史辨與今文經學的關係問題補充了些許認識，進而談到「無論是在學術理路上（如以『上古茫昧無稽』為理論出發點），還是就具體的學術成果而言（如接受『劉歆辨偽群經』的說法），顧頡剛皆受到了今文經學尤其是康有為的影響，今文經學帶給他『疑經』的勇氣、『讀經』的眼光和『辨偽』的新方法，從而促使顧頡剛變古文經學家的『以經為史』為『化經為史』」，為其實現求真理想指明了方向。〔註95〕

2013 年是顧頡剛先生誕辰 120 週年。王學典針對思想史取徑下的顧頡剛研究愈發扭曲甚至抹殺了顧頡剛在學術史上的地位這一現象，再次提出應當重迴學術史上的顧頡剛這一迫切要求。他認為要辨明此問題，取決於古史辨派與古籍整理、古史辨派與今文經學的關係這兩項研究工作的開展，其中後者尤其具有敏感性和根本性：「關鍵是如何認識今文經學，特別是其中康有為的《新學偽經考》。」然而時至今日，「康有為的發現對不對，是不是問題」、「康有為對這一發現所作出的解釋能不能成立」以及為何「除了顧先生承認康有為的發現有價值外，學術界罕見有人再考慮此一問題」等疑點並沒有得到很好的解釋，這提示我們有必要對此進行重新審視。〔註96〕從開始撰寫《顧頡剛和他的弟子們》至此，王學典始終堅持立足於學術史評估顧頡剛及其與今文經學的關

〔註94〕 王學典：《把顧頡剛研究推向一個新高度——在〈顧頡剛全集〉出版發布會上的講話》，《把中國「中國化」：人文社會科學的近期走向》，上海：上海人民出版社，2017 年，第 187 頁。

〔註95〕 王學典主撰：《顧頡剛和他的弟子們》，北京：中華書局，2011 年，第 16、22頁。

〔註96〕 王學典：《「顧頡剛研究」應更多地納入到學術史範疇中去——寫於顧頡剛先生誕辰 120 週年之際》，《中華讀書報》2013 年 6 月 26 日第 7 版。

係，並試圖區分康有為的發現與解釋以及理解顧頡剛如何看待康有為的發現
與解釋，這一創見為古史辨與今文經學的關係研究提供了新思路。其後，劉毓
慶認為古史辨的思想本源應從廖平與康有為算起，但也要注意二者之間的本
質不同，即「廖平、康有為等，他們是要在不動搖孔子聖人地位的原則下，通
過對經典的重新認識和詮釋，創造適應時代的意識形態話語系統。而顧頡剛等
經過五四運動洗禮的青年學人，則是要進行文化思想的大革命」〔註97〕此外，
近幾年間另有寧鎮疆、吳根友、陳學然、朱淵清、李長銀與周文玖等學人談到
此問題。〔註98〕

　　翌年，路新生《中國近三百年疑古思潮研究》增訂本出版。關於古史辨與
今文經學的關係，他補充說到「今文經學則曾經是疑古派堅守的一塊陣地」，
疑古派學人的立論「多採自今文之陳說並據此懷疑歷史與史籍」。〔註99〕周文
玖與王紅霞將顧頡剛定位為經學研究者與經學結束者，認為顧頡剛沒有加入
任何一個經學陣營，「已經將目光從最初的探討晚清經今古文之爭深入到尋

〔註97〕 劉毓慶：《中國歷史上的三次疑古思潮及其意義》，《山西大學學報（哲學社會
　　　　科學版）》2013 年第 5 期，第 18 頁。

〔註98〕 參見何曉明：《「疑古」派的學術理路淺析》，《天津社會科學》2010 年第 2 期，
　　　　第 120 頁；謝進東：《現代性與 20 世紀中國的歷史學解釋模式》，東北師範大
　　　　學 2010 年博士學位論文，第 55～58 頁；寧鎮疆：《「層累」說之「默證」問題
　　　　再討論》，《學術月刊》2010 年第 7 期，第 155 頁；王明德等：《近代中國的學
　　　　術傳承》，成都：巴蜀書社，2010 年，第 390 頁；黃海烈：《從辨偽到疑古：
　　　　顧頡剛的新史學之路》，《古代文明》2010 年第 4 期，第 2 頁；郭延坡：《顧頡
　　　　剛「層累說」理論體系的思想與方法》，《廣播電視大學學報（哲學社會科學
　　　　版）》2011 年第 2 期，第 86 頁；吳根友：《再論顧頡剛「疑古」思想的核心精
　　　　神及其現代意義》，鄭大華、鄒小站主編：《中國近代史上的激進與保守》，北
　　　　京：社會科學文獻出版社，2011 年，第 267 頁；謝貴安：《中國史學史》，武
　　　　漢：武漢大學出版社，2012 年，第 553 頁；陳學然：《中日學術交流與古史辨
　　　　運動：從章太炎的批判說起》，《中華文史論叢》2012 年第 2 期，第 304 頁；
　　　　戴登雲：《現代中國的學術精神與學科規訓——以顧頡剛、陳寅恪為論述中
　　　　心》，《西南民族大學學報（人文社會科學版）》2012 年第 10 期，第 66 頁；朱
　　　　淵清：《古史的證據及其證明力——以顧頡剛先生的大禹研究為中心》，楊慶
　　　　中、廖娟編：《疑古、出土文獻與古史重建》，桂林：灕江出版社，2012 年，
　　　　第 128 頁；李長銀：《古史辨運動的興起——一個學術史的分析》，山東大學
　　　　2013 年碩士學位論文，第 34 頁；周文玖：《顧頡剛與朱希祖、李大釗的學術
　　　　關係——以〈顧頡剛日記〉為中心的探討》，《淮陰師範學院學報（哲學社會科
　　　　學版）》2013 年第 5 期，第 624、627 頁；等等。

〔註99〕 路新生：《中國近三百年疑古思潮史綱》，上海：復旦大學出版社，2014 年，
　　　　第 394 頁。

找中國文明的價值源頭中去」,「直接向先秦儒家發問」,以歷史演進的眼光審視經學,以不限高下的史料學思想看待經書,努力使經學化作史學的一部分。〔註100〕緊接著,陳壁生指出「今文經學變異為『古史辨』是經學瓦解的一個重要環節」,「古史辨派是晚清今文經學的『方法』史學變異的結果」,古史辨專取今文經學的方法而捨棄其目的,「所謂『超今文』,其實就是採用歷史學的眼光」,並主張錢玄同拆分孔子與六經的行為「開『古史辨』之先河」,而這正是古史辨派建立新古史系統的基礎,是故應當重視錢玄同在現代學術轉型中的作用。〔註101〕由此,陳壁生意欲藉重孔子與六經的分離這一點來談今文經學如何變異為史學層面的古史辨。約略同時,李政君不認可胡適、錢穆、楊向奎及張京華所持顧頡剛回到了今文經學的立場一說,認為顧頡剛「儘管利用了康有為等人的見解,也不能證明他『走了今文家派的老路』」,而且從層累說到《五德終始說下的政治和歷史》,顧頡剛的學術理念並未發生實質性轉變。〔註102〕

　　2016 年,成祖明提到古史辨接續康有為未竟的事業,層累說中的造偽之意便是二者因承關係的最佳證明,「不過,相比於康氏,顧氏則將之納入一個更為科學的體系中,始具啟蒙精神」。〔註103〕翌年,成祖明重申今文經學是「疑古運動最重要的理論來源之一」,「從某種程度上說,整個疑古運動正是建基於康氏劉歆偽造諸經說的基礎上的」。〔註104〕之後,張國安在《終結「疑古」》中指出,《古史辨》第一冊《自序》所述顧頡剛所受康有為的影響「與歷史的真相存在相當程度的距離」。顧頡剛大學畢業之前,康有為並未對其產生深刻影響,至 1929 年前後,「在得不到胡適有效的『科學方法』指導後,顧先生的方法又回到今文經學以及康有為(實質上)的一路」。整體上看,「顧先生的『疑古』思想很大程度就來自今文學派尤其是康有為」,「顧先生『疑古』的直接淵

〔註100〕周文玖、王紅霞:《經學在中國現代史學史的嬗變——顧頡剛的經史關係論探析》,《甘肅社會科學》2014 年第 3 期,第 60 頁。

〔註101〕陳壁生:《今文經學的變異與「古史辨」的興起》,《中原文化研究》2014 年第 3 期,第 90～91 頁。

〔註102〕李政君:《1930 年前後顧頡剛學術理念的變與不變》,《史學月刊》2014 年第 6 期,第 87 頁。

〔註103〕成祖明:《走出疑古與釋古時代的庶人經學》,《江海學刊》2016 年第 3 期,第 155 頁。

〔註104〕成祖明:《封建、郡縣之變中儒學演進的歷史考察——層累成長的古史與記憶重構中的今古文經學》,《文史哲》2017 年第 5 期,第 137 頁。

源應該來自於康有為而非胡適，明顯轉入並承襲今文學之路徑，最終成為一個表面上推崇科學史學而暗地裏是一個濃厚的今文經派的『經師』（傅斯年先生40年代私下語）」。〔註105〕根據張國安提供的證據，顧頡剛大學畢業之前與康有為的關係確實比較疏遠，這一判斷有其合理性。

2019年，張凱談到「古史辨運動強化了康有為之於現代學術的意義，顧頡剛自稱『上古史靠不住的觀念』來源之一便是以康有為為代表的清代今文經學，今文學的古史觀可謂古史辨運動興起的關鍵因素」，「康有為疑古歷史觀為古史辨運動提供方法與思想動力，今文學經史多元觀成為古史辨思潮演化的內在學術議題」，而且「顧頡剛關於商周不同源的說法正源自經今文說」。〔註106〕10月11日至14日，第二屆「預流」的中國哲學研究工作坊——「古史辨」與現代中國哲學研究在北京召開，議題之一便是古史辨與傳統經學的關係。吳銳說到「研究『古史辨』的人總懷疑顧頡剛有某種不可告人的目的」，其中一個便是古史辨與今文經學的關係，其實「『古史辨』受今文經學的影響不是一個不可告人的議題，反而是可以大膽研究的」；陳聲柏同意吳銳的意見，認為古史辨與今文經學的關係「正是我們想要發掘的，當然到現在成果還沒有真正出現」，至於「為什麼顧先生受今文經學的影響卻完全成了一個反對派」等，這些問題仍可以繼續研究；此外如李庭綿也提到古史辨受到康有為的啟發等。〔註107〕2014年至此，另有張文靜、孫慶偉、王紅霞、張越及胡逢祥等學者論及這一問題。〔註108〕

〔註105〕張國安：《終結「疑古」》，北京：人民出版社，2017年，第172、287、435頁。

〔註106〕張凱：《「超今文學」與近現代經史轉型》，《浙江大學學報（人文社會科學版）》2019年第2期，第214頁。

〔註107〕李巍、匡釗、吳銳等：《「古史辨」與現代中國哲學研究》，王曉興主編：《國學論衡》第九輯，北京：社會科學文獻出版社，2021年，第5～7頁。另可參見李巍：《「古史辨」與現代中國哲學研究——第二屆「預流」的中國哲學研究工作坊綜述》，王曉興主編：《國學論衡》第九輯，北京：社會科學文獻出版社，2021年，第308頁。

〔註108〕參見萬興苗：《顧頡剛「古史層累說」探析》，河北大學2014年碩士學位論文，第17～19頁；梁韋弦：《古史辨偽學者的古史觀與史學方法：〈古史辨〉讀書筆記》，哈爾濱：黑龍江人民出版社，2014年，第5頁；虞雲國：《古史辨「剿襲」案的再辯讞》，《文匯報》2014年11月28日第T10版；張文靜、周頌倫：《「堯舜禹抹殺說」與「古史辨」中的「疑古」思想——以白鳥庫吉與顧頡剛對〈禹貢〉的考辨為中心》，《東北師大學報（哲學社會科學版）》2015年第3期，第117頁；季蒙、程漢：《顧頡剛與二十世紀疑古辨偽史學》，《中國文化》2015年第1期，第227～228頁；孫慶偉：《追跡三代》，上海：上

　　翌年，張凱重申「近代今文學的疑古思潮為整理國故與古史辨運動變經學為古史學提供了思想資源，質疑經典的古史敘述又直接動搖了經學的神聖性與可靠性，成為以史代經的學術基礎」，「託古改制說成為近代疑古思潮的重要源頭」。〔註 109〕9 月 10 日，臺灣「中央研究院」中國文哲研究所經學組舉辦「顧頡剛先生逝世四十週年紀念座談會」。其中，陳鴻森提到「顧先生早年的疑古觀，思想根源主要還是源自康有為的『孔子改制』、『劉歆偽經』說」；王汎森言及「晚清以來的今古文之爭，顧頡剛的疑古與此有密切關係」；張文朝則認為康有為的「兩考」「跟顧頡剛所說的含義，或者是他的結果，好像並沒有很直接的關係。當然確實有提供他古史考辨的成分在，但是跟整個的想法好像沒有直接的關聯性」。〔註 110〕

　　2021 年至今，金春峰主張「顧先生追隨康有為，違反邏輯論證，以偏概全，顛倒時序，從論據到結論都是錯誤的」，而且顧頡剛所使用的論證方法「主

海古籍出版社，2015 年，第 10 頁；趙保勝：《近現代學術轉型與古史辨運動》，廣西師範大學 2015 年博士學位論文，第 117 頁；李正輝：《顧頡剛辨偽學成就考述》，中國圖書館學會編：《中國圖書館學會年會論文集》2015 年卷，北京：國家圖書館出版社，2015 年，第 232 頁；陳學然：〈「重起爐灶」：民族危機與顧頡剛學術思想的轉變〉，《中國文化研究所學報》第 62 期，2016 年 1 月 1 日，第 167 頁。王紅霞：《現代史學語境下的經學認知——顧頡剛的經學批評探析》，《安徽史學》2016 年第 5 期，第 33 頁；張越：《民國時期史學史略》，《近現代中國史學史論略》，北京：商務印書館，2017 年，第 224 頁；王紅霞：《顧頡剛的史學批評理論及其借鑒意義》，《史學理論與史學史學刊》2017 年第 2 期，第 177 頁；胡逢祥：《從方法論看顧頡剛與「古史辨」》，《歷史教學問題》2018 年第 2 期，第 12 頁；黃仁燕：《顧頡剛的史學批評研究》，雲南師範大學 2018 年碩士學位論文，第 46 頁；吳飛：《從古史重建到經義新詮》，《中國文化》2018 年第 2 期，第 81 頁；王紅霞：《顧頡剛史學通識視域中的經學認知探析》，《齊魯學刊》2018 年第 4 期，第 58 頁；胡逢祥等著：《中國近現代史學思潮與流派（1840～1949）》中冊，北京：商務印書館，2019 年，第 559 頁；解樹明：《顧頡剛批校本〈新學偽經考〉及其學術價值》，《圖書館雜誌》2019 年第 10 期，第 112 頁；等等。

〔註 109〕張凱：《經今古文之爭與近代學術嬗變》，成都：四川人民出版社，2020 年，第 174～175 頁。

〔註 110〕車行健、盧啟聰整理：《顧頡剛先生逝世四十週年紀念座談會——走在歷史的路上：顧頡剛先生的疑經、辨史與采風》，《中國文哲研究通訊》（臺北）第 31 卷第 4 期，2021 年 12 月 1 日，第 90、94、135 頁。其中，王汎森的發言內容已在《國文天地》提前刊出。參見王汎森：〈「顧頡剛先生逝世四十週年紀念座談會」發言記錄〉，《國文天地》第 36 卷第 7 期，2020 年 12 月號，第 12 頁。

要抄襲康有為之《史記》《漢書》比較法」。〔註111〕李長銀分析了今文學家崔適與古史辨的學術聯繫，指出崔適是「『古史辨運動』的開路先鋒之一」，是「『古史辨運動』得以興起與發展的重要本土資源之一」，顧頡剛關於禹是動物的看法「無疑是受到了崔適『禹之本義為蟲名』之說的直接啟發」，而且其探索孔子與《穀梁》的真相、《書序》的著作年代以及寫作《五德終始說下的政治和歷史》《三皇考》等文章均受到崔適的影響，同時認為「『古史辨運動』並沒有重複晚清以來的今文經學的『老路』」。〔註112〕魯道夫‧G‧瓦格納談到顧頡剛「很欣賞康有為的作品，並深受其影響」，但顧頡剛並不認同今文學家的政治態度。〔註113〕之後，寧騰飛指出「一方面，康有為提出的『諸子託古改制說』，為顧頡剛提供了諸子學研究的思路」，「另一方面，康有為從諸子入手解析經學問題的方式對顧頡剛的諸子學研究具有一定的影響」。〔註114〕此外，徐國利也論及顧頡剛早年接受了「梁啟超等今文家的經世思想」。〔註115〕

「從 1993 年到 2013 年，人們的心情更平靜了，情緒更少了，不趨極端了，意識形態色彩更淡了」，「拒絕支持『疑古』的聲音」恐怕也已不復存在了。〔註116〕用這句話來說明近十餘年間的學術氣候或許同樣適用。很明顯的一點是，學術史取徑下的古史辨與今文經學關係研究穩占上風，相關討論也多沒有溢出學術的範疇。雖然這些研究總體上仍未超出既有框架，但借助新出史料，研究視野有所拓寬，研究內容得以細化，更多的學術證據得到了發掘，此前被忽略的角落受到了人們的關注，與此相伴，研究的碎片化傾向也開始顯現出來。拼圖式的微觀研究有助於澄清問題的細部，同時也可以藉此審視原有宏觀

〔註111〕 金春峰：《邏輯分析是學術研究的重要方法——評顧頡剛先生的學術研究》，《河北師範大學學報（哲學社會科學版）》2021 年第 9 期，第 25、28 頁。

〔註112〕 李長銀：《由經入史：崔適的今文家言與「古史辨運動」》，《孔子研究》2021年第 4 期，第 96、105 頁。此外還可參見李長銀：《夏曾佑的「新史學」與「古史辨運動」》，《史學月刊》2020 年第 2 期，第 123 頁；李長銀：《梁啟超的「新史學」與「古史辨運動」》，《史學理論研究》2020 年第 5 期，第 97 頁。

〔註113〕 魯道夫‧G‧瓦格納著，李秋紅譯：《現代中國學術困境的全球背景：疑古還是信古（上）》，《國學學刊》2021 年第 3 期，第 114 頁。

〔註114〕 寧騰飛：《諸子學研究與顧頡剛的疑古辨偽學》，《天津社會科學》2022 年第1 期，第 145 頁。

〔註115〕 徐國利：《民國時期顧頡剛學術價值觀的轉向及與經世致用觀的離合》，《史學月刊》2022 年第 4 期，第 103 頁。

〔註116〕 王學典：《「顧頡剛研究」應更多地納入到學術史範疇中去——寫於顧頡剛先生誕辰 120 週年之際》，《中華讀書報》2013 年 6 月 26 日第 7 版。

圖景的完整性與合理性，並以此為基礎攢出一幅新景象，但必須警惕其間產生的無助於呈現全景的無效碎片以及因過於零碎而取消全景的危險。在此種情境下，古史辨與今文經學關係研究在繼續推進的同時，也面臨著生發於這一問題內部的反向挑戰。

　　古史辨與今文經學的關係研究是一個龐大課題。時至今日，相關論著數以千計。[註117] 在這片富含學術力、思想力、理論力的探方中，學者們的考掘從未停歇。這種多層次、高密度、全方位的立體解剖，似乎已經使得古史辨與今文經學的關係研究題無剩義。此種精耕細作之下還有多少餘地可供繼續探索？看似勘探殆盡的畛域中是否存在些許遺漏？這些問題仍然值得再思量。

　　既有研究對古史辨與今文經學關係的說明主要通過比較二者之間的觀點來進行；此外，顧頡剛的自述無疑也是強有力的助力，其所帶有的某種導向甚至定性作用，成為衡量二者之間關係的首要考慮。對此，有幾點問題尚有繼續討論的空間。論證此種關係所依據史料的適用性如何？以二者之間學術觀點或思想線索的相通作為關係成立的憑藉是否存有邏輯漏洞？自述性史料在何種程度上合於本然歷史的實際？[註118] 今文經學之於古史辨究竟

〔註117〕 在中國知網數據庫以「古史辨」「顧頡剛」為主題進行檢索，加之瀏覽其他數據庫（如華藝學術文獻數據庫、《國文天地》數據庫等）、翻閱其他文獻資料所得，據不完全統計，自1981年以來有相關文章上千篇，具體情況參見下表：
古史辨與今文經學關係研究論文數量綜表（1981年～2023年）

1981年	1982年	1983年	1984年	1985年	1986年	1987年	1988年	1989年	1990年
40篇	13篇	2篇	11篇	5篇	4篇	6篇	4篇	8篇	5篇
1991年	1992年	1993年	1994年	1995年	1996年	1997年	1998年	1999年	2000年
6篇	9篇	48篇	11篇	6篇	12篇	9篇	20篇	13篇	18篇
2001年	2002年	2003年	2004年	2005年	2006年	2007年	2008年	2009年	2010年
11篇	23篇	86篇	19篇	17篇	32篇	40篇	38篇	39篇	37篇
2011年	2012年	2013年	2014年	2015年	2016年	2017年	2018年	2019年	2020年
20篇	17篇	51篇	39篇	63篇	56篇	44篇	21篇	30篇	43篇
2021年	2022年	2023年							
44篇	13篇	15篇							

論文之外，另有主要相關著作40餘本。

〔註118〕 「『距離太近』的歷史是本然的歷史，而『文獻』上的歷史則是前人記錄整理後的結果，──後者事實上已經存在著一種秩序或『整體感』了。」王學典：《當代史研究的開展刻不容緩》，《山東社會科學》2009年第11期，第30頁。

發揮了怎樣的作用？這一影響是貫穿古史辨終始還是具有階段性的差別？如果二者之間的關係在某一時段難以坐實，已有討論中的歧誤又是從何而起？

　　古史辨與今文經學的關係研究主要指向今文經學是古史辨的來源以及今文經學對古史辨的影響，屬於一種溯源式與影響式研究。「回溯性的追認」與所謂的影響更多地表現為對顯性歷史的強調，〔註119〕同時借助後見之明呈現那些因「只緣身在此山中」而被隱去的角落，這一方式的合理性已不必多言。但這種溯源與影響能否成立以及如何被看待依舊是可以成為「問題」的，更進一步說，若以福柯關於事件間連續性的批判來看，影響式的思考方式在問題闡釋上具有何種層次的合理性仍可以繼續討論。〔註120〕斯金納談到「影響」成立的條件有三：「（A）甲（先行者）與乙（後行者）的教義之間必須具有真正的類似點。（B）乙不能在甲以外的著作中找到該教義。（C）即使具有某種類似性，能夠證明乙受甲的影響，還必須能夠證明乙不是獨自闡明該教義。只有滿足了這三個條件，才能主張甲影響了乙。」〔註121〕在「影響」成立的前提下，如果過度談論「影響」則又會忽視被影響者的個性化選擇與個體詮釋力量，〔註122〕其獨有邏輯理路的表達將於不自覺中被湮沒，而且常常被規約為思想鏈條中的一環，成為線索式書寫的犧牲品，此即福柯所警惕的連續性之弊。雖然王汎森等學者對非連續性持有不同意見，〔註123〕但這並不妨礙我們藉此機會重審其說。從這一視角檢視今文經學影響古史辨的論述，重新明確今文經學在哪些方面確實對古史辨構成了影響，同時注意顧頡剛在接受今文經學影響

〔註119〕葛兆光：《中國思想史》導論《思想史的寫法》，上海：復旦大學出版社，2001年，第12頁。

〔註120〕福柯向事件間的聯繫以及「貫穿這些事件的連續性」問題發起了挑戰，認為應當區分「解釋的合理層次」「結構分析的合理層次」「因果關係的合理層次」。這裡所言「何種層次的合理性」即立足於此。福柯著，董樹寶譯：《知識考古學》，北京：生活‧讀書‧新知三聯書店，2021年，第2、6頁。

〔註121〕轉引自山口久和著，王標譯：《章學誠的知識論——以考證學批判為中心》，上海：上海古籍出版社，2006年，第91頁。

〔註122〕參見葛兆光：《中國思想史》導論《思想史的寫法》，上海：復旦大學出版社，2001年，第84頁。

〔註123〕王汎森特意指出福柯「對思想史所處理的『延續性』作相當嚴厲的攻擊」，但堅持認為「思想史中的某些論題確具有因內在長期對話所構成之延續性」。王汎森：《序》，《古史辨運動的興起：一個思想史的分析》，臺北：允晨文化實業股份有限公司，1987年，第8頁。

的過程中作為創新者而非模仿者的學術個性，〔註124〕這些對於反思古史辨與今文經學的關係不無益處。

　　關於二者之間關係的研究應為交互式的，但既有研究的背後卻隱藏著一種傾向，即立足於今文經學衡量古史辨的學術價值。其中，人們對今文經學的評斷又往往以其政治性掩蓋甚至驅逐其學術性。如此一來，在失衡的偏頗之下則無法給古史辨一個恰切的學術定位。這一問題的實質不僅牽扯到如何理解今文經學的學術面向，還要求以古史辨為軸心回觀其與今文經學的關係，而這兩點最終都將指向古史辨的現代性闡釋。

　　重新審視古史辨與今文經學的關係時，應當嘗試對上述問題作出回答，不僅僅是著眼於具體方面，更要留意邏輯尤其是理論層面。要想在數以千計的成果基礎上取得突破並不是一件容易的事情，難點並不在於要面對汗牛充棟的論著，而在於以何種方式與這些研究成果於自覺或不自覺中堆積出來的成見進行對話，並從中求得一種有限度的合理解釋。「不回溯過去，就做不到反省。」〔註125〕對古史辨與今文經學關係問題的探索還遠遠未到畫上終止符的那一刻。

三、研究思路與方法

　　從學術史角度研究古史辨與今文經學的關係並不是只有一種思路。既然是討論二者之間的學術聯繫，以經學辨偽問題作為切入點將是一個不錯的選擇。以經書為單元設計章節，分經比較古史辨與今文經學關於經書及其所載古史的看法，並據此分析它們之間是何關係的研究思路，雖然能夠清晰呈現二者之間的觀點異同，但其中表現出來的問題意識並不強烈。而且因這一思路偏於文獻學路徑，也難以透徹說明古史辨與今文經學的本質區別。此外，關於這一方面的研究已經相當充分，要想舊題新作並不容易。若不以經書為線索勾連全文，還可以人物為中心串起這一問題，即通過理清參與古史討論的幾位核心人物對待今文經學的態度，來說明古史辨與今文經學的關係。儘管他們的立場或有不同，但並不妨礙他們在對今文經學的認識上存在交集。正是這種看似矛盾的現象引起了人們的研究興趣，也使得章節安排不會顯得死氣沉沉。如果打算

〔註124〕參見王汎森：《執拗的低音：一些歷史思考方式的反思》，北京：生活‧讀書‧新知三聯書店，2014年，第56～57頁。
〔註125〕費弗爾著，高煜譯：《為歷史而戰》，南京：譯林出版社，2022年，第3頁。

綜合以上兩種思路，打通以經書和以人物統領全文的界限，那麼以問題進行布局或許更為合適，但實際操作起來無疑也更有難度。上述只是就如何理解古史辨與今文經學的關係略談幾種思路，一旦著手展開研究，無論哪一種思路都不會像上面所說的那樣簡單，其中的複雜性有時也難以被提綱挈領地概括出來。本文即嘗試從問題入手探索古史辨與今文經學的關係。或許最後的呈現不盡如人意，但這番努力若能成為引玉之磚，也算沒有白費。

　　史學研究總要遵循一定的法則，但研究者們也都清楚史無定法。「工欲善其事，必先利其器。」作為工具的方法以解決問題為目的。若將既定方法奉為圭臬，或過度強調以是否運用新方法作為判斷研究有無價值的標準，則不免作繭自縛。關於史學方法論的著作已有不少，但在碩博論文或研究專著中應當如何寫作研究方法一節仍然成為問題。以下所言也只是就自己的理解略作陳述，這一節應當如何呈現依舊令人為難。

（一）研究架構、重難點與創新點

　　眼前常常浮現出這樣一句話，「一篇好文章，源於一個好問題」。對於研究工作而言，問題意識再怎麼被強調也不為過。這篇論文即源於一個問題：如果說古史辨是中國現代史學的開端，那麼應當如何理解承接了今文經學的古史辨與今文經學的關係？這能否稱得上是好問題雖然仁智各見，但它無疑是中國近代學術史上的重要問題，否則它不會在古史辨興起至今的百年間，不斷地被學界討論，這足以說明其重要性。古史辨受到了今文經學的影響是不必否認的事實，作為當事人的顧頡剛也從不諱言這一點，但他始終堅持自己是現代史學家而非今文學家。由此引起的爭議在於，能否因為古史辨承接了今文經學而否定古史辨之於現代史學的開創意義？一部分持否定態度的學者雖然承認古史辨與今文經學本質有別，但卻對二者之間的曖昧關係耿耿於懷，甚至會因為對今文經學政治性一面的不滿而取消古史辨的學術價值。而且在近年來日益增多的出土文獻面前，古史辨的諸多學術論斷陸續被推翻，這也為否定古史辨學術價值之說增添了不少籌碼。那麼問題在於，能否因為古史辨的學術觀點站不住腳而否定其作為現代史學的身份？對這些爭論的反思也是這篇論文的主要出發點。出於以上考慮，本文將圍繞幾個問題展開論述，希冀能解答某些困惑。

　　討論古史辨與今文經學的關係，首先要解決的問題便是如何理解今文經學。長期以來，有關今文經學的研究多側重其政治屬性，而對其學術性的一面有所忽視，雖然近年來已經出現了一些成果，但相關研究仍然薄弱。本文意欲

從區分並分析今文經學的發現與解釋這一角度入手，考察今文經學究竟有無學理依據，進而說明應當如何看待這種依據。對這一問題的辨析是全文的基礎，將直接影響後面一系列問題的解決。要說其中的難點，一方面在於可供參考的研究論著有限，另一方面在於諸如劉逢祿、宋翔鳳及崔適等今文學家的部分著作尚未得到整理，加之要想透徹理解經學文本需要長時間的知識積累。這些都影響到了研究的展開與深入。

層累說的提出是古史辨的開端，其與今文經學的關係備受學界關注。既有研究中的分歧與存在的問題為我們重審層累說與今文經學的關係提供了空間。回到顧頡剛本身去，通過細讀史料後發現，層累說與今文經學的關係並不緊密，甚至可以說二者之間沒有直接關係，今文經學之於層累說影響的顯明化發生在層累說提出之後。那麼，便要分析顧頡剛對今文經學態度的變化，以及既有研究為什麼會認為今文經學促成了層累說，其中的誤會又是因何而起。對此的探索建立在與既有研究對話的基礎上，所以認真對待他人的研究成果，並盡可能準確地研讀史料，是解決這一問題的重點所在。

雖然《五德終始說下的政治和歷史》與《三皇考》是顧頡剛後期古史學說的重點，但對這些問題的研究卻並不令人滿意。自《古史辨》第一冊出版直至其完結，顧頡剛對今文經學的看法尚未得到系統清理，而這正是我們要重點完成的工作。以此為基礎，才能清楚這一時期顧頡剛所遭受的批評究竟有沒有道理，並對此作出相對合理的評價。葛兆光曾指出：「學術史研究者，往往缺乏對學術本身的把握，好像總在學術之外發議論。」〔註126〕誠如斯言，對五德終始說與三皇問題的生疏無疑為深入理解古史辨與今文經學的關係增加了難度。

「後《古史辨》時期」的顧頡剛並沒有停止對今文經學問題的研究。延續之前的路徑，他仍然執著於證明劉歆造偽說與託古改制說在史學意義上的合理性。既然如此，顧頡剛有了怎樣的新發現來證成己說，以及他如何看待自己所面臨的學術困境，成為需要重點澄清的問題。時局的變化令人猝不及防，一波未平一波又起，顧頡剛及古史辨再次陷入了批判的漩渦當中。值此特殊時期，顧頡剛對今文經學看法的轉變與堅守同樣值得留意。

通過分析以上問題，古史辨與今文經學的關係可以得到基本呈現。雖然對這些問題的認識不算深入，也還有其他問題有待解決，但畢竟為接下來的繼續

〔註126〕葛兆光：《學術史講義——給碩士生的七堂課》，北京：商務印書館，2022 年，第 9 頁。

探索奠定了基礎。經由這一研究，希望能夠進一步彰顯古史辨的學術價值，再次明確顧頡剛在學術史上的地位，進而思考何為現代學術等問題，並藉此反思我們看待歷史的方式以及應當如何書寫學術史。

上述所謂重點與難點常常是一回事，倒也不必區分得過於清楚。就文章整體而言，主要就古史辨與今文經學的關係這一問題展開論述。問題的指向性強固然是問題意識集中的表現，亦有助於問題的解決，但同時也使得論證過程缺乏層次，難以鋪陳開來，以致行文張力不足，而這又多半受制於研究者的能力。至於如何提升文章的思想性與理論性，同樣值得研究者深思。

雖然涉及古史辨與今文經學關係的論著已有不少，但專門就這一問題展開討論的研究屈指可數。作為一次探索性嘗試，本文將目光投向古史辨及顧頡剛的一生與今文經學的糾葛，希望以下幾點突破能對解決這一問題有所助益。其一，在合理區分今文經學的發現與解釋的基礎上，重新理解今文經學的學術根據，並由此說明今文經學的學術價值，而這正是顧頡剛執著於今文經學的關鍵。其二，分階段分層次地看待今文經學之於顧頡剛的影響。在層累說提出時期，顧頡剛與今文經學保持著相當程度的距離，這一情形有所變化發生在層累說提出之後，具體表現為顧頡剛對託古改制說的接受。其三，對古史系統問題的思考讓顧頡剛接受了劉歆造偽說，並以此為工具拆解了經學所構建的古史體系，但其判斷均屬於史學範疇而非藉此重回經學之爭。其四，《三皇考》之後，顧頡剛對今文經學的探索陷入了瓶頸，時局的變化迫使他反思自己與今文經學的關係，但直至晚年，顧頡剛也沒有走出今文經學帶給他的學術困境。其五，對古史辨的學術價值與顧頡剛的學術地位進行再評價，並由此反思史學的現代性及學術史的書寫等問題。這五點的展開又得益於以下研究視角或研究方式。第一，與以「倒放電影」的形式表現歷史不同，﹝註127﹞本文以正向敘事的方式對顧頡剛的學術經歷加以條分縷析，並借助由此發現的顧頡剛事後回憶與當時事實存在的偏差，來糾正既有研究中的偏誤。第二，強調顧頡剛作為主動選擇者而非被動接受者的一面，謹慎使用「影響」「來源」這一類帶有某種導向的語詞，盡可能地呈現顧頡剛的個人選擇。第三，參考斯金納與福柯對於「影響」這一概念的看法，以及福柯關於斷裂性與連續性問題的認識，從斷裂性的視角重新審視古史辨與今文經學的本質區別，並以此作為打破對溯

﹝註127﹞ 羅志田：《民國史研究的「倒放電影」傾向》，《社會科學研究》1999 年第 4 期，第 104 頁。

源式與影響式研究路徑依賴的一種嘗試。這些具有一定新意的想法能將古史辨與今文經學的關係呈現到何種程度還需要讀者來評判。

（二）研究方法

「歷史研究其實就是歷史學家在當下的處境中對所掌握的史料做出解釋，其尋找和辨別史料的工夫即考證，解釋的工具便是其所依據的理論和方法。」〔註128〕討論以何種方法研究古史辨與今文經學之關係多少有些尷尬，它似乎對所謂新方法具有某種免疫力。要想在此問題上有所進展，費力找尋新方法不是一個好的選擇，還是要從思考的角度和深度上用力。這並不是拒斥新方法，而是這一問題的性質大致決定了那些常見方法仍是解決它的主要方式。

杜維運曾將歸納、比較、綜合、分析視作史學研究的四種主要方法。其中，與歸納法相對應的是演繹法；比較法又分為同源史料的比較、異源史料的比較、轉手記載與原書的比較三個方面。〔註129〕這些基本方法在研究古史辨與今文經學的關係時均有所體現。在綜合既有研究的基礎上，分析、歸納古史辨與今文經學各自的觀點與特徵，並經由充分的比較發現其異同，再綜合研判得出結論。這也是研究關係式問題的基本流程。對此不應進行教條的程式化理解，比如在古史辨與今文經學內部，同一陣營下的不同學者所持的看法也不盡相同，此時便要再走一遍剛剛所說的流程，在理清同一陣營內部的紛擾之後，再整體把握不同陣營或兩件事情之間有何聯繫。正是這種套娃式的操作，在某種程度上保證了史學研究的客觀性與科學性。

在這裡有必要對附錄所列表格略作說明。比較顧頡剛與今文學家的觀點是理解古史辨與今文經學之關係必須要做的工作，而表格無疑是呈現二者之間觀點異同的最佳方式。當按時間順序將顧頡剛有關經書真偽的看法排列出來時，他與今文學家的不同則會一目了然，這將有助於我們直接在正文中就問題本身展開分析，而不再糾纏於具體觀點的一一比對。借助此表還可以看到顧頡剛在不同階段的觀點變化，而探究其中的原因也是文章的重點內容之一。表格的工具性不消多說，希望讀者可以從中獲取自己所需要的信息。

〔註128〕仲偉民：《茶葉與鴉片：十九世紀經濟全球化中的中國》，北京：中華書局，2021 年，第 31 頁。

〔註129〕參見杜維運：《史學方法論》，北京：北京大學出版社，2006 年，第 46～99頁。

　　若說實證史學是「中國傳統史學的主流」，〔註130〕那麼實證作為一種方法的存在與演變也已歷時久遠。研究古史辨與今文經學的關係從不缺乏史料，反而會因史料數量的龐大而令研究者卻步，這就要求我們盡可能以客觀的態度篩選出合適的史料來證成己說。單單談論史學的客觀性問題有些奢侈或不切實際，但透過關於同一史料的不同解讀之間的博弈，所謂實證或許可以得到某種程度的呈現。

　　文本細讀法可以作為上述方法的基礎。「所謂『文本細讀』，即在閱讀原始文獻時注重文本義群間的對應關係，包括對比、承接、說明、反覆、寄寓等能夠將義群聯繫起來的各種照應，帶來的結果是，文本間各個層次、各個方面的意義不再孤立地呈現，使得文本的意義連成片，從而彰顯某些容易被忽略的隱含主旨與內容。」〔註131〕無論研究何種問題，第一步便是熟悉史料。細讀文本有助於確定文本內部以及文本之間的不同層次，找到解決問題的切入點，進而從整體上把握文本的總體意義，而在解決問題的同時，也能發現問題背後所隱藏的內容及其本質指向。要想透徹理解古史辨與今文經學的關係，需要對所面對的諸多史料進行分類，明確哪些史料是解決問題的關鍵。同時，也有必要分階段討論二者之間的關係，區分今文經學之於顧頡剛及古史辨在不同階段的不同影響，並以此為基礎探求古史辨與今文經學的不同指向與本質區別。此外，還可以藉此審視既有研究是否存在史料誤讀的情況。雖然何為誤讀以及爭議較大的闡釋能否被稱作誤讀尚可商榷，但借助經由文本細讀所框定的文本適用範圍，大致可以窺知解讀文本的尺度，從而盡可能減少不必要的偏差。

　　「任何研究方法都只是一種假設，能否落實到實際研究中並藉以更準確地透視歷史才是關鍵。」〔註132〕只要有助於解決問題，所用方法並不限於以上所述。研究古史辨與今文經學之關係不需要過多新方法的加持，若能真正落實史學研究的基本方法，再輔以研究視角的更新與研究深度的開掘，這一問題足以煥發生機。

〔註130〕仲偉民：《後現代：歷史學的悼詞還是福音？》，王兆成主編：《歷史學家茶座》第 1 輯，濟南：山東人民出版社，2005 年，第 123 頁。

〔註131〕常超：《「託古改制」與「三世進化」：康有為公羊學思想研究》，北京：北京大學出版社，2015 年，第 25 頁。

〔註132〕陳平原：《自序》，《中國小說敘事模式的轉變》，上海：上海人民出版社，1988年，第 1 頁。

第一章　今文經學的學術根據

　　經學「特指西漢以後，作為中世紀諸王朝的理論基礎和行為準則的學說」，〔註1〕與政治意識形態高度綰合是其成立的基礎與保障。如果說現代學術的本質是「批判性思維」，那麼「經學獲得的是一種非學術性的屬性」，表現為「權威性、神聖性和非批判性」。〔註2〕「五四」以來，現代學者對經學的反思即由此而起。相比於古文經學，經世色彩更為濃重的今文經學受到了更多批評，其究竟有沒有學術價值至今仍引人爭議。

　　面對被政治裹挾的今文經學，顧頡剛要求將其置於學術和政治的兩重視閾下分別加以觀照，進而入室操戈，借助劉歆造偽說與託古改制說促成了經學的倒臺。也就是說，顧頡剛自認為對今文經學的肯定或否定是有學術依據的，並沒有因為政治偏見取消或無視今文經學的學術價值。但其觀點並不被當時的大多數學者所認可，他們甚至因此將顧頡剛稱作新今文學家。「如此具有批判意識」的顧頡剛對今文經學的執著究竟有沒有道理？其中的關鍵在於「如何認識今文經學」特別是《新學偽經考》。王學典就此指出以《新學偽經考》為代表的今文經學著作對《史》《漢》記載的懷疑是一回事，「對被它懷疑的現象所作出的解釋是另一回事」，「人們把這兩回事混為一談了，甚至以後者取代了前者」，「這裡事實上存在兩個問題：一是康有為的發現對不對？是不是問題？二是康有為對這一發現所作出的解釋能不能成立？直到現在，除了顧先生承認康有為的發現有價值外，學術界罕見有人再考慮此一問題」，是時候「重新

〔註1〕朱維錚：《中國經學史十講》，上海：復旦大學出版社，2002年，第9頁。
〔註2〕李振宏：《漢代儒學的經學化進程》，《中國史研究》2013年第1期，第34頁。

審視康有為的發現是否有道理了」。〔註3〕這為理解今文經學的雙重屬性以及顧頡剛與今文經學的關係提供了一種新思路。

「由於經學在兩千餘年的時間裏積澱下的頑強活力與堅韌彈性，使得因反抗它而生長起來的現代史學，與傳統的述史形式之間出現了某種程度上的斷裂，卻接受了來自於經學的深刻塑造。」〔註4〕若非發現了經學背後隱藏的學術秘密，現代史學的展開或許是另外一番樣貌。今文學家發現了什麼？顧頡剛為什麼會接受這些發現？今文學家對這些發現所作的解釋又何以令顧頡剛篤信？所謂發現與解釋之間也並不是那樣涇渭分明，將一方歸於學術而將另一方歸於政治的做法顯然不合適，那麼應當如何說明發現與解釋的二重性？討論老生常談的經史轉換問題已令人生倦，但其本身的重要性及相關研究陷入瓶頸的學術現狀，又使得對這一問題的探討仍將是未來很長一段時間內的學術重點與難題。

第一節　今文經學的源起與流變

經學的重要性不言而喻。從一定意義上講，經學規定並塑造了人們的價值觀念以及倫理與道德觀念，但經學在一開始並不具備這樣的地位。「本來，《尚書》《春秋》《詩經》《儀禮》《周易》之類古典，可能孔子以前就流傳著，也可能因為大家都讀，而且常常引用，所以，也有人叫它們『經』，就是大家公認的經典，但是，一開始並不存在什麼『經學』，只是後來儒家成了主流意識形態，把他們用來教育、作為依據的典籍，放在必讀經典、絕對真理的高度，才有所謂『經學』。」〔註5〕由此來看，「經」之所以成為「經學」，政治在其中發揮了主導作用。換言之，政治造就了經學，政治性是經學的重要屬性，這一點貫穿經學興衰的全過程。

今古文經學的分派出現在漢代。伴隨而來的今古文之爭，固然有學術層面的考量，但更多的是權力與利益之爭。某一經典是否被立於學官，不僅是某一家派對於經典解釋的勝利，更事關家派成員的政治生命與家族榮辱。漢代古文

〔註3〕王學典：《「顧頡剛研究」應更多地納入到學術史範疇中去——寫於顧頡剛先生誕辰120週年之際》，《中華讀書報》2013年6月26日第7版。

〔註4〕李揚眉：《方法論視野中的「古史辨」派》，山東大學2005年博士學位論文，第67頁。

〔註5〕葛兆光：《學術史講義——給碩士生的七堂課》，北京：商務印書館，2022年，第24頁。

經學向今文經學發起的挑戰，以今文經學的消歇暫告結束，今古文經學的界限也隨之泯沒。直至清朝中期，今文經學重回歷史舞臺。大約自莊述祖開始，提出了劉歆竄改古文經典的問題。此後，劉歆是否造偽以及偽造了哪些經典成為今文經學攻擊古文經學最為致命的一點。古文經典的真實性受到質疑，今古文經學的界限再次變得清晰起來。或許連今文學家自己都沒有意識到，當真偽問題成為確立經學合理性與合法性的依據時，今文經學本身也將遭到反噬，而「今文經學對古文經典的懷疑和批評，也同樣讓經學的權威被史學的權威所取代」。〔註6〕

一、今文經學的產生與今古文之爭

經書本不分今古，經學亦是如此。〔註7〕今文經學這一稱呼之所以出現，是為了與古文經學相區別。二者的區別最初僅表現為經書所用文字的不同，後來才逐步擴展至經說等其他方面。今古文之爭是經學史上的標誌性事件。「從根本上來說，經學中的今、古文之爭是有意義的。意義有好有壞，其壞的一面，是表現了經學成為壟斷性的意識形態以後，所發生的利益之爭，所有思想學說一旦成了意識形態，掌握了權力，就一定要發生這種利益爭奪、權力瓜分，這是沒有辦法的。其好的一面，是促成了經學的內在分化和緊張，促成了經典解釋資源的多樣化，後來，好多經學史上的新創見，都是借了兩方面的資源來強化自己的合理性的。」〔註8〕關於這次爭論，尚有許多問題有待更為深入細緻的考察。清代今文學家以及後來研究者所言漢代今古文經學的對立是否符合歷史事實？漢代的今古文之爭並不涉及經典真偽問題，何以至清代復興的今

〔註6〕葛兆光：《學術史講義——給碩士生的七堂課》，北京：商務印書館，2022年，第22頁。

〔註7〕周予同認為「『經』和『經學』，既有聯繫，也有區別。所謂『經』，是指中國封建專制政府在『法定』的以孔子為代表的儒家所編書籍的通稱；所謂『經學』，一般說來，就是歷代封建地主階級知識分子和官僚對上述『經典』著述的闡發和議論」；馬宗霍指出經起初為古代書籍的通稱，後為儒家所專有，而經學即「傳授與研究儒家經典之學」；屈守元談到「經指儒家傳習的經典」，經學即研究此種經典之學。周予同：《「經」、「經學」、「經學史」——中國經學史論之一》，周予同著，朱維錚編校：《周予同經學史論》，上海：上海人民出版社，2010年，第455頁；馬宗霍、馬巨：《經學通論》，北京：中華書局，2011年，第3頁；屈守元：《經學常談》，北京：北京出版社，2014年，第1頁。

〔註8〕葛兆光：《學術史講義——給碩士生的七堂課》，北京：商務印書館，2022年，第35頁。

文經學開始直指劉歆造偽？以此為基礎，應當如何理解漢、清兩代的經學異同？不獨這些問題，在今古文之爭出現之前，經典的成書及其流傳過程同樣令人困惑。為更好地理解古史辨與今文經學的關係，下文擬對今文經學的產生、發展歷程作一粗線條的勾勒。

「經」，本意指織物的縱線，後引申為編連而成的書冊。〔註9〕春秋末年王官失守之前，這些書冊均由作冊等專職官員掌管，即所謂「學在王官」。周王室東遷之後，由於王室衰微，學官失守，王官典籍隨之流向民間，並被興起於春秋末年的私學用作主要教材。以後世眼光視之，這些典籍主要是《詩》類、《書》類、《易》類、《禮》類等政典文獻以及史官所掌管的歷史檔案等。因此，在戰國文獻中出現了將《詩》《書》《禮》《樂》《易》《春秋》等六類王官典籍稱作「六經」的記載，如《莊子·天運》載：「孔子謂老聃曰：『丘治《詩》《書》《禮》《樂》《易》《春秋》六經，自以為久矣，孰知其故矣；以奸者七十二君，論先王之道而明周召之跡，一君無所鉤用。甚矣夫！人之難說也！道之難明邪？』」〔註10〕由此可以看到，戰國時期這些被稱作「經」的文獻與漢代及漢代之後的「五經」或「六經」相重合，但它們之間最主要的區別在於先秦時期的「經」不為儒家學派所專有，其他學派也會傳習王官之學。除上引《莊子》外，墨家與法家等亦有大量徵引所謂經書的行為，並以此作為闡述自己觀點的依據，如在《韓非子·姦劫弒臣》中，便通過引《春秋》所載楚王子圍弒楚王郟敖和崔杼弒齊莊公兩件事，來說明「人主無法術以御其臣」這一觀點。〔註11〕與此相對應的是，這批典籍並不具有獨尊甚至壟斷的地位，僅僅被視作「先王之陳跡」，〔註12〕沒有被人無條件地信奉，就連孟子也曾發出

〔註9〕據《說文解字》載：「經，織也。」章太炎認為「經者，編絲綴屬之稱，異於百名以下用版者。……此以竹簡成書，亦編絲綴屬也」；楊伯峻指出「『經』本絲織之名，是否因以絲織物裝成冊而給以『經』名，前人多主此說，但也難以肯定，因為用絲、麻織物把竹簡、木札編綴成冊的不止『經書』」。許慎：《說文解字》，北京：中華書局，1963年，第271頁；章太炎著，龐俊、郭誠永疏證：《國故論衡疏證》，北京：中華書局，2008年，第266頁；楊伯峻：《〈經書淺談〉導言》，《經子淺談》，北京：中華書局，2016年，第3頁。

〔註10〕郭慶藩撰，王孝魚點校：《莊子集釋》卷五下《天運》，北京：中華書局，1961年，第531頁。

〔註11〕王先慎撰，鍾哲點校：《韓非子集解》卷四《姦劫弒臣》，北京：中華書局，1998年，第106頁。

〔註12〕郭慶藩撰，王孝魚點校：《莊子集釋》卷五下《天運》，北京：中華書局，1961年，第532頁。

「盡信《書》，則不如無《書》」的慨歎。〔註13〕此外，各家所傳經書的文本也並不相同，正所謂「墨子之引《書傳》，每異孔門；呂氏之著《春秋》，本殊周制。其時九流競勝，諸子爭鳴；雖有古籍留遺，並非尼山手訂。引《書》間出百篇之外，引《詩》或在三千之中，但可臚為異聞，不當執證經義」。〔註14〕

秦朝建立後，為禁絕以古非今之事，頒布了焚書令：「史官非秦記皆燒之。非博士官所職，天下敢有藏《詩》、《書》、百家語者，悉詣守、尉雜燒之。有敢偶語《詩》《書》者棄市。以古非今者族。吏見知不舉者與同罪。令下三十日不燒，黥為城旦。所不去者，醫藥卜筮種樹之書。若欲有學法令，以吏為師。」〔註15〕雖然焚書的重點在於「非博士官所職」之「《詩》、《書》、百家語」，〔註16〕但在秦末漢初的戰亂中，包括秦博士官所掌管的典籍還是遭受了重大損失。這表現在漢惠帝時期廢除挾書律之後，復出的經籍大多殘缺不全，如伏生所藏屋壁中《書》「亡數十篇，獨得二十九篇」，〔註17〕《禮》也僅剩《士禮》這一部分。

西漢文景之時，漢廷博士中不乏傳習王官文獻的諸生，比較有代表性者如傳習《詩》學的申公、轅固、韓嬰，傳《書》學的張生，傳《春秋》學的胡毋生、董仲舒等。〔註18〕需要注意的是，漢武帝表章六經之前，漢廷博士的構成並不單純，除以上諸生外，尚有傳記諸子博士。在這些博士中，既有傳習《論

〔註13〕（題）孫奭：《孟子注疏》卷十四上《盡心下》，阮元校刻：《十三經注疏》，北京：中華書局，1980 年，第 2773 頁。

〔註14〕皮錫瑞著，周予同注釋：《經學歷史》，北京：中華書局，2011 年，第 35 頁。

〔註15〕司馬遷：《史記》卷六《秦始皇本紀》，北京：中華書局，1959 年，第 255 頁。

〔註16〕錢穆認為博士官所掌管的《詩》《書》等典籍亦遭焚毀，所以才會有伏生將《尚書》藏於屋壁之舉。參見錢穆：《兩漢博士家法考》，《兩漢經學今古文平議》，《錢賓四先生全集》卷 8，臺北：聯經出版事業公司，1998 年，第 188～192 頁。

〔註17〕司馬遷：《史記》卷一百二十一《儒林列傳》，北京：中華書局，1959 年，第 3124 頁。

〔註18〕據《漢書·楚元王傳》載，「文帝時，聞申公為《詩》最精，以為博士」；據《漢書·儒林傳》載，「轅固，齊人也。以治《詩》孝景時為博士」，「韓嬰，燕人也。孝文時為博士」，「伏生教濟南張生及歐陽生。張生為博士」，「胡毋生字子都，齊人也。治《公羊春秋》，為景帝博士」；據《漢書·董仲舒傳》載，「董仲舒，廣川人也。少治《春秋》，孝景時為博士」。班固：《漢書》卷三十六《楚元王傳》，北京：中華書局，1962 年，第 1922 頁；班固：《漢書》卷八十八《儒林傳》，北京：中華書局，1962 年，第 3612～3613、3603、3615 頁；班固：《漢書》卷五十六《董仲舒傳》，北京：中華書局，1962 年，第 2495 頁。

語》《孝經》《孟子》《爾雅》者,〔註19〕也有通曉諸子百家之學者,〔註20〕甚至還有方術之士。〔註21〕這表明六經在諸家並立的學術環境中尚未取得獨尊地位,而漢初統治者對黃老之學的熱衷又使得那些被立於學官的博士們僅「具官待問,未有進者」。〔註22〕

武帝即位後,於建元五年(前 136 年)設立五經博士而罷黜傳記諸子博士,〔註23〕所立博士包括申培所傳之《魯詩》學、轅固所傳之《齊詩》學、韓嬰所傳之《韓詩》學、伏生所傳之《尚書》學、高堂生所傳之《禮》學、田何所傳之《易》學以及胡毋生、董仲舒所傳之《公羊春秋》學。至此,經學取得了至尊地位,「與皇權政治結合,由民間學術發展為國家意識形態;從諸子百家之學變成儒家專修的一家獨斷之學」,五經也「由初始典籍變為皇權欽定之權威典籍」。〔註24〕

在傳習過程中,因對經文的闡釋不同,五經之學逐漸分化出了諸多學派。至宣帝末年,五經博士已達 12 家,「《易》則施、孟、梁邱,《書》則歐陽、大小夏侯,《詩》則齊、魯、韓,《禮》則后氏,《春秋》公羊、穀梁,適得十二人」;〔註25〕元帝時期,增立京氏《易》學為博士;平帝及王莽在位時,又先後設立了《古文尚書》《毛詩》《逸禮》《左傳》《周禮》等古文經學博士。至光武中興之後,罷黜王莽時期所立的古文經學博士,恢復了西漢今文博士之制。相較於宣元時期的今文博士,東漢初年的經學博士由 13 家增到了 14 家,「《易》

〔註19〕據趙岐在《孟子題辭》中所言:「孝文皇帝欲廣遊學之路,《論語》《孝經》《孟子》《爾雅》皆置博士。」(題)孫奭:《孟子注疏》,阮元校刻:《十三經注疏》,北京:中華書局,1980 年,第 2663 頁。

〔註20〕據《漢書·賈誼傳》載:「誼年少,頗通諸家之書。文帝召以為博士。」班固:《漢書》卷四十八《賈誼傳》,北京:中華書局,1962 年,第 2221 頁。

〔註21〕據《漢書·郊祀志上》載:「文帝召公孫臣,拜為博士,與諸生申明土德,草改曆服色事。」班固:《漢書》卷二十五上《郊祀志》,北京:中華書局,1962 年,第 1212~1213 頁。

〔註22〕司馬遷:《史記》卷一百二十一《儒林列傳》,北京:中華書局,1959 年,第 3117 頁。

〔註23〕錢穆指出傳記諸子博士被廢黜意味著武帝對王官之學的尊崇與對諸子之學的排斥。參見錢穆:《兩漢博士家法考》,《兩漢經學今古文平議》,《錢賓四先生全集》卷 8,臺北:聯經出版事業公司,1998 年,第 192~202 頁。

〔註24〕李振宏:《漢代儒學的經學化進程》,《中國史研究》2013 年第 1 期,第 31、34 頁。

〔註25〕王國維:《漢魏博士考》,《觀堂集林(外二種)》上,石家莊:河北教育出版社,2001 年,第 89 頁。

有施、孟、梁丘、京氏，《尚書》歐陽、大小夏侯，《詩》齊、魯、韓，《禮》大小戴，《春秋》嚴、顏，凡十四博士，太常差次總領焉」，〔註26〕而且在家法的選取上也有一定變更。此外，有部分經書或因晚出，或因內容與博士傳習的經書不合，而未能躋身官學，僅在民間流傳。這些在民間流傳的經書，因最初被發現時多用先秦六國古文書寫，所以被稱作「古文經」。與此相應，被立於官學的經書因用漢代通行的隸書書寫，故被稱為「今文經」。

西漢時期，古文經書的來源比較廣泛，其中最為重要的來源有兩個：其一，「武帝末，魯共王壞孔子宅，欲以廣其宮，而得《古文尚書》及《禮記》、《論語》、《孝經》凡數十篇，皆古字也。共王往入其宅，聞鼓琴瑟鍾磬之音，於是懼，乃止不壞」；〔註27〕其二，「河間獻王德以孝景前二年立，修學好古，實事求是。從民得善書，必為好寫與之，留其真，加金帛賜以招之。繇是四方道術之人不遠千里，或有先祖舊書，多奉以奏獻王者，故得書多，與漢朝等。是時，淮南王安亦好書，所招致率多浮辯。獻王所得書皆古文先秦舊書，《周官》、《尚書》、《禮》、《禮記》、《孟子》、《老子》之屬，皆經傳說記，七十子之徒所論」。〔註28〕此外，民間還有《泰誓》等經書流傳。〔註29〕後來，這些古文經書不僅得以入藏中秘，還被劉向歆父子用來校定中秘藏書。〔註30〕經由劉向歆父子的整理工作，古文經書的學術價值得到了發掘。

葛兆光曾言：「經學史上，今文和古文之爭是很重要的一個大事。」〔註31〕劉歆的校書活動可以說是今古文之爭的導火索。哀帝建平元年（前6年），劉

〔註26〕 范曄：《後漢書》卷七十九上《儒林列傳》，北京：中華書局，1965年，第2545頁。

〔註27〕 班固：《漢書》卷三十《藝文志》，北京：中華書局，1962年，第1706頁。

〔註28〕 班固：《漢書》卷五十三《景十三王傳》，北京：中華書局，1962年，第2410頁。

〔註29〕 孔穎達指出：「武帝末，民有得《泰誓》書於壁內者，獻之。與博士，使讀說之。數月皆起，傳以教人。」孔穎達：《尚書正義》卷一《尚書序》，阮元校刻：《十三經注疏》，北京：中華書局，1980年，第115頁。目前關於《泰誓》是古文經書還是今文經書這一問題尚存爭議。

〔註30〕 據《漢書・藝文志》載，「劉向以中《古文易經》校施、孟、梁丘經，或脫去『无咎』、『悔亡』，唯費氏經與古文同」，「劉向以中古文校歐陽、大小夏侯三家經文，《酒誥》脫簡一，《召誥》脫簡二。率簡二十五字者，脫亦二十五字，簡二十二字者，脫亦二十二字，文字異者七百有餘，脫字數十」。班固：《漢書》卷三十《藝文志》，北京：中華書局，1962年，第1704、1706頁。

〔註31〕 葛兆光：《學術史講義——給碩士生的七堂課》，北京：商務印書館，2022年，第35頁。

歆上疏建議將《左傳》《毛詩》《逸禮》《古文尚書》等古文經典立於學官。此議因遭到今文博士與部分官員的反對而未能實行，但今文經學與古文經學的鬥爭就此拉開了帷幕。自西漢末年至東漢末年，今古文之爭主要有四次。第一次已如上述，反對立古文經典的理由有「左氏為不傳《春秋》」，「歆改亂舊章，非毀先帝所立」等。〔註32〕第二次發生在光武帝建武年間，韓歆、陳元等欲立《左傳》《費氏易》於學官，遭到范升等人的反對，雖然最後將李封立為《左傳》博士，但其去世後《左傳》博士也隨之被廢。〔註33〕在這次爭論中，范升給出的理由是「《左氏》不祖孔子，而出於丘明，師徒相傳，又無其人，且非先帝所存，無因得立。……今《費》《左》二學，無有本師，而多反異，先帝前世，有疑於此」。〔註34〕第三次發生在章帝建初年間，李育與賈逵圍繞《左傳》與《公羊傳》何者更符合春秋經文之大義展開爭論，「育以《公羊》義理難賈逵，往返皆有理證，最為通儒」。〔註35〕最後一次發生在東漢末年，何休與鄭玄爭論《春秋》三傳之優劣，「何休好《公羊》學，遂著《公羊墨守》、《左氏膏肓》、《穀梁廢疾》；玄乃發《墨守》，針《膏肓》，起《廢疾》。休見而歎曰：『康成入吾室，操吾矛，以伐我乎』」。〔註36〕1920年代，周予同曾指出漢代今古文經學之間的差異主要體現在對待孔子的態度、六經與孔子的關係、對待讖緯的態度以及六經次第等方面。〔註37〕但經由以上分析可知，這些差異體現

〔註32〕班固：《漢書》卷三十六《楚元王傳》，北京：中華書局，1962年，第1970、1972頁。

〔註33〕據《後漢書·鄭范陳賈張列傳》載：「時尚書令韓歆上疏，欲為《費氏易》、《左氏春秋》立博士，……時議欲立《左氏傳》博士，范升奏以為《左氏》淺末，不宜立。元聞之，乃詣闕上疏。……書奏，下其議，范升復與元相辯難，凡十餘上。帝卒立《左氏》學，太常選博士四人，元為第一。帝以元新忿爭，乃用其次司隸從事李封，於是諸儒以《左氏》之立，論議讙嘩，自公卿以下，數廷爭之。會封病卒，《左氏》復廢。」范曄：《後漢書》卷三十九《鄭范陳賈張列傳》，北京：中華書局，1965年，第1228～1233頁。

〔註34〕范曄：《後漢書》卷三十九《鄭范陳賈張列傳》，北京：中華書局，1965年，第1228頁。

〔註35〕范曄：《後漢書》卷七十九下《儒林列傳》，北京：中華書局，1965年，第2582頁。這裡沿用周予同關於四次今古文之爭的說法。漢章帝年間的這次爭論能否被稱作一場爭論尚存爭議。

〔註36〕范曄：《後漢書》卷三十五《張曹鄭列傳》，北京：中華書局，1965年，第1207～1208頁。

〔註37〕參見周予同：《經今古文學》，周予同著，朱維錚編校：《周予同經學史論》，上海：上海人民出版社，2010年，第3～6頁。

得並不明顯，甚至可以說並不存在。〔註38〕今古文之爭更多地表現為守師法的官方章句之學與尚兼通的民間訓詁之學在經義解說上的對立，〔註39〕這一點在貫穿四次今古文之爭的《左傳》與《春秋》之關係問題上尤為突出。相較於以微言大義為解說特點的《公羊傳》，《左傳》對經文的解讀則體現在具體史實層面。前者自武帝時期被立為官學以來，形成了嚴密的章句之學，而後者則因以史事解經，不能闡發經文中的微言大義，被視為「不傳《春秋》」之作。值得注意的是，相比於清代中期復興的今文經學，漢代的今文學家並沒有質疑《左傳》的來歷及其成書，這是二者之間的重要區別。

今文經學恪守家法章句，多在博士及其弟子中傳習，而古文經學崇尚博通，不受師法或家法的拘束，所以從學者甚眾，如馬融有「門徒四百餘人，升堂進者五十餘生」，馬融的弟子鄭玄去世後，「自郡守以下嘗受業者，縗絰赴會千餘人」。〔註40〕今文經學因流佈不廣，在遭受東漢末年至西晉末年百餘年的兵燹戰火後，多歸於亡佚，如「梁丘、施氏、高氏，亡於西晉。孟氏、京氏，有書無師」，「及永嘉之亂，歐陽，大、小夏侯《尚書》並亡」，「《齊詩》，魏代已亡；《魯詩》亡於西晉；《韓詩》雖存，無傳之者」。〔註41〕今文經學就此消歇，經學史進入了一個新的發展階段。

從經到經學再到今古文經學的分野，學術與政治的互動可以得到較為鮮活的體現。在歷經戰國至漢初諸家並立的形態之後，脫胎於宗周王官的經學在漢武帝年間被立為學官，成為統一帝國的國家意識形態。隨著其學官地位日趨強化，官學的獨尊性與經學文本源出的多元性之間的矛盾也愈發明顯，經學學派內部因而分裂為今文章句之學與古文訓詁之學兩大主要派別。兩派之間雖然互相攻訐，但爭論的焦點始終集中於何家經說更符合經典原義或聖人本義，二者所賴以自立的經典本身的來源並未受到質疑。當然，這也僅僅是根據所能接觸到的主要文獻得出的看法，其間還有許多具體問題尚須具體分析。那

〔註38〕參見范靜靜：《周予同今古文經學劃分標準問題新探》，《歷史教學（下半月刊）》2022年第8期。

〔註39〕關於兩漢經學中官方章句之學與民間訓詁之學的對立，參見錢穆：《兩漢博士家法考》，《兩漢經學今古文平議》，《錢賓四先生全集》卷8，臺北：聯經出版事業公司，1998年，第249～258頁。

〔註40〕范曄：《後漢書》卷三十五《張曹鄭列傳》，北京：中華書局，1965年，第1207、1211頁。

〔註41〕魏徵等：《隋書》卷三十二《經籍志》，北京：中華書局，1973年，第913、915、918頁。

些習以為常的結論是否「只是後來想像和渲染出來的」，﹝註42﹞這也需要進一步地小心求證。

二、清朝中期今文經學的復興

經學「從公元前二世紀晚期它在思想文化領域開始居於支配地位那時算起，直到本世紀二十年代它被擠出舞臺中心為止，其間也有將近二千一百年。在這二千多年中間，隨著中國統治者實用需要的變更，經學的形態也在變異。」﹝註43﹞魏晉之際，雖然今文經學趨於消歇，今古文經學的界限隨之也不復存在，但作為學術的經學依舊遵循其頑強的內在邏輯向前發展。從長時段來看，清朝中期今文經學的復興並不是偶然事件。相較於漢代今文經學，清代今文經學是一種延續還是變異？是什麼樣的學術環境促使它開始質疑古文經典經過劉歆的改竄？當真偽成為經學必須要回答的問題時，經學自身的命運是否暗含了某種隱患？這些頗具爭議的問題還有繼續考量的空間。「學術史或思想史的討論，多半傾向於把線條簡化。這對歷史的敘述誠然是方便的，但也使不同陳述之間的差異變得分外引人注目。」﹝註44﹞在分析漢、清兩代經學時需要特別注意這一點。

漢末魏晉之後，今文經學作為一個學術派別或學術體系實際上已經不復存在。東漢末年至清朝中期，經學內部仍有鄭王之爭、南學北學之爭、朱陸之爭、漢宋之爭等學派對立，但今古文經學的對立卻始終未再重現。

千餘年後的清嘉慶年間，以常州人莊存與所著《春秋正辭》的刊行為標誌，今文經學再度出現在學術史上。﹝註45﹞關於常州今文學派的興起，梁啟超認為是清代學術「節節復古」的結果，「顧炎武、惠士奇輩專提倡注疏學，則復於六朝唐；自閻若璩攻偽《古文尚書》，後證明作偽者出王肅，學者乃重提南北

﹝註42﹞ 葛兆光：《學術史講義——給碩士生的七堂課》，北京：商務印書館，2022 年，第 37 頁。

﹝註43﹞ 朱維錚：《中國經學史十講》，上海：復旦大學出版社，2002 年，第 54 頁。

﹝註44﹞ 朱維錚：《中國經學史十講》，上海：復旦大學出版社，2002 年，第 60 頁。

﹝註45﹞ 朱維錚則認為「公羊學在清代的復活並不始於常州學派。批評皓首窮經而不解世事的學風，起初最激烈的倒是那些後起的漢學大師，例如汪中、焦循、凌廷堪等，都屬於追步戴震的揚州學派。但公開打出恢董仲舒、何休傳統的旗幟，說是發揮《春秋》微言大義來達到『撥亂反正』目的才符合孔子的『道』，由劉逢祿正式發難，也是真的」。朱維錚：《中國經學史十講》，上海：復旦大學出版社，2002 年，第 59 頁。

朝鄭王公案，紲王申鄭，則復於東漢；乾嘉以來，家家許鄭，人人賈馬，東漢學爛然如日中天矣」，至常州今文學派，則復於西漢今文博士之學，正所謂「西漢今古文舊案，終必須翻騰一度，勢則然矣」。〔註46〕艾爾曼則認為「今文經學的崛起，是士大夫們為消除危害儒家政治文化的和珅之害努力的一部分。今文經學的復興反映了士紳集團在國家與其支柱——士紳的關係劇烈變化時，關心自身政治命運意識的復蘇」。也就是說，莊存與轉向公羊學是「帶有政治和策略性的」，存在經學本身之外的現實政治需要。〔註47〕其實，若從學術發展的內在理路進行考察，今文學派的源起可以說是乾嘉考據學中吳派自然發展的結果。吳派的代表人物是惠棟，其學「以博聞強記為入門，以尊古守家法為究竟」，「專以『古今』為『是非』之標準」。然而惠派雖以「凡古必真，凡漢皆好」為治學宗旨，卻始終沒有人關注《公羊傳》這部漢代今文經學的核心經典。〔註48〕如此一來，莊存與將公羊學作為研習重點，某種程度上是吳派學者尊崇漢代風尚的結果，其學因此而被視為「有蘇州惠氏好誕之風而益肆」，實乃「清代漢學考據之旁衍歧趨」。〔註49〕

　　或是因為莊存與之學出自吳派漢學，而非有意識復興今文經學的產物，所以其學顯得不夠純粹。在《春秋正辭》中，莊存與屢屢引用《左傳》《穀梁傳》二家之說，但對它們基本採取批評態度。另外，他還兼治《周禮》《毛詩》《古文尚書》等所謂古文經典，並認為《古文尚書》不可廢。整體而言，其治經側重闡發義理，而較少涉及辨偽等內容。莊存與的弟子孔廣森也以治公羊學為主，在《春秋公羊經傳通義》中，主張兼採會通三傳，取《左傳》《穀梁傳》二家來補充發明《公羊》家之言，表現出以《公羊》為尊的傾向。〔註50〕與莊存與一致，孔廣森同樣認為《左傳》不傳《春秋》。這種不辨今古、不辨家法

〔註46〕梁啟超著，俞國林校：《清代學術概論》，北京：中華書局，2020 年，第 125 頁。

〔註47〕艾爾曼著，趙剛譯：《經學、政治和宗族：中華帝國晚期常州今文學派研究》，南京：江蘇人民出版社，1998 年，第 77 頁。

〔註48〕梁啟超著，俞國林校：《清代學術概論》，北京：中華書局，2020 年，第 60～61 頁。在惠棟再傳弟子江藩所著《國朝經師經義目錄》中，「春秋」類共著錄 8 部《春秋》學著作，除惠士奇的《春秋說》十五卷主張《春秋》三傳「互有得失，不可偏廢」外，其餘均為《左傳》學著作。參見江藩：《國朝經師經義目錄》，北京：中華書局，1983 年，第 144 頁。

〔註49〕錢穆：《中國近三百年學術史（二）》，《錢賓四先生全集》卷 17，臺北：聯經出版事業公司，1998 年，第 679 頁。

〔註50〕參見黃開國：《清代今文經學新論》，北京：人民出版社，2017 年，第 62～63、80～81 頁。

的治學方式顯示出常州學派在形成之初尚沒有明確的今文經學意識，所以才沒有對古文經典或古文家說進行批駁。

明確區分今古文兩派的意識直至莊存與之侄莊述祖時才產生。與其伯父一樣，莊述祖亦尊《公羊》而斥《左傳》《穀梁》。尤其值得注意的是，莊述祖結合對《說文》的研究，提出了劉歆竄改古文經典的問題：「《左氏春秋》經劉歆私改者，如『壹戎殷』改『壹』為『殪』；經杜預誤寫者，如『不飧』讀為『不夕食』。此皆不明古義。劉之逞臆虛造，杜之襲陋傳訛，其失一也。」在他看來，不僅《左傳》如此，《尚書‧武成》也是劉歆依據《逸周書‧世俘》改寫而成，而且劉歆欲立於學官之《書》十六篇亦未必出於孔壁。此外，他還認為《尚書》孔傳為偽，「《孝經》《孟子》《爾雅》大底為後人妄改」。〔註51〕儘管莊述祖指出部分古文經典曾遭劉歆改竄，但尚未將古文經典的出現與劉歆造偽相聯繫，也沒有否定劉歆校書之前古文經典的神聖性與真實性。其後，莊存與的孫輩莊綬甲在繼承家學之餘，於《古文尚書》頗為用力，這主要表現在他不贊成莊述祖等人對《泰誓》的考證，主張《泰誓》當列入逸《書》十六篇而非今文二十九篇之中。

真正對古文經典發起挑戰的是莊述祖之甥劉逢祿。古文學派的核心經典是《左傳》，劉逢祿對古文經學的質疑即從《左傳》開始。《左傳》的來歷不明是一個事實，所以晉之王接、宋之林栗、元之羅璧以及清之方苞等學者均對《左傳》是否傳解《春秋》產生過懷疑。〔註52〕劉逢祿所撰《左氏春秋考證》對這一問題作了進一步探索，認為《左傳》不傳《春秋》，本名《左氏春秋》，被稱為《春秋左氏傳》及其中的解經之語均為劉歆所改所竄。他首先否定了《左傳》作者左丘明與孔子的關係，說到「左氏後於聖人，未能盡見列國寶書，又未聞口授微言大義，惟取所見載籍，如《晉乘》、《楚檮杌》等相錯編年為之，本不必比附夫子之經，故往往比年闕事」，又說到「丘明蓋生魯悼之後，徒見夫子之《經》及史記《晉乘》之類，而未聞口受微恉；……曰『魯君子』，則非弟子也」。〔註53〕因為《論語‧公冶長》中有「巧言、令色、足恭，左丘明恥之，丘亦恥

〔註51〕莊述祖：《說文古籀疏證‧條例》之一，《續修四庫全書》第 243 冊，上海：上海古籍出版社，2002 年，第 276 頁。

〔註52〕參見沈玉成、劉寧：《春秋左傳學史稿》，南京：江蘇古籍出版社，1992 年，第 335 頁。

〔註53〕劉逢祿：《左氏春秋考證》，顧頡剛主編：《古籍考辨叢刊》第一集，北京：社會科學文獻出版社，2010 年，第 446～447、459 頁。

之。匿怨而友其人，左丘明恥之，丘亦恥之」一語，〔註54〕所以左丘明一直被視為年長於孔子或與孔子同輩之人，那麼出自左丘明之手的《左傳》自然要比七十子後學口耳相傳、至漢初始著於竹帛的《公羊》《穀梁》二傳更接近聖人本義。但問題在於，既然左丘明年長於孔子或與孔子同時，為何《左傳》記事比《春秋》多出數十年？若左丘明與孔子同時，且「懼弟子人人異端，各安其意，失其真，故因孔子史記具論其語，成《左氏春秋》」，〔註55〕為何《左傳》中又多出現無經之傳？針對上述問題，劉逢祿提出了左丘明晚於孔子，所撰書取材於晉之《乘》、楚之《檮杌》等諸侯國史書而非孔子之《春秋》的看法。如此一來，《左傳》便不再是一部依附於《春秋》的經解傳記類作品，而是獨立著作了。那麼，《左傳》應更名為《左氏春秋》，不宜再被稱作《春秋左氏傳》或《左傳》。〔註56〕問題隨之而來，既然《左氏春秋》不為《春秋》而作，為何今本《左傳》中會有解經之語？劉逢祿的回答指向了劉歆造偽：「劉歆強以為傳《春秋》，或緣《經》飾說，或緣《左氏》本文前後事，或兼採他書以實其年。……要之，皆出點竄，文采便陋，不足亂真也。」〔註57〕此外，他還依據《史記》所引《左傳》之文與今本《左傳》有別，指出今本《左傳》已非司馬遷時所見舊本；根據《漢書·儒林傳》所載當時名臣大儒的治學內容，判定《左傳》的傳授系統出於劉歆偽造；通過與《國語》相比較，得出《左傳》體例當與《國語》相似的結論。諸此種種，皆是其判斷劉歆竄改《左傳》的憑證。相較於莊述祖對待《左傳》的態度，劉逢祿顯然在否定古文經傳的路上向前走了一大步，直接取消了《左傳》的經典地位，被視為重新開啟今古文之爭的關鍵之舉。〔註58〕

　　劉逢祿在《古文尚書》問題上也談到了劉歆造偽一事，認為《舜典》《武成》等晚出的十六篇均屬於《逸周書》之類，未必是孔壁原本，其中有劉歆偽

〔註54〕 邢昺：《論語注疏》卷五《公冶長》，阮元校刻：《十三經注疏》，北京：中華書局，1980 年，第 2475 頁。

〔註55〕 司馬遷：《史記》卷十四《十二諸侯年表》，北京：中華書局，1959 年，第 509～510 頁。

〔註56〕 劉逢祿認為：「《左氏春秋》，猶《晏子春秋》、《呂氏春秋》也。直稱『《春秋》』，太史公所據舊名也。冒曰『《春秋左氏傳》』，則東漢以後之以詭傳詭者矣。」劉逢祿：《左氏春秋考證》，顧頡剛主編：《古籍考辨叢刊》第一集，北京：社會科學文獻出版社，2010 年，第 439 頁。

〔註57〕 劉逢祿：《左氏春秋考證》，顧頡剛主編：《古籍考辨叢刊》第一集，北京：社會科學文獻出版社，2010 年，第 447 頁。

〔註58〕 參見黃開國：《清代今文經學新論》，北京：人民出版社，2017 年，第 190～204 頁。

造之作。〔註59〕至於《泰誓》，他主張「今之《尚書·大誓》篇後得以充學，故不與古《大誓》同。……今文《大誓》雖晚出，然去古未遠，視《克殷》《世俘》為近實，亦周史記之文，不過非百篇中《大誓》耳」。此外，還辨及《書序》出於東晉等。〔註60〕

　　劉逢祿以今本《左傳》為劉歆改竄之說得到了宋翔鳳、龔自珍、魏源等學者的認同。宋翔鳳的態度要比劉逢祿溫和，只是認為《左傳》中的部分內容經過劉歆的竄改；龔自珍則主張「宜剔去劉歆所竄益」；〔註61〕魏源指出「《左氏》既藏於秘府，不在民間，尤得恣臆竄改，以遂其附古難今之私心。凡唐、宋來所藉為攻《左》之口實者，類皆歆所附益。……歆憤於太常博士謂《左氏》不傳《春秋》之議，百計求申，故多造為『書曰』、『君子曰』、『不書』、『故書』、『禮也』、『非禮也』，空衍之文，自附於傳《春秋》。又造古經十一篇為十二篇，多所竄改。又續《經》書至三家分晉，而宣七年《傳》傅會劉氏為堯後。皆妄作之顯證」。〔註62〕在《尚書》問題上，宋翔鳳提出「劉歆刪改《書序》之文」，〔註63〕邵懿辰談到《古文尚書》十六篇出於劉歆偽造，〔註64〕其他人則很少論及劉歆竄改《尚書》一事。

〔註59〕 劉逢祿指出：「馬融云：『逸十六篇絕無師說。』則亦《逸周書》之類，未必孔壁中本。且劉歆至造逸《嘉禾》篇『假王莅政，咸和天下』之文，以傅會居攝，且出逸十六篇之外，則其作偽亦何所不至？烏知非其增竄以抑今文博士者乎？要之，據《舜典》《皋陶謨》兩序讀之，則典、謨今皆完備，逸《書》別有《舜典》《大禹謨》《棄稷》之篇疑出於歆，未必孔壁之原目，是以衛、賈、馬、鄭諸儒皆不為之注，遂以亡佚，宜哉。」劉逢祿：《書序述聞》，《續修四庫全書》第48冊，上海：上海古籍出版社，2002年，第351頁。

〔註60〕 劉逢祿：《書序述聞》，《續修四庫全書》第48冊，上海：上海古籍出版社，2002年，第359～360頁。

〔註61〕 龔自珍：《六經正名答問五》，《龔自珍全集》，上海：上海人民出版社，1975年，第40頁。

〔註62〕 魏源：《詩古微》，《魏源全集》第一冊，長沙：嶽麓書社，2004年，第388～392頁。在「又續《經》書至三家分晉」中，《經》是否需要加書名號尚存爭議。若加，則指《春秋經》；若不加，則「經書」指《左傳》。這兩種說法似各有道理。

〔註63〕 宋翔鳳：《尚書譜》，《續修四庫全書》第48冊，上海：上海古籍出版社，2002年，第402頁。

〔註64〕 邵懿辰指出「劉歆曰：『魯共王得古文於壞壁之中，《逸禮》有三十九，《書》十六篇。天漢之後，孔安國獻之。』此劉歆之奸言也」；還提到「《逸禮》及《書》皆其作偽」。邵懿辰：《禮經通論》，顧頡剛主編：《古籍考辨叢刊》第二集，北京：社會科學文獻出版社，2009年，第433～434頁。

　　除《左傳》《古文尚書》之外，今文學家們也對《毛詩》《逸禮》等古文經典展開了考辨與攻訐。魏源曾撰《詩古微》，意欲「發明西漢《尚書》今古文之微言大誼，而闢東漢馬、鄭古文之鑿空無師傳」；〔註65〕邵懿辰則作《禮經通論》，認為《儀禮》十七篇是孔子所定且本無缺佚，魯共王於孔壁中得古文經的記載乃「劉歆之奸言」。〔註66〕

　　經由以上考辨，不僅古文經典的神聖性開始受到質疑，而且自漢末以來逐漸泯沒的今古文經學界限也再度明晰起來，遂有廖平平分今古與尊今抑古之說的產生。1886 年，廖平撰成《今古學考》一書。與漢儒著重從文字之別與治學方法層面劃分今古文經學不同，廖平對今古文經學的劃分更側重於禮制層面。因此，在廖平的經學體系中，今古文經學的對立並不體現在左氏學與公羊學上，而是表現為《王制》與《周禮》兩種禮制體系之間的差異，即所謂「今學同祖《王制》，萬變不能離宗；……古學主《周禮》，隱與今學為敵」。〔註67〕在他看來，孔子早年認同周代禮制，「尊王命，畏大人」，「至於晚年，哀道不行」，「於是以心所欲為者書之《王制》」；《周禮》則是「燕趙人在六國時因周禮不存，據己意，採簡冊摹仿為之者」，「自為朋黨，樹立異幟，以求合於孔子初年之說」。〔註68〕二者分別代表了孔子晚年和早年不同的政治理想。相較於之後的尊今抑古說，廖平此時仍然認為《周禮》《毛詩》《左傳》等古文經典成書於戰國時期，並未經漢人竄亂。〔註69〕1887 年，隨著《知聖篇》和《闢劉篇》的刊行，廖平完成了經學二變，開始改變此前以古文經典為先秦典籍的看法，轉而認為古文經典出自劉歆偽撰。他談到《周禮》「乃劉歆本《佚禮》、羼

〔註65〕魏源：《詩古微序》，《魏源全集》第一冊，長沙：嶽麓書社，2004 年，第 99 頁。

〔註66〕邵懿辰：《禮經通論》，顧頡剛主編：《古籍考辨叢刊》第二集，北京：社會科學文獻出版社，2009 年，第 433 頁。

〔註67〕廖平：《今古學考》，舒大剛、楊世文主編：《廖平全集》第一冊，上海：上海古籍出版社，2015 年，第 56～57 頁。廖平此說對之後的經學史研究產生了較為深遠的影響，如周予同在其 1926 年出版的《經今古文學》一書中仍持今文經學「以《春秋公羊傳》為主」，古文經學「以《周禮》為主」的觀點。周予同：《經今古文學》，周予同著，朱維錚編校：《周予同經學史論》，上海：上海人民出版社，2010 年，第 6 頁。

〔註68〕廖平：《今古學考》，舒大剛、楊世文主編：《廖平全集》第一冊，上海：上海古籍出版社，2015 年，第 56、74、61 頁。

〔註69〕廖平認為：「《周禮》之書，……其先後大約與《左傳》、《毛詩》同，非周初之書也。」廖平：《今古學考》，舒大剛、楊世文主編：《廖平全集》第一冊，上海：上海古籍出版社，2015 年，第 74 頁。

臆說糅合而成者，非古書也」，《書序》亦為劉歆所偽，而且「東晉偽《古文
尚書》，近人皆知其偽，作俑實始於歆造《百篇書序》竄入《史記》。與此同
時，孔子在廖平經學體系中的地位也隨之提升，由效法周代禮制之人一變而
為六經的初傳者：「六經傳於孔子，實與周公無干。哀、平以前，博士全祖孔
子，不祖周公。劉歆《移書》亦全歸孔子，後來欲攻博士，故牽引周公以敵
孔子，古文家說以經皆出周公是也。」〔註70〕大致可以說，自清朝中期復興
的今文經學發展至此，已經開始超越關於具體經書或經學問題的爭論，進入
到「對各經之間相互關係作跨文本的綜覽與比較」，並「綜觀整個經學輪廓」
的階段。〔註71〕

　　魏晉之際，今文章句之學的經說傳記多亡於戰火，今古文經學兩大派別的
對立隨之趨於消歇。一千多年之後，受學界復古風潮的影響，盛行於兩漢時期
的今文經說再度被發掘出來，成為清代今文學家自立其說的思想資源。在數千
年學術流變所造成的障壁與刻本時代文獻觀念的雙重作用下，清代今文經學
開始對古文經典產生懷疑並竭力攻擊，今古文經學的對立遂以疑偽和證真的
面貌呈現出來。今文學家在此期間所作的疑辨工作，為康有為、崔適等後來者
大規模、成體系地駁斥古文經學提供了學術基礎和思想誘因。

　　清代今文經學的復興在某種程度上是為了應對當時的社會危機，但其沒
有「新的著力點和新的資源」可以借用，〔註72〕所以只能借助復古尋找答案。
而經學本身的局限性基本決定了復古的方向與程度，使其很難突破傳統框架
去解決問題。如此一來，此前討論的問題便被再次擺到桌面上來，在新的歷史
語境中被重新加以審視。但無論如何，討論的天花板總是顯而易見的，這一點
至康有為時表現得更為明顯。自乾隆時期開始，考據漸成風氣。今文經學便是
帶著考據這把雙刃劍重回舞臺的。考據講求證據和事實，「『是非』要靠『真偽』
來支持」。〔註73〕此種背景下，今文經學的權威是靠指斥古文經典為偽確立起
來的。從莊述祖到廖平，他們不單單是從經解方面與古文經學爭勝，更欲直搗

〔註70〕廖平：《古學考》，舒大剛、楊世文主編：《廖平全集》第一冊，上海：上海古
　　　　籍出版社，2015年，第106、142、124頁。
〔註71〕王汎森：《從經學向史學的過渡——廖平與蒙文通的例子》，《歷史研究》2005
　　　　年第2期，第60頁。
〔註72〕葛兆光：《學術史講義——給碩士生的七堂課》，北京：商務印書館，2022年，
　　　　第20頁。
〔註73〕葛兆光：《學術史講義——給碩士生的七堂課》，北京：商務印書館，2022年，
　　　　第21頁。

古文經學的源頭。在此過程中，他們借助如《說文》《漢書》《史記》等經書之外的文獻，舉證說明古文經典的不可信。尤其值得注意的是，《史》《漢》的地位得到了提升，而且表現出了尊《史》抑《漢》的傾向。這些行為使經學中歷史性的一面得到了強化。按此邏輯，不僅古文經學的真偽存在問題，今文經學也需要經歷一番真偽的審查才能真正立住腳跟。但從結果來看，今文經學並沒有經受住這樣的考驗，它在將古文經學打倒在地的同時也埋葬了自己。從中應當看到，今文經學對古文經學的指控並非空口無憑，而是建立在學術證據之上。也就是說，經由今文經學強調而得以顯明化的劉歆造偽問題不僅僅是經學之爭的產物，同時也是文獻學尤其是史學領域內值得探討的問題，而判斷這一問題的標準就在於能否提供充足的證據。當然，證據是否充足以及之後因史學觀念的改變而不再以簡單的真偽觀來看待問題則是另一回事，但在傳統學術範疇內，劉歆是否造偽完全可以構成一個問題。從這一點上說，今古文經學的討論仍有一定的學術價值。

第二節　今文經學發現了什麼？

「假借經學以談政治」是今文學家治經的目的，〔註74〕其中不免牽扯到如何看待學術與政治之關係這一爭論不休的老問題。若借用顧頡剛對康有為那句令人耳熟能詳的評價來說，「康有為為適應時代需要而提倡孔教，以為自己的變法說的護符，是一件事；他站在學術史的立場上，打破新代出現的偽經傳又是一件事。我們不能從他們的兩件政治性的工作——篡位與變法——上面否定他們的兩件學術性的工作——表章古史和打破偽書。學問的目的與手段，本來可有兩種不同的成就」。〔註75〕讓學術的歸學術，政治的歸政治，是顧頡剛對待經學的基本態度。在這裡討論今文經學的發現，便是指今文經學的學術根據而言的。這不是以顧頡剛的態度為是，而是在今文經學那裏，學術本身的邏輯展開與政治影響下的學術邏輯本就纏繞在了一起。如果要透徹理解經學的生成與運作，便有必要理清這些混亂關係，盡可能地分出學政之間的合理層次。從顧頡剛以及與之具有同樣想法的學者所受到的批評來看，以上想法

〔註74〕周予同：《五十年來中國之新史學》，周予同著，朱維錚編校：《周予同經學史論》，上海：上海人民出版社，2010年，第365頁。

〔註75〕顧頡剛：《五德終始說下的政治和歷史》，顧頡剛編著：《古史辨》第五冊，上海：上海古籍出版社，1982年，第552頁。

似乎難以成立，或者說因帶有理想主義色彩而無法實現。以何種樣態進行呈現的確令人費神，而這不單單與所謂的學術生態有關，有時更需要藉重學術理論上的突破。

一、康有為的發現及其困惑

「歷史總是以現實的社會和政治標準衡量人。一個先知的預見不能成為事實，便得不到掌聲。」〔註76〕伴隨著康有為政治活動的失敗，其學說也逐漸退隱到歷史的角落中去了。下一代的知識分子「已開始譏嘲『南海聖人』的保守落伍」，「視康為老古董，實乃『五四』這一代人的普遍看法」。〔註77〕及至後來，康有為被視作封建地主階級的代表，其學術觀點順而遭到批判，甚至被貶得一文不值。康有為的形象隨著時代需要幾經變遷，無論毀譽，他都是「最具爭論性的人物之一」。〔註78〕「如果說康有為在中國近代學術史或思想史的書寫當中還能夠占得一席之地的話，那麼史學史範疇內似乎已經很難容得下他的位置。這種情形就好比是，雖然他一手點燃了照亮通往新史學之途的火把，自己卻因為『其文不雅馴，薦紳先生難言之』一類的原因，身影於是也重新被湮沒隱退到黑暗裏去了。」〔註79〕作為經學史上的名角，康有為在學術上的所作所為很大程度上與其政治活動糾纏在一起，他所受到的所謂不公平待遇也多半因其政治行為而起，進而牽連其學說。那麼問題在於，點燃新史學火把的康有為究竟有怎樣的學術發現？這些發現能否構成學術問題？它們為什麼會招致人們的不滿？在政治與學術之間，康有為的學術工作仍有重新審視的必要。

在關於康有為的種種評價中，以梁啟超的看法最具代表性，既有評價大多沒有超出梁啟超所論。他指出「今文學運動之中心，曰南海康有為」，「將兩漢今古文之全案，重提覆勘，則康有為其人也」，「然有為蓋斯學之集成者，非其創作者也」。〔註80〕康有為集今文經學之大成，再次掀起今古文之爭，將古文

〔註76〕蕭公權著，汪榮祖譯：《康有為思想研究》，北京：中國人民大學出版社，2014年，第24頁。

〔註77〕汪榮祖：《康有為論》，北京：中華書局，2006年，第156頁。

〔註78〕蕭公權著，汪榮祖譯：《康有為思想研究》，北京：中國人民大學出版社，2014年，第12頁。

〔註79〕李揚眉：《方法論視野中的「古史辨」派》，山東大學2005年博士學位論文，第76頁。

〔註80〕梁啟超著，俞國林校：《清代學術概論》，北京：中華書局，2020年，第129～131頁。

經典及其所載古史系統全部斥為劉歆偽造，開啟了對古文經學的全面懷疑，可謂今文經學運動的核心人物。加之此前尚有莊述祖、劉逢祿以及廖平等今文學家對古文經學的質疑作為鋪墊，古文經學的真偽問題逐漸成為經學界甚至史學界無法繞開的存在。如今來看，討論經典的真偽並不是一件太有意義的事情，甚至多少顯得有些過時了，但在當時的學術語境下，辨偽卻是學界主流之一，不僅為經學家所關注，同樣也是非經學家留意的問題。及至現代學術初創時期，這些問題被胡適、傅斯年以及顧頡剛等現代史學家接手，關於傳統文獻真偽的討論匯聚成一場運動，辨偽與如何書寫上古史遂直接掛鉤。而這一窮究真偽的學術高峰的形成，不得不說確實得到了今文經學的助力，其中康有為因其疑辨的徹底性與極端性尤為引人注目。

康有為對古文經學的質疑集中表現在《新學偽經考》《孔子改制考》兩本書中，現今關於康有為的爭議亦主要因這「兩考」而起。葛兆光指出，諸如《新學偽經考》《孔子改制考》等著述「恰恰導致了一個後果，就是經典的合法性，要靠歷史文獻學的考證來確立」。〔註81〕雖然「兩考」具有鮮明的政治指向，但它們均以文本考證的面貌呈現在人們面前，這是難以否認的事實，而引發爭議的焦點在於這些所謂的考證是否具有學術含量，或者說是否具有學術根據，這是需要繼續回答的問題。

長期以來，康有為始終被視作今文經學的代表，這一形象似乎已被固化。但其早年並不信從今文經學，而是「受古文經說」，〔註82〕「酷好《周禮》」，〔註83〕尊奉周公，致力於研習《說文》《爾雅》等偏於古文經學的經典，且對公羊學說頗不滿意。大致在第一次上書失敗後，即1888年前後，他才開始轉向今文經學，「切斷與經古文的任何關係」，〔註84〕進而改變了關於公羊學說的態度，對古文經學的攻訐也由此而起。康有為「對經學中今古文問題的轉變，是和其變法維新的政治實踐密切相聯的」，〔註85〕這是作為傳統經學家的康有

〔註81〕葛兆光：《學術史講義——給碩士生的七堂課》，北京：商務印書館，2022年，第22頁。

〔註82〕康有為：《重刻偽經考後序》，康有為著，朱維錚、廖梅編校：《新學偽經考》，上海：中西書局，2012年，第343頁。

〔註83〕梁啟超著，俞國林校：《清代學術概論》，北京：中華書局，2020年，第131頁。

〔註84〕蕭公權著，汪榮祖譯：《康有為思想研究》，北京：中國人民大學出版社，2014年，第35頁。

〔註85〕湯志鈞：《近代經學與政治》，北京：中華書局，1989年，第169頁。

為面對時局變化所作出的正常反應。借由康有為的經歷可以看到，這種貼標籤式的敘述方式在便利研究的同時，的確不利於呈現研究對象本身的複雜性，尤其對於廖平、康有為這類思想多變的學者來說，實在很難用幾個標籤進行概括。但如何調和這種宏觀概述與微觀敘事之間的矛盾，似乎尚沒有更好的方式。

發表於 1891 年的《新學偽經考》便是康有為改換立場之後對其學說的首次系統表達。關於此書主旨，朱維錚已有簡要的說明：「《新學偽經考》的邏輯很簡單。康有為首先設定：清朝尊信的儒家經籍，大部分不是孔子的本經，而是劉歆為幫助王莽篡漢編造的『偽經』；清朝服膺的漢學，也根本不是孔子的真傳，而是劉歆替新莽統治尋找合法依據，變亂孔子之道的『新學』。」〔註 86〕朱維錚的意思很明確，康有為是預設先行，所有論證皆服務於其預設。既是先有成見橫梗於心，便「往往不惜抹殺證據或曲解證據，以犯科學家之大忌」。〔註 87〕這是康有為治學最受詬病的一點。對於此書要點，梁啟超將其概括為以下五點：「一：西漢經學，並無所謂古文者，凡古文皆劉歆偽作；二：秦焚書，並未厄及六經，漢十四博士所傳，皆孔門足本，並無殘缺；三：孔子時所用字，即秦漢間篆書，即以『文』論，亦絕無今古之目；四：劉歆欲彌縫其作偽之跡，故校中秘書時，於一切古書多所屬亂；五：劉歆所以作偽經之故，因欲佐莽篡漢，先謀湮亂孔子之微言大義。」〔註 88〕梁啟超的概括已經較為全面，無須再作補充。總而言之，《新學偽經考》遍考群經真偽，意在證明古文經籍及其所載古史系統皆出於劉歆偽造，應當黜「劉歆之偽」以昭「孔子之道」。〔註 89〕

在錢玄同看來，《新學偽經考》「最重大的發明有二點：（1）秦焚《六經》未嘗亡缺；（2）河間獻王及魯共王無得古文經之事」。〔註 90〕錢玄同向來推崇康有為之說，這為他引來了不少批評，而且至今仍有餘音，如黃開國便認為錢玄同對康有為「作出了帶有明顯偏袒的褒獎，缺乏公允的評判，更沒有合理的

〔註 86〕朱維錚：《導言》，康有為著，朱維錚、廖梅編校：《新學偽經考》，上海：中西書局，2012 年，第 8 頁。

〔註 87〕梁啟超著，俞國林校：《清代學術概論》，北京：中華書局，2020 年，第 132 頁。

〔註 88〕梁啟超著，俞國林校：《清代學術概論》，北京：中華書局，2020 年，第 132 頁。

〔註 89〕康有為著，朱維錚、廖梅編校：《新學偽經考》，上海：中西書局，2012 年，第 2 頁。

〔註 90〕錢玄同：《重論經今古文學問題（方國瑜標點本〈新學偽經考〉序）》，顧頡剛編著：《古史辨》第五冊，上海：上海古籍出版社，1982 年，第 30 頁。

批評」。〔註91〕但錢玄同對《新學偽經考》的這一判斷倒是準確指出了此書的要害。這兩點能否被稱作「最重大的發明」或可商榷，但對康有為來說，它們確實是「最重大的發明」，更是其說賴以成立的支柱，而所謂其學術上的核心發現也主要是由這兩點而來。

正如康有為所言，「以《史記》為主，遍考《漢書》而辨之」是其證成觀點所採用的主要方式。〔註92〕避開經學內部的經說之爭，轉道去比較《史》《漢》之間的異同，如此一來，古文經學便不再是一經接著一經被打倒，而是作為一個整體轟然倒塌，這是康有為集大成之所在，也是他最得意的地方。雖然借助《史》《漢》等史部文獻來說明古文經典為偽的做法並不始於康有為，前述劉逢祿即已以此證明《左傳》不可信，但系統運用這一方法全面否定古文經學卻是由康有為來完成的。

根據康有為的邏輯，「所謂『秦焚，六經未嘗亡缺』一說，是《新學偽經考》全書立論的出發點」，所以他將此篇作為《新學偽經考》的第一篇。正如朱維錚質疑的那樣：「倘若此說站不住腳，後面的文章能做下去嗎？即使做下去，能不陷入經今古文學爭論的泥沼嗎？」康有為「截斷眾流」，認定「真正薈萃孔子原教旨的六經從來沒有失散過」，這是他對抗古文經學的底牌。〔註93〕為了證明此說，他從《史》《漢》中精心挑選了十八條史料，其中有十五條出自《史記》，餘下的三條則出自《漢書》，最後從所列史料中總結出了八大證據，力圖將「秦焚六經未嘗亡缺」作成「鐵案」。〔註94〕在這些史料證據中，最關鍵的一條出自《史記・秦始皇本紀》，即「非博士官所職，天下敢有藏《詩》、《書》、百家語者，悉詣守、尉雜燒之」。〔註95〕後來關於秦焚六經是否亡缺的爭論亦主要圍繞這段史料展開，對此的不同解讀使得爭論難以調和。在康有為看來，且不論六經中秘本、讀本以及口傳本均未亡缺，僅此監本或官本不缺，便足以證明六經之完整性。他視此為鐵證，認定除非重寫《史記》，否則這些白紙黑字就難被推翻。與此同時，他也發現了《史記》文本的內部矛盾。雖然《秦始皇本紀》

〔註91〕黃開國：《清代今文經學新論》，北京：人民出版社，2017年，第527頁。
〔註92〕康有為：《重刻偽經考後序》，康有為著，朱維錚、廖梅編校：《新學偽經考》，上海：中西書局，2012年，第344頁。
〔註93〕朱維錚：《康有為和朱一新》，《音調未定的傳統》，北京：中信出版社，2018年，第292頁。
〔註94〕康有為著，朱維錚、廖梅編校：《新學偽經考》，上海：中西書局，2012年，第5、14頁。
〔註95〕司馬遷：《史記》卷六《秦始皇本紀》，北京：中華書局，1959年，第255頁。

可以提供六經不曾亡缺的證據，但《儒林列傳》卻說「及至秦之季世，焚《詩》《書》，坑術士，《六藝》從此缺焉」，[註96] 這顯然與《秦始皇本紀》衝突，更妨礙康有為證成己說。對此，他將這些不利於自己的證據解釋為劉歆偽竄。以此類推，凡是《漢書‧藝文志》《楚元王傳》《儒林傳》等中的「學殘文缺」「書缺簡脫」「六學從此缺矣」等字樣，[註97] 均被康有為說成是劉歆所竄入，更何況這些篇目本就與劉歆關係密切，這讓康有為更加堅定了自己的看法。

在康有為的邏輯中，既然「六經未嘗亡缺」，那麼所謂古文經典便純屬子虛烏有，不僅文獻中關於古文經典的記載皆為劉歆偽造，而且現存的古文經本亦出於劉歆偽造。總之，凡與古文經學相關的一切，劉歆都脫不了干係。其實，當康有為得出「六經未嘗亡缺」的結論時，其中便暗含了古文經典為偽的判斷，但他仍通過比較《史》《漢》異同，進一步從文本層面坐實了這一點。在此過程中，康有為借助三條核心發現達到了目的。其一，有關河間獻王發現古文經書一事，《史記》缺載而《漢書》有載。康有為先引《史記‧五宗世家》：「河間獻王德，以孝景帝前二年用皇子為河間王。好儒學，被服造次必於儒者。山東諸儒多從之遊。二十六年卒。」[註98] 又引《漢書‧景十三王傳》作為對比：「獻王所得書皆古文先秦舊書，《周官》、《尚書》、《禮》、《禮記》、《孟子》、《老子》之屬，皆經傳說記，七十子之徒所論。其學舉六藝，立《毛氏詩》、《左氏春秋》博士。」[註99] 由此，《史》《漢》在河間獻王發現古文經書這一問題上記載不一。其二，有關魯共王發現古文經一事，《史記》缺載而《漢書》有載。康有為仍先據《史記‧五宗世家》：「魯共王餘，以孝景前二年用皇子為淮陽王。二年，吳楚反破後，以孝景前三年徙為魯王。好治宮室苑囿狗馬。季年好音，不喜辭辯。為人吃。二十六年卒。」[註100] 之後引《漢書‧景十三王傳》《楚元王傳》《藝文志》作為比較，其中分別提到「恭王初好治宮室，壞孔子舊宅

〔註96〕 司馬遷：《史記》卷一百二十一《儒林列傳》，北京：中華書局，1959年，第3116頁。

〔註97〕 班固：《漢書》卷三十《藝文志》，北京：中華書局，1962年，第1701頁；班固：《漢書》卷三十六《楚元王傳》，北京：中華書局，1962年，第1969頁；班固：《漢書》卷八十八《儒林傳》，北京：中華書局，1962年，第3592頁。

〔註98〕 司馬遷：《史記》卷五十九《五宗世家》，北京：中華書局，1959年，第2093～2094頁。

〔註99〕 班固：《漢書》卷五十三《景十三王傳》，北京：中華書局，1962年，第2410頁。

〔註100〕 司馬遷：《史記》卷五十九《五宗世家》，北京：中華書局，1959年，第2095頁。

以廣其宮，聞鍾磬琴瑟之聲，遂不敢復壞，於其壁中得古文經傳」「及魯恭王壞孔子宅，欲以為宮，而得古文於壞壁之中，《逸禮》有三十九，《書》十六篇」「武帝末，魯共王壞孔子宅，欲以廣其宮，而得《古文尚書》及《禮記》、《論語》、《孝經》凡數十篇，皆古字也」。〔註101〕從中可見，《史》《漢》對於魯共王發現古文經書的記載亦存在很大差異。其三，有關《費氏易》《毛詩》《逸禮》等古文經書，《史記》缺載而《漢書》有載。康有為根據《史記·孔子世家》《儒林列傳》《太史公自序》指出，「其《詩》，……傳之有齊、魯、韓三家，無所謂《毛詩》者。其《書》，上紀唐、虞之際，無《舜典》，但有伏生今文二十八篇。……其《禮》，唯有高堂生所傳十七篇，而無《逸禮》三十九篇，……其《易》，……傳授人自商瞿至田何，再傳至楊何，無所謂古文費氏也」。〔註102〕複檢《史》《漢》可知，以上發現均可以成立。

　　根據前兩條發現，康有為提出了一個疑問，既然「天下遺文古事靡不畢集太史公」，〔註103〕那麼倘若河間獻王與魯共王「有搜遺經之功，立博士之典，史遷尊信六藝，豈容遺忽」？〔註104〕對此，他解釋為《漢書》所載河間獻王與魯共王發現古文經書等事出於劉歆偽造，其中牽扯進來的古文經書如《古文尚書》《毛詩》《周禮》《逸禮》《左傳》等亦皆劉歆偽造。至此，按照康有為的意思，《史記》中不應出現與河間獻王、魯共王有關之古文經書的記載。但結闔第三條發現可以看到，《史記》中卻出現了與河間獻王、魯共王有關之《古文尚書》《周禮》《左傳》等古文經書的記錄，這便與康有為的邏輯發生了衝突。為了自圓其說，康有為仍將這些記載歸罪於劉歆竄入。就《古文尚書》而言，康有為指出《史記·儒林列傳》所載「孔氏有古文《尚書》，而安國以今文讀之，因以起其家。逸《書》得十餘篇，蓋《尚書》滋多於是矣」一句，〔註105〕

〔註101〕班固：《漢書》卷五十三《景十三王傳》，北京：中華書局，1962 年，第 2414 頁；班固：《漢書》卷三十六《楚元王傳》，北京：中華書局，1962 年，第 1969 頁；班固：《漢書》卷三十《藝文志》，北京：中華書局，1962 年，第 1706 頁。

〔註102〕康有為著，朱維錚、廖梅編校：《新學偽經考》，上海：中西書局，2012 年，第 27 頁。

〔註103〕司馬遷：《史記》卷一百三十《太史公自序》，北京：中華書局，1959 年，第 3319 頁。

〔註104〕康有為著，朱維錚、廖梅編校：《新學偽經考》，上海：中西書局，2012 年，第 18 頁。

〔註105〕司馬遷：《史記》卷一百二十一《儒林列傳》，北京：中華書局，1959 年，第 3125 頁。

是「劉歆竄亂以惑人者」。〔註106〕他提出兩點疑問來佐證自己的判斷。一方面，若孔氏所傳《古文尚書》是魯共王壞壁所得，但當時另有河間獻王所得之《書》，為何司馬遷不記載這些事且不言二者之異同？另一方面，孔安國「兄延年、延年子霸、霸子光，世治《尚書》，應傳《古文》。而劉歆欲立《古文尚書》」，〔註107〕為什麼孔光不肯相助？孔安國傳《古文尚書》至倪寬，而且司馬遷嘗從孔安國問故，為何倪寬與司馬遷卻不見逸《書》之文？再就《周禮》來說，康有為認為「《周官》一篇，《史記》自《河間獻王世家》、《儒林傳》皆不著。一部《史記》無之，唯《封禪書》有此二字，其為歆竄入何疑焉」。〔註108〕翻檢《史記》發現，除《封禪書》外，《周本紀》中亦載有《周官》一名：「既絀殷命，襲淮夷，歸在豐，作《周官》。」〔註109〕此處雖然被康有為遺漏，但不會對其論斷產生實質性影響。至於《左傳》，康有為稱《史記・十二諸侯年表》所載「魯君子左丘明懼弟子人人異端，各安其意，失其真，故因孔子史記具論其語，成《左氏春秋》」一語是劉歆竄入。〔註110〕對此，他同樣表示了困惑，假如《左傳》傳《春秋》，為何司馬遷在《儒林列傳》中只言《公羊》《穀梁》而忽略《左傳》？綜上所述，若擱置康有為給出的關於劉歆造偽的解釋，單就其提出的種種質疑來看，不能不說這些疑問確實有一定道理，是可以成為問題的。

經由比較《史》《漢》異同，在證成「秦焚六經未嘗亡缺」以及「河間獻王與魯共王無得古文經之事」後，康有為基本達成了全盤否定古文經學的目標。以此為基礎，他向古文經學的古史系統發起了攻擊。因為《史記》原本只有《五帝本紀》而沒有《三皇本紀》，《三皇本紀》為司馬貞補撰而非出自司馬遷之手，是故康有為說到「今學無『三皇』名，……史遷獨載五帝，不記三皇。……司馬貞且補撰《三皇本紀》」。〔註111〕而且《五帝本紀》所載五帝的

〔註106〕康有為著，朱維錚、廖梅編校：《新學偽經考》，上海：中西書局，2012 年，第 28 頁。

〔註107〕康有為著，朱維錚、廖梅編校：《新學偽經考》，上海：中西書局，2012 年，第 30 頁。

〔註108〕康有為著，朱維錚、廖梅編校：《新學偽經考》，上海：中西書局，2012 年，第 33～34 頁。

〔註109〕司馬遷：《史記》卷四《周本紀》，北京：中華書局，1959 年，第 133 頁。

〔註110〕司馬遷：《史記》卷四《周本紀》，北京：中華書局，1959 年，第 509～510 頁。

〔註111〕康有為著，朱維錚、廖梅編校：《新學偽經考》，上海：中西書局，2012 年，第 149～150 頁。

順序為黃帝、顓頊、帝嚳、堯、舜而無少昊，康有為因而指出「《史記・五帝本紀》，依《五帝德》、《帝繫姓》而作。古文如《周官》、《左傳》、《國語》，則添出伏犧、神農、少昊，與《史記》大相違謬，何為忽以『古文』為『近是』，得無自相矛盾乎？其添設之跡，不攻自破」。〔註112〕他據此提出質疑，若三皇與少昊之說確實可信，為何司馬遷不設《三皇本紀》？又為何司馬遷不將少昊列於五帝之中？由此，對於《史記》中出現的三皇尤其是少昊一名，如「少皞氏有不才子」「少皞氏之衰也」「自以為主少皞之神」等，〔註113〕康有為一律視之為劉歆竄入。可以說其論證邏輯非常簡單，即一切以《五帝本紀》所載五帝序列為標準，凡與此不合者，皆為劉歆所竄。雖然這一論證方式存在種種漏洞，但又不得不承認，康有為的困惑同樣可以成為問題。

依據其說，「在今文家的歷史裏，五帝只是黃帝、顓頊、帝嚳、堯、舜，沒有少皞。在古文家的歷史裏，顓頊之上添出了一個少皞，又把伏羲、神農一起收入，使得這個系統裏有八個人，可以分作三皇、五帝，來證實《周禮》裏的『三皇、五帝』」，〔註114〕古文學家的做法是「變亂五帝之說，以與今文家為難」。〔註115〕細究起來，這一說法倒也很有意思。古文學家「與今文家為難」，將古史系統由五帝改為三皇五帝，其中位列五帝的人物也發生了變化。但無論今古文經學如何對立，它們的本質是相同的，其爭論都屬於經學內部的鬥爭。那麼，既然古文經學可以「變亂五帝之說」，何以證明今文經學的權威性呢？若說古文經學古史系統的存在是一種「變亂」意義上的建構，今文經學的古史系統又何嘗不是如此？今古文經學本是同根而生，當一方拉踩另一方時，表面上是其中一方取得了勝利，但實際上取得勝利的一方也在無形中充當了自己的掘墓人。按此邏輯，如果經學內部兩套古史系統的真偽由其中一方提出質疑，那麼整個經學體系的可信性都將受到衝擊，經學所承

〔註112〕康有為著，朱維錚、廖梅編校：《新學偽經考》，上海：中西書局，2012年，第31頁。

〔註113〕司馬遷：《史記》卷一《五帝本紀》，北京：中華書局，1959年，第36頁；司馬遷：《史記》卷二十六《曆書》，北京：中華書局，1959年，第1257頁；司馬遷：《史記》卷二十八《封禪書》，北京：中華書局，1959年，第1358頁。

〔註114〕顧頡剛：《中國上古史研究講義》，《顧頡剛古史論文集》卷三，北京：中華書局，2011年，第85頁。

〔註115〕康有為著，朱維錚、廖梅編校：《新學偽經考》，上海：中西書局，2012年，第38頁。

載的歷史事實要想再度得到人們的信任已然絕非易事。當然，勝利者從來不
會這樣認為，正如極端自信的康有為絕對不會相信自己對古文經學的質疑會
成為壓倒自己的最後一根稻草，甚至還很得意於自己的傑作，並且堅信自己
掌握了真理話語權。

　　為學界公認的是，如果說《新學偽經考》從事的是「『破』的工作」，那麼
《孔子改制考》則專注於「『立』的工作」。〔註116〕既然古文經學不可信，那
麼承載孔子之道的今文經學自當得到彰顯，《孔子改制考》即由此而成。此書
的要點在於，「凡六經皆孔子所作，昔人言孔子刪述者誤也，孔子蓋自立一宗
旨而憑之以進退古人、去取古籍。孔子改制，恒託於古。堯舜者，孔子所託也。
其人有無不可知，即有，亦至尋常，經典中堯舜之盛德大業，皆孔子理想上所
構成也。又不惟孔子而已，周秦諸子罔不改制，罔不託古」。簡而言之，即「真
經之全部分為孔子託古之作」。〔註117〕

　　為了證成這一點，康有為依舊採取了兩步走的策略，文獻互證仍然是其採
用的主要方式。首先，說明「上古茫昧無稽」。〔註118〕與《秦焚六經未嘗亡缺
考》在《新學偽經考》中的地位一樣，《上古茫昧無稽考》作為《孔子改制考》
的首篇，同樣是全書立論的總前提，如果這一點立不住，後面的二十篇將難以
立足。康有為引《論語》《荀子》《史記》等經子史部文獻，以其中所載上古三
代文獻不足徵以及上古三代之史不可信等語，來證明「上古茫昧無稽」。其次，
指出諸家有託古之事且所載古制有別。根據《淮南子》《孟子》《史記》等子經
史部文獻的相關記載，可以看到託古乃諸家常事。又據《韓非子》《史記》《論
語》等子史經部文獻之記載，可見諸家所載同一古制或古史存在較大出入。其
中，比較典型的一例見於《韓非子‧顯學》，其言「孔子、墨子俱道堯、舜，
而取捨不同，皆自謂真堯、舜。堯、舜不復生，將誰使定儒、墨之誠乎？殷、
周七百餘歲，虞、夏二千餘歲，而不能定儒、墨之真，今乃欲審堯、舜之道於

〔註116〕周予同：《中國經學史講義》，周予同著，朱維錚編校：《周予同經學史論》，
　　　　上海：上海人民出版社，2010年，第627～628頁。對於這一點，湯志鈞、
　　　　黃開國等學者均有論及。參見湯志鈞：《近代經學與政治》，北京：中華書局，
　　　　1989年，第179頁；黃開國：《清代今文經學新論》，北京：人民出版社，2017
　　　　年，第534頁。
〔註117〕梁啟超著，俞國林校：《清代學術概論》，北京：中華書局，2020年，第133
　　　　～134頁。
〔註118〕康有為著，姜義華、張榮華編校：《孔子改制考》，北京：中國人民大學出版
　　　　社，2010年，第4頁。

三千歲之前，意者其不可必乎」。〔註119〕經過覆核可知，以上證據均符合文本事實。康有為據此指出，既然「上古茫昧無稽」，為何六經與諸子文獻能夠詳記古制？又為何諸家文獻所載古制不一？對此，他認為凡諸家文獻所載古制，皆是諸家依據各自的宗旨託古而成，如其談到「百家所稱，出於假託」「惟其不詳，故諸子得以紛紛假託，或為神農之言，或多稱黃帝，或法夏，或法周，或稱三代」「改制託古，當時諸子皆然」等。〔註120〕經由這兩步，諸子託古改制尤其是孔子託古改制之說呼之欲出。需要注意的是，在康有為的觀念中，託古與造偽之間似乎不能劃上等號。對於諸子與孔子的改制行為，康有為使用的是託古而非造偽，但他卻用造偽一詞來呈現劉歆的改制活動，認為劉歆「偽為鍾鼎，假託金絲，造作古文，遍偽傳記」，〔註121〕這種矛盾現象令他難以自圓其說。當然，作為經學家的康有為並不認為這是一種矛盾，託古與造偽的微妙分野或許恰恰是他構築自己經學王國的重要憑藉。

　　除此之外，康有為還發現經部與子部文獻所載諸家所傳經典可能同出一源，但這些經典的內容存在歧異。他比較諸家文獻以證之，以墨子為例，說到「言禹治水，與《禹貢》同意異名。文王則與《康誥》、《孟子》有相同者，詞則迥異。是墨子之《書經》與儒教之《書經》不同也。『雖有周親，不如仁人』四語，與《論語》同。此二家採集古書並同處，必確為古書語矣」；又提到「《泰誓》、《禹誓》、《湯說》、《周詩》皆墨子之《詩》、《書》也，與孔子之《詩》、《書》同，而刪定各異，以行其說」；還談到「墨子攻孔子『立命』之說，引《書》為證。而今《書》則頻稱天命，足見墨子之《書》亦墨子刪改而成，其言皆託古墨子之《書》，而非三代之《書》」。〔註122〕就先秦典籍而言，在同一類文獻下，不同文本之間的同源問題仍為現代學者所關注。康有為指出這一點，以此作為諸家託古改制的證據，是為其政治目的張目，而並沒有準備沿著學術路徑繼續研究此問題，更沒有打算給出史學層面的解釋，在努力的方向上與現代史學背道而馳。雖說其出發點和落腳點帶有強烈的政治色彩，但不能因

〔註119〕　王先慎撰，鍾哲點校：《韓非子集解》卷十九《顯學》，北京：中華書局，1998年，第457頁。

〔註120〕　康有為著，姜義華、張榮華編校：《孔子改制考》，北京：中國人民大學出版社，2010年，第8、146頁。

〔註121〕　康有為著，姜義華、張榮華編校：《孔子改制考》，北京：中國人民大學出版社，2010年，第8頁。

〔註122〕　康有為著，姜義華、張榮華編校：《孔子改制考》，北京：中國人民大學出版社，2010年，第57～58、65頁。

此否認其觀點本身所表現出的問題意識，以及隱藏在其政治主張背後的學術內核。

無論是《新學偽經考》還是《孔子改制考》，它們都是用「經史考證形式寫成的著作」。〔註123〕所謂承襲乾嘉考據學的遺風，發展至康有為時期的今文經學，也不免呈現出某種碎片化與內卷化的趨向。借助《史》《漢》等史部文獻衡量、裁斷經學問題以及對文本、字句的窮究，都在康有為這裡得到了更為鮮明的體現。不必刻意替康有為遮掩或是辯護，他的確可以為了達到政治目的而犧牲一部分學術，也可以先有預設而後遍尋史料，但這與其觀點是否具有學術價值是兩回事。周予同曾指出，康有為「荒謬的行動自有其學術上的根據」。〔註124〕以上所談康有為的發現與困惑，便主要是就其「學術上的根據」來說的。無論如何，康有為都不是在嚮壁虛造。正是文獻本身確實存在的種種問題，為康有為的解釋提供了空間。換句話說，以經學或前現代的認識邏輯而言，康有為考證結論也具有成立的可能，即便這一可能在現在看來頗為荒謬，但其從史料中來卻是事實。其實，康有為的解釋究竟是否荒謬也可以打上一個問號，這一問題直到現在也並沒有得到徹底解決，反而更多地是被置換或取消掉了。

康有為的發現並不完全是其原創。就《新學偽經考》來說，覆按「那些浩繁引證的結果，發現它們不是襲自龔自珍、魏源、廖平，便是襲自劉逢祿、陳壽祺、陳喬樅、顧懷三、侯康等的著作」。〔註125〕其發現也不是創新意義上的發明，而是有選擇性的文本事實的再整合與再呈現。在此過程中，他確實存在為了證成自己的預設而不惜曲解證據的做法，這也導致其有些觀點難以成立。但自劉逢祿至康有為，他們都對特定文本抱有極大的興趣，比如引《漢書・王莽傳》《儒林傳》《楚元王傳》等以證《左傳》為偽。對上述文本的再發現與再解釋，起到了引導人們去反思既有文本觀念的作用，因而從其所揭示的問題中也能看到現代學術的影子。處於大變局時代的康有為並不是一位泥古的學者，對進化論的接受讓其上古茫昧無稽說以及對古史系統的破壞多了一層科學的加持，但從傳統中走來的他依然選擇了以傳統方式解決傳統問題。汪榮祖曾評

〔註123〕朱維錚：《康有為和朱一新》，《音調未定的傳統》，北京：中信出版社，2018年，第285頁。

〔註124〕周予同：《康有為與章太炎》，周予同著，朱維錚編校：《周予同經學史論》，上海：上海人民出版社，2010年，第72頁。

〔註125〕朱維錚：《導言》，康有為著，朱維錚、廖梅編校：《新學偽經考》，上海：中西書局，2012年，第7頁。

論康有為「在堡壘之內攻堅，自然會導致整個堡壘的動搖，及其最後的崩潰」，〔註126〕而這些發現正是其攻破堡壘的武器。

二、皮錫瑞與崔適的回應

相較於中規中矩的觀點，偏激的見解更能博人眼球，康有為便因此而獲得了更多關注。在其光輝之下，其餘的今文學家似乎受到了冷落而被擱置一旁。從集大成的角度來講，康有為的看法的確最具典型性，然而他終歸無法代表其他學者。前有劉逢祿、廖平等開路，後有皮錫瑞、崔適等殿後，康有為的觀點雖然極端，但也並非異例。作為一個群體，今文學家們的共識部分地體現在康有為的發現中。康有為之後，皮錫瑞和崔適等今文學家並沒有停止對古文經學的攻擊，他們同樣採取了文獻互證的方式，所得發現亦與康有為頗為相似。但在皮錫瑞那裏，他並沒有根據這些發現給出劉歆造偽的解釋，這是他與康有為、崔適等最大的不同。在今文學家內部，一致的發現卻導向了不同的解釋，這些解釋能否令人信服自然成為問題，但這與他們的發現能否成立是兩回事。相比於康有為與廖平，學界關於皮錫瑞和崔適的研究還尚顯薄弱，這裡也只是僅就其發現試作分析。

周予同在為《經學歷史》作注時談到所面臨的一個難題是，皮錫瑞的生卒、師友以及學術傳授「竟無法查考」。〔註127〕這麼多年過去了，學界對此問題的推進依舊滯緩，這固然是因為皮錫瑞留下的記錄確實有限，但更多地反映出皮錫瑞研究在整個經學史研究中的邊緣地位。就皮錫瑞的學術而言，《經學歷史》與《經學通論》依舊是最受人關注的兩部著作，其對古文經學的態度也在其中得到了較為全面的呈現。

既然清代今文學家欲「復西漢之古」，〔註128〕那麼《史記》的地位自會得到抬升。在皮錫瑞看來，「《太史公書》成於漢武帝時經學初昌明、極純正時代，間及經學，皆可信據」，〔註129〕是故其關於古文經學的判斷多依此立論。據《史記·儒林列傳》所載「言《詩》於魯則申培公，於齊則轅固生，於燕則韓太傅。言《尚書》自濟南伏生。言《禮》自魯高堂生。言《易》自菑川田生。言《春

〔註126〕汪榮祖：《康有為論》，北京：中華書局，2006 年，第 154 頁。
〔註127〕周予同：《序言》，皮錫瑞著，周予同注釋：《經學歷史》，北京：中華書局，2011 年，第 8 頁。
〔註128〕梁啟超著，俞國林校：《清代學術概論》，北京：中華書局，2020 年，第 22 頁。
〔註129〕皮錫瑞著，周予同注釋：《經學歷史》，北京：中華書局，2011 年，第 58 頁。

秋》於齊魯自胡毋生，於趙自董仲舒」等語，〔註130〕他指出「史遷當時蓋未有《毛詩》、《古文尚書》、《周官》、《左氏》諸古文家也」。〔註131〕對此，皮錫瑞比較《史》《漢》後再次發現，關於毛公與《毛詩》，《史記》缺載而《漢書》有載。其言「《史記》不及毛公，若毛公為六國時人，所著有《毛詩故訓傳》，史公無緣不知。……《漢書·藝文志》雖列《毛詩》與《毛詩故訓傳》，而云：『與不得已，魯最為近之。三家皆立於學官。又有毛公之學，自謂子夏所傳，而河間獻王好之，未得立。』『自謂』者，人不謂然也。……《漢志》但云『毛公之學』，不載毛公之名，亦無大、小毛公之分」。〔註132〕而關於《尚書》之傳授，同樣是《史記》缺載而《漢書》有載：「謂今、古文以《尚書》為最糾紛難辨者，太史公時，《尚書》立學者惟有歐陽，太史公未言受《書》何人。《史記》引《書》多同今文，而《漢書·儒林傳》云：『司馬遷從安國問故，遷書載《堯典》、《禹貢》、《洪範》、《微子》、《金縢》諸篇多古文說。』然則《史記》引《書》為歐陽今文乎，抑安國古文乎？」〔註133〕至於《左傳》，皮錫瑞大致認同劉逢祿之說，據《史記》認為《左傳》本不傳《春秋》，解經自劉歆始。他說到「《史記》稱《左氏春秋》，不稱《春秋左氏傳》，蓋如《晏子春秋》、《呂氏春秋》之類，別為一書，不依傍聖經。……據歆傳，劉歆以前，《左氏》傳文本不解經，故博士以為《左氏》不傳《春秋》」。〔註134〕在《周禮》問題上，他也注意到了《漢書·景十三王傳》所載「獻王所得書皆古文先秦舊書，《周官》、《尚書》、《禮記》、《孟子》、《老子》之屬，皆經傳說記」一語，〔註135〕同時「考之《藝文》所志，在當時所有之書，則實有《周官經》六篇、《周官傳》四篇」，但與康有為不同的是，皮錫瑞以此認為《漢書》中與《周禮》相關的記載「必非歆可預造」且「必非襲劉歆語」，否認了劉歆造偽說。〔註136〕

〔註130〕司馬遷：《史記》卷一百二十一《儒林列傳》，北京：中華書局，1959 年，第3118 頁。

〔註131〕皮錫瑞著，周予同注釋：《經學歷史》，北京：中華書局，2011 年，第41 頁。

〔註132〕皮錫瑞著，吳仰湘點校：《經學通論》，北京：中華書局，2017 年，第 173～174 頁。

〔註133〕皮錫瑞著，吳仰湘點校：《經學通論》，北京：中華書局，2017 年，第 68 頁。

〔註134〕皮錫瑞著，周予同注釋：《經學歷史》，北京：中華書局，2011 年，第 51 頁。

〔註135〕班固：《漢書》卷五十三《景十三王傳》，北京：中華書局，1962 年，第 2410 頁。

〔註136〕皮錫瑞著，吳仰湘點校：《經學通論》，北京：中華書局，2017 年，第 314 頁。

　　循康有為之例，皮錫瑞的發現同樣成立。關於發現古文經典一事，為什麼《史記》缺載而《漢書》有載？這是他與康有為共同的困惑。經由比較《史》《漢》異同，皮錫瑞對古文經學的質疑僅到古文經典不可信、「不盡可信」這一層面為止，〔註137〕並沒有指向劉歆造偽。他相信孔壁真古文和中秘真古文的存在，只是孔壁真古文或被赤眉之亂所毀，而中秘真古文則自劉向校書後不復見：「予謂中古文即不偽，而自劉向校書之後不復見。孔氏所獻壁中真古文疑已為赤眉之亂所毀，都尉朝傳至桑欽者，乃孔氏家之副本也。『中外相應』，語出劉歆，不足據。」〔註138〕經書是否「純正」是其衡量今古文經學是否可信的重要尺度。皮錫瑞站在今文經學的立場上，認為後出的古文經書原本不解經，只是被劉歆用作「創通古文」的依據，〔註139〕遠遠不如今文經學純正，故而無論治學還是治世，今文經學才是最佳選擇。

　　比康有為有過之而無不及的是崔適。作為「清末今文學派最後的經學家」，〔註140〕崔適「繼康《偽經考》的研究，著《春秋復始》，說《穀梁》也是古文；又著《史記探原》說《史記》是今文學，其所以雜有古文說，全由劉歆的竄亂，作為他自己主張古文經傳的根據」。〔註141〕與康有為的經歷相似，崔適起初本不「專宗今文」，而是「本宗鄭學，不分今古」，〔註142〕之後改從今文經學還是受到了《新學偽經考》的影響，所撰《史記探源》便是承此影響的產物。錢玄同曾說「對於《新學偽經考》因仔細研究的結果而極端尊信，且更進一步而發揮光大其說者，以我所知，唯有先師崔觶甫（適）先生一人」。〔註143〕根據《史記探源》的情況來看，這一判斷是契合於事實的。無論是從方法還是從內容上，該書都比《新學偽經考》更進一步。〔註144〕

〔註137〕皮錫瑞著，吳仰湘點校：《經學通論》，北京：中華書局，2017年，第191頁。
〔註138〕皮錫瑞：《古文尚書冤詞平議》，《四庫未收書輯刊》第4輯第3冊，北京：北京出版社，2000年，第740頁。
〔註139〕皮錫瑞著，周予同注釋：《經學歷史》，北京：中華書局，2011年，第100頁。
〔註140〕周予同：《五十年來中國之新史學》，周予同著，朱維錚編校：《周予同經學史論》，上海：上海人民出版社，2010年，第369頁。
〔註141〕周予同：《經今古文學》，周予同著，朱維錚編校：《周予同經學史論》，上海：上海人民出版社，2010年，第14～15頁。
〔註142〕錢玄同：《重論經今古文學問題（方國瑜標點本〈新學偽經考〉序）》，顧頡剛編著：《古史辨》第五冊，上海：上海古籍出版社，1982年，第24、23頁。
〔註143〕錢玄同：《重論經今古文學問題（方國瑜標點本〈新學偽經考〉序）》，顧頡剛編著：《古史辨》第五冊，上海：上海古籍出版社，1982年，第23頁。
〔註144〕朱浩毅指出「顧頡剛認為康有為並未體會到『劉歆竄入少皞』此舉的背後是

　　《史》《漢》異同比較亦是崔適證明古文經典為偽的主要方式。據此，他也發現關於河間獻王與魯共王得古文經書一事，《史記》缺載而《漢書》有載：「各本中云『《詩》《書》所以復見者，多藏人家』。此劉歆語也，指魯國孔壁、河間國民間所藏古文經傳而言，然《五宗世家》不載，則此言無徵矣。」〔註145〕崔適提出的兩點疑問與康有為一致，認為「《漢書》言獻王從民間得善書，皆古文先秦舊書《周官》、《尚書》、《禮》、《禮記》之屬，立《毛氏詩》、《左氏春秋》為博士。然則《藝文志》言武帝末魯共王壞孔子壁，得《古文尚書》，《劉歆傳》言《左傳》亦出孔壁。與獻王得自民間者為一耶，為二耶？如以為一，則獻王卒於元光五年，未及武帝末，孔壁未壞，民間何自得之？如以為二，則未出孔壁，早布民間，何得謂之中秘書」。〔註146〕針對這一點，他也給出了劉歆偽造古文經典的解釋，說到「自劉歆造古文學，《詩》託之毛氏，《書》託之孔氏，《春秋》託之穀梁、左氏」，「逸《禮》以下書名，亦劉歆所造。……群經皆受其竄亂，而《史記》為《五經》門戶，則亦不得不竄亂矣」。〔註147〕

　　說明古文經典不可信只是第一步，直搗古史系統才是其目的，此中關鍵在於如何看待少昊其人。根據《史記》，崔適指出「《本紀》顓頊繼黃帝，無少皞，……五帝無少皞，故《本紀》無終始五德之說」。〔註148〕與康有為一樣，《五帝本紀》是崔適最重要的抓手，甚至是其判斷少昊問題的唯一標準。凡與此不合者，都被他視作劉歆所竄，如其說到少昊一名「又見於《王莽傳》，明是劉歆所作，為莽以土德應受漢禪之張本，而少昊實無其人也」；還提到「若《楚語》有『少昊』，乃劉歆竄入也」。〔註149〕以此為基礎，對於與古史系統關係密切的分野以及五德終始說，崔適均給出了劉歆造偽的解釋，如其言「五德劉歆所創，則分野可知，……於《史記》則竄入《十二諸侯年表》、《齊》《宋》《鄭世家》、《張耳傳》也」「劉歆欲明新之代漢，迫於皇天威命，非人力所能

<hr />

有『終始五德』在進行運作，而是到了崔適才提出」，「從顧頡剛的言論，可以知道以『終始五德』論『劉歆增入少皞』此一舉動，確實首見於崔適《史記探源》」，「此外，值得一提的是，崔適當年寫給錢玄同的信中就非常自豪『終始五德』乃其所發明」。朱浩毅：《論顧頡剛對崔適『終始五德』學說的推闡與修正》，《中國歷史學會史學集刊》第 43 期，2011 年 10 月 1 日，第 148～149 頁。

〔註145〕崔適：《史記探源》，北京：中華書局，1986 年，第 79 頁。

〔註146〕崔適：《史記探源》，北京：中華書局，1986 年，第 164 頁。

〔註147〕崔適：《史記探源》，北京：中華書局，1986 年，第 214、2 頁。

〔註148〕崔適：《史記探源》，北京：中華書局，1986 年，第 101 頁。

〔註149〕崔適：《史記探源》，北京：中華書局，1986 年，第 21、32 頁。

辭讓，乃造為『終始五德』之說，託始於鄒衍」「各本中云『終始五德之傳，古文咸不同』，此劉歆之徒竄入也」等。〔註150〕當然，《史記探源》的主旨是說明《史記》屬於今文經學著作而《漢書》屬於古文經學著作。崔適的這一做法，被周予同解釋為「因經今文學在經部範圍之內，無論分經的或綜合的研究，都已無甚可發展的餘地，於是轉而治史，而首及於《史記》」。〔註151〕有此主旨為前提，古文經學不可信便是板上釘釘之事了。

從劉逢祿到康有為再到皮錫瑞、崔適，以史書來裁斷經學問題的傾向愈發明顯，其中《史》《漢》因其與今古文經學的特殊關係而備受矚目。這一傾向「似乎是擴大了經學的領域，由經及史，實際上卻正反映了不能只從經書中考證經書，『皓首窮經』，是不易找到出路了」，「也反映了堅守今文壁壘的人，對經書懷疑，對史書也懷疑，想從『經學』角度上弄清《史》、《漢》異同，也每易片面，說明『經師』式的研究，已陷末路」，「這樣，『經』的可信範圍越縮越小，『經』的可疑程度越來越大」，〔註152〕最終走向了終結。《史》《漢》異同並不是一個新問題，但在今文學家手中卻散發出了不一樣的魅力。經由比較《史》《漢》而得到的發現以及提出的質疑並不荒謬，其實質已經觸碰到了何以書寫歷史、文本如何流變以及如何理解歷史文本之間的差異與差異背後的歷史觀念等問題，但今文學家所持的經學立場與其所接受的傳統史觀並沒有給他們越出雷池的機會。儘管今文學家的努力已經將自己推到了危險邊緣，但給出最後一擊的卻是現代史學家們，他們又一次打撈起了這些發現，以子之矛攻子之盾，使得傳統經學在現代史學面前敗下陣來。

第三節　作為解釋的劉歆造偽說與託古改制說

首先要明確一點，今文經學發現了什麼與這些發現如何被解釋是兩個問題。即便在今文學家那裏，這兩個問題也沒有被混為一談，皮錫瑞與康有為、崔適的不同看法便可以為此作注。但這並不表示這兩個問題之間毫無關聯，恰恰相反，以康有為、崔適為代表的部分今文學家，正是憑藉在這兩個問題之間建立邏輯關係而完成了否定古文經學的計劃。既然關係可以被建立，那麼問題

〔註150〕 崔適：《史記探源》，北京：中華書局，1986 年，第 6～7、3 頁。

〔註151〕 周予同：《五十年來中國之新史學》，周予同著，朱維錚編校：《周予同經學史論》，上海：上海人民出版社，2010 年，第 369 頁。

〔註152〕 湯志鈞：《近代經學與政治》，北京：中華書局，1989 年，第 364 頁。

就在於經由今文學家的發現能否推導出劉歆造偽說與託古改制說？作為撐起今文經學的兩大支柱，它們僅僅是以經學緣飾政治的產物嗎？是否也合於學術內在理路的發展，有一定的學術考慮在內？對此的考察同樣有助於理解今文經學的學術根據。

與前述今文學家的發現一樣，劉歆造偽說也並不完全是他們的發明，這一觀點至遲於宋代便已抬頭。當時學者的辨偽活動多從經傳系統內部入手，如疑義理、辨條例、考制度等，而較少借助經傳系統之外的文本來證明經傳之不可信，依據《史》《漢》等史書以論經書為偽則是清朝中期以後的事情了。古文經典中較早被懷疑為偽書者似是《周禮》。自漢代開始，便有林孝存與何休等辨《周禮》非周公所作，之後如孔穎達、歐陽修等均主張此書不出於周公。較早明確將《周禮》與劉歆掛鉤的學者或是胡宏，他直指此書乃「劉歆所成」；〔註153〕洪邁則據《漢書·王莽傳》所載「發得周禮，以明因監」一語，〔註154〕說到「至王莽時歆為國師，始建立《周官經》以為《周禮》」。〔註155〕清朝中期，方苞雖然認為《周禮》並非偽書，但也說到書中確有「莽與歆所竄入」的痕跡。〔註156〕繼胡宏之後，廖平亦曾直陳《周禮》「乃劉歆本《佚禮》、屬臆說糅合而成者，非古書也」，〔註157〕再次明確表達了劉歆偽造《周禮》之意。

其次被疑作偽書者是《左傳》。唐代啖助始辨《左傳》非左丘明所作，乃後之學者「著竹帛，而以祖師之目題之」；趙匡也指出此書作者左氏非丘明，「蓋夫子以前賢人」。〔註158〕之後如葉夢得、鄭樵與朱熹等亦贊成《左傳》不出於左丘明之說。以上學者尚未質疑劉歆竄改《左傳》，這一說法最早可以追溯到莊述祖那裏，他認為「《左氏春秋》經劉歆私改者，如『壹戎殷』改『壹』為『殪』」。〔註159〕《左傳》與劉歆的關係自此成為問題。其後，劉逢祿對於劉歆偽竄《左傳》的揭露奠定了他在左傳學史上的地位。劉逢祿所列舉的文本證據中，最關鍵的一條取自《漢書·楚元王傳》：「及歆校秘書，見古文《春秋

〔註153〕張心澂編著：《偽書通考》，上海：商務印書館，1957年，第345頁。
〔註154〕班固：《漢書》卷九十九上《王莽傳》，北京：中華書局，1962年，第4091頁。
〔註155〕張心澂編著：《偽書通考》，上海：商務印書館，1957年，第348頁。
〔註156〕方苞：《方苞集》，上海：上海古籍出版社，1983年，第17頁。
〔註157〕廖平：《古學考》，舒大剛、楊世文主編：《廖平全集》第一冊，上海：上海古籍出版社，2015年，第106頁。
〔註158〕張心澂編著：《偽書通考》，上海：商務印書館，1957年，第419～420頁。
〔註159〕莊述祖：《說文古籀疏證·條例》之一，《續修四庫全書》第243冊，上海：上海古籍出版社，2002年，第276頁。

左氏傳》，歆大好之。時丞相史尹咸以能治《左氏》，與歆共校經傳。歆略從咸及丞相翟方進受，質問大義。初《左氏傳》多古字古言，學者傳訓故而已，及歆治《左氏》，引傳文以解經，轉相發明，由是章句義理備焉。」〔註160〕他據此認為中秘藏有古文本《春秋左氏傳》，而劉歆正是對中秘藏本進行了改動，目的是使其傳《春秋》。在康有為之前，如宋翔鳳、龔自珍與魏源等皆不同程度地談到了劉歆偽竄《左傳》這一問題。

　　就《古文尚書》而言，梅賾所獻《古文尚書》自宋代起即被吳棫視作東晉晚出之偽書，朱熹則認為此書《大序》作於魏晉之間而非出於孔安國，《小序》作於周秦之間而非出於孔子。其後，如吳澄、梅鷟等亦辨《古文尚書》為偽。再經閻若璩、惠棟等的考證，梅賾所獻《古文尚書》為偽遂成為定讞。至於孔壁《古文尚書》，明代梅鷟辨其為孔安國所作，最早至劉逢祿始有劉歆竄改此書之說。邵懿辰則根據《史記・儒林列傳》《漢書・儒林傳》所載未嘗中斷的今文經學傳授系統，並以《漢書・楚元王傳》為輔證，明確提出「《書》皆其（指劉歆——引者注）作偽」。〔註161〕

　　此外如《詩序》，魏徵已經提出此書雖然不偽，但經過毛公與衛宏的潤色。之後，韓愈、歐陽修、鄭樵等皆辨《詩序》非子夏所作。至清朝中期，崔述認為《詩序》是衛宏所作，魏源則指出此書首篇出於毛公而首句以下出於衛宏。再如《逸禮》，亦有邵懿辰論此書為偽。這些經書連同《費氏易》《毛詩》等，雖然被諸多學者定作偽書，但似乎尚未與劉歆綁定在一起。

　　在辨偽史方面，自先秦時期起，便有子貢、孟子、韓非子等懷疑有關三代古史的記載為偽。其後，劉知幾、劉恕、魏了翁等也陸續談到三皇五帝之說不可信。再至崔述，更是對唐虞以上古史進行了系統考辨，如其說到「經傳述上古皆無三皇之號」「蓋三皇、五帝之名本起於戰國以後」「古者本無皇稱，而帝亦不以五限」等。〔註162〕但他們也很少將古史之偽歸罪於劉歆。將上述經書及其所載古史視作劉歆偽造的任務，最終是由康有為來完成的。〔註163〕

〔註160〕 班固：《漢書》卷三十六《楚元王傳》，北京：中華書局，1962 年，第 1967 頁。

〔註161〕 邵懿辰：《禮經通論》，顧頡剛主編：《古籍考辨叢刊》第二集，北京：社會科學文獻出版社，2009 年，第 434 頁。

〔註162〕 崔述撰著，顧頡剛編訂：《補上古考信錄》，《崔東壁遺書》上，上海：上海古籍出版社，2013 年，第 26～27 頁。

〔註163〕 關於辨偽史的相關研究參見吳義雄：《清代中葉今文經學派學術思想論略》，《中山大學學報（社會科學版）》1993 年第 2 期；劉起釪：《古史續辨》，北

　　論說古文經典及其所載古史為偽並不是一件新鮮事，而且劉歆造偽說也為部分非經學家所力主。由此，今文學家對劉歆造偽說的選擇絕非偶然，也並非標新立異，此前學者的努力已為其做好了鋪墊，是故他們對劉歆造偽說的認定與推崇是有所謂「歷史的潛伏力」在的。〔註164〕對於非經學家而言，如果不是出於特定的政治目的，〔註165〕無論是從文獻層面還是從事實角度來說，他們均認為無法排除劉歆造偽的可能。在這一點上，他們與今文學家的想法是共通的，而這也正是今文經學學術生命力所在。其實，即便今文學家懷有政治目的，只要能夠拿出充分的證據，也無礙於在學術層面證成劉歆造偽說。在非經學家的辨偽世界裏，劉歆造偽一事並不具有特殊意味，劉歆也只是諸多造偽者中的一個而已。但此事之於今文學家則不然，今文學家的身份讓他們背負著打倒古文經學的重擔，而劉歆是否造偽直接關涉到能否從根本上取消古文經學存在的合理性與正當性，所以劉歆造偽說在今文學家這裡顯得格外扎眼。為了讓事情的本質呈現得更為清楚，其實不必糾纏於劉歆造偽說的背後究竟有沒有政治預設，更不必拿今文學家的政治目的去打壓其學術觀點，只需要回到事實本身去，看劉歆造偽說的得出究竟有無學術根據以及建立在此基礎上的邏輯推導是否符合學術程序就足夠了。這並非不顧及政治對學術的影響，只是希望藉此方式呈現今文經學被忽略或被誤解的一面。

　　今文學家根據其發現能否得出劉歆造偽的結論，這一問題並沒有標準答案。不僅今文學家內部存在爭議，而且直至古史辨時期仍有較大分歧。如果不是之後的出土文獻研究為理解這一問題提供了新路徑，改變了人們關於古書成書與流傳的既有認識，人們對這一問題的討論恐怕還將以原有的方式繼續下去。雖然現在基本不再以劉歆造偽說來解釋不同文本之間的差異，劉歆是否

京：中國社會科學出版社，1991 年；顧頡剛：《中國辨偽史要略》，《秦漢的方士與儒生》，上海：上海古籍出版社，2005 年；張富祥：《宋代文獻學研究》，上海：上海古籍出版社，2006 年；楊緒敏：《中國辨偽學史》，天津：天津人民出版社，2007 年；佟大群：《清代文獻辨偽研究》，北京：人民出版社，2012 年；等等。

〔註164〕顧頡剛：《純熙堂筆記》，《顧頡剛讀書筆記》卷四，北京：中華書局，2011 年，第 268 頁。

〔註165〕彭林指出胡安國、胡宏父子之所以提倡劉歆造偽說，目的在於「藉此反對王安石援《周禮》變法」，所以「胡宏認為，劉歆偽造《周禮》是為『附會王莽，變亂舊章，殘賊本宗，以趨榮利』，故『假託《周官》之名，剿入私說，希合賊莽之所為』」。彭林：《〈周禮〉主體思想與成書年代研究》，北京：中國人民大學出版社，2011 年，第 5 頁。

造偽在某種程度上也已經成了偽問題，但在傳統辨偽學與傳統經學視域中，這一點仍是嚴肅的學術命題，是很有學術市場的。同時也應當承認，今文學家關於劉歆造偽說的運用確有離譜過頭的地方，但若因此全面否定此說，不免又走上了另一極端。在真相無法還原的前提下，窮究於此多半會走進死胡同，所以不妨從學術史角度探查今文學家何以會牢牢抓住那些發現而執著於劉歆造偽的解釋。

《史》《漢》異同問題與劉歆造偽說糾纏在一起大致經歷了兩個階段。最初部分非經學家根據《漢書》所載劉歆與古文經學的交集判定劉歆造偽。他們並未否定古文經書原本的存在，而是在承認古文經書來源可信的前提下，從劉歆改動古文經書原本這一角度展開論述的。《史記》的加入讓原有劉歆造偽說的性質發生了變化。從劉逢祿、邵懿辰再到康有為，尊《史》抑《漢》的傾向愈加明顯，甚至越到後期越顯現出完全以《史記》為準繩裁定《漢書》所載史事真偽的樣貌。這種做法的結果是從源頭上抹殺了古文經書的存在，所謂劉歆造偽的內涵從改動古文經書原本變成了無中生有意義上的徹底造偽。從中可以看到，《史記》地位的躍升與今文學家對古文經學的懷疑程度成正比。關於古文經書的來源，主要載於《漢書·景十三王傳》《楚元王傳》《藝文志》等篇目。河間獻王與魯共王得古文經書一事發生在西漢景武之際，正好處於《史記》的記事範圍之內，但司馬遷卻沒有記載此事。如此一來，《漢書》便成為了記載古文經學興衰源流的大本營。當古文經學受到質疑時，《漢書》自然被牽連其中。那麼，早於《漢書》且同樣載有河間獻王與魯共王事蹟的《史記》順而成為校正《漢書》的不二選擇。但在當時的歷史條件下，今文學家對古文經學的懷疑無法在《史》《漢》內部得到合理的解釋，這在某種程度上為劉歆造偽說留出了合乎邏輯的解釋空間，《史記》也終究被牽扯進了今古文之爭中。

劉歆造偽說是經學時代簡單真偽觀的體現。在其背後，折射出以今文經學為代表的古典辨偽學對以劉向歆父子校書為代表的漢代文獻整理問題的反思。以校書為界，此前反映典籍流傳與傳承系統的文獻是《史記》，此後則是《漢書》，尤其是依託《七略》而成的《藝文志》。古文經書的大規模發現與徵集雖然在司馬遷時代便已開始，但對其進行系統整理與其爭立學官卻發生在劉向歆父子校書之際。而在劉向與劉歆之間，劉向極少涉足古文經學，劉歆則是古文經學的擁躉。由此，通過《史》《漢》比較便可以得知劉歆在校書過程中對古文經書做了哪些整理。來自今文學家的質疑顯現出他們要求尋找與恢

復早期文本樣態的跡象，雖然這些含有現代學術內核的想法最終以劉歆造偽說的面貌呈現，但他們畢竟將文本之間的矛盾擺到了桌面上。既然問題已經出現，如果不能從證據上駁倒或給出另外一種能夠解決這些矛盾的解釋，今文學家的困惑將會一直困擾著之後的研究者。

託古改制說因其政治性也曾一度陷入與劉歆造偽說一樣的窘境，但其整體境遇要比劉歆造偽說好得多。在康有為等今文學家那裏，劉歆造偽說與託古改制說相得益彰。劉歆造偽是為了幫助王莽篡位改制，諸子與孔子託古也是為了應時改制，改制是造偽的最終目的與最佳理由。與劉歆造偽一事所遭受的質疑不同，無論是當時還是古史辨時期，人們對託古改制說都相對寬容。但當託古改制說與劉歆造偽說貼合在一起時，有關託古改制說的批評也變得嚴屬起來。其實，託古改制尤其是改制作為一種歷史現象早已有之，很大程度上也是人們默認的事實。今文學家「拈出『託』字作為核心理念」以助力改制事業，〔註166〕從而將託古改制問題化、放大化，並為此賦予了不同於以往改制的時代意涵。由此而起的爭論，比如改制是否必然會造偽，託古與造偽之間是何關係以及孔子是否因託古改制而造作六經等，大多與造偽脫不了干係，這是作為解釋的託古改制說最令人不滿意的地方，所以對此問題的理解還須回到劉歆造偽說那裏尋找答案。

劉歆造偽說與託古改制說雖然不是今文學家獨有的發明，但它們卻因今文學家的提倡而備受矚目，並在日後的古史大討論中攪動了一番風雲。作為一種解釋，它們常被用作否定今文經學學術價值的工具，這在某種情境下是有道理的。然而回到其本身，劉歆造偽說與託古改制說則兼具學術性與政治性，此種二重性也不應被人忽略。今文學家更側重後者，甚至為了後者而不顧前者，這為後來顧頡剛對此問題的重審增添了不少麻煩。隨著出土文獻研究的進展，傳統辨偽學受到了極大的衝擊。當走出簡單的真偽二元觀，今文經學的這兩大核心概念頓時黯然無光，這也為歷史地、動態地看待它們增加了難度。

〔註166〕常超：《「託古改制」與「三世進化」：康有為公羊學思想研究》，北京：北京大學出版社，2015年，第112頁。作者強調不應將「康氏經學簡單視為『政治幌子』」，而應注意「康有為作為學問家的一面」。常超：《摘要》，《「託古改制」與「三世進化」：康有為公羊學思想研究》，北京：北京大學出版社，2015年，第2頁。

第二章　與今文經學保持距離的層累說

　　1923 年 5 月 6 日，層累說橫空出世。值此層累說提出一百週年之際，如何舉行紀念活動本身已經構成了一個學術史問題。顧頡剛的疑古活動之所以飽受詬病，首要原因便是作為古史辨方法底色與核心理念的層累說在某種程度上被認為是承襲今文經學的產物，那麼如何審視並釐清古史辨與今文經學的關係不免成為如何評價古史辨學術價值這一重要學術問題的關鍵。

　　對層累說的最初批評並不牽連今文經學，言說二者之間關係的聲音直到1930 年才正式出現，即便是談古史辨與今文經學的關係也要遲至 1926 年。這兩個時間點，前者是明確表達託古改制說與劉歆造偽說的《五德終始說下的政治和歷史》刊出不久，後者是載有《自序》的第一冊《古史辨》剛剛出版。這樣的時間差難免令人心生疑惑，今文經學對層累說的影響是推動性的還是源頭性的？再者，在層累說提出階段，與顧頡剛交往密切者非胡適與錢玄同莫屬。他們二人對託古改制說與劉歆造偽說早有論述，尤其是錢玄同對此極為推崇。反觀顧頡剛卻鮮談此二說，也沒有輕易接受他們的看法，種種表現似與今文經學保持著相當程度的距離，那麼應當如何證明今文經學對層累說產生過影響呢？這些問題尚有繼續討論的空間。

　　「學術盛衰，當於百年前後論升降焉。」〔註1〕層累說是顧頡剛最偉大的作品，它的出現不僅僅是向歷史中「簡單地放入一個新東西而已」，許多史學著述的「相對位置都要因它而進行形形色色的調整」，〔註2〕今日乃至將來之

〔註 1〕阮元：《序》，錢大昕：《十駕齋養新錄》，上海：上海書店，1983 年，第 7 頁。

〔註 2〕王汎森：《執拗的低音：一些歷史思考方式的反思》，北京：生活・讀書・新知三聯書店，2014 年，第 53 頁；另可參見艾略特著，卞之琳、李賦寧等譯：《傳統與個人才能：艾略特文集・論文》，上海：上海譯文出版社，2012 年，第 3 頁。

研究會接受來自層累說的審視，同時對其作出屬於自己時代的解答。顧頡剛是真真正正沉醉於學術的人，若以今文經學偏見而視層累說為陰謀理論，則是對其最嚴重的誤判。從來如此，不一定是對的。從斷裂性再出發，在理解今文經學雙面臉譜的基礎上，釐清以層累說為代表的古史辨與今文經學之關係，是忠實於歷史最好的姿態。

第一節　絕非經師：顧頡剛的學術底色

　　學者個人最初的學術興趣與學術選擇並沒有一定之規，某種程度上取決於天性，帶有極強的偶然性與難以預測性。就顧頡剛來說，自有意識地記錄讀書筆記至以《詢姚際恒著述書》為契機進入古史考辨領域，即 21 歲至 27 歲之間，可以視作其學術養成期。此間所進行的一系列嘗試，繪就了他的學術底色。這些早年的學術行為會決定其後來治學路徑的取捨，但並不具有必然性，中途發生改變也是有可能的事情。這種變化是否發生是另一回事，無關乎對顧頡剛學術底色的判定，如果以後來的變化論說其早年的底色，不免本末倒置。顧頡剛早年的學術身份本不應成為問題。關於顧頡剛是否為經師的爭議出現在1930 年代，此後這股聲音或強或弱，但顧頡剛自始至終都否認自己是一個經師，然而其申辯並沒有得到人們的充分理解，對此尚有再行考慮的空間。這些爭議的產生不僅僅是一個學術問題。從顧頡剛最初的學術興趣與學術選擇出發，可以看到目錄學與非經學辨偽在他那裏的特殊地位，顧頡剛的言行是否符合經師特徵自可了然。對這一學術事實的分析可以作為辨明古史辨與今文經學關係的引言。

一、欲以目錄學為終身事業

　　古史辨以辨偽為主，既有研究亦多從顧頡剛的辨偽活動入手展開討論。長此以往，容易形成某種研究慣性，顧頡剛的治學理路似乎被預設，辨偽成為顧頡剛理所當然的志業，其他的可能性隨之被掩蓋甚至是取消，此種可能性與顧頡剛實際所選擇道路間的聯繫也進而遭到忽視，目錄學便是其中的可能之一。如果不是某些事情的發生，顧頡剛是否會按初心從事目錄學研究不得而知，但在初涉學問時，其欲以目錄學為「終身的事業」確為事實。〔註3〕顧頡剛如何

〔註 3〕顧頡剛：《顧頡剛書信集》卷一，北京：中華書局，2011 年，第 238 頁。

理解目錄學？其所進行的目錄學工作與辨偽乃至層累說之間是否存有聯繫？有必要對這些問題作出說明。

顧頡剛關於目錄學的看法最早可溯至 1914 年冬。他先後提到「目錄之業，非通儒不辦」「而最要者，學術之統系也」「張之洞《書目答問》，可稱古來書目之最佳者，惟子部尚有凌亂」「書當以深淺分」「《清四庫目摘糾》頗好，而類屬失倫，有似訪賣書編。推其病根，皆由於不知統系。（子部之凌雜，無有逾於此者。）」，並言「將來於目錄上應入何門，須細為籌措」。〔註4〕此中已流露出目錄是學術統系之呈現的觀點和其欲以目錄學為業的初步想法。

翌年 3 月 29 日，顧頡剛與張劍秋說到「舊籍比類，當分七部」，分別為周秦書、史、子、集、考證、釋藏、雜書，周秦書之下又區為九類，依次是經、傳、記、緯、雜史、子、小學、輯書、偽書，其中偽書類即「後人偽作周秦之書，已為世所斷定者」，這是他首次就書目分類問題表達看法。〔註5〕4 月 17 日，寫下編纂《古今書籍總目》的計劃，將疑書與偽書總目設為其中一類，並在此前後屢次論及這一計劃。23 日至 26 日，指出前述「周秦書部偽書類，實不能存立」，〔註6〕其後以與張劍秋所論為參照，初步擬定了周秦書的分類原則，其中經類以是否為孔子手定之經再分經上與經下兩類，同時對部分文獻的真偽進行了說明。此為顧頡剛繼《〈古今偽書考〉跋》之後再一次集中論說偽書，因多種文獻是否為偽尚存疑問且難以用簡單的真偽去定性，以致其分類工作進展得並不順利，但這沒有影響他對目錄學的熱情，自信其「為學之方，今握定矣」，並視「目錄學（學術大體及源流）」為「上上」學問。〔註7〕5 月，與葉聖陶交流編目志業，說到「計三十歲可卒業者，一為『周秦篇籍考』，一為『清代著述考』，一為『書目答問解題』」，「目錄條最之事，當備四要：一尋其學派，二述其作意，三評其優劣，四考其版本」，對目錄學的「振綱挈領」之用大加稱讚。〔註8〕其後，論及「目錄分次有二：一

〔註4〕顧頡剛：《寒假讀書記》，《顧頡剛讀書筆記》卷十五，北京：中華書局，2011年，第24～25、27頁。

〔註5〕顧頡剛：《顧頡剛書信集》卷一，北京：中華書局，2011年，第129～130頁。

〔註6〕顧頡剛：《乙舍讀書記》，《顧頡剛讀書筆記》卷十五，北京：中華書局，2011年，第43頁。

〔註7〕顧頡剛：《乙舍讀書記》，《顧頡剛讀書筆記》卷十五，北京：中華書局，2011年，第48頁。

〔註8〕顧頡剛：《顧頡剛書信集》卷一，北京：中華書局，2011年，第19～20頁。

依部類分，一依時代分」，〔註 9〕又提到意欲編寫《中國書籍總目》《群書序目》等。此外，還述及目錄編纂的分類方法、宗旨及意義等問題。

1916 年中旬，顧頡剛編成《清代著述考》。編纂此書的方式是「以人為主，不以書之部類為主，便於識別師承淵源」，〔註 10〕藉此對清人學術有了初步的瞭解。另外，還計劃編寫《清學四表》《清人諸表》《目錄分時論》《春秋表》《周易表》等，並擬為《書目答問》之《著述名人略》增設數類、改是書之《姓名略》等。〔註 11〕翌年 10 月 21 日，其與葉聖陶說到校圖書館編目應「以時代分，於一時代中以學派分」。〔註 12〕11 月 30 日，就校圖書館改進意見致信章士釗，談到館中應「編印目錄」「徵集刊譯中外目錄學書」等，而且圖書分類「應以科學門目或時代學派上之差異為標準，不當依據前人成法如經史子集之類」，圖書解題「務使書籍之神旨與學術相契應」。〔註 13〕1919 年 8 月 14 日至 15 日，顧頡剛致信王伯祥，認為「要有這樣一部好史，便先要有一種極好的目錄學。中國經史子集的分類專講版本的目錄書實在當不起目錄學一義，所以吾想，當一面研究科學通義，一面從邏輯中就分類一項特別加攻，創造出一種適宜的學術與書籍的分類法」。〔註 14〕

1920 年 3 月至 10 月間，顧頡剛述及關於分類的態度，並擬編《中國圖書總目》。5 月 5 日，與羅家倫提到畢業後「第一件著手的事業，就是『中國書

〔註 9〕 顧頡剛：《乙舍讀書續記》，《顧頡剛讀書筆記》卷十五，北京：中華書局，2011 年，第 58 頁。

〔註 10〕 顧頡剛：《餘師錄（二）》，《顧頡剛讀書筆記》卷十五，北京：中華書局，2011 年，第 112 頁。

〔註 11〕 這些計劃見於《餘師錄》第一冊至第六冊。《餘師錄》第一冊作於 1915 年秋至 1916 年 5 月 3 日，第二冊作於 1915 年 4 月至 1916 年 5 月 11 日，據此無法確定文中內容究竟歸屬於哪一年。《餘師錄》第三冊至第六冊的寫作時間未知。《顧頡剛年譜》中言 1916 年「記筆記《餘師錄》六冊畢」，但據此仍無法確定《餘師錄》第三冊至第六冊的起止時間是否涉及 1915 年與 1917 年。綜合考慮之後，暫將這些計劃歸入 1916 年。參見顧頡剛：《餘師錄（三）》，《顧頡剛讀書筆記》卷十五，北京：中華書局，2011 年，第 137、140、202、214、104、166 頁；顧潮編著：《顧頡剛年譜》，北京：中華書局，2011 年，第 40 頁。

〔註 12〕 顧頡剛：《顧頡剛書信集》卷一，北京：中華書局，2011 年，第 23 頁。

〔註 13〕 顧頡剛：《西齋讀書記（一）》，《顧頡剛讀書筆記》卷十五，北京：中華書局，2011 年，第 362 頁；顧頡剛：《顧頡剛書信集》卷一，北京：中華書局，2011 年，第 159、155 頁。

〔註 14〕 顧頡剛：《顧頡剛書信集》卷一，北京：中華書局，2011 年，第 110 頁。

籍目錄』。這目錄裏頭，用學術上的分類分，再用國故上的分類分」，並稱此為「終身的事業」；8 日又談到欲擔任校圖書館中文書編目職務，同時列出編目計劃，其中設有《偽書疑書目》一類，並說到「現在的書目，仍拿經史子集分類，太不興了」，「此後想到外國去研究分類學及史學幾年，歸來後再著手做《中國圖書的學科目錄》，拿科學來分類」等。〔註15〕6 月，顧頡剛被北京大學聘為助教，「職事定為校圖書館編目員」，〔註16〕任職期間所談多與圖書編目有關。9 月，指出「中文書籍的舊分類，固不能不改，但創作新分類，也不是可以僅據原有書目意想從事的」，「編目的時候，常常注意於書籍的內容，及分部別類的方法」，另外可以「依年代源流上面，編輯《學派書目》」。〔註17〕次月，「任清查外文書籍、重編西文目錄事」。〔註18〕之後，又陸續作《目錄書目》《圖表編目意見書》《北大漢文書目續編》序》等。12 月 26 日，與胡適提到日後整理目錄時，應「編這一代的『學術敘錄』，放在著述考上面做總敘」等。〔註19〕是年，另作有《偽書疑書目》《中國目錄書目》等。

　　1921 年 1 月 29 日，其與錢玄同談到「為搜集史料，所以要做『目錄學』」。〔註20〕6 月 27 日至 7 月 5 日間，又說到「有志將中國目錄書搜集完備，然後彙編為總目：以類、以人、以學、以索引。而此心終無以達」，「此外關於『目錄學』的也很多，因為我歡喜做這門學問」等。〔註21〕9 月 26 日，與衛德講到自己「一向歡喜弄中國圖書目錄」，「擔任本校圖書館編目事務，這是非常合我的心意的。但中國書籍的舊分類很多不合於邏輯的，非改過不可」，但「對於中國書籍之編目，一時絕沒有好方法去處理」。〔註22〕翌年 10 月，就蘇州圖書館籌備一事提出應以科學的分類進行編目。除此之外，自 1920 年 10 月寫作《瓊東雜記》第一冊至層累說提出期間，顧頡剛在讀書筆記中多次論及與目錄

〔註15〕顧頡剛：《顧頡剛書信集》卷一，北京：中華書局，2011 年，第 238、243～244頁。

〔註16〕顧潮編著：《顧頡剛年譜》，北京：中華書局，2011 年，第 55 頁。

〔註17〕顧頡剛：《重編中文書目的辦法》，《寶樹園文存》卷一，北京：中華書局，2011年，第 146 頁。是文刊於《北京大學日刊》第 693 號，1920 年 9 月 15 日。

〔註18〕顧潮編著：《顧頡剛年譜》，北京：中華書局，2011 年，第 56 頁。

〔註19〕顧頡剛：《顧頡剛書信集》卷一，北京：中華書局，2011 年，第 296 頁。

〔註20〕顧頡剛：《顧頡剛書信集》卷一，北京：中華書局，2011 年，第 530 頁。

〔註21〕顧頡剛：《侍養錄（二）》，《顧頡剛讀書筆記》卷一，北京：中華書局，2011 年，第 140、126 頁。

〔註22〕顧頡剛：《顧頡剛書信集》卷二，北京：中華書局，2011 年，第 95 頁。

相關的問題，如《目錄書之七分法與四分法》《曹寅藏目錄書》《古書目》《書目以人為次》《書籍分類》等。

層累說提出之後，從顧頡剛對自己接觸與學習目錄學的回憶中，亦可見其當時的目錄學誌趣。1924 年 1 月 29 日，他向李石岑提到其「十一歲時，在舊書籬裏尋到一本《湖北官書局書目》，覺得上面的書名都很有趣」。〔註23〕在完成於 1926 年 4 月 20 日的《古史辨》第一冊《自序》中，講到自己少年時期「所見書籍既多，自然引誘我去研究目錄學。《四庫總目》，《匯刻書目》，《書目答問》一類書那時都翻得熟極了」，後來「弄目錄學時，很不滿意前人目錄書的分類」，「很想先分時代，再分部類，因為書籍的部類是依著各時代的風尚走的。換句話說，我就是想用了學術史的分類來定書籍的分類」，「中國的學問是向來只有一尊觀念而沒有分科觀念的，用歷史上的趨勢來分似乎比較定了一種劃一的門類而使古今觀點不同的書籍悉受同一的軌範的可以好一點」。〔註24〕1928 年 3 月 14 日，在《清代著述考》小引中又說到「那時我喜歡買書，故對於目錄之學很有興味」。〔註25〕與《自序》相一致，顧頡剛晚年回憶編寫《古史辨》的經歷時，仍會優先強調其對書目的興趣。〔註26〕與前述顧頡剛的目錄學接受史比較後發現，這些追溯合於當時事實。

「求學與奉職融合為一」，〔註27〕從興趣到職業，顧頡剛對目錄學的喜愛是一以貫之的。在借由《詢姚際恒著述書》轉向辨偽之前，目錄學是顧頡剛學術活動與學術研究的中心。在注意到目錄學作為工具一面的檢索功用之外，顧頡剛更追求一種提綱挈領式的、以呈現學術統系為目標的通博目錄學，這在其接觸目錄學之初便已顯現出來。既然目錄學承擔了書寫學術史的責任，那麼如何編目便不僅僅是特定時期學術背景的體現，更將直接關涉學術去向，所以分類問題順而成為顧頡剛著意的重點。

起初，顧頡剛選擇按部類分類，整體思路仍囿於經史子集的舊制，從孔子與經書的遠近關係出發，帶有明顯的尊經傾向。但根據此時的尊經傾向並不能

〔註23〕顧頡剛：《顧頡剛書信集》卷二，北京：中華書局，2011 年，第 90 頁。
〔註24〕顧頡剛：《自序》，顧頡剛編著：《古史辨》第一冊，上海：上海古籍出版社，1982 年，第 15、28～29 頁。
〔註25〕顧頡剛：《清代著述考》卷五，北京：中華書局，2011 年，第 1907 頁。
〔註26〕參見顧頡剛：《我是怎樣編寫古史辨的？》，《顧頡剛古史論文集》卷一，北京：中華書局，2011 年，第 150 頁。
〔註27〕顧頡剛：《顧頡剛書信集》卷一，北京：中華書局，2011 年，第 278 頁。

證明顧頡剛是經師，顧頡剛不具備任何經師特徵，二者之間的本質並不相同。其後，顧頡剛轉變為按時代部次圖書，以學人生年為序的《清代著述考》即為貫徹其主張的代表作。自此之後，顧頡剛始終堅持分類以時代為先，力圖打破經史子集之規，但因缺乏實際編目成果，所以難以判斷其計劃落實到了何種程度。關於編目成果不足這一點，一種可能是顧頡剛對如何分類僅有一個方向性的理論認識，無法將其落實到具體編目中，是故不得不暫付闕如，此種可能可以從其與衛德的通信中得到驗證。其實，按照顧頡剛的計劃，無論是按部類還是按時代分類，首先要面對的均是複雜難言的周秦書問題，而考辨周秦書之於此時的顧頡剛而言是一道超綱題。對此，顧頡剛早在初入目錄學之門時便有清晰的認識，但卻始終未得一解。從這一層面上講，在理清周秦書及纏繞其上的經史問題之前，要編出令顧頡剛自己滿意的目錄幾乎是不現實的。或許是意識到了這一點，顧頡剛才中止了對周秦書及與此相關的分類工作。但是，這一問題並沒有立即從他的腦中溜走。依照其打破砂鍋問到底的學術性情，顧頡剛為編目而辨偽並不出乎大家的意料。之後顧頡剛熱衷於考辨志業也不得不說是起步於這些編目難題的，可以說目錄學於不自覺中成為其走向辨偽的跳板。

　　目錄學是明學術、達史學之業，〔註28〕顧頡剛關於編目分類的種種嘗試暗含著解構傳統學術體系的意味。如果說諸學之間皆有跡可循，那麼從顧頡剛專注於目錄學到轉向辨偽再到提出層累說亦可以勾勒出一條邏輯線索。欲作終身事業的目錄學沒有成為顧頡剛學術人生的終點站，但顧頡剛卻藉此開啟了自己的學術人生。

二、植根於非今文經學的辨偽

　　辨偽是呈現今文經學學術面向的棱鏡。要討論顧頡剛的學術底色，其辨偽觀點是否與今文經學一致、是否受到了今文經學的影響以及如何看待孔子與六經的關係等是首先要澄清的問題。顧頡剛的辨偽活動與其編目工作相伴而行，因編目興味而辨偽是一方面，受教於傳統學問使得他順理成章地接觸辨偽是另一方面。相比於對目錄學的熱情，顧頡剛並未表現出欲以辨偽為業的想

〔註28〕　1920 年 5 月 5 日，顧頡剛在與羅家倫的通信中說到「我想有了這一部書目，才可以成一部『中國文明史』。有了一部完備的『中國文明史』，才可以做『中西學術鈎通』的事業」。顧頡剛：《顧頡剛書信集》卷一，北京：中華書局，2011年，第 238 頁。

法，直到《詢姚際恒著述書》出現方才打破了這種看似已經安排好的路線。與目錄學漸成體系的思考相比，顧頡剛所進行的辨偽是零散無歸的，但即便是從這些不成熟的看法中，仍能發現其與今文經學之間的那道裂痕。

關於顧頡剛辨偽活動的記錄最早見於其 1914 年 3 月 1 日所作《古今偽書考〉跋》。文中提到「《古文尚書》之偽，梅君而後，百詩、松崖、懋堂、艮庭辨說明矣。《周禮》頗見攻於晚近。而《易傳》、《儀禮》則終清一代蓋無疑者」、《乾鑿度》《竹書紀年》是「真書雜以偽」、「《素問》、《本草》、《山海經》、《周髀算經》、《易傳》、《三禮》、《難經》、《星經》，雖有偽附，又不能定其著書之人，然終不當與虛造者等視」、「《孝經》本偽書，使入之《禮記》，明標秦、漢儒者所作，則不可謂偽。《中庸》非偽書，自程氏以為子思憂道學失傳而作，則與《詩序》亦同。又《列子》雜採道、緯，同於《亢桑》之偽；《易林》誤題焦贛，同於《爾雅》之誣」等，還提到「論偽書者予最服膺實齋。竊取其言，分為七類，非可以偽書包也」。〔註29〕該文依《古今偽書考》所列文獻而論，涉及經史子集四部，並沒有予經部以特別關注。

1915 年 3 月 30 日，顧頡剛受姚際恒啟發，說到《古文尚書》《列子》為偽而《今文尚書》《莊子》為真。4 月 23 日至 26 日考慮周秦書分類期間，論及「若《逸周書》、《山海經》等，似偽書，又似非偽書。《素問》、《靈樞》等書，依實齋說，則是後人本其師說，又不可謂之偽書」「《書古文》，誠知其偽。然搜輯補苴，必有不偽者」「若姚方興二十八字，則鄙俚無根，無惜芟削」「《戴記》二書，孰為周作，孰為漢作，固難辨矣。《孝經》剽竊之跡顯然，其為偽書，不足論」「無統系之子，及無謂偽書。《鄧析》、《燕丹》、《鶡冠》之書並未見，不能斷定」等。〔註30〕雖然顧頡剛對周秦書的分類帶有尊經傾向，但其辨偽涵括四部，並未以經部為重。5 月至秋間，指出馬國翰所輯《歸藏》《連山》或為劉炫偽造。同時，引起顧頡剛關注的是《莊子》之真偽問題，他認為「《莊子》一書明出後學綴輯」且「纂輯不專一人」。〔註31〕是年秋至翌年 5 月 3 日間，還述及《孝經》為偽。後至 1917 年初，又論及「作史者應從《易傳》之

〔註29〕 顧頡剛：《古今偽書考〉跋》，顧頡剛主編：《古籍考辨叢刊》第一集，北京：社會科學文獻出版社，2010 年，第 241～243、245 頁。

〔註30〕 顧頡剛：《乙舍讀書記》，《顧頡剛讀書筆記》卷十五，北京：中華書局，2011年，第 43～47 頁。

〔註31〕 顧頡剛：《乙舍讀書續記》，《顧頡剛讀書筆記》卷十五，北京：中華書局，2011年，第 72～73 頁。

語，斷自伏羲，伏羲以前，無可徵信」。〔註32〕翌年，還提到「《大》《小戴記》則真叢書也，作非一人，記非一事，雜而集之」。〔註33〕

1920 年 3 月前後，顧頡剛談到「《尚書》二十八篇，《堯典》、《皋陶謨》為周史補作」，「《禹貢》一篇，可見戰國時人欲廣其土地於九州」，〔註34〕並指出《莊子》之《內篇》是莊子自作而《外篇》《雜篇》是後學雜輯附於莊子而成。10 月至翌年 1 月間，根據《尚書》中涉及夏商周史事的篇章說到「《周書》是周史記的當可信，而唐至殷不過是一種逸聞罷了。除了神話的逸聞之外，略為可信的逸聞不過這九篇罷了」，〔註35〕同時重申孔壁所出之《孝經》絕不可信。

經由以上梳理，在《詢姚際恒著述書》之前，顧頡剛的辨偽活動以辨偽書為主，較少涉及辨偽史，其中辨偽書又以周秦書為要，且所辨廣涉四部，經書辨偽尚未成為其關注的中心，這與前述其主張按時代編目的看法具有內在一致性。從辨偽觀點來看，顧頡剛對待偽書的態度是謹慎的，除明確表示《孝經》為偽外，認為其餘諸書的真偽均有商榷餘地，其中在辨偽經方面，不存在家派立場，如指出《今文尚書》不全真而《古文尚書》不全偽等，即有別於今文家說。根據顧頡剛的述說，其所看重者是章學誠與姚際恒。對於姚際恒的態度，可以從《〈古今偽書考〉跋》中窺得一斑。對於章學誠，顧頡剛曾「竊取其言」以為判斷偽書的考量，其中有章學誠「《墳》、《典》既亡，而作偽者之搜輯補苴未必無什一之存。如《古文》之搜輯《逸書》，散見於紀傳者無幾遺漏」一語。〔註36〕對此，次年 3 月至 5 月間，顧頡剛曾言「《書古文》，誠知其偽。然搜輯補苴，必有不偽者」，〔註37〕與章學誠之語如出一轍。另外，章學誠曾論《莊子》「《讓王》《漁父》之篇，蘇氏謂之偽託；非偽託也，為莊氏之學者所

〔註32〕顧頡剛：《敝帚集（一）》，《顧頡剛讀書筆記》卷十五，北京：中華書局，2011年，第 235 頁。

〔註33〕顧頡剛：《膏火書》，《顧頡剛讀書筆記》卷七，北京：中華書局，2011 年，第 355 頁。

〔註34〕顧頡剛：《寄居錄（二）》，《顧頡剛讀書筆記》卷一，北京：中華書局，2011 年，第 16〜17、19 頁。

〔註35〕顧頡剛：《瓊東雜記（一）》，《顧頡剛讀書筆記》卷一，北京：中華書局，2011年，第 55 頁。

〔註36〕顧頡剛：《〈古今偽書考〉跋》，顧頡剛主編：《古籍考辨叢刊》第一集，北京：社會科學文獻出版社，2010 年，第 244 頁。是語參見章學誠著，葉瑛校注：《文史通義校注》卷二《言公中》，北京：中華書局，2014 年，第 216 頁。

〔註37〕顧頡剛：《乙舍讀書記》，《顧頡剛讀書筆記》卷十五，北京：中華書局，2011 年，第 44 頁。

附益」。〔註38〕將此與顧頡剛關於《莊子》的觀點相比較，可以發現二者雖論證過程不同但所得結論相似。除此之外，1919 年至 1920 年間，顧頡剛亦屢屢稱讚章學誠之學，如「開後世學風」「使人知古學之真境」「以所有文字書籍都看作史料，這便是章學誠絕頂聰明處」等。〔註39〕顧頡剛對章學誠的推重是雙面的，一在辨偽，一在目錄學，二者相承相通。特別值得一提的是，在後來顧頡剛的回憶文字中，談到這一時期對其有所啟發的學人時，卻很少見到章學誠的名字，反倒是讓姚際恒、康有為、胡適等占盡風頭，章學誠則被迫黯然退場，隱作潛流。

　　顧頡剛的辨偽活動不能稱作嚴格意義上的辨偽。除《〈莊子〉〈內〉、〈外〉、〈雜〉篇之著作者》外，〔註40〕顧頡剛再也沒有對某一文獻或某段古史進行過專門辨偽，所做更多的是缺乏辨偽過程而直接擺明結果的瑣碎論斷。按照顧頡剛 1926 年初的說法，這些論斷多是前人觀點的整合而缺乏「自己學問上的建設」，即便是《〈莊子〉〈內〉、〈外〉、〈雜〉篇之著作者》一文，也不過是「僅就前人成說略加銓次，毫無心得」。〔註41〕從顧頡剛的辨偽實際來看，他對自己的評價並非謙辭。但同時也應看到，借鑒前人的成果不等於墨守陳說，從顧頡剛為數不多的議論中，可以發現他對前人成果的取捨以及對自己觀點的不斷修正。關於今古文《尚書》的看法變化即為一例。問學的進程總是由淺及深，顧頡剛基於個人的知識儲備與學術立場所進行的辨偽努力不應被輕易忽視。

　　如此一來，基本可以說明顧頡剛從接觸辨偽開始便不是植根於經學傳統的，尤其不植根於今文經學，非經學的傳統辨偽才是其啟蒙與憑藉。經學的核

〔註38〕章學誠著，葉瑛校注：《文史通義校注》卷二《言公上》，北京：中華書局，2014年，第 201 頁。

〔註39〕顧頡剛：《顧頡剛日記》卷一，北京：中華書局，2011 年，第 56 頁；顧頡剛：《瓊東雜記（一）》，《顧頡剛讀書筆記》卷一，北京：中華書局，2011 年，第46 頁。

〔註40〕是文題目在《寄居錄》第二冊中寫作「《〈莊子〉〈內〉、〈外〉、〈雜〉篇之著作考》」，而在《古史辨》第一冊中寫作「《〈莊子外雜篇〉著錄考》」。考慮到《古史辨》收錄此文較《顧頡剛讀書筆記》有所刪節，故以《顧頡剛讀書筆記》中的題目為是。顧頡剛：《寄居錄（二）》，《顧頡剛讀書筆記》卷一，北京：中華書局，2011 年，第 17 頁；顧頡剛：《答書》，顧頡剛編著：《古史辨》第一冊，上海：上海古籍出版社，1982 年，第 282 頁。

〔註41〕顧頡剛：《自序》，顧頡剛編著：《古史辨》第一冊，上海：上海古籍出版社，1982 年，第 28 頁；顧頡剛：《答書》，顧頡剛編著：《古史辨》第一冊，上海：上海古籍出版社，1982 年，第 284 頁。

心人物是孔子，孔子與六經的關係是牽涉經學生成、今古文之爭以及經學辨偽的先決性與根本性問題。理清顧頡剛對此問題的看法有助於進一步說明顧頡剛辨偽的歸屬。

顧頡剛首次論及這一問題見於作於 1914 年 11 月的《喪文論》。是文指出「《六經》古史，非孔子可私」，「孔子刪而布之」，治六經「不必假尊孔崇經為號召」，〔註42〕認為孔子刪改過六經，但六經非孔子專有，不必尊孔崇經。

翌年 3 月至 5 月間，在對周秦書進行分類時，顧頡剛提到所列經傳記緯四類「均直接與孔子刪述書相依，大分不異孔子之旨」，而「稱經誠欲徵信，不得不祖述孔子」，孔子手定之經僅存《周易》《尚書》《詩》《春秋》，且「孔子《易傳》，宜與離經」，緯書非孔子作。〔註43〕是年秋至翌年 5 月 3 日間，說到六經被冠以經名是後人所為，孔子之六經並非天經地義，而且「六經者，周時之政教也，非周前周後之政教與萬世不易之言事，天然垂教之文章也」，「孔子，人也，非神祇鬼也。在此時而言此時，在此國而言此國，止矣。至於今日之時勢，之規模，較之周代，已大異矣，何能以孔子之六經為今日開太平耶」。〔註44〕1915 年 4 月至 1916 年 5 月 11 日間，又論及孔子「述而不作，因而無創。未嘗確立宗旨，一貫統系」。〔註45〕其後，重申孔子刪經之說，認為孔子「不得已而刪之，所以便誦讀，知約略而已」，〔註46〕後人不必神化這一行為。

1917 年 3 月至 5 月間，顧頡剛指出「以今文說說孔子，以古文說說六經，洵其當矣。以古文說說孔子，則孔子過平常。以今文說說六經，則六經過荒渺矣。（六經中有當以今文說者，如《春秋》，然此係孔子之《春秋》，非春秋之《春秋》。其以今文說《春秋》，猶以今文說孔子也。孔子非即六經，六經非即孔子，分而言之，乃兩不相傷。）」。〔註47〕再至 1919 年 1 月至 2 月間，顧頡

〔註42〕顧頡剛：《喪文論》，《寶樹園文存》卷一，北京：中華書局，2011 年，第 114
　　　　頁。是文刊於《傳統文化與現代化》1994 年第 1 期。

〔註43〕顧頡剛：《乙舍讀書記》，《顧頡剛讀書筆記》卷十五，北京：中華書局，2011
　　　　年，第 44～45 頁。

〔註44〕顧頡剛：《餘師錄（一）》，《顧頡剛讀書筆記》卷十五，北京：中華書局，2011
　　　　年，第 92 頁。

〔註45〕顧頡剛：《餘師錄（二）》，《顧頡剛讀書筆記》卷十五，北京：中華書局，2011
　　　　年，第 119 頁。

〔註46〕顧頡剛：《餘師錄（五）》，《顧頡剛讀書筆記》卷十五，北京：中華書局，2011
　　　　年，第 201 頁。

〔註47〕顧頡剛：《敝帚集（三）》，《顧頡剛讀書筆記》卷十五，北京：中華書局，2011
　　　　年，第 281～282 頁。

剛表達了對章學誠六經皆史說的認同，主張「看六經是學問的材料，不拿學問當做六經的臣僕；拿從前對於經學的界說根本撤消，做經學的人只是考古，並非希聖」。〔註48〕

根據顧頡剛的種種論述，其始終堅持的看法是六經先於孔子存在，孔子對六經是刪、述而非作，孔子與六經應當分而言之。即便顧頡剛在給周秦書分類時帶有尊經色彩，但仍強調孔子刪定四經、「孔子《易傳》，宜與離經」、〔註49〕緯書非孔子作等，不曾論及孔子作六經。顧頡剛以史學的眼光審視六經，要求回到六經出現的時代去理解六經，從一開始便與今文經學分道揚鑣。從這一角度回觀，顧頡剛的辨偽活動確非基於經學傳統，更非基於今文家言。

《詢姚際恒著述書》之前，從顧頡剛的辨偽活動到其關於孔子與六經關係問題的態度，無一不在說明顧頡剛辨偽的非經學性質，加之前述被顧頡剛奉作終身事業的目錄學誌趣，這些問學之初的選擇構成了顧頡剛的學術底色，其與經學之間的斷裂性是顯而易見的。身處變革年代，舊學與新學交織在一起共同支起了顧頡剛的學術大廈。經學作為其中的大宗，要說二者之間絕對意義上的斷裂並不符合事實，但若僅以二者之間的相似性便去定義顧頡剛的經師身份亦不可取。那麼，在紛繁冗雜的細節中，澄清本質顯得尤為重要，關於顧頡剛學術底色的討論即對此本質問題的一種回答。

第二節　今文經學是否促成了層累說？

「民國十四年編錄《古史辨》，以適之先生與予討論姚氏遺著實開予等治史之門，因綴往還函牘於書首。」〔註50〕被顧頡剛置於《古史辨》首篇的是胡適致其《詢姚際恒著述書》一信，此信約作於 1920 年 11 月 10 日前後。〔註51〕

〔註48〕顧頡剛：《中國近來學術思想界的變遷觀》，《寶樹園文存》卷一，北京：中華書局，2011 年，第 130 頁。是文刊於中國哲學編輯部：《中國哲學》第十一輯，北京：人民出版社，1984 年。

〔註49〕顧頡剛：《乙舍讀書記》，《顧頡剛讀書筆記》卷十五，北京：中華書局，2011 年，第 44 頁。

〔註50〕顧頡剛：《詩經通論序》，《寶樹園文存》卷一，北京：中華書局，2011 年，第 42 頁。

〔註51〕關於此信時間，1920 年 11 月 23 日（星期二），顧頡剛在致胡適《答書》的附記中言「上兩星期，適之先生有信來，詢及姚際恒著述。我當時匆匆回了一信」，可知「上兩星期」的來信即《詢姚際恒著述書》。以「上兩星期」推算，若以具體時日論，顧頡剛收到《詢姚際恒著述書》的時間範圍是 11 月 10 日

依顧頡剛所言，這封來信意義非凡，是其走進古史考辨領域的標誌。初涉學術之門時，顧頡剛的興趣在目錄學，辨偽只是副業；在正式步入治史之門後，辨偽尤其是經學辨偽逐漸成為其主業，如此才有了提出層累說的可能。進行經學辨偽，必然要面對今古文經學問題。如何處理清代經學的遺留問題是一大難題，那麼顧頡剛的學術身份是否因此而發生了改變？今文經學是否影響了層累說之生成？若確實構成了影響，應當如何解釋這一影響？這一影響是否左右了層累說的性質？關於今文經學是否促成了層累說這一問題，其回答不是簡單的是與否，更重要的是在什麼意義上去理解傳統經學之於現代學術的作用，以及怎樣去理解在此過程中經史轉換的發生邏輯與歷史實質。

一、顧頡剛關於「造偽」與託古改制說的兩種態度

劉歆造偽說與託古改制說是今文經學最重要的兩大核心概念。相關研究認為層累說中關於造偽的看法源於今文經學，並強調託古改制說在層累說提出階段的主要作用。那麼，再次審視層累說與今文經學關係的關鍵即在於理解顧頡剛究竟如何看待劉歆造偽說與託古改制說。這直接牽涉到其對今文經學的態度，進而關係到今文經學之於層累說到底扮演了何種角色。其中，需要考察的問題包括：在顧頡剛的觀念中，諸種文獻尤其是經書及其所載古史之偽是無意成偽還是被有意造偽？劉歆是否造偽以及是否有造偽的可能？託古改制說與成偽之間是何關係以及是說是否有學術根據？託古改制說之於層累說具有何種程度的解釋力？理清這些問題是透徹回答古史辨與今文經學關係的基礎。

前文已述，顧頡剛關於辨偽的看法最早可溯至作於 1914 年 3 月 1 日的《〈古今偽書考〉跋》。該文透露出兩點信息：一是談到今古文經書的真偽，指

至 23 日；若以星期的週期論，則是 11 月 8 日至 21 日（或 23 日）。對此，根據《顧頡剛書信集》所錄顧頡剛致胡適《答書》的注釋，作注者認為《詢姚際恒著述書》「當寫於是年 11 月 10 日左右」。另據《胡適書信集》，其中言此信「寫信時間約在 11 月 20 日前後」。這兩種說法皆未給出確定此時間的明確依據。另外需要注意，據顧頡剛言「適之先生有信來」，此處顧頡剛收到此信的時間與胡適寫作此信的時間並不一定是同一時間。綜合考慮，此處從《顧頡剛書信集》中所言，暫將此信的寫作時間定為 11 月 10 日前後。顧頡剛編著：《古史辨》第一冊，上海：上海古籍出版社，1982 年，第 4 頁；顧頡剛：《顧頡剛書信集》卷一，北京：中華書局，2011 年，第 288 頁；耿雲志、歐陽哲生編：《胡適書信集》上冊，北京：北京大學出版社，1996 年，第 252 頁。

出「《古文尚書》之偽，梅君而後，百詩、松崖、戀堂、艮庭辨說明矣。《周禮》頗見攻於晚近。而《易傳》、《儀禮》則終清一代蓋無疑者」、《易傳》《三禮》「雖有偽附，又不能定其著書之人，然終不當與虛造者等視」；二是在偽書成因上服膺章學誠之論，將其言概括為「師說」「後記」「挾持」「假重」「好事」「攘奪」「誤會」七點，並自然而然地認同造偽現象的存在，同時承認無意成偽的可能。〔註52〕關於古文經書為偽的討論遠在今文經學復興之前便已展開，同時是清朝中期以來非今文學家辨偽的要點，而且造偽一說在當時也早已是帶有普遍意義的知識性認識。此外，康有為曾疑《易傳》《儀禮》中有偽作這一點並未得到顧頡剛的注意，否則他便不會輕言「《易傳》、《儀禮》則終清一代蓋無疑者」。〔註53〕由此來看，顧頡剛最初關於造偽的認識並不從今文經學中來，且從一開始便不否認無意成偽的存在，可以說刻意造偽與無意成偽在他那裏並行不悖。對於今文經學，雖然其經家學、章太炎國學講習會以及北大受業等途徑已有所瞭解，甚至表現出了極強的求知欲，但從《〈古今偽書考〉跋》中尚看不到其受今文經學影響的痕跡。是年冬，顧頡剛提到「康有為猶託今文，梁啟超並康之弗及」「王荊公、康有為亦是此等人，吾不解彼輩何以如此起勁」，〔註54〕從中可見其對康有為政學活動的反對意見。

1915 年是顧頡剛正式認識今文經學的開始。是年中旬，顧頡剛始獲《新學偽經考》與《經學歷史》。〔註55〕「長素先生集今文學之大成著此書，在清末遭禁燬，固自有震駭一世者」「二書足以握今文學之綱要」，〔註56〕通過這些題識可以窺見其對今文經學的認知。題識還記錄了顧頡剛未得《新學偽經考》

〔註52〕顧頡剛：《〈古今偽書考〉跋》，顧頡剛主編：《古籍考辨叢刊》第一集，北京：社會科學文獻出版社，2010 年，第 241、243～245 頁。

〔註53〕顧頡剛：《〈古今偽書考〉跋》，顧頡剛主編：《古籍考辨叢刊》第一集，北京：社會科學文獻出版社，2010 年，第 241 頁。

〔註54〕顧頡剛：《寒假讀書記》，《顧頡剛讀書筆記》卷十五，北京：中華書局，2011 年，第 6、9、11 頁。

〔註55〕1915 年 5 月 5 日，顧頡剛在為《增廣翼教叢編》所作題識中言「久求《偽經考》不可得」。買到《新學偽經考》後，於七月初六日（8 月 16 日）為是書撰寫題識。因無法確定該書是否購於七月初六日，故暫將購買時間定在 1915 年 5 月 6 日至 8 月 16 日之間。參見顧洪、張順華編：《顧頡剛文庫古籍書目》卷二，北京：中華書局，2011 年，第 791 頁；解樹明：《顧頡剛批校本〈新學偽經考〉及其學術價值》，《圖書館雜誌》2019 年第 10 期，第 109 頁。

〔註56〕解樹明：《顧頡剛批校本〈新學偽經考〉及其學術價值》，《圖書館雜誌》2019 年第 10 期，第 109 頁。

之前而欲讀此書的迫切心情，其言「久求《偽經考》不可得，覽此亦稍喻其旨，中心為之大慰，所謂炳燭在此而進賢在彼也」。〔註57〕5月至秋間，說到「康有為輩亦良苦矣。以經學言，則受通人之駁詰。以新學言，則受俗儒之怨讟」，「駁其經學者，如葉煥彬等，我甚敬之。則以憑藉之者深，而康為淺也。駁其新學者，如賓鳳陽等，我甚賤之。以其盲瞽不知實學，康輩雖淺，其持論猶勝之」，認為葉德輝一派的經學素養較康有為深厚，並對今文經學的學術價值表示了質疑，同時支持康有為的新學見解；還說到「最恨兩種人：一種附會。以讖緯說經，以西學說子，視孔子為萬能，託人說以申己說是也。此種人以今文學之末流為多」，「中國今日一切新黨新說，皆可謂始於康有為」等。〔註58〕4月至翌年5月11日，指出造偽是「漢代經師之通性」，不必「獨責於今文」，其中「附會竄易，雖古文大師如劉歆亦不免」。〔註59〕在這裡，顧頡剛表達了與劉歆造偽說類似的看法，但並無切實證據說明是言來自今文經學。暫且不論附會竄易與造偽之間存在程度之別，即便二者能混為一事，劉歆造偽說也非今文經學獨有，非今文學家的胡宏、洪邁、方苞等對此也有論及。而且此後很長一段時間內，再難找到顧頡剛言說劉歆造偽說的記錄，而揆之此前顧頡剛關於辨偽的觀點，其產生如此想法也在情理之中。其後，顧頡剛又論及「康氏欲自為教主，不惜謬妄其辭」，〔註60〕可見顧頡剛對康有為著力的孔教運動也持反對態度。

受業於崔適期間，顧頡剛曾於1917年初借閱其評點本《新學偽經考》，並在所作題識中言「先生之為《史記探源》，實得力於此書，其所點識，雖簡少，要自得其精要者為我先導，所樂受也」。〔註61〕結合過錄崔適評語的七處眉批，可以看到他對今文經學的確是用過一番心思。至《詢姚際恒著述書》之前，未再找到顧頡剛對崔適的其他評價，其關於今文經學的整體態度一如既往，僅有一處肯定之辭，即「國中為學主者，近世惟康長素與太炎先生，風從最眾，建

〔註57〕顧洪、張順華編：《顧頡剛文庫古籍書目》卷二，北京：中華書局，2011年，第791頁。

〔註58〕顧頡剛：《乙舍讀書續記》，《顧頡剛讀書筆記》卷十五，北京：中華書局，2011年，第55、59、60頁。

〔註59〕顧頡剛：《餘師錄（二）》，《顧頡剛讀書筆記》卷十五，北京：中華書局，2011年，第107頁。

〔註60〕顧頡剛：《餘師錄（六）》，《顧頡剛讀書筆記》卷十五，北京：中華書局，2011年，第222頁。

〔註61〕解樹明：《顧頡剛批校本〈新學偽經考〉及其學術價值》，《圖書館雜誌》2019年第10期，第109頁。

設最著。康君之學受之廖氏，屢聞稱說」，〔註62〕但並不能據此輕易得出他開始認同今文經學學術價值的判斷。

再至 1919 年 1 月至 2 月間，顧頡剛述及對考據學風的反動成就了今文學派，今文經學所做的是「經學的經學」而非「史學的經學」，崇聖程度與附會手段極高，其影響「在學術上是『深探孔子的微言』，在政治上是『提倡改制』，在宗教上是『建立孔教』」。〔註63〕相比於「經學的經學」，顧頡剛認同的是「史學的經學」，即以六經皆史說為方向，要求化六經為學問的材料。翌年 10 月 28 日，顧頡剛又與胡適講到若不是章太炎攻擊今文學派，「康有為、廖平的著作，未始不是漢代的讖緯了」。〔註64〕

《詢姚際恒著述書》是顧頡剛走進古史考辨領域的契機，辨偽逐漸成為其努力的方向與重心。此信後不久，顧頡剛於 1920 年 11 月 24 日與胡適提到有些偽書「只是存疑，並非作偽」，又於 12 月 28 日說到太公其人「或者竟是戰國陰謀家造出來做他們的祖師的」。〔註65〕談戰國陰謀家偽造太公之前，顧頡剛曾在 12 月 15 日言及《周氏涉筆》中有疑《六韜》與太公事。周氏之論引起了他的注意，時隔十三天的重提可能反映了他對這一問題的繼續思考。諸子出於戰國，《漢書・藝文志》又載「《太公》二百三十七篇。《謀》八十一篇」，〔註66〕顧頡剛的看法或與此有關。再根據此時他對今文經學為數不多的論述來看，如言「皮錫瑞的《經學通論》，確是經學的門徑書」等，〔註67〕其學術觀點似與今文經學的託古改制說沒有直接關係。

1921 年 1 月 25 日，顧頡剛首次明確指出王莽時期的造偽問題，以《漢書・王莽傳》為依據提到「因於時勢關係，出了不少的偽史。如少皞的一個人，就是到王莽時才成立的，其原因是因為想頂替了他的後代，去封國奉祀。王莽雖享國不久，然而那時的偽史已成了有力的古史」。〔註68〕此外，還提到戰國

〔註62〕顧頡剛：《西齋讀書記（一）》，《顧頡剛讀書筆記》卷十五，北京：中華書局，2011 年，第 358 頁。

〔註63〕顧頡剛：《中國近來學術思想界的變遷觀》，《寶樹園文存》卷一，北京：中華書局，2011 年，第 130～131 頁。

〔註64〕顧頡剛：《顧頡剛書信集》卷一，北京：中華書局，2011 年，第 284 頁。

〔註65〕顧頡剛：《顧頡剛書信集》卷一，北京：中華書局，2011 年，第 288、301 頁。

〔註66〕班固：《漢書》卷三十《藝文志》，北京：中華書局，1962 年，第 1729 頁。

〔註67〕顧頡剛：《顧頡剛書信集》卷一，北京：中華書局，2011 年，第 291 頁。

〔註68〕顧頡剛：《論偽史及〈辨偽叢刊〉書》，顧頡剛編著：《古史辨》第一冊，上海：上海古籍出版社，1982 年，第 20 頁。

至六朝間的造偽行為。之後，其於 1 月 31 日概括造偽的原因有「裝架子」「方士騙皇帝」「為搶做皇帝而造的符命」「學者的隨情抑揚」「學者的好奇妄造」；〔註69〕又於 7 月 24 日至 9 月 13 日間說到造偽的原因還有「起於『實用』一個觀念」「過求古人深意」；〔註70〕繼而還談到「戰國時無史可知，但大家極願意借史事把自己主張發揮，所以大家勉力造史事」，〔註71〕《論語》時代「只就記得的說，卻不造偽」但「到戰國諸子，就難說了」；〔註72〕另於 11 月 5 日與錢玄同講到「從前常以為戰國橫議，趁口亂道古事，造成了許多偽史。現在想想，戰國時不但隨便編造偽史，而且已在著作偽書了」。〔註73〕關於顧頡剛對待今文經學的態度，9 月 23 日至 24 日，他指出清代疑《儀禮》者有顧棟高、姚際恒、毛奇齡等，對前述「《易傳》、《儀禮》則終清一代蓋無疑者」一說進行了更正，〔註74〕但未述及康有為。此外，論及今文經學之處以強調康有為與崔適的辨偽目的是黨爭為主。如 1 月 25 日，與胡適提到「王莽一代，我們不必像康崔的處處吹求——我近來看康崔的書大部分是黨爭」；〔註75〕29 日，與錢玄同講到「《偽經考》、《史記探源》等書，黨爭是目的，辨偽是手段」，「讖緯之為偽造，康、夏等亦未嘗不『心知其意』，但有一『今文學家』的成見橫梗胸中，不能不硬擺架子罷了。這種的辨偽，根本先錯了」。〔註76〕涉及今文經學學術性的地方主要有兩點，一是於 10 月 14 日至 30 日間說到康有為之書「無著專書特闢之者，半由理足，半亦近人怕讀書耳」；〔註77〕二是於 11 月 5 日與錢玄同言清代的今文學家說孔子作《易經》《儀禮》，「他們看著不全的，指為孔子所刪；看著全的，指為孔子所作」，「『《六經》皆周公之舊典』一句話，

〔註69〕顧頡剛：《顧頡剛書信集》卷一，北京：中華書局，2011 年，第 305 頁。

〔註70〕顧頡剛：《侍養錄（四）》，《顧頡剛讀書筆記》卷一，北京：中華書局，2011 年，第 183、193 頁。

〔註71〕顧頡剛：《景西雜記（一）》，《顧頡剛讀書筆記》卷一，北京：中華書局，2011 年，第 213 頁。

〔註72〕顧頡剛：《景西雜記（二）》，《顧頡剛讀書筆記》卷一，北京：中華書局，2011 年，第 227 頁。

〔註73〕顧頡剛：《顧頡剛書信集》卷一，北京：中華書局，2011 年，第 535 頁。

〔註74〕顧頡剛：《〈古今偽書考〉跋》，顧頡剛主編：《古籍考辨叢刊》第一集，北京：社會科學文獻出版社，2010 年，第 241 頁。

〔註75〕顧頡剛：《論偽史及〈辨偽叢刊〉書》，顧頡剛編著：《古史辨》第一冊，上海：上海古籍出版社，1982 年，第 20 頁。

〔註76〕顧頡剛：《顧頡剛書信集》卷一，北京：中華書局，2011 年，第 530～531 頁。

〔註77〕顧頡剛：《景西雜記（三）》，《顧頡剛讀書筆記》卷一，北京：中華書局，2011 年，第 253 頁。

已經給今文家推翻」。〔註78〕是年，顧頡剛是否翻閱過今文經學著作不得而知，在其日記中未見記載，也可能讀過但沒有寫入日記。綜合顧頡剛關於造偽與今文經學的態度，其談王莽時期偽史的根據是史書而非今文家言，所論造偽問題也沒有明確牽扯託古改制說，僅靠兩處提及今文經學學術性的內容亦難以認定他對今文經學的固有看法是否發生了質變。由此可見，今文經學並非顧頡剛關注的中心，他對今文經學的認同感也並不強烈，二者之間的關係更談不上緊密。那麼，認為此時期顧頡剛言戰國至漢代，尤其戰國是造偽大本營這一點受教於今文經學的看法是否合適似須打上一個問號。

顧頡剛於 1922 年 2 月 21 日至 4 月 8 日間重申有些著作「並非有心作偽，乃無意之訛傳」，還指出戰國人偽造象刑與孟子解釋三代征伐的共同原因是「要把唐、虞說成黃金時代」。〔註79〕3 月 29 日，他第一次明確講到託古改制說，其言「原來戰國的學問家以及游說之士，都歡喜引用故事以證成他們的說話，而那時故書甚少，又不容易看見，得不到什麼證據，所以只得杜造故典」，「堯、舜、禹、湯、文、武、周公，都是好模型裏的人物，為託古改制的人所必須依附和讚歎的」，「所有『依託的學說』，如黃帝、管仲，『理想的制度』，如封建、井田，『淆亂的事實』，如『儒、道、墨並道堯、舜，而取捨不同』的故事，如『想當然耳』的故事」等。〔註80〕至此，改制始作為造偽原因被公開提了出來。4 月 20 日至 6 月 2 日間，其又有兩次談到託古改制說：一是「漢代實在還是託古改制的有思想」，《周禮》《王制》《月令》《春秋繁露》皆為「託古改制」而作；另一是「戰國以後託古改制，戰國以前託神改制」。〔註81〕是年，顧頡剛仍未在日記中提及康有為的著作，與今文經學相關的記錄僅 2 月 14 日至 15 日讀皮錫瑞《詩經通論》一事，〔註82〕但顧頡剛讀這本書並非是為瞭解今文經學，而是

〔註78〕 顧頡剛：《顧頡剛書信集》卷一，北京：中華書局，2011 年，第 534～535 頁。

〔註79〕 顧頡剛：《景西雜記（七）》，《顧頡剛讀書筆記》卷一，北京：中華書局，2011 年，第 357、361 頁。

〔註80〕 顧頡剛：《中學校本國史教科書編纂法的商榷》，《寶樹園文存》卷三，北京：中華書局，2011 年，第 25～26 頁。是文刊於《教育雜誌》第 14 卷第 4 號，1922 年 4 月 20 日。

〔註81〕 顧頡剛：《纂史隨筆（一）》，《顧頡剛讀書筆記》卷一，北京：中華書局，2011 年，第 370～371 頁。

〔註82〕 在 1922 年至 1923 年 5 月 6 日的日記中，顧頡剛集中談到《詩經通論》的地方有兩次。第一次是 1922 年 2 月 14 日至 15 日，他明確說到點讀的是皮錫瑞《經學通論》中的《詩經通論》。第二次是 1923 年 3 月 15 日至 4 月 21 日，他在日記中僅錄有《詩經通論》而未提著者。根據其言《詩經通論》有卷一至

出於彼時研究《詩經》的需要。此外，他說到今文經學的地方似僅有一處，即於同月言及「打破偽書的如康有為的《新學偽經考》」，〔註83〕以此可見今文經學依舊未得其青睞。這一時期，顧頡剛已明確論及託古改制說，似已真正接受了今文家言，但又很少談到與今文經學相關的內容。其實，此種情況看似矛盾實則並不衝突。記載堯舜禹至周公事蹟的不只經書與子書，且顧頡剛否認孔子作六經，所以他沒有特別指向孔子與諸子託古改制。早在寫作《〈古今偽書考〉跋》時，顧頡剛便已涉及子書辨偽，但提到諸子造偽卻在數年之後。首先被點名的是孟子，其餘諸子則鮮被論及。從他關於孟子塑造舜之形象、夫婦倫理以及美化三代征伐等的敘述中，尚不能說其在孟子造偽與託古改制間建立了明確聯繫。而且孟子問題是作為孔子與《論語》問題的參照提出的。雖然顧頡剛談到堯舜一事最早見於《論語》，但始終認為孔子只是「說堯、舜怎樣的好，卻沒有造了事實去證明他的讚頌之言」，〔註84〕更沒有述及孔子託古改制。另外，在其讀書筆記《象刑》《戰國時順時勢與逆時勢之學派》等條中也沒有清楚地論述這一點。關於《周禮》《王制》《月令》《春秋繁露》，康有為認為《周禮》《月令》是劉歆偽作而《王制》則作於孔子，但顧頡剛不持此說，談《周禮》《王制》為託古改制之作或據《漢書·王莽傳》「發得周禮，以明因監」與《史記·封禪書》「使博士諸生刺《六經》中作《王制》」而來。〔註85〕由此，顧頡剛只是將託古改制說視作諸多造偽原因中的一種，與其他造偽原因並列而不含有任何超出此範疇的特殊意味，且與今文經學之託古改制說不在同一層面，可謂名同實異。這樣看來，前述顧頡剛談論託古改制說與鮮言今文經學之間的矛盾便得到了解釋，也再次證明了直至此時，今文經學仍未進入顧頡剛知識體系的核心圈。

卷十，且在發表於 1923 年 4 月 10 日的《〈碩人〉是閔莊姜美而無子嗎？》裏提到「近讀姚際恒的《詩經通論》」，加之年譜 1923 年「三月至八月一日」一條亦言姚際恒之《詩經通論》，故第二次所說《詩經通論》的著者是姚際恒，與今文經學無關。參見顧頡剛：《顧頡剛日記》卷一，北京：中華書局，2011年，第 210 頁；顧頡剛：《〈碩人〉是閔莊姜美而無子嗎？》，顧頡剛編著：《古史辨》第三冊，上海：上海古籍出版社，1982 年，第 367 頁；顧潮編著：《顧頡剛年譜》，北京：中華書局，2011 年，第 85 頁。

〔註83〕顧頡剛：《詩辨妄序》，《顧頡剛古史論文集》卷十一，北京：中華書局，2011年，第 124 頁。

〔註84〕顧頡剛：《景西雜記（二）》，《顧頡剛讀書筆記》卷一，北京：中華書局，2011年，第 227 頁。

〔註85〕班固：《漢書》卷九十九上《王莽傳》，北京：中華書局，1962 年，第 4091 頁；司馬遷：《史記》卷二十八《封禪書》，北京：中華書局，1959 年，第 1382 頁。

1923 年 5 月 6 日，顧頡剛與錢玄同於 2 月 25 日的通信以《與錢玄同先生論古史書》為名刊出，文中關於禹之屬性與商周不同源兩點被視作說明層累說與今文經學聯繫的關鍵。在禹這一問題上，存在其說受康有為與崔適影響兩種看法。自 1921 年至此，未見顧頡剛再次閱讀二人著作的記錄，而且他對今文經學的總體態度向來一般，若將此時顧頡剛討論禹的引線歸於康有為與崔適，似在說顧頡剛憑其 1921 年之前的記憶與理解於此時重提了這一問題，此種論證方法顯然不妥。康有為根據經書與諸子提出禹是最古之人而禹之前古史皆出偽託的觀點，可歸屬於立足於事實層面的歷史本體論範疇。顧頡剛則按成書先後排比經書，主張禹雖最古但卻非人，與三皇五帝一樣是否真實存在尚有疑問，這乃是著眼於書寫層面的歷史認識論範疇。二者所言本非一意且分屬兩種範疇。崔適曾說禹的本義為蟲名，但沒有明指禹是動物。這一說法最早出自《說文》所言「禹，蟲也」。〔註 86〕顧頡剛雖受業於崔適，但不必然受到其直接啟發，也沒有確鑿的證據落實這一點。根據他對崔適的態度與對《說文》的徵引，不能排除其說徑從《說文》中來的可能。經此分析，顧頡剛關於禹的觀點與今文經學不構成必然聯繫。商周不同源問題也是如此。相關研究認為，因皮錫瑞認同齊、魯、韓三家以《生民》《玄鳥》《長發》《閟宮》主無父感生之說，顧頡剛亦據《玄鳥》《生民》論商周始祖不同，故後者依從了今文家說。顧頡剛最後一次記錄閱讀皮錫瑞的著作是在 1922 年 2 月 15 日，其時距離提出層累說尚有一年之久，而且按照層累說的邏輯，在判定《玄鳥》《生民》成書最早的前提下，商周始祖不同是可以直接從文本中自然得出的結論，加之顧頡剛在論證過程中並未取《長發》《閟宮》，又可見其與今文經學思路相異，所以是說非必出於今文經學。除此之外，顧頡剛在這封信裏僅談到「從戰國到西漢，偽史充分的創造」而未涉及託古改制說。〔註 87〕

以上所用史料以日記、書信、讀書筆記等體現個人思考過程與私人交流的文本為主。其中，公開發表者僅《中學校本國史教科書編纂法的商榷》《與錢玄同先生論古史書》，前者提到了託古改制說而相對重要的後者卻未言及，這種現象亦可作為顧頡剛並未予今文經學以特別關注的輔證。

〔註 86〕許慎：《說文解字》，北京：中華書局，1963 年，第 308 頁。
〔註 87〕顧頡剛：《與錢玄同先生論古史書》，顧頡剛編著：《古史辨》第一冊，上海：上海古籍出版社，1982 年，第 65 頁。

　　通過辨析顧頡剛對造偽與託古改制說的認識及其關於今文經學的整體看法，輕言今文經學對層累說顯著影響的觀點則難以成立。在這些相對瑣碎但又必要的論證基礎上，若以顧頡剛從談造偽到論託古改制說再到提出層累說的過程看，發現其自有一以貫之的邏輯，而這又進一步證明了層累說對今文經學的疏離。

　　堅持史學而非經學立場，貫穿顧頡剛學術事業的終始。迥異於今文學家全面否定古文經書的可信性，他始終認為今古文經書各有真偽。這裡的偽即刻意造偽之意，造偽是傳統辨偽學家的普遍認識而非今文學家的獨有觀念。普遍認識不構成必然聯繫，而且其論古文經書為偽也未以今文經說為依據，所以造偽無法成為綁定顧頡剛與今文經學的必要條件。如果說《詢姚際恒著述書》將沉浸於目錄志業的顧頡剛拉回辨偽，那麼自 1921 年 4 月著手的《詩經》研究則讓顧頡剛的辨偽重心集中到經學上來。正是基於大量且具體的辨偽工作，顧頡剛才在東周以上無史說提出近三年後憑藉知識積累真正接受了此說，而這也恰是層累說賴以生成的基礎。可以認為層累說引發了對上古信史的全面懷疑，但不能說顧頡剛一上來帶著全盤抹殺上古信史的預設才有了層累說。無論層累說作為一種假設如何大膽，史料審查這一底色則不應被否認、取消甚至竄改。在此過程中，託古改制說被顧頡剛引入來作為解釋造偽的原因之一。按照斯金納的「影響」理論並結合上文分析，今文經學中只有託古改制說能對顧頡剛構成「影響」。與東周以上無史說的接受史一樣，他認同託古改制說也經歷了一番史料審查的過程，是以承認託古改制作為一種歷史事實的存在為前提的，不帶任何經學色彩，與今文經學存在本質之別。層累說是一種理論，更是一種思想。這種帶有強烈個性色彩的、他人無法複製的思考，〔註88〕同時代學人裏只能由顧頡剛來完成。從這一意義上講，顧頡剛沒有誤會託古改制說的原意，也沒有將孔子改制說改造為諸子偽託說，更沒有從康有為那裏發展出偽史移用法；不是在拾今文經學之牙慧，而是將其作為一種方法內化到了自己的學術邏輯中；是對今文經學結構的批判性超越，而不是同一結構的共處。

　　在層累說與今文經學異質的前提下，層累說在生成階段始終與今文經學保持著相當程度的距離，今文經學對層累說的影響微乎其微。以二者之間觀

〔註88〕參見王學典：《歷史研究為什麼需要「理論」？——與青年學生談治學》，《思想戰線》2019 年第 5 期，第 56 頁。

點與思想的相通作為影響成立的根據存有邏輯漏洞。經由學術梳理，某種程度上解構了其間的思想聯繫。層累說與今文經學相似的地方非必出自今文經學，相似不等於承續，它們或許共享著同一來源或者各有源頭。雖然託古改制說確實對層累說構成了「影響」，但顧頡剛並未倚重是說。可以認為倘若沒有今文經學，其依舊可以提出層累說。如果說今文經學促成了層累說的觀點屬於溯源證「有」研究，那麼層累說與今文經學保持距離這一結論的得出則傾向於證「無」式研究。今文經學與層累說在時序上前後相承且論說確有相似，加之影響的產生具有難以言喻性，常以偶然的、瞬間的而非必然的、持久的形式作用於被影響者，甚至被影響者受到了影響而不自知。而文本間的互文特點無疑也增加了證「無」的難度。〔註89〕在兼顧嚴謹性的前提下，相比於證「有」的肯定化表達，證「無」更多地呈現為或然性結論，這不免有作繭自縛的困擾。若從證「無」的合理處思考，當諸多或然性的判斷疊加到一起時，今文經學促成了層累說的根基已不再穩固。借助福柯所言確定影響的合理層次這一點，既可以避免籠統談論影響所造成的混淆，又能夠增強證「無」研究的說服力。託古改制說被視作今文經學影響層累說的關鍵，但經過如上清理，卻發現是說在層累說提出階段可有可無，那麼停留在這一層次上的影響則無法撐起今文經學促成層累說這一觀點。總之，保持疏離才是層累說與今文經學間的真實樣態。

二、經學革命：從孔子刪述六經到孔子與六經無關

關於孔子是否刪述甚至是否作六經這一問題，若立足於以事實為標準的史學範疇，如果能夠拿出足夠的證據，那麼這一問題均有成立的可能與討論的空間。但若從傳統經學視角來看，言孔子與六經無關則是離經叛道，等同於從根本上革經學之命。如前文所述，顧頡剛曾基於史學而非經學立場主張孔子刪述六經，而今他進一步提出孔子與六經無關。此種轉變建立在大量具體的辨偽工作之上，是其史學觀念深化的體現。這種轉變也可以反證其與今文學家之間存在本質不同，進而更好地理解其縱然在某些問題上與今文學家持論相似，但這種相似並不意味著顧頡剛與今文學家流為一派，可能僅僅是

〔註89〕「每一份重要的文本或文獻都不是單獨存在的，它總是包含著有意無意中取之於人的詞和思想，我們稱之為互文（intertextuality）。」賴國棟：《再論「層累說」的來源——兼談歷史與故事的距離》，《福建論壇（人文社會科學版）》2013 年第 1 期，第 101 頁。

經由史學考察而得出了與今文學家一致的結論。而這對於闡釋古史辨與今文經學的關係尤為重要。

　　1921 年 1 月 25 日，顧頡剛與胡適談到《易》與《禮運》分別是孔子之前與之後的文獻，若作孔子的史，「決計拿時代來同他分析開來：凡是那一時代裝點上去的，便喚做那一時代的孔子。例如戰國的孔子便可根據了《易傳》，《禮記》等去做；漢代的孔子便可根據了《公羊傳》，《春秋繁露》，《史記》，緯書等去做。至於孔子的本身，拆開了各代的裝點，看還有什麼。如果沒有什麼，就不必同他本身做史」。〔註 90〕這是顧頡剛在《詢姚際恒著述書》之後首次再論孔子與六經的關係，其中提出應當根據不同時代的文獻去探尋相對應的孔子形象，這種對於歷史進程中人物形象變遷的動態考察是其長期思考演變問題的結果。9 月 11 日至 10 月 14 日間，常思「《六經》與周、孔無關」，「堯、舜、禹、湯、文、武、周公、孔子無道統可言，這都是打破古來傳統思想的大問題」，〔註 91〕明確提到六經與孔子無關，並欲打破延續千年的道統。10 月 14 日至 30 日間，指出「孔子與《詩經》沒有關係，刪《詩》之說，本是漢代人的話，始見於《史記》，不足徵信。但他們把後來人造成的孔子觀念硬推到孔子身上，實也不對」。〔註 92〕11 月 5 日，與錢玄同提到「《六經》自是周代通行的幾部書」，「《六經》皆孔子之作品」一個觀念，現在也可駁倒了。〔註 93〕12 月 3 日至翌年 2 月 4 日間，說到「孔子所謂『詩三百』，大約那時傳誦在口頭的只有此數，不能說為刪成三百篇」。〔註 94〕

　　1922 年 2 月 4 日至 21 日間，顧頡剛論及孔子未作《詩序》。自 1921 年 10 月 14 日至此，或是出於輯錄《詩辨妄》入《辨偽叢刊》的計劃，《詩經》成為顧頡剛辨偽的中心，是故此間其論孔子與六經的關係圍繞孔子是否刪《詩》以及是否作《詩序》展開。《詩辨妄序》作成之後，顧頡剛並未停止對於《詩經》的思考，並結合《尚書》《論語》問題，提出了層累說。其中，4 月 20 日至 6

〔註 90〕顧頡剛：《論偽史及〈辨偽叢刊〉書》，顧頡剛編著：《古史辨》第一冊，上海：上海古籍出版社，1982 年，第 21～22 頁。

〔註 91〕顧頡剛：《景西雜記（一）》，《顧頡剛讀書筆記》卷一，北京：中華書局，2011 年，第 211 頁。

〔註 92〕顧頡剛：《景西雜記（三）》，《顧頡剛讀書筆記》卷一，北京：中華書局，2011 年，第 251 頁。

〔註 93〕顧頡剛：《顧頡剛書信集》卷一，北京：中華書局，2011 年，第 534～535 頁。

〔註 94〕顧頡剛：《景西雜記（五）》，《顧頡剛讀書筆記》卷一，北京：中華書局，2011 年，第 299 頁。

月 2 日間，指出「《易》、《詩》、《書》、《春秋》，都是戰國上半期結集的，到戰國後半期孟子一輩人時，就確認作孔子手筆了」。〔註95〕9 月 27 日，與鄭振鐸講到孔子刪《詩》是一個謠言。1923 年 2 月 25 日，致信錢玄同，談到「刪《詩》之說起來之後，使得《詩經》與孔子發生了不可解的關係，成了聖道王化的偶像」，「孔子只與《詩經》有關係，但也只有勸人學《詩》，在並沒有自己刪《詩》；至於《易》、《書》、《禮》、《春秋》可以說是沒有關係。即使說有關係，也在『用』上，不在『作』上」，並說到日後想作文討論孔子與五經的關係。〔註96〕3 月 5 日，又述及諸經「是本來不同的，但有了『孔子之書』一個觀念罩在上面，就不得不同了。有了相同的觀念，於是他們眼睛裏看見的《十三經》真是統轄於一個宗旨之下的書，近於一人一手所做出，所以決沒有矛盾的地方」，「譬如《詩經》這部書，原是春秋時通行的歌曲，後來人因為孔子喜歡講它，就算做聖人之書」。〔註97〕

　　顧頡剛討論孔子與六經關係的突破口在《詩經》，進而延及其餘諸經。1922 年初其作《詩辨妄序》時，曾與俞平伯說到「這是我的第一部書，就建樹了經學革命的旗幟」，還與李石岑言「這是經學上的革命事業」。〔註98〕所謂經學革命，即剷除層累於經書上的附會，回到經書本身去，使其具有史的價值，而拆分孔子與六經則是其中的重頭戲。在撰作《詢姚際恒著述書》之前，顧頡剛已經明確提出了孔子刪述而非作六經，孔子與六經應當分而言之的觀點。《詢姚際恒著述書》之後至層累說提出期間，其觀點發生了轉變，開始傾向於認為孔子與六經無關，即孔子不僅沒有作六經，也沒有刪六經，所謂刪經之說出於後人的建構。相比於之前，顧頡剛此時主張恢復孔子與六經原貌的看法更具徹底性。從這一層意義上講，更可以說明至層累說提出時，顧頡剛與今文經學保持著相當程度的距離。

　　欲作史學的經學以及使孔子與六經各歸其位，不僅是顧頡剛這一階段的研究內容，其之後展開的學術工作亦均著眼於這一問題的解決。顧頡剛所進行的經學革命同時也是自身的觀念革命。從這一時期顧頡剛辨偽經書的觀點來

〔註95〕顧頡剛：《纂史隨筆（一）》，《顧頡剛讀書筆記》卷一，北京：中華書局，2011年，第 377 頁。

〔註96〕顧頡剛：《顧頡剛書信集》卷一，北京：中華書局，2011 年，第 539、545 頁。

〔註97〕顧頡剛：《紅樓夢辨序初稿》，《寶樹園文存》卷一，北京：中華書局，2011 年，第 186、188 頁。是文刊於《中國文化》1991 年第 2 期。

〔註98〕顧頡剛：《顧頡剛書信集》卷二，北京：中華書局，2011 年，第 70、87 頁。

看，〔註99〕其與今文經學辨偽經書之間的聯繫同樣難以成立。就前述關於造偽與託古改制說的態度而言，雖然顧頡剛日漸強調有意造偽，但尚未否定無意成偽的存在，且沒有將劉歆造偽問題化，對造偽的認識非必出於今文經學。至於託古改制說，顧頡剛前期因對今文經學的政見持有偏見而鮮提是說，之後在解釋造偽原因時，引入是說將其列為原因之一，但尚沒有予之特殊對待。諸此種種，均提示我們在討論層累說的提出與今文經學之關係以及這種關係的緊密程度時，應持更為審慎的態度。

第三節　發現「託古改制」：顧頡剛的轉變與層累說的完善

在層累說的提出階段，保持疏離是顧頡剛與今文經學之間的樣態。這種情形在層累說提出之後至《古史辨》第一冊出版之時是否有所改變，是繼今文經學是否促成了層累說之後首先要考慮的問題。通過對這一問題的回答，可以明確今文經學在層累說的不同階段發揮了怎樣不同的作用。而借助各個階段的比較，也可以驗證前文對今文經學與層累說生成關係的判斷是否合理，還可以盡量避免籠統述說下的似是而非的問題以及不曾注意到的倒置之誤。遵循同樣的路徑，探究顧頡剛如何理解造偽與託古改制說仍是這一階段的重點。如果顧頡剛的態度發生了轉變，這種轉變透過什麼機緣發生以及何以發生？是否影響到了他對層累說的看法及其史學家的身份？經由此番摸索，顧頡剛在今文經學問題上又有了哪些新發現？站在層累說的延長線上，當其中今文經學所佔的比重開始上升之後，如何認識二者間的關係亦應隨之變得更加謹慎。

1923 年 6 月 1 日，顧頡剛與胡適論及《今文尚書》的真偽問題，說到《堯典》《皋陶謨》《禹貢》「決是戰國至秦漢的偽作，與那時諸子學說有相連的關係」，〔註100〕並將《禹貢》定為戰國而非秦漢時書。顧頡剛對《今文尚書》，尤其是對《堯典》《皋陶謨》《禹貢》的懷疑至遲在 1920 年 3 月前後便已開始，他認為《堯典》《皋陶謨》是周史補作，《禹貢》是「戰國時人欲廣其土地於九州」的產物。〔註101〕其後至 1923 年 6 月 1 日間，其反覆談到《禹貢》作於戰

〔註99〕參見附錄。下文凡有提及顧頡剛辨偽經書觀點的地方，均參見此表。
〔註100〕顧頡剛：《顧頡剛書信集》卷一，北京：中華書局，2011 年，第 394 頁。
〔註101〕顧頡剛：《寄居錄（二）》，《顧頡剛讀書筆記》卷一，北京：中華書局，2011
　　　　年，第 16～17 頁。

國，但如何證明這一點他尚未形成系統的思考。7月1日，他指出諸子將古史人化的行為使得「歷史上又多了一層的作偽，而反淆亂前人的想像祭祀之實，這是不容掩飾的」，而且「自從戰國時一班政治家出來，要依託了古王去壓服今王」，「五帝三王的黃金世界原是戰國後的學者造出來給君王看樣的」。〔註102〕上述觀點表明，顧頡剛在此時更偏重研究戰國及其後的造偽活動。8月5日至12月2日，提到堯舜禹的關係「起於禪讓之說上；禪讓之說乃是戰國學者受了時事的刺激，在想像中構成的烏托邦」，「一班兼做偽史家的政論家竭其全力為這個時期張皇幽眇，編造了無數佳話」，「所以戰國學者口中的歷史，只能注意他的立說的意義，切不可看作真實的歷史，因為他們原沒有考實自己的說話的觀念」，同時講到文王為紂臣說的產生心理：「一半是有意的造作，一半是無意的誤會。有意的造作，只為自己裝面子，可以弗論。無意的誤會，則實由於當時人歷史常識的太缺乏。」〔註103〕

9月至1924年6月，《現代初中教科書本國史》陸續出版，〔註104〕顧頡剛關於託古改制說的認識在這套書中得到了進一步闡發。他談到堯舜故事「一部分屬於神話，一部分出於周末學者『託古改制』的捏造」，王莽「因託古改制而得國」並「用《周官》、《王制》說話」，這是其首次明確將漢代託古改制者指向王莽。〔註105〕根據前文的梳理，顧頡剛第一次提及託古改制說見於《中學校本國史教科書編纂法的商榷》，編成的教科書即延續了這一看法。

〔註102〕顧頡剛：《答劉胡兩先生書》，顧頡剛編著：《古史辨》第一冊，上海：上海古籍出版社，1982年，第101頁。

〔註103〕顧頡剛：《討論古史答劉胡二先生》，顧頡剛編著：《古史辨》第一冊，上海：上海古籍出版社，1982年，第133、132、150、149頁。

〔註104〕根據《顧頡剛古史論文集》收錄此書所作的注釋，是書於「1923年6月至1924年2月分三冊陸續出版」。但核查原書後發現，是書上冊出版於1923年9月，中冊出版於1924年2月而再版於6月，下冊出版於1924年6月而再版於1925年5月。其中，上冊版權頁顯示「中華民國十二年九初初版」與「中華民國十四年十初四版」。疑此處印刷有誤，應為「九月初版」與「十月四版」。此處以原書版權頁的出版時間為準。顧頡剛：《現代初中教科書本國史》，《顧頡剛古史論文集》卷十二，北京：中華書局，2011年，第1頁；顧頡剛、王鍾麒編輯，胡適校訂：《現代初中教科書本國史》上冊，上海：商務印書館，1923年9月；顧頡剛、王鍾麒編輯，胡適校訂：《現代初中教科書本國史》中冊，上海：商務印書館，1924年2月；顧頡剛、王鍾麒編輯，胡適校訂：《現代初中教科書本國史》下冊，上海：商務印書館，1924年6月。

〔註105〕顧頡剛：《現代初中教科書本國史》，《顧頡剛古史論文集》卷十二，北京：中華書局，2011年，第20、56頁。

此外，其言《周禮》「直到西漢末年——公元第一世紀——才跑出來，更不能叫人家信他為周朝的官制了」，是書「相傳是周公手定的稿本。但漢初廣收簡冊，藏書競出，獨沒有見到他的名目，已很可疑；直到西漢末年劉歆大加表彰，說是河間獻王在山岩屋壁間得到的（原缺《冬官》，便把《考工記》補上），才有人說起，所以人家很疑心是劉歆偽託的」，「疑非真有其書」。〔註106〕在此之前，顧頡剛關於《周禮》的主要議論有兩條，一是在《〈古今偽書考〉跋》中說到《周禮》雖有偽附但不當與虛造者等視，二是於 1922 年 4 月 20 日至 6 月 2 日間談到《周禮》出於漢代。在《現代初中教科書本國史》中，雖然提到有人疑心《周禮》是劉歆偽作，但與此前一樣，他尚未將《周禮》與劉歆掛鉤。就成偽意圖來說，其於 1923 年 11 月 13 日至 1924 年 2 月 20 日間再次申明存在有意造作與無意傳誤兩種可能，其中前者包括「撐場面（如漢為堯後）」與「立學說（如《孟子》）」。〔註107〕

此時，顧頡剛仍然鮮論今文經學。在此之前，他應該已經接觸過《孔子改制考》，但具體時間並不知曉。1923 年 8 月 28 日，顧頡剛所寫「看新買之《孔子改制考》」似是其第一次明確記載閱讀是書的記錄。〔註108〕在《現代初中教科書本國史》的注釋中，他說到《新學偽經考》辨《尚書》甚細，還說到今文經學相比於古文經學「懷疑求是的精神更大」，「康有為受廖平的影響，力贊今文。他創託古改制之說，一直追求到儒家學說的根源，以見社會是進化的，古代並不比後世好，對於幾千年來迷信古人的思想起一大革命了」，而且「他既著《新學偽經考》攻駁古文，又作《孔子改制考》，說孔子並不『憲章文武，祖述堯舜』，只是託古改制，於是他的變法主張找到了強有力的根據」。〔註109〕與 1922 年時一樣，顧頡剛依然沒有予諸子託古改制以特別關注，也沒有在諸子造偽與託古改制之間建立起明確聯繫，但仍對託古改制說的思想意義給予了肯定。他對今文經學的評判雖然出現在教科書的注釋中，但卻因為託古改制說的緣故而稱讚今文經學的懷疑求是精神。而且《孔子改制考》開始在日記中

〔註106〕顧頡剛：《現代初中教科書本國史》，《顧頡剛古史論文集》卷十二，北京：中華書局，2011 年，第 48～49 頁。

〔註107〕顧頡剛：《淞上讀書記（五）》，《顧頡剛讀書筆記》卷二，北京：中華書局，2011 年，第 109 頁。

〔註108〕顧頡剛：《顧頡剛日記》卷一，北京：中華書局，2011 年，第 390 頁。

〔註109〕顧頡剛：《現代初中教科書本國史》，《顧頡剛古史論文集》卷十二，北京：中華書局，2011 年，第 185 頁。

出現，傳遞出顧頡剛意欲再探今文經學的信號，這是此前從未有過的新舉動。此外，顧頡剛的其他論述也有助於廓清之前的迷霧。7 月 1 日，他重申「一讀古書，商出於玄鳥，周出於姜嫄，任宿須句出於太皞，郯出於少皞，陳出於顓頊，六蓼出於皋陶庭堅，楚夔出於祝融鬻熊（恐是一人），他們原是各有各的始祖」。〔註110〕其判定商周異源始終遵循文獻第一的原則，如果他認同今文經學在此問題上的看法，那麼認同的背後是因為今文經學遵從了文本事實，這與他被動地接受今文家言是性質不同的兩回事。

其後，顧頡剛屢屢論及戰國造偽問題。1924 年 2 月 26 日，重申《禹貢》是「戰國時人把當時的地域作一整理而託之於禹跡」的作品。〔註111〕3 月 26日，述及讀兩《漢書》時，應指出「他們的作偽和傳誤的種種事實，並把今古文的黑幕一齊揭破，劃絕漢學搗鬼的根芽」。〔註112〕其後，在 11 月 24 日刊出的《紂惡七十事的發生次第》中談到東周時人託古造偽。另外，本年《泣籲循軌室筆記》裏亦隨處可見其對戰國造偽問題的議論。〔註113〕是年，顧頡剛言戰國造偽延續了之前的態度，而且沒有特別述及今文經學。1926 年 1 月 27 日，他再次說明「我引《說文》的說禹為蟲，正與我引《魯語》和《呂覽》而說夔為獸類，引《左傳》和《楚辭》而說鯀為水族一樣」，〔註114〕由此可見其對古史人物屬性的認識與商周異源問題一致。這些後出的論述均可佐證我們之前關於層累說與今文經學關係的判斷。

截至《古史辨》第一冊出版，顧頡剛於 1926 年 5 月 29 日記有「寫『有意

〔註110〕 顧頡剛：《答劉胡兩先生書》，顧頡剛編著：《古史辨》第一冊，上海：上海古籍出版社，1982 年，第 99 頁。

〔註111〕 顧頡剛：《論禹治水故事書》，顧頡剛編著：《古史辨》第一冊，上海：上海古籍出版社，1982 年，第 210 頁。

〔註112〕 顧頡剛：《我的研究古史的計劃》，顧頡剛編著：《古史辨》第一冊，上海：上海古籍出版社，1982 年，第 213 頁。

〔註113〕 1924 年，顧頡剛明確說到託古改制的地方似僅有兩處，均在《泣籲循軌室筆記》中。一處見於《畫鬼易》：「這話罵盡託古改制的人。」另一處出自《金聖歎》：「金聖歎亦託古改制者。」但這兩處均與諸子託古改制說沒有直接關聯。其中，後一處寫於 1924 年 11 月 5 日至 1925 年 7 月 6 日間，是否作於1924 年尚不確定。顧頡剛：《泣籲循軌室筆記（四）》，《顧頡剛讀書筆記》卷二，北京：中華書局，2011 年，第 248 頁；顧頡剛：《泣籲循軌室筆記（五）》，《顧頡剛讀書筆記》卷二，北京：中華書局，2011 年，第 271 頁。

〔註114〕 顧頡剛：《答柳翼謀先生》，顧頡剛編著：《古史辨》第一冊，上海：上海古籍出版社，1982 年，第 224 頁。

無意之作偽』之例十八條」。〔註115〕關於戰國造偽，則在 6 月 1 日的演講中說到夏制九州是「戰國的時勢引起的區畫土地的一種假設」，〔註116〕這些觀點均與此前相差無幾。至於今文經學著作，其所讀且見於記載者僅皮錫瑞《經學史講義》一種。在 4 月 29 日至 5 月 1 日點讀此書期間，他正擬作《整理十三經注疏計劃》。該文寫於 5 月 4 日至 6 日，其中認為《左傳》「本春秋分國之史，劉歆析之，使脫離《國語》而獨立，以為釋《春秋經》者」，《周禮》是「漢人擬議設官之書而託於周者」。〔註117〕此時，他仍未提出劉歆偽作《周禮》。劉歆析《國語》而成《左傳》的觀點最早由康有為明確提出，崔適繼之。與託古改制說一樣，今文經學關於《左傳》的看法同樣對顧頡剛構成了所謂的「影響」，這一「影響」仍需置於顧頡剛的邏輯中進行理解。其於 1922 年 4 月 20 日至 6 月 2 日間談到《左傳》成於戰國且左氏為六國時人，之後說到《左傳》可能是戰國前期的作品。1923 年初，他指出「《左傳》和《國語》固是記載春秋時事最詳細的」，然《左傳》「經過了漢儒的幾番竄亂」，〔註118〕其中漢儒竄亂《左傳》的判斷或立足於「及歆治《左氏》，引傳文以解經，轉相發明」這一文本記載。〔註119〕其後，自 1923 年 2 月 25 日至 1924 年 10 月間，他仍主張《左傳》是戰國著作。另外，《國語》是《左傳》之外記載春秋時事最詳細的一部書，這樣的特殊性質決定了《國語》是人為充實《左傳》內容的最主要來源，如此便為他持劉歆析《國語》之說埋下了伏筆。顧頡剛從一開始便將《左傳》看作史書而非經傳，檢視是書真偽以及是否與劉歆甚至《國語》有關是從文獻出發，看其是否合於歷史事實，即顧頡剛是否認同今文經學，取決於今文經學結論的得出是否依據歷史文獻以及這些文獻是否符合本然的歷史事實。正是從這一意義上，已然不能再將今文學家與顧頡剛相提並論。

　　1926 年 6 月 11 日，《古史辨》第一冊出版，自述三十餘年人生經歷與治學次第的《自序》成為焦點。「要介紹我的一系列思想和行動，沒有人能像我

〔註115〕顧頡剛：《顧頡剛日記》卷一，北京：中華書局，2011 年，第 751 頁。

〔註116〕顧頡剛：《秦漢統一的由來和戰國人對於世界的想像》，顧頡剛編著：《古史辨》第二冊，上海：上海古籍出版社，1982 年，第 4 頁。是文刊於《北京孔德學校旬刊》第 34 期，1926 年 6 月 21 日。

〔註117〕顧頡剛：《整理十三經注疏計劃》，《顧頡剛古史論文集》卷七，北京：中華書局，2011 年，第 263 頁。

〔註118〕顧頡剛：《〈詩經〉在春秋戰國間的地位》，顧頡剛編著：《古史辨》第三冊，上海：上海古籍出版社，1982 年，第 311 頁。

〔註119〕班固：《漢書》卷三十六《楚元王傳》，北京：中華書局，1962 年，第 1967 頁。

自己那樣完全合格。」〔註120〕完成於4月20日的這篇長文展現了顧頡剛所理解的辨偽事業與今文經學間的種種糾纏。回憶起初讀「兩考」的感受，他說到《新學偽經考》「論辯的基礎完全建立於歷史的證據上，要是古文的來歷確有可疑之點，那麼，康長素先生把這些疑點列舉出來也是應有之事。因此，使我對於今文家平心了不少」，而《孔子改制考》「第一篇論上古事茫昧無稽，說孔子時夏殷的文獻已苦於不足，何況三皇五帝的史事，此說即極愜心饜理。下面彙集諸子託古改制的事實，很清楚地把戰國時的學風敘述出來，更是一部絕好的學術史。雖則他所說的孔子作《六經》的話我永不能信服，但《六經》中參雜了許多儒家的託古改制的思想是不容否認的。我對於長素先生這般的銳敏的觀察力，不禁表示十分的敬意。我始知道古文家的詆毀今文家大都不過是為了黨見，這種事情原是經師做的而不是學者做的」。〔註121〕之後，他又先後提到「我雖是早受了《孔子改制考》的暗示，知道這些材料大都是靠不住的」「我的上古史靠不住的觀念在讀了《改制考》之後又經過這樣地一溫。但如何可以推翻靠不住的上古史，這個問題在當時絕沒有想到」「自從讀了《孔子改制考》的第一篇之後，經過了五六年的醞釀，到這時始有推翻古史的明瞭的意識和清楚的計劃」「我的推翻古史的動機固是受了《孔子改制考》的明白指出上古茫昧無稽的啟發，到這時而更傾心於長素先生的卓識，但我對於今文家的態度總不能佩服。我覺得他們拿辨偽做手段，把改制做目的，是為運用政策而非研究學問」「今文家便因時勢的激蕩而獨標新義，提出了孔子託古改制的問題做自己的託古改制的護符」「長素先生受了西洋歷史家考定的上古史的影響，知道中國古史的不可信，就揭出了戰國諸子和新代經師的作偽的原因，使人讀了不但不信任古史，而且要看出偽史的背景，就從偽史上去研究，實在比較以前的辨偽者深進了一層」。〔註122〕自1930年代以來，〔註123〕《自序》被廣泛引作

〔註120〕 吉本著，戴子欽譯：《吉本自傳》，北京：生活・讀書・新知三聯書店，1989年，第4頁。

〔註121〕 顧頡剛：《自序》，顧頡剛編著：《古史辨》第一冊，上海：上海古籍出版社，1982年，第26頁。

〔註122〕 顧頡剛：《自序》，顧頡剛編著：《古史辨》第一冊，上海：上海古籍出版社，1982年，第36、43、77～78頁。

〔註123〕 沅思引《古史辨》第一冊《自序》以說明顧頡剛「推翻古史之動機，亦復因康有為之《孔子改制考》而啟發焉」。其文雖在觀點上無甚新意，但證成層累說與今文經學關係的方式卻值得注意，《自序》在此受到了特別關注，顧頡剛的自述或自此開始被明確用作證明二者間聯繫的依據。沅思或為某位學者的

證明層累說與今文經學關係的內證。那麼，如何看待對往事的追溯與往事發生之時的距離，便成為闡釋二者關係有必要澄清的重點。

　　顧頡剛初讀「兩考」在 1915 年至 1916 年前後。〔註124〕通過對比《自序》與正序梳理其在此時期的看法，我們發現關於《新學偽經考》學術屬性的認識被突顯了出來。根據彼時顧頡剛辨偽古文經書的觀點來看，其與康有為所論存有交集，那麼《自序》強調康有為辨偽古文經書便合乎情理了。但是，有關《孔子改制考》的敘述變化則需要注意。《自序》顯示該書對顧頡剛的啟發在上古茫昧無稽說與託古改制說兩點上。對於前者，他所用「愜心饜理」一詞意味著其在此前已經認識到上古史不可信，〔註125〕這是毋需置疑的。王汎森指出，「如果認為《孔子改制考》中的『上古之世茫昧難稽』是導引顧頡剛懷疑上古信史的主要原因，其實相近似的話早在《列子》的『楊朱』篇中便已說過」。〔註126〕上古茫昧無稽說並非康有為的獨創，這一點在傳統文獻中早已被論及。顧頡剛關於古史無稽的認識非必來自今文經學，王汎森的說法在不經意間反證了上古茫昧無稽說不能對顧頡剛構成實在的影響。如果拋開《自序》和王汎森之論，也不難理解顧頡剛何以會懷疑上古史。他與康有為共享著進化論帶來的衝擊，上古黃金世界的理念不符合演進原則，這樣的邏輯衝突促使他們反思傳統以達成理性自洽，上古史不可信這一學術觀點遂被倒逼而出。如果沒有進化論，很難說是否會產生康有為式的託古改制說，也很難說顧頡剛能否借助此說重審上古史。至於託古改制說對顧頡剛的啟發，《自序》與正序梳理呈現出明顯差別。他明確談論是說始於 1922 年，初讀「兩考」時則不見論及，《自序》明顯提前了將其接受是說的時間。根據《自序》的時間線，1916 年及之後，顧頡剛的敘述基本圍繞《孔子改制考》展開，幾乎沒有再提《新學偽經考》。這

　　　　　　筆名，但暫未查實。沅思：《近代古史研究鳥瞰》，《無錫國專季刊》第 1 期，1933 年 5 月，第 35 頁。

〔註124〕　前文已述，顧頡剛於 1915 年中旬始讀《新學偽經考》，但何時首讀《孔子改制考》卻沒有記錄，第一次明確記載閱讀該書是在 1923 年 8 月 28 日。《自序》提供了某種線索，根據「我雖是早受了《孔子改制考》的暗示，知道這些材料大都是靠不住的」一語的上下文語境，可知顧頡剛至遲於 1916 年聽陳漢章授課時便可能已讀過《孔子改制考》。顧頡剛：《自序》，顧頡剛編著：《古史辨》第一冊，上海：上海古籍出版社，1982 年，第 36 頁。

〔註125〕　顧頡剛：《自序》，顧頡剛編著：《古史辨》第一冊，上海：上海古籍出版社，1982 年，第 26 頁。

〔註126〕　王汎森：《古史辨運動的興起：一個思想史的分析》，臺北：允晨文化實業股份有限公司，1987 年，第 25 頁。

與正序梳理其於 1922 年至 1924 年集中表達託古改制說且對是說的態度並不固定的情形有所不同。此外，顧頡剛講述個人經歷的文字還見於 1924 年 1 月 29 日致李石岑的信與 1925 年 2 月 3 日所作《答李玄伯先生》，然而均未述及今文經學相關。結合在這前後其對此問題時言時不言的模糊行為，可以推測他關於今文經學的看法在此時仍搖擺不定，與《自序》恰成鮮明對比。

《自序》是重新排定個人學術史的風向標。「歷史學家寫下自己的學術生涯回憶錄，可與當時構建學術生涯大不相同，這需要兩種大相徑庭的思維方式。」〔註127〕作為敘述已知歷程的自述，首先呈現的是顧頡剛在 1926 年的立場。他對確立自己治學思想的來龍去脈所進行的因果推定，使今文經學這一影響因子得到了最具權威性的認證，而站在 1926 年敘說前事，會發現此前隱而未覺的潛流，同時「得到充分發展的那一理路就比較容易顯現出排他的態勢來，那些由偶然性襄成的事物也會仿似必然達致的結果」。〔註128〕在某種程度上，上述《自序》與正向梳理的差異即由此而來。與此同時，這種差異也應置於顧頡剛學術認識的變化過程中去理解。大致以 1921 年為界，顧頡剛在其前側重辨偽書而關注《新學偽經考》，其後則轉向辨偽史而傾向《孔子改制考》。隨著辨偽的深入，尤其是層累說提出之後，在古史何以層累造成的解釋上，託古改制說的作用得到凸顯。顧頡剛關於今文經學的態度亦隨之發生改變，而顧頡剛態度的改變難免不會影響其對過去的追溯。這一自我發現的旅程也令其重新發現了今文經學。

顧頡剛關於今文經學態度的變化可以通過其辨偽工作以及《自序》得到證明，這一態度變化並不是說其學術身份由史學家變為經學家，而是說其立足於史學範疇對經學的觀點進行了再審視，並從是否合於史學事實的角度對經學做了一番取捨。對此，仍可以從顧頡剛對待孔子與六經關係的看法中進行說明。

在《現代初中教科書本國史》中，顧頡剛提到「孔子的刪述，至今還是異說紛紜，聚訟不休，很難置信。因為《書》、《詩》都是舊文，《樂》又不傳於後，《易傳》是否全出孔子尚有問題，則較可相信的，只有《春秋》一書或者曾經經過他的整理而已」，「許多書中，最純粹而且最可靠的，自當首推《論語》，所以《論語》上的孔子，要比其他書中所說的孔子可信的多」，還提到

〔註127〕 柯文：《序言》，柯文著，劉楠楠譯：《走過兩遍的路：我研究中國歷史的旅程》，北京：社會科學文獻出版社，2022 年，第 9 頁。
〔註128〕 李揚眉：《歷史學和微觀社會的互動——史家自述中的學術與人生》，《史學理論研究》2005 年第 1 期，第 111 頁。

「經書是否出於孔子一手刪定，到如今還是一個絕大的疑案」，六經「彼此原不相干，只因後人偏偏認定這些古書都經孔子刪削或訂定，以為必有微言大義藏在裏面便硬配在六藝之科」。〔註129〕1924 年 6 月 29 日，在為北京大學學生講演國學時論及「《十三經》沒有什麼神秘，也沒有什麼神聖，只是後來人硬放到孔子頭上的」。〔註130〕1925 年 3 月 21 日，與錢玄同講到孔子未作《春秋》。1926 年 5 月 4 日至 6 日，說到「孔子刪述《六經》或著作《六經》的問題，儒家承受孔學或託古設言問題」，「聚訟紛紜，其書充棟，非旦夕所能理析而作解答」。〔註131〕由此可見，在孔子與六經的關係問題上，顧頡剛基本延續了上一階段的看法，堅持孔子與六經無關的學術觀點。相比於之前，顧頡剛直接談論此問題的次數明顯減少，但從實際的辨偽來看，其確定經書篇目及其所載古史的年代的目的即在於拆解孔子與六經的聯繫。從想法到實踐，顧頡剛的學術成長寓於從想要做、如何做到做了什麼、還有什麼需要做的轉變中。

　　層累說提出之後，顧頡剛的研究近乎「古史清一色」。〔註132〕編輯《古史辨》時，其言「凡收入此編者，其目光皆在於古史」。〔註133〕對古史尤其是經中所載古史的關注，漸漸拉近了他與今文經學的距離。劉歆析《國語》而成《左傳》問題成為今文家言影響顧頡剛的新生點，但與康有為及崔適主張劉歆之前無《左傳》不同，顧頡剛認為作為「春秋分國之史」的《左傳》在劉歆之前便已存在，〔註134〕劉歆只是析改而非創作、偽造《左傳》。與此相應，顧頡剛在此時尚未明確表達劉歆造偽說。1924 年 7 月 4 日，他曾與馮沅君談到劉向歆父子校書一事，但沒有涉及劉歆造偽。在解釋古史層累造成的原因上，託古改制說的地位逐漸得到抬升，層累說也借助託古改制說在豐富自身內容的同時，增強了理論說服力。《自序》的出現，恰恰驗證了顧頡剛關於今文經學態度的變化。

〔註129〕顧頡剛：《現代初中教科書本國史》，《顧頡剛古史論文集》卷十二，北京：中華書局，2011 年，第 32～33、47 頁。

〔註130〕顧頡剛：《顧頡剛書信集》卷四，北京：中華書局，2011 年，第 455 頁。

〔註131〕顧頡剛：《整理十三經注疏計劃》，《顧頡剛古史論文集》卷七，北京：中華書局，2011 年，第 263 頁。

〔註132〕顧頡剛：《自序》，顧頡剛編著：《古史辨》第一冊，上海：上海古籍出版社，1982 年，第 55 頁。

〔註133〕顧頡剛：《顧頡剛書信集》卷一，北京：中華書局，2011 年，第 558 頁。

〔註134〕顧頡剛：《整理十三經注疏計劃》，《顧頡剛古史論文集》卷七，北京：中華書局，2011 年，第 263 頁。

　　經由階段化分析，大致可以說明今文經學之於層累說影響的顯明化發生在層累說提出之後而非之前，是一種推動性、深化性而非源頭性的影響，這種影響不應被前置或者誇大。若以此時顧頡剛的經學認識作為判斷其此前行為的依據，拿如今相對確定的事實為線索勾勒前事，不免會產生時序錯置的誤會，尤其是如果以此建立古史辨與今文經學之間的思想脈絡，使本屬未知的進程變作有意識的設計，則弔詭且巧妙地掩蓋了錯置的事實。

　　明確層累說與今文經學間的異質性仍是對話進行的總前提，只有這樣才能區分開二者共享觀點的內在差別，將層累說從傳統學術中剝離出來，確立其在現代史學中的位置。如果因層累說承接了今文經學的認識便將其打入經學陣營，是對二者本質的模糊、混淆與誤讀。關於二者異質的最佳說明應訴諸於歷史事實。它們對於何為事實的認定遵循了兩套認識邏輯，顧頡剛以一種自律的韋伯式知識觀審查文獻，〔註135〕將今文經學對於歷史事實的揭示從與價值事實的纏繞中分離出來。他對託古改制說甚至劉歆造偽說的接受，均以承認其是歷史事實為前提，而拋卻了二說在今文經學那裏作為價值事實的一面。傳統經學思維下的歷史事實經過現代史學邏輯的過濾被重新發現，以歷史事實消解層累於歷史事實之上的不同解釋，這種事實至上的科學批判精神與今文經學大異其趣。從中可以進一步感受到二者之間的斷裂性所在。當今文經學施予層累說影響的合理層次被明確，那麼一面言層累說具有反傳統意義，另一面又言其依靠傳統汲取資源的兩歧性現象則不復存在，層累說作為中國首個現代史學理論的主體性價值方能充分顯露出來。

〔註135〕「韋伯式的學術『知識』，它表現出一種自律傾向，即以知識自身為目的，故而有所謂『為學術而學術』、『為藝術而藝術』等等。」在這一點上，顧頡剛與韋伯有某種程度的相似性。高瑞泉：《序》，山口久和著，王標譯：《章學誠的知識論——以考證學批判為中心》，上海：上海古籍出版社，2006 年，第4 頁。

第三章　貌合神離：今文經學與顧頡剛對古史系統的打破

　　層累說發表七週年之際，《五德終始說下的政治和歷史》新鮮出爐。若從顧頡剛萌生出打破古史系統的想法算起，這篇十餘萬字的文章花費了他整整十年時間。對「何有閒時」的顧頡剛來說，〔註1〕這樣一篇具有里程碑意義的作品，或許只是又一個新的開端罷了。與胡適的《中國哲學史大綱》一樣，《五德終始說下的政治和歷史》也只有上半部，下半部始終沒有作成。其後，顧頡剛的研究對象從五帝轉向三皇。《三皇考》的刊出意味著顧頡剛打破古史系統的計劃基本完成，此時距離其發願推倒古史系統已逾十五年。然而古史辨與今文經學的關係尤其是顧頡剛的身份定位，也隨之引起大家的爭議。

　　層累說提出之後，用於解釋古史何以造成的託古改制說漸漸得到顧頡剛的重視，他對今文經學的態度也因此發生了些許改變。隨著古史研究的深入，劉歆與古史系統的關係問題開始出現在顧頡剛面前。自覺本於證據，他認為從歷史事實層面看，劉歆確有造偽的可能。可以說，顧頡剛對古史系統的破壞即得力於對託古改制說與劉歆造偽說的系統應用，而大家的批評和顧頡剛的申辯亦皆由此而來。顧頡剛受到今文經學的啟發是無須迴避的事實，而且這也「不是一個不可告人的議題」。〔註2〕但若因此認為其走上了今文學家的老路並稱其為「新今文家」，〔註3〕則不免過於武斷了。那麼，問題就在於如何看待

〔註1〕顧頡剛：《顧頡剛日記》卷一，北京：中華書局，2011年，第396頁。

〔註2〕李巍、匡釗、吳銳等：《「古史辨」與現代中國哲學研究》，王曉興主編：《國學論衡》第九輯，北京：社會科學文獻出版社，2021年，第6頁。

〔註3〕顧頡剛：《自序》，顧頡剛編著：《古史辨》第五冊，上海：上海古籍出版社，1982年，第3頁。

這種影響以及如何區分影響的合理層次。無休止的爭論促使我們反思，判斷一個人接受今文家言與成為今文學家的標準究竟是什麼？認同劉歆造偽說是否意味著重回今文學家的老路？此種情況下，又應如何看待顧頡剛對今文經學的取捨？顧頡剛的學術積累使他「在整理上古史說時採取了一種『以其人之道還治其人之身』、迎頭照原路殺回的策略」，〔註4〕與今文經學相遇是遲早的事情，但二者之間的關係卻值得再思量。

第一節 《五德終始說下的政治和歷史》對今文經學的取捨

從層累說到《五德終始說下的政治和歷史》，這一「兩步走」初步實現了顧頡剛打倒古史系統的計劃。古史系統主要載於經書，所呈現的並不僅僅是一套帝王世系，其背後更是承載了影響至今的儒家價值系統。從目錄學到辨偽學的轉向，使得顧頡剛對古史系統的解構是以經學辨偽的面貌呈現出來的。在此過程中，劉歆是否造偽引起了他的注意。通過比勘種種文本證據，他也得出了劉歆造偽的結論，與今文學家再次達成共識，並因此而盛讚今文經學的學術價值。質疑顧頡剛史家身份的聲音亦由此而起，但他始終堅持自己絕非經師。與今文學家不同，顧頡剛並沒有將經學信仰帶入學術研究。在他那裏，作為學術觀點的劉歆造偽說是可以根據證據隨時進行修正的，而且他對於劉歆造偽說的應用也僅止於史學層面，並未以此介入經學之爭與政治活動。在對今文經學的取捨之間，頗可見得顧頡剛對於什麼可以成為史學證據這一問題的回答。由此，在何種意義與何種層次上討論顧頡剛與今文經學的關係顯得尤為重要。

一、向古史系統的深進

《五德終始說下的政治和歷史》以「打碎偽古史之中堅」為目標，〔註5〕直指劉歆偽造的古史系統。顧頡剛為實現這一目標所採用的主要方式依舊是辨偽，這是從傳統學術中走來的他所能憑藉的「最為得心應手」的方式。〔註6〕

〔註4〕李揚眉：《方法論視野中的「古史辨派」》，山東大學2005年博士學位論文，第83頁。
〔註5〕顧頡剛：《顧頡剛日記》卷二，北京：中華書局，2011年，第371頁。
〔註6〕李揚眉：《方法論視野中的「古史辨派」》，山東大學2005年博士學位論文，第83頁。

其向古史系統的深進導源於辨偽書，從辨偽書向辨偽史的轉向則打開了他拆解古史系統的大門。其實，當他把目光聚焦於經書真偽時，古史系統的真偽便隨之映入其眼簾。但能否從辨偽書摸索到古史系統卻因人而異，這事關學者個人的經史觀念，很難從中總結出某種通例。顧頡剛的學術經歷正可以為此提供一種參考。

如果非要在辨偽書與辨偽史之間選擇一項作為顧頡剛辨偽之路起點的話，辨偽書顯然更合適。從最早載錄其辨偽之語的《〈古今偽書考〉跋》到作於 1918 年下半年的《膏火書》，〔註7〕顧頡剛多注目於周秦典籍之真偽，這與其執著於按時代編目的目錄學誌趣有很大的關係。史事載於文獻，其可信程度直接影響到人們對文獻真偽的判斷，所以辨偽書時連帶著辨偽史是一件難以避免且再正常不過的事情。顧頡剛的偽書考辨從一開始便沒有置史事於不顧。在《〈古今偽書考〉跋》中，他將章學誠論偽書之語分為七類，其中「後記」一類即與史事有關。〔註8〕顧頡剛對章學誠的肯定恰恰可以反映出他留意史事真偽的蛛絲馬蹟。1915 年 5 月至秋間，其以《列禦寇》載有莊子將死之語、《天道》《天運》載有老子告孔子勿談仁義之言等事，判定《莊子》出於後學綴輯。這顯然是在以史事判斷書之真偽了。若拋開辨偽書，也可以搜尋到顧頡剛辨偽史的隻言片語。1914 年冬月，他談到揚雄的惡名成於宋儒。1917 年正月前後，又說到伏羲以前無信史。儘管顧頡剛對史事的議論有限，但其並不拒斥辨偽史，這是一個顯而易見的事實。更重要的是，從中可以感受到一種傾向，即顧頡剛辨偽史是為其辨偽書服務的，他對「書」的興趣要遠勝於「史」。顧頡剛的考辨工作起步於辨偽書，這一判斷應當是可以成立的。

顧頡剛從辨偽書轉向辨偽史的苗頭大致出現在 1919 年。一個重要的表現是，自該年 9 月至 1920 年 11 月 10 日，考辨史事的內容在其讀書筆記中漸漸多了起來，如《君階之演進》《伯與帝、王》《遲任與周任》《〈尚書〉各篇》《益與禹、啟之關係》《〈尚書〉質疑》等。無論是辨偽書還是辨偽史，顧頡剛的辨偽活動開始慢慢向經學集中，這是有別於此前的一個新變化。

〔註7〕1918 年 6 月上旬至 1919 年 9 月 5 日，顧頡剛處於休學狀態。《膏火書》中記有「民國七年休學期記」，又記有「前九條，為一九一八年所記」。綜此可知，《膏火書》前九條作於 1918 年 6 月上旬至年末。正文所言《膏火書》即指此。參見顧潮編著：《顧頡剛年譜》，北京：中華書局，2011 年，第 45、51 頁；顧頡剛：《膏火書》，《顧頡剛讀書筆記》卷七，北京：中華書局，2011 年，第 353 頁。

〔註8〕顧頡剛：《〈古今偽書考〉跋》，顧頡剛編著：《古史辨》第一冊，上海：上海古籍出版社，1982 年，第 10 頁。

　　《詢姚際恒著述書》的出現加快了這一轉向的速度。1920 年 12 月 15 日，在標點《古今偽書考》的基礎上，顧頡剛提出編輯《辨偽三種》的計劃。很顯然，這些工作均圍繞偽書展開，「使人對於偽書得到更深的印象」是其目的之一。〔註 9〕與此同時，應當注意顧頡剛對辨偽史的強調，這同樣是其此前從未有過的新舉動。在擬作的《古今偽書考》跋文中，顧頡剛預備做五個表，其中前四表皆與偽書有關，第五表則想呈現根據了偽書所造成的歷史事實。「我想，第五表很重要」——辨偽史在顧頡剛那裏有了不同於往日的意義。〔註 10〕其實，對於辨偽書與辨偽史的關係，顧頡剛也曾感到困惑。繼《辨偽三種》之後，他又於 1921 年 1 月 21 日提出了一個更為宏大的設想，即編輯《辨偽叢刊》。既然是叢刊，應當收錄哪些內容自然成為他首先要考慮的問題。「我有一個疑問：我們的辨偽，還是專在『偽書』上呢，還是並及於『偽事』呢？」顧頡剛的疑惑不僅說明了其此前確實以辨偽書為重，更可以說明辨偽書與辨偽史究竟孰輕孰重已然在他那裏構成了一個問題，而這一問題之所以會產生，可能正是因為他已經將辨偽史看得比辨偽書更重要了。事實也確實如此。對於自己的疑問，他的解決方案是「拿辨『偽事』的算做《辨偽叢刊》的『甲編』，辨『偽書』的算做『乙編』」。〔註 11〕甲乙兩編的順序足以表明顧頡剛認識的改變。以辨偽事為主的書中連帶著辨偽書，以辨偽書為主的書中又連帶著辨偽事。分為甲乙兩編的這一局限性促使顧頡剛產生了新的想法，即打通兩編，不再設置嚴格的界限。而這只是一種編纂方式上的調整，並不能證明他又退回到了以辨偽書為重的路上去。《辨偽叢刊》只是輯錄前人的文字，所以雖然從中可以看到顧頡剛的辨偽觀念，但不能代表其具體的辨偽工作。從考辨實際來看，1 月 25 日與 31 日，他說到王莽時期的偽史、黃帝問題、諸子年壽及欲作偽史考等；6 月 9 日，又談到在《辨偽叢刊》之外，想做《偽史源》《偽史例》《偽史對鞫》三種書。還可以看到，大致自 1 月 21 日起，當「辨偽書」與「辨偽事」的字樣同時出現在顧頡剛的敘述中時，「辨偽事」總會排在「辨偽書」前面。諸此種種，無不與辨偽史有關。由此，1919 年尤其是 1920 年 12 月 15 日以來，辨

〔註 9〕顧頡剛：《告擬作〈偽書考〉跋文書》，顧頡剛編著：《古史辨》第一冊，上海：上海古籍出版社，1982 年，第 13 頁。

〔註 10〕顧頡剛：《告擬作〈偽書考〉跋文書》，顧頡剛編著：《古史辨》第一冊，上海：上海古籍出版社，1982 年，第 13 頁。

〔註 11〕顧頡剛：《論〈辨偽叢刊〉分編分集書》，顧頡剛編著：《古史辨》第一冊，上海：上海古籍出版社，1982 年，第 23 頁。

偽史在顧頡剛辨偽工作中所佔的比例顯著提高。在回憶辨偽之路時，顧頡剛說「從偽書引渡到偽史，原很順利。有許多偽史是用偽書作基礎的，……有許多偽書是用偽史作基礎的」〔註12〕在他看來，鑒於偽書與偽史的特殊關係，從辨偽書過渡到辨偽史是一個相對自然的過程，符合治學的邏輯，似乎沒有必要進行過多的解釋。

　　在從辨偽書轉向辨偽史的過程中，古史系統的真偽問題引起了顧頡剛的注意。作於 1920 年 12 月 15 日的《告擬作〈偽書考〉跋文書》不僅是顧頡剛轉向辨偽史的重要節點，更是他明確述說古史系統不可信的開端。換言之，正是因為顧頡剛在此信中談到了古史系統的不可信，這封信才具有了節點式意義。在此之前，他雖然也曾對古史人物及其事蹟產生過懷疑，但對整個古史系統的質疑則始於此篇文字。顧頡剛指出：「中國號稱有四千年（有的說五千年）的歷史，大家從《綱鑑》上得來的知識，一閉目就有一個完備的三皇五帝的統系，三皇五帝又各有各的事實，這裡邊真不知藏垢納污到怎樣！若能仔細的同他考一考，教他們渙然消釋這個觀念，從四千年的歷史跌到二千年的歷史，真是一大改造呢。」〔註13〕對於打破古史系統這一想法，顧頡剛很是自得。24 日，他與殷履安分享了此事，並說若能做好《根據了偽書而成的歷史事實》這篇文字，「便是在中國史上起一個大革命——拿五千年的史，跌到二千年的史；自周以前，都拿他的根據揭破了，都不是『信史』」。〔註14〕《告擬作〈偽書考〉跋文書》的象徵意義要遠大於實際意義。1917 年初，顧頡剛提到「作史者應從《易傳》之語，斷自伏羲，伏羲以前，無可徵信，當置弗論。（《史記》從黃帝始，則例更謹嚴）」。〔註15〕他認為雖然伏羲以前無信史，但伏羲尤其是黃帝以來的歷史尚可徵信，並沒有對之產生懷疑的理由。這應是其最早明確辨及古史系統的記錄。〔註16〕1920 年 3 月至 10 月間，顧頡剛指出《堯典》《皋陶謨》

〔註12〕顧頡剛：《自序》，顧頡剛編著：《古史辨》第一冊，上海：上海古籍出版社，1982 年，第 42 頁。

〔註13〕顧頡剛：《告擬作〈偽書考〉跋文書》，顧頡剛編著：《古史辨》第一冊，上海：上海古籍出版社，1982 年，第 13～14 頁。

〔註14〕顧頡剛：《顧頡剛書信集》卷四，北京：中華書局，2011 年，第 324 頁。

〔註15〕顧頡剛：《敝帚集（一）》，《顧頡剛讀書筆記》卷十五，北京：中華書局，2011 年，第 235 頁。

〔註16〕1915 年秋至 1916 年 5 月 3 日間，顧頡剛曾談到黃帝問題，但似乎並沒有明確辨及黃帝之真偽。參見顧頡剛：《餘師錄（一）》，《顧頡剛讀書筆記》卷十五，北京：中華書局，2011 年，第 93 頁。

《禹貢》等篇不可信,對堯舜及其事蹟表示了質疑。三年之間,從不疑伏羲到疑及堯舜,顧頡剛對於古史的態度發生了轉變。截至 1920 年 12 月 15 日,顧頡剛談論古史系統的記錄僅有上述幾條,對於古史真偽的認識也缺乏系統性。以此來看,雖然打破古史系統的想法已經萌生,意欲掀起一場史學革命的種子也已種下,但如何達成它,顧頡剛只有一個初步的計劃。或許可以說,顧頡剛尚沒有足夠的能力去解決如此宏大的問題。

方嚮明確後,顧頡剛對古史系統的探索隨之起步。1921 年 1 月 25 日,他講到自己在年假裏考辨了幾天偽史,覺得甚有新意,發現少昊成立於王莽時期與黃帝是中國人共同祖先的說法始自《世本》。既然顧頡剛強調「在年假里弄了幾天的『偽史考』」,〔註17〕可見其此前並不以辨偽史為主,更可見其對辨偽史日漸上心。31 日,他又談到黃帝與堯的享國數目不可信,伏羲與神農出於後人的想像。6 月 9 日,重申「現在所謂很燦爛的古史,所謂很有榮譽的四千年的歷史,自三皇以至夏商,整整齊齊的統系和年歲,精密的考來,都是偽書的結晶。……我們這樣做,必可使中國歷史界起一大革命」。〔註18〕9 月 11 日至 10 月 14 日間,他還說到近來常常思考的問題是堯舜至孔子實無道統可言。這似是其首次論及道統問題。此後至層累說提出之前,無論是以《詩經》為中心所進行的文獻考辨,還是為編纂《中學本國史教科書》所做的史料整理,顧頡剛的視線都沒有再離開過古史系統。在《自序》中,他提到至遲在 1921 年春間,所作的研究就已經是在破壞偽古史系統了。從上述辨偽歷程來看,顧頡剛的這番話是契合當時實際的。

層累說是顧頡剛古史系統研究的第一項成果。其關鍵在於指出了古史「發生的次序與排列的系統恰是一個反背」:〔註19〕在文獻中,古史人物的出場順序是禹、舜、堯、黃帝、神農、伏羲、天皇、地皇、泰皇、盤古,但在古史系統中,他們的排列順序卻與之正相反。層累說提出之後,顧頡剛進一步向古史問題用力。以五行說為中心的數目字問題最先進入他的視野。1923 年 5 月 6 日至 6 月 23 日間,顧頡剛談到《堯典》作於五行說盛行之後、

〔註17〕顧頡剛:《論偽史及〈辨偽叢刊〉書》,顧頡剛編著:《古史辨》第一冊,上海:上海古籍出版社,1982 年,第 20 頁。

〔註18〕顧頡剛:《自述整理中國歷史意見書》,顧頡剛編著:《古史辨》第一冊,上海:上海古籍出版社,1982 年,第 35〜36 頁。

〔註19〕顧頡剛:《自序》,顧頡剛編著:《古史辨》第一冊,上海:上海古籍出版社,1982 年,第 52 頁。

《皋陶謨》中含有五行思想以及《洪範》《呂刑》中的數目字現象，又在《三數與九數》《九有與四海》《九有、九圍與九丘》《「四國」與「四海」》《三個三、五》《九州與九野》等條目中對數目字問題進行了更多的分析。這似是其首次論及五行說問題。7 月 1 日，他提出推翻非信史的四項標準，即「打破民族出於一元的觀念」「打破地域向來一統的觀念」「打破古史人化的觀念」「打破古代為黃金世界的觀念」。〔註 20〕「四個打破」直指如何拆解古史系統，並為下一步的工作指明了方向。8 月 5 日至 12 月 2 日間，其又指出禹與夏無關，堯舜禹關係的建立始於戰國時期。在 1923 年 9 月至 1924 年 6 月先後出版的《現代初中教科書本國史》中，顧頡剛講到黃帝「或許是後來的人推想出來的一個奠土建國的古帝，便用什麼五行裏的土德來表示他」，倉頡、隸首、大撓「都只是集合了無數無名創作者積成的成績，才顯出較有統系的效用的」。〔註 21〕用顧頡剛的話說，「到了這時候，我的筆記幾乎成了『古史清一色』」。〔註 22〕自 1920 年 12 月 15 日至 1923 年底，從帶有幾許「衝動」地說要打破古史系統到提出層累說再到提出「四個打破」，顧頡剛「向時所要求而未得實現的『由博返約』『執簡馭繁』的境界到這時竟實現了」。〔註 23〕其古史研究因而步入了一個新階段。

　　繼五行說之後，三統說也引起了顧頡剛的注意。1924 年 4 月 18 日至 10 月間，他提到「三統之說，起於夏時與周正之異。『夏、商、周』既成了一個名詞，於是憑空造出一個商正來。有了夏、商、周三正，於是別地方也照樣分配」，〔註 24〕還指出商正是漢代人為整齊故事所造，五行說也是漢代人整齊故事的手段。這大致是其首次論及三統說問題。後至 1927 年 3 月至 4 月間，顧頡剛為研究古史設定了三個目標，即「打破種族上的偶像（黃帝的系統等等）」「打破道德上的偶像（堯舜孔子的道統）」「打破學術上的偶像（經書的神秘和

〔註 20〕顧頡剛：《答劉胡兩先生書》，顧頡剛編著：《古史辨》第一冊，上海：上海古籍出版社，1982 年，第 99～101 頁。

〔註 21〕顧頡剛：《現代初中教科書本國史》，《顧頡剛古史論文集》卷十二，北京：中華書局，2011 年，第 16 頁。

〔註 22〕顧頡剛：《自序》，顧頡剛編著：《古史辨》第一冊，上海：上海古籍出版社，1982 年，第 55 頁。

〔註 23〕顧頡剛：《自序》，顧頡剛編著：《古史辨》第一冊，上海：上海古籍出版社，1982 年，第 55 頁。

〔註 24〕顧頡剛：《泣籲循軌室筆記（三）》，《顧頡剛讀書筆記》卷二，北京：中華書局，2011 年，第 203 頁。

儒家的獨尊）」〔註25〕4月6日，他重申應注重打倒帝系、道統與聖經。相比於「四個打破」，此處的「三個打倒」更具體，也更重要。顧頡剛對此非常滿意，說到「予之破壞工作，在半年內得一統系，甚快」。〔註26〕沿著此路向前，顧頡剛進一步向帝系問題著力。又經過了三年的時間，才有了《五德終始說下的政治和歷史》。

經由以上梳理，可以看到顧頡剛的辨偽之路經歷了從辨偽書到辨偽史再到辨偽古史系統三個階段。此種線索式的清理有助於從整體上呈現顧頡剛學術認識的演進脈絡，但同時難免會掩蓋其學術認識本身所具有的複雜性。客觀來說，辨偽書、辨偽史與辨偽古史系統往往交錯而行，並不嚴格遵循某種先後順序。這不僅是由於偽書與偽史互為基礎，更是因為人們對於各種問題的思考本就不是以一種涇渭分明的方式展開。在理解顧頡剛的辨偽研究時，需要特別注意這一點。

二、「劉歆造偽」的問題化與《五德終始說下的政治和歷史》的發表

如果說層累說是顧頡剛古史系統研究的第一項成果，那麼《五德終始說下的政治和歷史》則標誌著顧頡剛在層累說的基礎上又向前邁進了一大步。此文「實際上敘述了『層累地造成的中國古史』的形成過程」，〔註27〕是層累說的系統呈現。文章的重點是闡釋劉歆為助莽篡漢而偽造古史系統，核心在劉歆造偽說。繼託古改制說之後，劉歆造偽亦被問題化。至此，今文經學的兩大概念工具成為顧頡剛解構古史系統的左膀右臂。那麼，相較於提出層累說的時期，顧頡剛對劉歆造偽說以及今文經學的看法發生了何種變化？這一變化是否意味著顧頡剛回到了今文經學的老路上去？應當如何理解作為史學家的顧頡剛對今文經學的借用？這些問題仍然值得思考。考慮到既有研究多直入《五德終始說下的政治和歷史》展開分析而對此文發表之前的過程有所忽略，且《五德終始說下的政治和歷史》中的觀點早在顧頡剛寫作此文之前的各類講義中便已被陸續提出這一情況，也為更好地回答後兩個問題，有必要先對顧頡剛深進至古史系統之後的工作進行一番說明。

〔註25〕顧頡剛著，顧潮整理：《顧頡剛全集補遺》，北京：中華書局，2021 年，第 87 ～88 頁。

〔註26〕顧頡剛：《顧頡剛日記》卷二，北京：中華書局，2011 年，第 34 頁。

〔註27〕王學典主撰：《顧頡剛和他的弟子們》，北京：中華書局，2011 年，第 238 頁。

　　據《顧頡剛日記》，自《古史辨》第一冊出版至 1927 年初，顧頡剛多次閱讀康有為與皮錫瑞之書：7 月 25 日與 26 日，其翻看《孔子改制考》《新學偽經考》；9 月 12 日與 13 日，點讀《經學通論》；12 月 28 日至 31 日間，再次翻看《新學偽經考》並抄錄皮錫瑞的著作；翌年 1 月 4 日至 15 日間，又曾七次點讀《新學偽經考》。鑒於 1926 年 9 月 28 日至 1927 年 1 月 6 日，顧頡剛在廈門大學任「經學專書研究」課，教授《尚書》，且在課程結束後的很長一段時間裏，其日記中都沒有再出現閱讀今文學家著作的記錄。因此，他在上述時間內大量閱讀此類著作，當是為滿足其授課需要。直至 1927 年 6 月 13 日，顧頡剛才又一次談到今文經學。他認為康有為與崔適對偽古史的破壞已頗具規模，而且自己在學問上受康有為的影響不亞於王國維，是康有為教給了自己「勇」和「大刀闊斧」，[註28] 但他同時指出康有為的學問在「兩考」之後便再沒有進步。從中可見，顧頡剛關於今文經學的看法並未超出其在《古史辨》第一冊《自序》中所論述的範圍。

　　具體到辨偽層面，顧頡剛如何看待《書序》是理解其與今文經學關係首先要面對的問題。1927 年 10 月下旬起，顧頡剛在中山大學任「書經研究」課。在作於 1927 年 11 月至 1928 年 9 月間的《尚書學講義》中，他認為《書序》出於劉歆偽造。這一看法與今文學家一致。顧頡剛指出，「康有為推考新學偽經，始直揭《書序》為劉歆偽造，然猶以為攘竊《三代本紀》之文為之，則其書雖偽，而其所道之事猶若不偽也。至崔適作《史記探原》，昌言先有《書序》而後摻入《史記》，其文其事，舉不足徵信，案乃大定」，「《書序》為西漢末古文家所造，康、崔二家已有極確切之證明」。[註29] 對於今文學家證明劉歆偽造《書序》的論證邏輯，顧頡剛表示了贊同。在此之前，顧頡剛似只有兩次論及《書序》：一次是於 1921 年 12 月 3 日至 1922 年 2 月 4 日間談到《書序》作於漢代，另一次是在 1923 年 3 月 23 日至 5 月 17 日間提到《書序》靠不住。直至此時，他才將《書序》歸為劉歆所作。這也是其首次明確談到劉歆造偽說，而在此前，他僅僅在《餘師錄》第二冊中說到劉歆亦不免附會竄易。借由《書序》辨偽，

〔註28〕顧頡剛：《悼王靜安先生》，《寶樹園文存》卷一，北京：中華書局，2011 年，第 268 頁。是文刊於《文學週報》，文末記有「十六，六，十三，草於上海新旅社。七，六，寫清於杭州馬坡巷」。顧頡剛：《悼王靜安先生》，《文學週報》第 5 卷第 276 期，1928 年 2 月，第 11 頁。

〔註29〕顧頡剛：《尚書學講義》，《顧頡剛古史論文集》卷八，北京：中華書局，2011 年，第 44、51 頁。「舉不足徵信」，原作「舉不足微信」，疑誤。

顧頡剛還指出古文《書》學不可信，認為《書古微》揭示了「古文學來歷之不可信與馬、鄭注釋之紕謬」，《新學偽經考》則「使今古文之真相大白於天下」。〔註30〕早在辨偽之初，他便懷疑《古文尚書》的信實性。這一看法並不直接源自今文經學，但今文家言為其說明《古文尚書》為偽提供了更多證據。

任「書經研究」課的同時，顧頡剛還任「中國上古史」課。這一意料之外的安排，逼得他開始系統地思考古史系統問題。在作於 1928 年 3 月至 9 月間的《中國上古史講義》中，可以看到他試圖打破帝系、道統與聖經的努力。在講授《漢書·律曆志》一節的按語裏，顧頡剛再次指出劉歆「好造偽史」，〔註31〕因而本於劉歆《三統曆》而寫成的《律曆志》不可信。關於少昊問題，他認同康有為與崔適的觀點，主張《律曆志》中的少昊一代是劉歆所增。此時，顧頡剛盛讚康有為之學，稱康有為使得「學術史上解一大癥結，古史學上起一大變化。『山冢崒崩，百川沸騰』，不足以喻其勢之猛也。……古文學之偽，就彼搜集材料觀之，證驗確鑿，不可逃遁，……至孔子改制，誠不足信；然戰國百家爭鳴，制度之憑臆虛造，其例實繁。降及漢代，粉飾一統，掾陰陽五行而建立改制之法則，其說益多，斯固不偽之事實也。故『偽經』與『改制』二事者，秦漢間之中心問題也。自康氏揭此二義，而後秦漢之時勢與當時人之言論乃得批郤導窾，渙然而解。是以康氏雖尊孔子之經而掊擊劉歆之偽經，實際上不啻示人以掊擊所謂孔子之經之術」。〔註32〕其中，「證驗確鑿」與「不偽之事實」二語尤為重要。顧頡剛之所以接受康氏之學，是因為在他看來，康有為揭示了「偽經」與「改制」的真相。

在編寫上述兩種講義期間的 1927 年 10 月 21 日至 1928 年 3 月，顧頡剛也在筆記中寫下了其對帝系、道統等問題的思考，如《〈五帝德〉比較表》《帝系表和〈帝系〉所無》《傳說中之古史的發展時期》《今日人民群眾心目中之古史》《三統改制學說是造偽古史之原則》《由〈三代改制質文〉篇所見改制方式》等。自 1928 年 1 月 8 日至 6 月 30 日，他又多次翻看《孔子改制考》《新學偽經考》《春秋復始》《史記探源》等。這些記錄亦多與其備課有關，如在 1928

〔註30〕顧頡剛：《尚書學講義》，《顧頡剛古史論文集》卷八，北京：中華書局，2011年，第 44、51、38、50 頁。

〔註31〕顧頡剛：《中國上古史講義》，《顧頡剛古史論文集》卷三，北京：中華書局，2011 年，第 24 頁。

〔註32〕顧頡剛：《中國上古史講義》，《顧頡剛古史論文集》卷三，北京：中華書局，2011 年，第 37～38 頁。

年3月27日至4月25日間，其因講授《書序》而翻閱《新學偽經考》中關於《書序》《漢書・藝文志》《古文尚書》辨偽的部分；6月15日至30日間，又因講授「辨少皞」「新學偽經考序目」而數次點讀《新學偽經考》中關於辨偽少昊與上古茫昧無稽等內容。〔註33〕除此之外，顧頡剛還於4月12日與錢玄同說到「我在此講上古史及《尚書》，大張今文之幟，將來造就了一班學生，不難振起一變相的今文學派」。〔註34〕經由「中國上古史」課而對古史問題進行了一番略成系統的思考之後，顧頡剛對今文經學的好感度顯著提升。如果說他此前對今文經學的肯定尚有克制的話，那麼至遲在此時，無論是面向學生的課堂講授還是與友朋間的學術交流，他已然扔掉了這種克制，甚至還打算「振起一變相的今文學派」了。

　　兩年後，顧頡剛自陳，正是在中山大學任「中國上古史」課時，「始把上古史的材料作系統的收集。（以前，我雖有志研究古史，但只希望作小問題的研究，並不曾想建立一個大系統而把所有的材料收來，作為說明此系統之用）。我便把康先生辨少皞的話鈔了出來，以崔先生論終始五德的話校之，更以其他的古史系統證之，始確知《世經》和《月令》的古史系統只是王莽的古史系統，這個系統是為他受禪的張本的。它的原理在五德說；而五德說從《史記・封禪書》和《漢書・郊祀志》看，則其在秦漢間的變遷之跡歷歷可按。我有意澈底的研究五德說了，可是時間不能許我」。〔註35〕顧頡剛對五行說的關注始於1923年6月前後，談到三統說更要遲至1924年4月之後。作為初期探索的成果，其看法難免膚淺。直至任「中國上古史」課時，他才再次拾起這些問題。在編寫《中國上古史講義》的過程中，顧頡剛自認為有了重大的學術發現，「捉得了偽古史的中心」。〔註36〕正是因為這一發現始於其比較康有為與崔適之語，他才會在講義中如此盛讚康學，甚至興奮到要去振起一個變相的今文學派。由此，可以說顧頡剛關於《五德終始說下的政治和歷史》的系統化思考是從這裡開始的。

　　為更好地理解古史系統之形成，顧頡剛將目光轉移到了《春秋》上。1928年10月起，他新開「春秋研究」課程。在作於1928年10月至1929年1月的

〔註33〕顧頡剛：《中國上古史講義》，《顧頡剛古史論文集》卷三，北京：中華書局，2011年，第36～37頁。

〔註34〕顧頡剛：《顧頡剛書信集》卷一，北京：中華書局，2011年，第563頁。

〔註35〕顧頡剛：《〈中國上古史研究課〉第二學期講義序目》，顧頡剛編著：《古史辨》第五冊，上海：上海古籍出版社，1982年，第259～260頁。

〔註36〕顧頡剛：《自序》，顧頡剛編著：《古史辨》第二冊，上海：上海古籍出版社，1982年，第2頁。

《春秋學講義》中,《左傳》是重點問題。他認為劉歆析《國語》而成《左傳》。其言《左傳》所載之內容出自「古代史官世傳之歷史書,為春秋戰國間人所得見者」,「及劉歆起,不甘使《春秋》終於為聖經,而欲摻入多量之歷史成分,使之回復歷史書之地位,於是分析《國語》,隸於經文各條之下,名之曰『《春秋左氏傳》』」。〔註37〕此外,顧頡剛還指出劉逢祿《左氏春秋考證》一書值得參考。他說到是書「直揭《左傳》作偽之由來,而為之分析解剖,還之於其所根據之書,雖黨護《左氏》者曾不能反唇以稽,則其書之精切可知也」。〔註38〕至於《漢書》,顧頡剛談到其「創於劉歆,成於東漢之世,彼所記者是否真事實,抑係學派上所必需增加之故事,實有考慮之餘地」。〔註39〕在此之前,顧頡剛已對《左傳》多有論述。自1926年5月4日至6日作《整理十三經注疏計劃》以來,他基本堅持劉歆析《國語》而成《左傳》這一觀點,《春秋學講義》中的論述即此前看法的延續。

任「春秋研究」課的同時,顧頡剛還任「三百年來思想史」課。1928年11月24日,他在講授「清代『經今文學』與康有為的變法運動」時談到《春秋復始》《史記探源》「確也有價值」,《新學偽經考》《孔子改制考》「的確值得稱許」,「這兩部書都可算是學術史:前者是王莽時代的學術史;後者是戰國秦漢時代的學術史」。〔註40〕

繼續上一年的工作,顧頡剛於1929年初陸續點讀了《孔子改制考》《經學歷史》《六經正名》《左氏春秋考證》等。5月26日至翌年3月間,他說到自己「辨古史之最終目的,為作成『古史五考』」,即「帝系考」「王制考」「道統考」「經學考」「古事考」;還說到「廖平之學由分析《五經異義》而來,康有為之學由比較《史記》《漢書》而來,其所用方法皆近世之方法」。〔註41〕此外,顧頡剛在《社稷五祀之先後系統》《〈世經〉與〈月令〉》《五帝與土德》

〔註37〕顧頡剛:《春秋研究講義》,《顧頡剛古史論文集》卷十一,北京:中華書局,2011年,第518、509頁。

〔註38〕顧頡剛:《春秋研究講義》,《顧頡剛古史論文集》卷十一,北京:中華書局,2011年,第504頁。

〔註39〕顧頡剛:《春秋研究講義》,《顧頡剛古史論文集》卷十一,北京:中華書局,2011年,第516頁。

〔註40〕顧頡剛:《清代「經今文學」與康有為的變法運動——中山大學「三百年來思想史」課講授》,《顧頡剛古史論文集》卷二,北京:中華書局,2011年,第628頁。

〔註41〕顧頡剛:《遂初室筆記(一)》,《顧頡剛讀書筆記》卷三,北京:中華書局,2011年,第44、51頁。

《五行說與〈世經〉系統》《「天之曆數」與五德說》等筆記中分析了古史系統問題。

　　1929 年 10 月至 1930 年 6 月，顧頡剛在燕京大學任「中國上古史研究」課。以在中山大學編成的《中國上古史講義》為基礎，加上近兩年的學術積累，顧頡剛再次講授「中國上古史」課便不再像兩年前那般「發慌」，〔註42〕也正好藉此機會對五德說進行了一番深入思考。第一學期的《中國上古史研究講義》編寫於 1929 年 10 月 8 日至 1930 年 1 月 5 日，其中有四點問題需要注意。其一，顧頡剛仍堅持劉歆析《國語》而成《左傳》一說，認為劉逢祿與康有為辨《左傳》之語「頗可信據」；其二，繼續主張《書序》出於古文學派的偽造，並言此事已由廖平和崔適「考證明確」；其三，指出五德說出現在三統說之前，「三統說是西漢時的改曆運動者所主張的學說，這個學說是依傍了五德終始說而造出來的」，而崔適所持的「三統說是孔子傳下來的真正《春秋》學說，五德說則是劉歆們偽造了竄入《史記》的《鄒衍傳》和《封禪書》」這一觀點「理由不充足」，是站在今文經學立場得出的結論；其四，認為《史記》經過劉歆的偽竄，「康長素先生的《史記經說足證偽經考》已指出了一些」，但崔適在《史記探源》中的看法不免「太過分了」。〔註43〕此外，還指出「許多偽古史的構成，有的固是有意造偽，有的卻並不要造偽，只想把兩種不同的材料解釋得相同，因而偽史就陸續出來了」。〔註44〕

　　第二學期的《中國上古史研究講義》編寫於 1930 年 1 月 28 日至 6 月 8 日。在此期間，顧頡剛為《清華學報》所撰《五德終始說下的政治和歷史》一文，正是講義「所論『帝系考』之擴展，專門研究王莽時代的五帝說」。〔註45〕因「講義編在前，論文作在後」，〔註46〕所以先就講義要點作一說明。在講義中，顧頡剛指出劉歆偽竄《左傳》《國語》《月令》。至於今文家言，他認為崔適所言「新之當受漢禪，如舜之當受堯禪」是直探王莽和劉歆「作偽的本旨的

〔註42〕顧頡剛：《中國上古史研究講義》，《顧頡剛古史論文集》卷三，北京：中華書局，2011 年，第 79 頁。

〔註43〕顧頡剛：《中國上古史研究講義》，《顧頡剛古史論文集》卷三，北京：中華書局，2011 年，第 106、226、206、223、218 頁。

〔註44〕顧頡剛：《中國上古史研究講義》，《顧頡剛古史論文集》卷三，北京：中華書局，2011 年，第 191 頁。

〔註45〕顧潮編著：《顧頡剛年譜》，北京：中華書局，2011 年，第 205 頁。

〔註46〕顧頡剛：《〈中國上古史研究課〉第二學期講義序目》，顧頡剛編著：《古史辨》第五冊，上海：上海古籍出版社，1982 年，第 260 頁。

一個大發現」，康有為論《月令》為偽的證據「雖不充足，而他的主張確不錯：《月令》是全部偽的」。〔註47〕同時，顧頡剛並不贊成崔適將五德說歸於劉歆偽造的看法，主張五德說「源遠流長，證據繁多，其變遷之際亦自可尋，必不能把它一起卸在劉歆的肩上」。〔註48〕在作於 6 月 5 日的《〈中國上古史研究課〉第二學期講義序目》中，他稱讚《新學偽經考》打碎了古史系統，崔適「把《左傳》中少皞的記載，社稷五祀的記載，以及漢為堯後的記載，都以新莽時代的需要把它解釋明白，實在足以使後來研究古史的人對於這些古史的來源有較深澈的瞭解」。〔註49〕在這裡，顧頡剛還回憶了其 1916 年上崔適「春秋公羊學」一課的經歷，說到自己對崔適的課「並無好感」。〔註50〕藉此回觀前述 1917 年前後他對待今文經學的態度，可以再次證明彼時顧頡剛對今文經學的疏離。

《五德終始說下的政治和歷史》作於 1930 年 2 月 27 日至 6 月 2 日，〔註51〕是顧頡剛「第一次所作的有系統的研究文字」。〔註52〕初作此文時，他非常自信地說到「予自謂甚有心得，足以打碎偽古史之中堅」。〔註53〕所謂「偽古史之中堅」，是指劉歆在《世經》中利用五德相生說所造出的新古史系統。那麼，此文的主旨即揭示劉歆如何以及為什麼要造出這樣一個新古史系統。其實，文章的主要內容已經在顧頡剛此前的諸種講義中得到了呈現，如劉歆偽竄《左傳》《國語》《月令》《史記》等史籍、少昊為劉歆所增、《世經》《三統曆》《律曆志》等不可信以及顧頡剛與今文學家論終始五德的不同意見等。〔註54〕

〔註47〕 顧頡剛：《中國上古史研究講義》，《顧頡剛古史論文集》卷三，北京：中華書局，2011 年，第 262、304 頁。

〔註48〕 顧頡剛：《中國上古史研究講義》，《顧頡剛古史論文集》卷三，北京：中華書局，2011 年，第 274 頁。

〔註49〕 顧頡剛：《〈中國上古史研究課〉第二學期講義序目》，顧頡剛編著：《古史辨》第五冊，上海：上海古籍出版社，1982 年，第 255 頁。

〔註50〕 顧頡剛：《〈中國上古史研究課〉第二學期講義序目》，顧頡剛編著：《古史辨》第五冊，上海：上海古籍出版社，1982 年，第 258 頁。

〔註51〕 此文題目初擬作《五德說及三統說下之歷史》，後改為今名。據顧頡剛記錄其他書名或文章名的習慣來看，日記所載「《五德說與三統說下的歷史》」「《五德說與三統說下之歷史》」「《五德說下的歷史》」「《五德說》」等名，應均是《五德說及三統說下之歷史》的變體或縮寫。顧頡剛：《顧頡剛日記》卷二，北京：中華書局，2011 年，第 371、375、380、406 頁。

〔註52〕 顧頡剛：《顧頡剛書信集》卷一，北京：中華書局，2011 年，第 468 頁。

〔註53〕 顧頡剛：《顧頡剛日記》卷二，北京：中華書局，2011 年，第 371 頁。

〔註54〕 關於顧頡剛與崔適論五德終始說之異同，可參見朱浩毅：《論顧頡剛對崔適『終

以此為基礎，顧頡剛在《五德終始說下的政治和歷史》中又作了進一步說明，而他對今古文問題的看法是其中非常重要的一點。關於這一問題，他基本認同康有為的觀點，認為《新學偽經考》的「中心思想及其考證的方法是不錯的」。〔註55〕「中心思想」即劉歆造偽說，「考證的方法」指班馬異同法。顧頡剛認同劉歆造偽一說，但同時也指出劉歆偽造了哪些經書以及這些經書被偽竄到了何種程度是可以討論的。至於班馬異同法，他一向以「近世之方法」視之，〔註56〕所以在他看來，經由《史》《漢》對比所得出的發現頗具科學合理性。有一點需要注意，康有為對《史》《漢》的比較明顯體現出以《史記》為尊的傾向。這在某種程度上與層累說相合。《史記》在前而《漢書》在後，所以顧頡剛會認為《史記》更可信據，這或許也是他認同康說的原因之一。

從一把抓住五德說問題時難掩的激動到《五德終始說下的政治和歷史》的撰成，這篇被寄予厚望的文字應當說達到了顧頡剛至少一半的預期。寫成之後，顧頡剛數次請人批評，並以此為中心編成了《古史辨》第五冊，希望可以激起一場論爭。但是，此文實際產生的影響似乎並未達到顧頡剛的期待。「竟未起任何影響」是顧頡剛於 1973 年 9 月 13 日談起此文時發出的感慨，〔註57〕從中不免感受到他長久以來的困惑和滿心的失落。《五德終始說下的政治和歷史》只完成了顧頡剛原定計劃的一半甚至三分之一，之後其因「倭寇肆虐，從此放手」，〔註58〕計劃中的《泰皇泰帝泰一考》《三統說下的政治和歷史》再也沒有完成。〔註59〕

編寫講義與寫作《五德終始說下的政治和歷史》期間，顧頡剛於 1930 年 2 月 13 日至 3 月 22 日間多次翻閱《孔子改制考》《新學偽經考》《史記探源》《春

始五德』學說的推闡與修正》，《中國歷史學會史學集刊》第 43 期，2011 年 10 月 1 日。

〔註55〕顧頡剛：《五德終始說下的政治和歷史》，顧頡剛編著：《古史辨》第五冊，上海：上海古籍出版社，1982 年，第 537～538 頁。

〔註56〕顧頡剛：《遂初室筆記（一）》，《顧頡剛讀書筆記》卷三，北京：中華書局，2011 年，第 51 頁。

〔註57〕顧頡剛：《顧頡剛書信集》卷三，北京：中華書局，2011 年，第 513 頁。

〔註58〕顧頡剛：《顧頡剛書信集》卷三，北京：中華書局，2011 年，第 513 頁。「倭寇肆虐」，原作「倭冠肆虐」，疑誤。

〔註59〕1930 年 6 月 4 日，顧頡剛對胡適說道：「將來擬再作《泰皇泰帝泰一考》及《三統說下的政治和歷史》二文。有此三篇，而後秦漢間的宗教以及含有宗教性之政治皆可理清了。」顧頡剛：《顧頡剛書信集》卷一，北京：中華書局，2011 年，第 469 頁。

秋復始》等；5月17日，又提到「決以全力研究『一、三、五』。一是泰一，三是三統，五是五德。這三種是一切偽史所由出」。〔註60〕2月12日，顧頡剛為研究古史問題專門設立了一冊筆記。在筆記中，他談到康有為「指出作偽之時代。……但以加入少皞為暗容三皇五帝之次（升黃帝於三皇）」，崔適「指出作偽之方式。……始用五德說說明之」，今文學家「只肯打破五德說，不肯打破三統說」，而自己則「立於超然之地位，加以系統之說明，補其所未備」。〔註61〕此外，筆記中諸如《董仲舒之循環論》《泰皇與泰一》《五行與三正》《對於〈月令〉中五帝、五神來源之各家說》《五德說與三統說之關係》等內容亦值得留意。

綜上所述，《古史辨》第一冊出版之後，顧頡剛對今文經學的關注首先以滿足其備課的面貌出現。某種程度上，尤其是在課程結束後的半年多時間裏他並未繼續今文經學研究的情況下，這種從備課到上課的程式化形式的確不足以表現今文經學之於顧頡剛的特殊意義。但是，關於今文經學著作的斷續式閱讀對他產生了怎樣潛移默化的影響則難以估量。自「書經研究」課尤其是「中國上古史」課以來，顧頡剛與今文經學的關係無疑是以講義的方式呈現在人們面前的，《五德終始說下的政治和歷史》更是經由一次次專題授課而攢成。以授課講義為線索，串起顧頡剛在不同時段的思考，進而呈現顧頡剛與今文經學關係的變化過程，上述梳理有其必要性。

《古史辨》第一冊出版之前，衡量顧頡剛與今文經學關係的關鍵在於顧頡剛如何對待造偽說與託古改制說，尤以他對後者的態度最為重要。1926 年 6 月之後，衡量二者之間關係的重點則應轉移到他如何對待造偽說尤其是劉歆造偽說上。在作於 1927 年 11 月至 1928 年 9 月間的《尚書學講義》中，顧頡剛首次明確提到劉歆偽造《書序》，這也是其首次明確論及劉歆造偽說。自此之後，他又先後指出本於劉歆《三統曆》所作之《律曆志》不可信、劉歆偽竄少昊入古史系統、《世經》為劉歆所作以及劉歆竄改《左傳》《史記》《國語》《月令》等。可以說，《五德終始說下的政治和歷史》即建基於這一條條關於劉歆造偽的判斷之上。若單單以此而論，再加上他曾屢屢讚美今文經學，顧頡剛似乎的確走上了今文經學的老路。但從前文的梳理來看，顧頡剛始終反對今文學家的政治立場與家派觀念，也並不完全認同今文經學的結論，甚至在某些

〔註60〕顧頡剛：《顧頡剛日記》卷二，北京：中華書局，2011 年，第 402 頁。
〔註61〕顧頡剛：《遂初室筆記（二）》，《顧頡剛讀書筆記》卷三，北京：中華書局，2011 年，第 711 頁。

問題上與今文學家的看法正好相反。因此，如果說他已經向今文經學繳械投降，那麼面對顧頡剛與今文經學這種若即若離的關係又該作何解釋？再者，為何顧頡剛直至編寫《尚書學講義》時才明確提出劉歆造偽說並由此而一發不可收？對這兩個問題的回答有助於澄清這一時期顧頡剛與今文經學的關係。

在具體觀點上，顧頡剛與今文經學之間有同有異。若片面地以這種同異去證明二者之間的綰合或背離，則會陷入兩難境地：只要擺出二者之間的相同點或相異點，那麼持綰合說的一方與持背離說的一方將誰也無法說服誰。而且，在以二者之間的相似性作為判斷今文經學影響顧頡剛的證據時，還需要考慮二者是同源異流還是各有源頭這一問題，而不能根據表面上的相似輕易得出今文經學影響了顧頡剛這一結論。由此，在觀點比較的基礎上，顧頡剛與今文經學之關係需要放置到一個更為宏觀的視野中加以解釋。

從接觸今文經學到發表《五德終始說下的政治和歷史》，無論顧頡剛是否認同今文經學的學術觀點，他反對今文學家的政治行為與家派立場這一點卻是一以貫之的。《五德終始說下的政治和歷史》中的一句話可為注腳：「康有為為適應時代需要而提倡孔教，以為自己的變法說的護符，是一件事；他站在學術史的立場上，打破新代出現的偽經傳又是一件事。我們不能從他們的兩件政治性的工作──篡位與變法──上面否定他們的兩件學術性的工作──表章古史和打破偽書。學問的目的與手段，本來可有兩種不同的成就，……康有為果然是個政客，但前於他的劉逢祿，後於他的崔適，則明明都是學者，他們為什麼要說同樣的話呢？所以康先生在研究今古文問題上，乃是一個上承劉氏而下開崔氏的人，與他的從政和傳教沒有關係。」〔註62〕這句話對理解顧頡剛與今文經學的關係尤為重要。其中的關鍵在於，顧頡剛認為今文學家表章古史和打破偽書的工作具有學術性。換言之，今文學家的經學辨偽符了顧頡剛對於何為學術性工作的認定：學術證據是衡量學術觀點能否成立的最高標準。進一步說，只要能夠拿出充分的證據，又何須在意它是今文家言還是古文家言？〔註63〕

自《尚書學講義》以來，顧頡剛對於今文經學學術價值的承認主要表現在

〔註62〕顧頡剛：《五德終始說下的政治和歷史》，顧頡剛編著：《古史辨》第五冊，上海：上海古籍出版社，1982 年，第 552 頁。

〔註63〕王學典曾指出「顧頡剛及其『古史辨派』接受了今文家言是無須辯護和開脫的學術史上的事實，問題是劉逢祿、康有為等今文家言有無歷史根據、有多少材料根據？只要能拿證據來，是『今文家言』又有何妨？」。王學典主撰：《顧頡剛和他的弟子們》，北京：中華書局，2011 年，第 235 頁。

劉歆造偽這一問題上。在歷史事實層面，他首先認為劉歆有造偽的可能，進而指出劉歆為助莽篡漢偽竄了部分經書。這些觀點是否合理是一回事，有無證據以及根據何種證據是另一回事，後者直接關係到顧頡剛與今文學家之間的距離。在這裡，顧頡剛自認為其判斷建立在證據之上。

顧頡剛得出劉歆造偽的結論有一個前提，即自辨偽始，他便認為造偽是文獻流傳中始終存在的一類現象，文獻是否經過偽竄在他那裏從未構成問題。他最初之所以能接受造偽說，原因之一是其認為章學誠所言「師說」「挾持」「假重」等七點可以解釋文獻中的矛盾之處，〔註64〕而在這些解釋中，半數指向人為造偽。其實，在傳統辨偽領域，有意造偽說相比於無意成偽說始終占主流地位。從目錄學進入辨偽學，顧頡剛認同造偽說既是其身處當時學術大背景下的自然結果，也是其基於自身學術積累所作的一種選擇。在此前提下，才會導向「造偽者是誰」這一新問題。

在《尚書學講義》之前，顧頡剛已經指出「附會竄易，雖古文大師如劉歆亦不免」「只要拿《漢書·王莽傳》來看，便可見當時因於時勢關係出了不少的偽史」「（王莽——引者注）因託古改制而得國」等。〔註65〕其指向雖不如後來明確，但已明顯論及劉歆與王莽有造偽之可能，而且其言王莽問題的依據是《漢書·王莽傳》。也就是說，文本事實是顧頡剛判斷王莽有無造偽動機和行為的根據。直至編寫《尚書學講義》時，顧頡剛雖陸續提到劉歆與《周禮》《左傳》之關係問題，但都沒有再言劉歆造偽一事。在《尚書學講義》中，顧頡剛認同的是今文學家辨偽《書序》的論證邏輯，並提到考辨偽書須依靠「證據」，在此過程中應「以種種材料比勘之」。〔註66〕他對證據的重視在日後的講義中屢見不鮮。之後，其論少昊為偽時，對今文學家觀點的接受建立在今文學家「證明白」「證驗確鑿」之上；〔註67〕辨偽《左傳》時，他談到今

<hr>

〔註64〕顧頡剛：《〈古今偽書考〉跋》，顧頡剛主編：《古籍考辨叢刊》第一集，北京：社會科學文獻出版社，2010年，第243～245頁。

〔註65〕顧頡剛：《餘師錄（二）》，《顧頡剛讀書筆記》卷十五，北京：中華書局，2011年，第107頁；顧頡剛：《論偽史及〈辨偽叢刊〉書》，顧頡剛編著：《古史辨》第一冊，上海：上海古籍出版社，1982年，第20頁；顧頡剛：《現代初中教科書本國史》，《顧頡剛古史論文集》卷十二，北京：中華書局，2011年，第56頁。

〔註66〕顧頡剛：《尚書學講義》，《顧頡剛古史論文集》卷八，北京：中華書局，2011年，第36～37頁。

〔註67〕顧頡剛：《中國上古史講義》，《顧頡剛古史論文集》卷三，北京：中華書局，2011年，第36、38頁。

文家說「由歷史之考證而建立」，今古文之爭未決的原因是雙方皆「頗能搜集證據以相犄角」；〔註68〕其後，還曾指出今文學家論劉歆偽造五德說的「理由不充足」，論《月令》為偽的證據「不充足」，還提到說明五德終始說源遠流長的「證據繁多」。〔註69〕1954年12月3日，顧頡剛在講述其寫作《五德終始說下的政治和歷史》的經歷時說到，「當時曾本崔適先生《史記探源》中所指出的劉歆利用了五德相生說來改造古史系統的各種證據，加以推闡」。〔註70〕需要注意的是，顧頡剛所本的是崔適給出的證據而非結論。正因如此，他才在推闡崔適學說的同時對其說作出了修改。由此，從《尚書學講義》到《五德終始說下的政治和歷史》，證據始終是顧頡剛評判今文經學論劉歆造偽問題的主要標準。

《左傳》問題是劉歆造偽說的核心問題，顧頡剛對此的認識頗能說明證據導向下的他與今文經學的不同。在為「中國上古史」課所出的試題中，他提到要「試驗」今文學家所主張的劉歆析《國語》而成《左傳》一說，「應將《左傳》拆散重整，依《國語》之方式而為之拼入《國語》」。〔註71〕其至晚年仍掛懷這一想法。在《五德終始說下的政治和歷史》中，在堅持劉歆偽竄《左傳》的前提下，他又指出「《左傳》的出現由於劉歆，這是我相信的。但《左傳》的材料，性質甚為複雜，有的是《國語》原文，有的是他種古書之文而為劉歆所採，有的是劉歆所臆增，有的是劉歆以後的人所增，原不可一概而論。……此等事皆有待於我們的詳細考核。康氏的話，只可作一個提議或一個發凡，完工的日子正遠著呢。所以我們現在對於《左傳》的話，不可用了一種簡單的標準去下評判。本篇中有的取它，有的駁它，並非漫無標準，乃是希望以不同的評判尋出多種的標準」。〔註72〕在顧頡剛眼中，今文經學不再是不能挑戰的權威，而是一種可以商榷的學術觀點。這一學術觀點不管有多大膽，哪怕偏激到

〔註68〕顧頡剛：《春秋研究講義》，《顧頡剛古史論文集》卷十一，北京：中華書局，2011年，第517頁。

〔註69〕顧頡剛：《中國上古史研究講義》，《顧頡剛古史論文集》卷三，北京：中華書局，2011年，第206、304、274頁。

〔註70〕顧頡剛：《序》，《秦漢的方式與儒生》，《顧頡剛古史論文集》卷二，北京：中華書局，2011年，第469頁。

〔註71〕顧頡剛：《中國上古史講義》，《顧頡剛古史論文集》卷三，北京：中華書局，2011年，第51頁。

〔註72〕顧頡剛：《五德終始說下的政治和歷史》，顧頡剛編著：《古史辨》第五冊，上海：上海古籍出版社，1982年，第559頁。

認為劉歆遍偽群經，那也是被允許試驗的，而進行驗證的工具便是證據。這就意味著它可以被推翻，同時也可以被接受。當能被證偽時，經學的神聖性隨之受到衝擊。「站在歷史研究上，不站在信仰上」，顧頡剛對劉歆造偽說並不帶有經學式的信仰，而是從證據出發對其進行一番審查，「還其真相，但有分析而無褒貶」。〔註73〕可以說，如果劉歆造偽說是一種大膽的假設，那麼顧頡剛所為即利用證據小心求證之。

正如顧頡剛對託古改制說的接受是以承認託古改制作為一種歷史事實為前提的，他提出劉歆造偽說同樣是認為在歷史事實層面無法排除劉歆造偽的可能。無論是託古改制說還是劉歆造偽說，在顧頡剛那裏都是可以修正甚至放棄的，這是他與經學家最本質的區別。正是立足於對何為歷史事實的判斷，顧頡剛才會對今文家言有所取捨，也才會去驗證種種證據能否撐得起劉歆造偽說。這些判斷是否正確姑且不論，但都已卸下了經學家派的枷鎖，是在進行史學意義上的討論而非重回經學之爭。

第二節　從五帝到三皇：關於「劉歆造偽」的再認識

以層累說為基礎，顧頡剛對三皇五帝古史系統的破壞可以分為兩個階段。第一階段以《五德終始說下的政治和歷史》為標誌，「專門研究王莽時期的五帝說」。〔註74〕緊隨五帝問題之後的第二階段則以《三皇考》為標誌，主要研究三皇的來源及其傳說的演變。在文獻中，先有五帝而後有三皇，但在古史系統中，卻是三皇在前而五帝在後。顧頡剛推倒古史系統是按照三皇五帝在文本中的出場次序展開的。無論是五帝問題還是三皇問題，都無法單獨解決，它們本身就是纏結在一起的，所以對這兩個問題進行考察時應特別注意其間的聯繫。顧頡剛指出，三皇問題的關鍵在於王莽時期的三皇說，因為在他看來，三皇之名最終確立於此時。既然如此，那麼劉歆與「三皇」之關係以及劉歆是否造偽仍然是顧頡剛關注的重點問題。與上一階段相比，從《五德終始說下的政治和歷史》到《三皇考》再到《古史辨》第七冊出版，顧頡剛對劉歆造偽說以及今文經學有了哪些新的認識？對於這些認識應當作何理解？鑒於既有研究

〔註73〕顧頡剛：《純熙堂筆記》，《顧頡剛讀書筆記》卷四，北京：中華書局，2011年，第269頁。
〔註74〕顧潮編著：《顧頡剛年譜》，北京：中華書局，2011年，第205頁。

很少關注這一時期顧頡剛與今文經學的關係問題，故在此先對顧頡剛關於劉歆造偽說以及今文經學的看法作一梳理，進而在此基礎上對二者間的關係試作分析。

自《五德終始說下的政治和歷史》刊出之後，因編輯《辨偽叢刊》一事，顧頡剛曾於1930年下半年多次校點《左氏春秋考證》《新學偽經考》《史記探源》，還翻看了《知聖篇》《春秋繁露義證》《三統曆》《劉逢祿傳》《春秋復始》等。在此期間，他於7月31日與錢玄同說到《劉向歆父子年譜》「正是激動我們重提今古文問題的好資料」；又於8月6日提到「很想重激起今古文問題的戰爭，……今古文問題或能逼上解決之路」。〔註75〕顧頡剛之所以想再次激起今古文之爭，是要通過經學研究徹底解決今古文問題而不是復回經學之爭。8月10日，顧頡剛講到自己的工作是「清代學者把今古文問題討論了百餘年後所應有的工作，就是說，我們現在的工作應比清代的今文家更進一步。……拿了戰國之學來打破西漢之學，還拿了戰國以前的材料來打破戰國之學：攻進這最後兩道防線，完成清代學者所未完之工。這可以說是想從聖道王功的空氣中奪出真正的古文籍，也可說是想用了文籍考訂學的工具衝進聖道王功的秘密窟裏去」。〔註76〕11月21日至翌年3月14日間，顧頡剛列舉了六條證據以證《書序》非劉歆偽造，其言「《書序》，崔、康二家都說是劉歆作的，我覺得不像。《書序》要是劉歆作的，則其帶有王莽時的色彩必重。……《書序》的中心思想與西漢人之說相遠」。〔註77〕這一看法值得注意。在作於1927年11月至1928年9月間的《尚書學講義》中，他尚認同今文學家論《書序》是劉歆偽作的觀點，而至此則提出《書序》與劉歆無關。自此之後，顧頡剛基本主張《書序》出於張霸，而沒有再提劉歆。對於事關「聖賢君相之道統傳衍」的《書序》，〔註78〕顧頡剛沒有固守舊說，也沒有盲信今文家言，而是根據新認識與

〔註75〕顧頡剛：《顧頡剛書信集》卷一，北京：中華書局，2011年，第563～564頁。
〔註76〕顧頡剛：《自序》，顧頡剛編著：《古史辨》第二冊，上海：上海古籍出版社，1982年，第6～7頁。
〔註77〕顧頡剛：《郊居雜記（一）》，《顧頡剛讀書筆記》卷三，北京：中華書局，2011年，第127頁。1930年2月12日至11月21日間，顧頡剛在筆記中談到「《書序》為張霸作，不能誣為劉歆」。但這句話是「據修訂稿補」，不知補於何時。顧頡剛：《遂初室筆記（二）》，《顧頡剛讀書筆記》卷三，北京：中華書局，2011年，第72頁。
〔註78〕顧頡剛：《中國上古史講義》，《顧頡剛古史論文集》卷三，北京：中華書局，2011年，第31頁。

新證據對己說進行了更正。這又可以為說明其與今文學家之不同添一例證,再次表明其並非一今文學家。

繼《帝系考》之後,「為了預備作《王制考》」,顧頡剛自 1931 年 9 月起在燕京大學與北京大學開了「尚書研究」課,「一篇篇的教讀,借它作中心而去吸收別方面的材料」。〔註79〕在作於 9 月至 12 月的《尚書研究講義》中,他指出康有為「據《周誥》之文,謂當時但上徵夏、殷而不一及唐、虞,故知堯、舜之事特孔子寄其太平世之理想,非實有」一說「足使正統派之經師咋舌而走」,而且同意堯舜之事「非實有」,但認為「孔子時猶不容此等思想,康氏之觀察尚嫌過早;然其為孔子以後之儒者寄其太平世之理想而作,固斷斷不謬也」。〔註80〕同時,他也不認同康有為所論《堯典》為孔子所作一說,主張《堯典》成於漢武帝時期。在顧頡剛看來,康有為將戰國秦漢間之儒家著述盡歸於孔子的做法是其今文學家的立場使然。至遲於 1921 年 9 月 11 日至 10 月 30 日間,顧頡剛已提出孔子未作六經、孔子時不造偽、孔子時尚無《堯典》等觀點。至編寫《尚書研究講義》時,這些看法依舊未變。在孔子是否作六經與孔子是否託古改制這兩個關鍵問題上,顧頡剛從一開始便與今文學家分道揚鑣。他對孔子託古改制說的否定與其堅持孔子與六經無關具有內在一致性:既然孔子與六經無關,那麼孔子便不會託古改制。僅從這一點上說,顧頡剛的史學立場與史學家身份應當是毋需置疑的。

1932 年 5 月 6 日,顧頡剛在向顧廷龍談起自己對今文經學的看法時,說到《新學偽經考》「粗枝大葉,罅漏正多,受人不滿固意中事。但其在學術史上之地位,則不能埋沒。……康氏書大體雖鹵莽,必有一部分為不鹵莽者;可駁者雖至多,而必有一部分為不能駁者。……若將來有一部精當之學術史出來,則其對於兩漢學術之批判必以康氏之書為其濫觴」,而且今古文問題「誠為中國學術史上最大問題,此問題如不弄明白,則古史古禮古書一切弄不明白。我輩應對於此問題分工合作,雖不能在短時間內解決之,亦當對此作一大略之估計,提出其可提出之問題」。〔註81〕與此前的看法一樣,顧頡剛所肯定的仍是康有為的那些學術性工作。

〔註79〕 顧頡剛:《顧序》,羅根澤編著:《古史辨》第四冊,上海:上海古籍出版社,1982 年,第 5 頁。

〔註80〕 顧頡剛:《尚書研究講義》,《顧頡剛古史論文集》卷八,北京:中華書局,2011 年,第 317 頁。

〔註81〕 顧頡剛:《顧頡剛書信集》卷二,北京:中華書局,2011 年,第 492 頁。

　　翌年 2 月 12 日，在為《古史辨》第四冊所作的序言中，顧頡剛重申帝系、王制、道統、經學四種是舊古史系統下偽史的中心，並再次提到「不能完全同意」康有為論孔子託古改制的觀點，堅持認為「儒教的創造，《六經》的編集，託古的盛行，都是孔子以後的事。……但儒教發源於孔子，《六經》中的堯舜文王有若干出於儒教所贗託，這是無疑的。明白了這一點，則周末諸子並起創教，託古改制，儒家的宗旨與諸家異，儒家的方式與諸家同；康氏所發見的事實確已捉得了子學和經學的中心」；此外，還談到劉歆「蒙有造偽書的絕大嫌疑」。〔註82〕顧頡剛之所以認同康有為所言諸子託古改制的看法，是因為顧頡剛認為康有為發現了歷史事實。而在他看來，根據《論語》等書，孔子託古改制說則不符合歷史事實，所以他不能同意康有為論孔子託古改制的觀點。由此，他對今文家說的取捨在於今文家說是否符合歷史事實而非經學的家派立場，而這一歷史事實能否成立又取決於顧頡剛對何為歷史事實的認定。除此之外，《顧序》還提供了一條重要信息。關於《孔子改制考》，顧頡剛講到自己「雖在《不忍》雜誌裏見到《改制考》的目錄，惟以沒見全文（未登完），也不甚注意」。〔註83〕《孔子改制考》於 1898 年 1 月出版，1913 年 2 月開始連載於《不忍》雜誌。目前尚無證據表明顧頡剛在 1913 年即已讀過此書，然而根據《古史辨》第一冊《自序》，其至遲於 1916 年聽陳漢章授課時便已讀過此書。無論顧頡剛何時初讀《孔子改制考》，但「不甚注意」一語已足以反映彼時他與今文經學的疏遠。

　　1934 年 12 月 31 日，顧頡剛寫成《古史辨》第五冊《自序》，就所討論的今古文問題進行了說明，其中主要談到了兩點問題。其一，關於劉歆造偽一事。他再次提及劉歆偽竄《左傳》《國語》等書，並說「他的偽竄是一件確然的事實。固然以前攻擊他造偽的是今文家，但既經是事實，那麼就使非今文家也該得承認」。〔註84〕為了說明這一歷史事實，顧頡剛依舊引《漢書・楚元王傳》來證成己說。在其懷疑《左傳》的種種論述中，他始終視《楚元王傳》為鐵證。在此基礎上，顧頡剛又以崔適所言「《傳》自解經，何待歆引？歆引以解，則

〔註82〕顧頡剛：《顧序》，羅根澤編著：《古史辨》第四冊，上海：上海古籍出版社，1982 年，第 16、19 頁。
〔註83〕顧頡剛：《顧序》，羅根澤編著：《古史辨》第四冊，上海：上海古籍出版社，1982 年，第 16 頁。
〔註84〕顧頡剛：《自序》，顧頡剛編著：《古史辨》第五冊，上海：上海古籍出版社，1982 年，第 7 頁。

非《傳》文」一語作為輔證，〔註85〕認為「這是沒法答辨的質問」。〔註86〕由此，他認為劉歆偽竄《左傳》是「確然的事實」。同理，在他看來，康有為通過比較《史》《漢》所得出的發現同樣是「沒法答辨的質問」，在這些事實得不到更好的解釋之前，只能暫時相信劉歆造偽一說，但若有了更充分的證據，劉歆是否造偽是可以被重新審視的。其二，關於如何對待今古文經學。顧頡剛指出「研究古史，實不得不以漢代的今古文問題作為先決問題；先打破了這一重關，然後再往上去打戰國和春秋的關」，而要想解決此問題，唯一的辦法是「細心分析這些材料，再儘量拿別種材料做比較研究」，只要「比《新學偽經考》和《史記探源》逼近一層，就可以無愧於時代的使命」。〔註87〕對此，顧頡剛早在 1929 年 8 月前後即已提過。在《打破圍牆之次第》這條筆記中，他說到康有為等將古文學派所築起的圍牆打破，而自己的責任則是把西漢經師與戰國諸子所築的圍牆打破，其中「築城的武器是信仰，拆城的武器是考證」，「築城的目的是應時勢的需要。拆城的目的是明白文化中心的真相」。〔註88〕以「考證」而求「真相」，顧頡剛在意的始終只是事實。只要有助於揭開事實真相，他並不會介意採用的是今文學家抑或古文學家的證據。再者，經學家的目標是「築牆」，顧頡剛的目標是「拆牆」，因此即便他們握有相同的工具，即劉歆造偽說與託古改制說，也不宜將他們歸入同一陣營。

其後，《漢代學術史略》於 1935 年 8 月 10 日出版。〔註89〕其中所論劉歆造偽問題仍圍繞《左傳》展開。延續此前的看法，顧頡剛提到劉歆析《國語》而成《左傳》，劉歆在《左傳》中插入新五德說以助莽篡漢。他認為「一來呢，劉歆是編輯《左傳》的人，《左傳》既說劉為堯後，又偷偷地把少皞插入黃帝和顓頊之間，又露出金天氏一名，隱隱與少皞聯起，而這些說話顯然與其他的古籍矛盾，足以證明其出於編輯人的竄亂。二來呢，班固作《漢書·律曆志》，自己說明根據的是劉歆之言，而《志》中引的《世經》就是這個新造的古史系統的娘家」，由此指出「清代的今文家自己的建設固然不足取，但

〔註85〕崔適：《史記探源》，北京：中華書局，1986 年，第 9 頁。
〔註86〕顧頡剛：《自序》，顧頡剛編著：《古史辨》第五冊，上海：上海古籍出版社，1982 年，第 8 頁。
〔註87〕顧頡剛：《自序》，顧頡剛編著：《古史辨》第五冊，上海：上海古籍出版社，1982 年，第 20 頁。
〔註88〕顧頡剛：《忍小齋筆記》，《顧頡剛讀書筆記》卷三，北京：中華書局，2011 年，第 23 頁。
〔註89〕1955 年 3 月，該書由上海群聯出版社出版，改題為《秦漢的方士與儒生》。

其對於古文家的騙局的破壞工作實是非常的精當，為講漢代學術思想史的人所不該不取材的」。先不論這些觀點是否正確，但觀點的得出是從文本中或由文本比較而來則可以確定。此外，顧頡剛還指出劉歆「不是客觀的整理古書，而是主觀的改編古書，使得許多材料真偽混雜、新舊錯亂」。〔註90〕「客觀的整理古書」與「主觀的改編古書」之間只有一線之隔，這牽扯到如何定義「整理」與「改編」，而「主觀的改編古書」還涉及「改編」與「造偽」之間的尺度，這又關係到如何界定「有意造偽」與「無意成偽」。很顯然，顧頡剛認為劉歆是在有意造偽。9月，《戰國秦漢間人的造偽與辨偽》刊出。此文原是《〈崔東壁遺書〉序》的一部分，重作於1934年春。除述及《漢代學術史略》中的內容外，顧頡剛著重談到了造偽的有意與無意問題，指出「戰國大都是有意的作偽，而漢代則多半是無意的成偽」，以司馬遷和鄭玄為代表，「兩漢的儒生和經師因整理材料而造偽」，他們採用「整齊故事」的方法，「雖不是有心造偽，而只緣他所用的方法會隨時引誘他造偽，所以他傳給我們的因累並不比戰國人減少」。〔註91〕

　　作於1929年10月8日至1930年6月8日的《中國上古史研究講義》是顧頡剛有體系地打破古史系統的首次嘗試。其中，五帝部分經過擴充以《五德終始說下的政治和歷史》為題於1930年6月刊出；至於三皇部分，先在1932年夏經顧頡剛「增改一過，分出章節」，〔註92〕後又經楊向奎補充進與太一相關的內容，最終以《三皇考》為名於1936年1月發表，前後共歷時七年。相比於只完成了一半的《五德終始說下的政治和歷史》，顧頡剛對《三皇考》還算滿意，他認為「這本書固然沒有寫好，但演變的規模已大略具備，這問題可算是解決了。這問題之所以能解決，全由於這傳說起得晚，讓我們看清楚其中的機構」。〔註93〕至此，顧頡剛打倒三皇五帝的目標方告一段落。

　　在《三皇考》中，顧頡剛除論及劉歆竄改《左傳》外，在劉歆與三皇之關係問題上，也提出了與今文學家不同的看法。康有為認為劉歆有心分別三皇五

〔註90〕顧頡剛：《秦漢的方士與儒生》，《顧頡剛古史論文集》卷二，北京：中華書局，2011年，第542、521頁。

〔註91〕顧頡剛：《戰國秦漢間人的造偽與辨偽》，呂思勉、童書業編著：《古史辨》第七冊上編，上海：上海古籍出版社，1982年，第62、49、51頁。

〔註92〕顧頡剛：《自序》，顧頡剛、楊向奎：《三皇考》，呂思勉、童書業編著：《古史辨》第七冊中編，上海：上海古籍出版社，1982年，第47頁。

〔註93〕顧頡剛：《自序》，顧頡剛、楊向奎：《三皇考》，呂思勉、童書業編著：《古史辨》第七冊中編，上海：上海古籍出版社，1982年，第49頁。

帝，顧頡剛則主張劉歆「不曾有分別誰為三皇，誰為五帝之意存於其間，至於沒有此意，並非是他不要有三皇五帝這個歷史系統，乃是因為王莽時的三皇五帝還是保存著董仲舒的學說的意義」。〔註94〕其對今文家言「不敢表示贊同」的理由有四：其一，「在《世經》中，這八個人都稱為『帝』，不稱『皇』；在《月令》中，其為五帝而非三皇更顯明」；其二，「《世經》中不見有『三皇』一名，劉歆擅加少昊於帝系中尚不覺得什麼，他要是存心排列這個系統，又何必吝惜於此二字」；其三，「（康有為）說，『今學無三皇名』，似以三皇一名為王莽們所臆撰；但《呂氏春秋》或可竄亂，而《始皇本紀》則絕不出於竄亂，否則始皇帝的『皇』字從哪裏來的」；其四，「劉歆既在《月令》中以太昊，炎帝，黃帝，少昊，顓頊為五帝，當不至復以伏羲（太昊），神農（炎帝），黃帝為三皇，否則這兩個系統是自相衝突了」。〔註95〕因此，他說到「我們不必像清末這班今文家一樣，斷定自從有了《周官》和緯書之後才有三皇，三皇只存在於古文家的學說，因為就本篇的前數章來看，三皇確有出現於戰國之末的事實；……但三皇一名的加入儒家的經典，由古文家言的《左傳》，《周官》及緯書始，是西漢末和東漢初的事情，這是千真萬確的提示，我們不該不信」。〔註96〕

顧頡剛對於「皇」「帝」等名稱的關注最早可追溯至1919年9月前後。在兩冊《寄居錄》中，他首次整理了《詩經》《楚辭》中出現的「皇」「帝」字樣。也正是在此時，他開始由辨偽書轉向辨偽史。若從此時算起，顧頡剛對三皇問題的思考已逾十五年。在《三皇考》第二節《『皇』字的原義》與第三節《名詞的『皇』的出現》中，他排列了「皇」字在《詩經》《尚書》《儀禮》《楚辭》中的用法，這可以視作其對自己多年前所作思考的一種回應了。根據上述顧頡剛與康有為的不同意見，可以發現顧頡剛所持結論的得出建立在文獻比較之上，而且他並不完全贊成今文學家對文獻的解讀。在他看來，三皇的出現與三皇一名加入儒家經典是兩回事。在三皇與《左傳》的關係問題上，因其一直堅持《左傳》出於劉歆偽竄，所以他認為三皇加入《左傳》是西漢末年的事情，

〔註94〕顧頡剛、楊向奎：《三皇考》，呂思勉、童書業編著：《古史辨》第七冊中編，上海：上海古籍出版社，1982年，第97頁。

〔註95〕顧頡剛、楊向奎：《三皇考》，呂思勉、童書業編著：《古史辨》第七冊中編，上海：上海古籍出版社，1982年，第96～97頁。

〔註96〕顧頡剛、楊向奎：《三皇考》，呂思勉、童書業編著：《古史辨》第七冊中編，上海：上海古籍出版社，1982年，第101頁。

而對《左傳》成書年代的執著則始於《楚元王傳》這一他所謂的鐵證。至於《周禮》，顧頡剛至遲於 1928 年已懷疑劉歆偽竄是書，他在 6 月 14 日致彭煒棠的信中說到「《周官》『外史氏掌三皇五帝之書』，恐是劉歆改編《左傳》時放進去的」；〔註97〕又於《五德終始說下的政治和歷史》中提到「《周禮》這部書，大家相信是周公致太平之跡，然而溯其來源則是由於王莽的『發得』。……發得了《周禮》一書以供他制禮作樂時的『因監』，這部書的出現不是很有可疑嗎」；〔註98〕之後在《漢代學術史略》中重申《周禮》是「王莽發見的」。〔註99〕顧頡剛質疑《周禮》的文獻依據是《漢書‧王莽傳》中的「發得周禮，以明因監」一語，〔註100〕與其將《楚元王傳》視作鐵證一樣，《王莽傳》同樣成為他判斷三皇加入《周禮》是西漢末年之事的鐵證。對以文獻立論的顧頡剛來說，這些都是「千真萬確的提示」，「不該不信」。〔註101〕

在作於 1935 年 1 月 8 日的《三皇考‧自序》中，他肯定了康有為與夏曾佑對三皇五帝的打破，認為進化的觀念傳入中國後，「三皇五帝就等著打倒了。放第一聲炮的，是康有為的《孔子改制考》。……這就是他受了新潮流的激蕩的證明。第二聲炮是夏曾佑的《中國歷史教科書》，……到了五四運動，對於舊思想舊生活作一個總攻擊的時候，這些散發的火星就燃燒起來了」。〔註102〕需要注意的是，顧頡剛認為進化論的傳入直接導致了古史系統的崩塌。也就是說，受進化論的影響，人們對三皇五帝的真實性產生懷疑是一件早晚的事情，因為包含在這一古史系統下的史事在歷史事實層面不符合事物演進的規律。可以說，從顧頡剛到夏曾佑，他們共同承受著進化論帶來的衝擊，而顧頡剛對康有為論「上古茫昧無稽」的接受也是以此為前提的。在《古史辨》第一冊《自序》中，顧頡剛已經表露了這層意思，指出「今文家便因時勢的激蕩而獨標新

〔註97〕顧頡剛：《顧頡剛書信集》卷二，北京：中華書局，2011 年，第 341 頁。

〔註98〕顧頡剛：《五德終始說下的政治和歷史》，顧頡剛編著：《古史辨》第五冊，上海：上海古籍出版社，1982 年，第 521～522 頁。

〔註99〕顧頡剛：《秦漢的方士與儒生》，《顧頡剛古史論文集》卷二，北京：中華書局，2011 年，第 545～546 頁。

〔註100〕班固：《漢書》卷九十九上《王莽傳》，北京：中華書局，1962 年，第 4091 頁。

〔註101〕顧頡剛、楊向奎：《三皇考》，呂思勉、童書業編著：《古史辨》第七冊中編，上海：上海古籍出版社，1982 年，第 101 頁。

〔註102〕顧頡剛：《自序》，顧頡剛、楊向奎：《三皇考》，呂思勉、童書業編著：《古史辨》第七冊中編，上海：上海古籍出版社，1982 年，第 44 頁。

義，……長素先生受了西洋歷史家考定的上古史的影響，知道中國古史的不可信，就揭出了戰國諸子和新代經師的作偽的原因，使人讀了不但不信任古史，而且要看出偽史的背景，就從偽史上去研究，實在比較以前的辨偽者深進了一層」。〔註103〕他認為康有為辨偽古史受到了國外學術的影響，而國外學者考定上古史的主要憑藉是建立在地質學、生物學、人類學等學科基礎上的進化學說，這「把人類的由來和進化弄得清清楚楚，使人知道古史的真相原來如此」，〔註104〕所以康有為對古史的懷疑是有一層科學作為底色的。

後至1936年4月，在禪讓傳說的起源問題上，顧頡剛也表達了與今文學家不同的看法。康有為認為堯舜禹禪讓之事實是「孔子託古改制之一端」，顧頡剛則主張禪讓之說起於墨家，「和孔子風馬牛不相及，卻是為孟子所嫌厭，荀子所深惡而痛絕的」。〔註105〕對禪讓說的考察使顧頡剛再次堅定其對孔子並未託古改制的判斷。與此同時，顧頡剛還提到「自從康長素先生提出了孔子託古改制的一個問題以後，這些歷史上的大偶像的尊嚴就漸漸有些動搖起來了」。〔註106〕8月至9月間，他又講到「兩考」一出，「二千年來被奉為寶典的經書都須重新加以檢定和估價，而二千年來所奉為經學之本的鄭玄、許慎等文字學和經學，就都變成了偽學。……上古聖王的大部分便都被他否認了。這對於思想界的影響又是怎樣的嚴重！……清學的懷疑精神，固然到康崔兩家才發揮得淋漓盡致，不過流弊也就從康、崔兩家而起。康、崔兩家的考據方法是不盡嚴密的，他們的說法固然對的很多，但是附會武斷的地方也不少。我們取了他們的懷疑精神而作進一步的細密則可，倘全取他們的方法而做他們的肖子，那就阻礙了學術的進步了」。〔註107〕從證據出發，顧頡剛對今文學家的

〔註103〕顧頡剛：《自序》，顧頡剛編著：《古史辨》第一冊，上海：上海古籍出版社，1982年，第77～78頁。

〔註104〕顧頡剛：《自序》，顧頡剛、楊向奎：《三皇考》，呂思勉、童書業編著：《古史辨》第七冊中編，上海：上海古籍出版社，1982年，第43頁。

〔註105〕顧頡剛：《禪讓傳說起於墨家考》，呂思勉、童書業編著：《古史辨》第七冊下編，上海：上海古籍出版社，1982年，第105頁。

〔註106〕顧頡剛：《禪讓傳說起於墨家考》，呂思勉、童書業編著：《古史辨》第七冊下編，上海：上海古籍出版社，1982年，第30頁。

〔註107〕顧頡剛：《清代漢學家治學精神與方法》，《寶樹園文存》卷二，北京：中華書局，2011年，第216～217頁。根據《寶樹園文存》所錄此文的注釋，是文「1936年8月據童書業、鄭侃嬅代作稿修改。1936年9月3、5兩日在中央電臺連播。原載《播音教育月刊》創刊號，1936年11月1日」。經檢索發現，此文全文在刊於《播音教育月刊》之前，曾於《大公報（上海）》1936年9月

辨偽工作進行了一番審查。所謂「比清代的今文家更進一步」，〔註108〕其中一層意思即修正今文家言裏那些「附會武斷的地方」，並對他們的考證「作進一步的細密」。此外，在刊於11月的《夏史三論》中，顧頡剛不同意康有為所言少康中興一事出於劉歆所造的看法，但他也指出此事雖非劉歆所造，「但總是後人竄入《左傳》及《史記》的」。〔註109〕

1937年1月5日，顧頡剛提到「崔適有『推倒秦漢以來的傳記中靠不住的事實』之《史記探源》，康有為有『推倒劉歆以來偽造的古文經』之《新學偽經考》，都考見了一部分的真實」。〔註110〕11月9日，他稱讚《經學通論》「為經學史中較有系統之作」。自此至12月8日，他將此書點讀一過。其間於11月30日說到「康有為欲將《左傳》改編為《國語》原本，其事未就。自今夜起，予試為之，一來可以熟記春秋史事，二來可以完成劉康崔諸先生之志願」。〔註111〕顧頡剛想要拆解《左傳》編入《國語》的計劃應始於1928年在中山大學任「中國上古史」課時，但直至此時，這一計劃仍停留在想法層面。

翌年12月始，顧頡剛在雲南大學任「經學史」與「中國上古史」兩課。其日記中與經學相關者主要有兩件事：一是點讀《經學歷史》，二是與鄭逢源討論將《左傳》恢復為《國語》一事。1939年1月至2月間，他談到「《漢書·食貨志》謂王莽『每有所興造，必依古文，得經文』，此為古文家造偽的原動力」。〔註112〕《食貨志》中的這句話成為顧頡剛判斷古文學家是否造偽的又一條文本證據。或因繼續講授「經學史」的緣故，他在這一年中又多次點讀《經學通論》，並言「自省平生功力，應以經學為長，因此擬在齊大研究所出些經學著作。皮氏《經學通論》為入門之書，擬標點校注，並附錄重要材料，使此

25日第4版、26日第4版、27日第4版、28日第4版分四次連載。顧頡剛：《清代漢學家治學精神與方法》，《寶樹園文存》卷二，北京：中華書局，2011年，第211頁。

〔註108〕 顧頡剛：《自序》，顧頡剛編著：《古史辨》第二冊，上海：上海古籍出版社，1982年，第6頁。

〔註109〕 顧頡剛、童書業：《夏史三論》，呂思勉、童書業編著：《古史辨》第七冊下編，上海：上海古籍出版社，1982年，第196頁。

〔註110〕 顧頡剛：《（譚丕模）清代思想史綱序》，《寶樹園文存》卷二，北京：中華書局，2011年，第247頁。

〔註111〕 顧頡剛：《顧頡剛日記》卷三，北京：中華書局，2011年，第723、733頁。

〔註112〕 顧頡剛：《浪口村隨筆（一）》，《顧頡剛讀書筆記》卷四，北京：中華書局，2011年，第74頁。

書更便於初學，作大學之課本」，〔註113〕再次肯定了皮錫瑞之書的學術價值。此外，他還於 6 月 30 日與 11 月 30 日兩次提到自己研究工作的中心在「古史四考」與「古籍四考」，即《帝系考》《王制考》《道統考》《經學考》與《堯典考》《禹貢考》《王制考》《月令考》。〔註114〕

再至 1940 年初，其又一次點讀《經學通論》《孔子改制考》等。5 月 1 日，他談到《孔子改制考》卷十三之卷名《孔子改制弟子時人據舊制問難考》全襲廖平《尊經書院擬題》「孔子改制，弟子時人據舊制問難考」一條，〔註115〕認為康有為確有抄襲廖平之處。同時，還提到「孔子未必有改制之事，而儒家之改制則無疑；既改之矣，無徵不信，遂託為孔子之言，置之《論語》之中，以示有驗」，可見其依舊反對今文學家所言孔子改制之事。〔註116〕此後至 1941 年 6 月《古史辨》第七冊出版，則很少再看到顧頡剛就今文經學發表意見。

經由上文梳理可見，從《五德終始說下的政治和歷史》到《三皇考》再到《古史辨》第七冊，劉歆造偽問題始終是理解顧頡剛與今文經學關係的關鍵。在此期間，顧頡剛依舊堅持劉歆竄改《左傳》《國語》《周禮》等、劉歆作《世經》、《律曆志》不可信等觀點，但不再認為《書序》也出自劉歆偽造，並在孔子是否託古改制、劉歆是否分別三皇五帝、禪讓傳說是否源於儒家、劉歆是否偽造少康中興一事等問題上也表達了與今文學家不同的觀點。總體來看，在事關古史系統的三皇問題上，他與今文經學之間的共識要大於歧異。根據上文的分析，建立在文本證據上的事實依舊是顧頡剛評判今文經學的標準，這一點仍可以作為說明顧頡剛與今文經學之別的依據。

《三皇考》為顧頡剛拆解古史系統的工作畫上了句號。這篇文章之後，顧頡剛再也沒有專門寫過文章來討論這一問題。若從 1920 年 12 月 15 日其提出要打破「完備的三皇五帝的統系」算起，〔註117〕他為此付出了十六年甚至更久的時間。古史系統主要載於經書，加之其治學起步於目錄學與辨偽學，使得他不得不與經學問題打交道，從而以經學辨偽的方式開啟了打破古史系統的

〔註113〕顧頡剛：《顧頡剛日記》卷四，北京：中華書局，2011 年，第 322 頁。

〔註114〕顧頡剛：《顧頡剛日記》卷四，北京：中華書局，2011 年，第 244、314 頁。

〔註115〕顧頡剛：《浪口村隨筆（卷之四）》，《顧頡剛讀書筆記》卷十六，北京：中華書局，2011 年，第 143 頁。

〔註116〕顧頡剛：《浪口村隨筆（卷之四）》，《顧頡剛讀書筆記》卷十六，北京：中華書局，2011 年，第 143 頁。

〔註117〕顧頡剛：《告擬作〈偽書考〉跋文書》，顧頡剛編著：《古史辨》第一冊，上海：上海古籍出版社，1982 年，第 14 頁。

旅程。「在今文家的歷史裏，五帝只是黃帝、顓頊、帝嚳、堯、舜」，〔註118〕
而在古文學家那裏，古史系統則是三皇五帝，即伏羲、神農、黃帝、少昊、顓
頊、帝嚳、堯、舜。康有為認為，劉歆在「顓頊之上添出一個少皞，又把伏羲、
神農一起收入，使得這個系統裏有八個人，可以分作三皇、五帝，來證實古文
家的偽經《周禮》裏的『三皇、五帝』」，〔註119〕這是在「變亂五帝之說，以
與今文家為難」。〔註120〕當古史系統被牽扯進今古文之爭時，顧頡剛若想清理
古史系統便首先要面對今古文問題。正因如此，他才執著於重提此問題，希望
做出徹底解決。

　　在打破古史系統的過程中，顧頡剛不是站在今文經學的立場去否定古文
經學，也不是站在古文經學的立場去否定今文經學，而是站在兩派之外，以史
學的立場去審視今古文經學。換言之，他所做的工作是從史學證據出發，將今
古文兩家的古史系統一併推翻。在他看來，若能通過證據推導出劉歆造偽，那
麼以此證明古史系統為偽便是合於史學程序的，這是進行「客觀的研究」而不
是「主觀的爭霸」。〔註121〕可以說，顧頡剛已將「劉歆造偽」方法化，視之為
打倒古史系統的一種方式，從而使其從家派之爭中脫離出來而具有了某種普
適性。〔註122〕

第三節　質疑聲起：顧頡剛是否走上了今文學家的老路？

　　談論古史辨與今文經學關係的聲音出現在 1926 年前後，彼時幾乎沒有
人懷疑顧頡剛的史學家身份。但因其在《五德終始說下的政治和歷史》中以

〔註118〕顧頡剛：《中國上古史研究講義》，《顧頡剛古史論文集》卷三，北京：中華書局，2011 年，第 85 頁。

〔註119〕顧頡剛：《中國上古史研究講義》，《顧頡剛古史論文集》卷三，北京：中華書局，2011 年，第 85 頁。

〔註120〕康有為著，朱維錚、廖梅編校：《新學偽經考》，上海：中西書局，2012 年，第 38 頁。

〔註121〕顧頡剛：《自序》，顧頡剛編著：《古史辨》第五冊，上海：上海古籍出版社，1982 年，第 2 頁。

〔註122〕陳志明認為「顧頡剛使用『新學偽經』作辨偽法時，並沒有繼承康有為分辨今古文在西漢對立的企圖，只是借用了康氏攻擊古文經造偽的理由來解釋古文經學的興起。……『新學偽經』也去了家派色彩而成了純粹的『辨偽方法』」。陳志明：《顧頡剛的疑古史學》，臺北：商鼎文化出版社，1993 年，第 127、146 頁。

劉歆造偽說作為打破古史系統的助力，故此文發表後引起了部分學者的不滿與反對，其身份與立場也進而受到質疑。在《五德終始說下的政治和歷史》遭到批評的同時，層累說也受到牽連。如此一來，似乎顧頡剛從一開始就唯今文經學馬首是瞻，所做的工作也只是在為今文經學張目。面對這些誤解，顧頡剛不斷地強調自己不僅與今文學家不同，還要打破今文學家所建立的學說。顧頡剛的觀點得到了不少學者的支持。在他們看來，劉歆是否造偽固然與今古文經學的論爭有關，但也是一個值得討論的史學問題，這與研究者的立場沒有直接關係。這場爭論沒有所謂的輸贏，雙方「相互影響相互激蕩，方向則是一致的」，〔註123〕都已脫開經學家派來解決問題。

一、「證據」抑或「立場」：劉歆造偽說與顧頡剛的身份危機

自《與錢玄同先生論古史書》發表以來，學界對顧頡剛破壞古史系統工作的質疑便沒有停止過。大致以《五德終始說下的政治和歷史》為界，可將對顧頡剛的質疑分為兩個階段。《與錢玄同先生論古史書》是「對於三王的第一代（禹）和五帝的末二代（堯舜）下一番破壞」，〔註124〕關於這一階段的批評尚不牽連今文經學。《五德終始說下的政治和歷史》刊出之後，人們開始質疑顧頡剛與今文經學的關係，批評他走上了「經學家的老路」，〔註125〕甚至給他加上了「新今文家」的頭銜。〔註126〕正是由此開始，顧頡剛遭遇了前所未有的身份危機，為自己的身份不斷地辯白逐漸成為他學術日常的一部分。顧頡剛究竟是一個現代史學家還是一個偏於傳統的經學家？這樣的疑問不僅在當時是一個問題，而且持續困擾了幾代研究者。時至今日，當人們談論古史辨時，在此問題上仍有不小的分歧。那麼，大家的質疑究竟因何而起？這一質疑為何不始於層累說提出之時，而是直至《五德終始說下的政治和歷史》刊出時才出現？相關質疑又能否站得住腳？對這些問題的回答有助於我們以不同於前文的視角考察古史辨與今文經學的關係。

〔註123〕劉巍：《〈劉向歆父子年譜〉的學術背景與初始反響》，《歷史研究》2001年第3期，第60頁。

〔註124〕顧頡剛：《自序》，顧頡剛、楊向奎：《三皇考》，呂思勉、童書業編著：《古史辨》第七冊中編，上海：上海古籍出版社，1982年，第45頁。

〔註125〕顧頡剛：《跋錢穆〈評五德終始說下的政治和歷史〉》，顧頡剛編著：《古史辨》第五冊，上海：上海古籍出版社，1982年，第632頁。

〔註126〕顧頡剛：《自序》，顧頡剛編著：《古史辨》第五冊，上海：上海古籍出版社，1982年，第3頁。

　　層累說提出之後至《古史辨》第一冊出版，對顧頡剛的批評主要集中在其論證是否合理這一問題上，並沒有人指責他與今文經學有關。較早發表意見的是劉掞藜與胡董人。劉掞藜說到「顧君疑古的精神是我很表同情的；不過他所舉的證據和推想是很使人不能滿意的」，其引《說文》以證禹是一條蟲的做法純屬「想入非非，任情臆造底附會，真是奇得駭人了」。〔註127〕之後，他又提出對於經書與子書總須「決之以證。經過嚴密的考量映證，不可信的便不信了。但不能因一事不可信，便隨便說他事俱不可信；因一書一篇不可信，便隨便說他書他篇皆不可信」，「依先生現在的證據和說法，我老實不客氣地辯駁覺得先生所說俱不能成立，但是先生有很好的證據和說法時，我願恭恭敬敬地承命將這篇大話一筆勾銷，以示我毫無成見」。〔註128〕胡董人也表達了同樣的看法，談到「顧先生要推翻全部古史，當然要尋出幾個充分證據，方可叫人信服，斷不能這樣附會周納。我很盼望先生和許多學者拋棄主觀的見解，平心靜氣細細研究，再把研究的結果整理一部上古的信史出來」。〔註129〕由此，他們一致認為顧頡剛的論證缺乏充分的證據。而對於顧頡剛在《答劉胡兩先生書》中所言戰國政治家託古一事，劉掞藜與胡董人的看法則略有出入。劉掞藜對此持懷疑態度，但若顧頡剛能夠拿出足夠的證據，他也會表示接受。胡董人則認同託古改制說，認為「兩漢有許多學者利用著『託古改制』造成好些偽籍出來，真偽雜糅」。〔註130〕對於這幾個回合的討論，胡適給出的評價也聚焦於證據層面，指出「只有證據的充分與不充分是他們論戰勝敗的標準，也是我們信仰與懷疑的標準。……我們對於『證據』的態度是：一切史料都是證據」。〔註131〕

　　在這場「證據戰」中，最嚴厲的批評來自張蔭麟。他近乎全盤否定了顧頡剛的觀點，認為「顧氏之論證法幾盡用默證，而什九皆違反其適用之限度」，

〔註127〕劉掞藜：《讀顧頡剛君〈與錢玄同先生論古史書〉的疑問》，顧頡剛編著：《古史辨》第一冊，上海：上海古籍出版社，1982年，第92、87頁。

〔註128〕劉掞藜：《討論古史再質顧先生》，顧頡剛編著：《古史辨》第一冊，上海：上海古籍出版社，1982年，第164、186頁。

〔註129〕胡董人：《讀顧頡剛先生論古史書以後》，顧頡剛編著：《古史辨》第一冊，上海：上海古籍出版社，1982年，第96頁。

〔註130〕胡董人：《讀顧頡剛先生論古史書以後》，顧頡剛編著：《古史辨》第一冊，上海：上海古籍出版社，1982年，第93頁。

〔註131〕胡適：《古史討論讀後感》，顧頡剛編著：《古史辨》第一冊，上海：上海古籍出版社，1982年，第190、197頁。

其說半是「鑿空附會」，乃「空中樓閣，自無勞吾人之拆毀矣」。〔註132〕顧頡剛自覺己說有賴於證據而成立，張蔭麟對他的質難無異於釜底抽薪。以劉掞藜、胡堇人以及張蔭麟為代表，他們與顧頡剛的分歧在於哪些史料可以作為證據以及如何解讀證據，而產生分歧的深層原因則在於雙方的史觀有所不同。但無論如何，他們都還沒有將顧頡剛與今文經學聯繫在一起。這可以再次證明層累說的提出與今文經學的關係並不密切，或者說二者之間的聯繫體現得並沒有那麼明顯。

在此期間，周予同曾談到顧頡剛的學術思想「實也受有今文學的影響；……受他學術方面的影響較多，也不能稱為今文學者。……新史學家的顧胡的學說，實在是今文學家而為現社會所不齒的康有為的諸子託古改制說之進一步的討論」。〔註133〕在這裡，周予同強調顧頡剛主要受到今文經學學術方面的影響，但不能因此稱顧頡剛為今文學家。《古史辨》第一冊出版之後，孫福熙依據《古史辨》第一冊《自序》說到顧頡剛智識的來源有「康長素先生；有《六經》與《新學偽經考》」。〔註134〕曹養吾也談到顧頡剛之治學受到康有為的影響「是顯然的事實」，〔註135〕同時提到某些偽書是託古之作。在談論顧頡剛的學術來源時，今文經學是其學源之一已是公認的事實，但沒有人據此質疑顧頡剛的史學家身份。需要注意的是，胡適曾據《古史辨》第一冊《自序》述及顧頡剛「曾做古文家的信徒，又變為今文家；他因為精神上的不安寧，想求一個根本的解決，所以進了哲學系；在哲學系裏畢業之後，才逐漸地回到史學的路上去」。〔註136〕總體來看，胡適並未否認顧頡剛的史學家立場，而且在此後很長一段時間裏，他也沒有再提起顧頡剛曾為今文學家一事。或許，他只

〔註132〕張蔭麟：《評近人對於中國古史之討論（〈古史決疑錄〉之一）》，顧頡剛編著：《古史辨》第二冊，上海：上海古籍出版社，1982年，第272、288頁。

〔註133〕周予同：《經今古文學（摘錄三章）》，顧頡剛編著：《古史辨》第二冊，上海：上海古籍出版社，1982年，第308、310頁。此文原名《經今古文之爭及其異同》，刊於《民鐸雜誌》第6卷第2號（1925年2月1日）與第3號（1925年3月1日）。之後，商務印書館將此文收入《國學小叢書》出版（1926年2月），並改名為《經今古文學》。

〔註134〕孫福熙：《〈古史辨〉第一冊》，顧頡剛編著：《古史辨》第二冊，上海：上海古籍出版社，1982年，第346頁。

〔註135〕曹養吾：《辨偽學史——從過去說到最近的過去》，顧頡剛編著：《古史辨》第二冊，上海：上海古籍出版社，1982年，第406頁。

〔註136〕胡適：《介紹幾部新出的史學書》，顧頡剛編著：《古史辨》第二冊，上海：上海古籍出版社，1982年，第335頁。

是在強調顧頡剛對今古文經學態度的某種變化，而並非真的認為顧頡剛曾一度「變為今文家」。與此同時，其他學者對顧頡剛的批評依舊集中在證據問題上，如紹來指出《古史辨》中「牽強附會的地方不一而足，……古史可懷疑的地方正多，卻不能用這種牽強附會的方法來辨明」。〔註137〕

　　情況的改變始於《五德終始說下的政治和歷史》的發表。顧頡剛與今文經學的關係開始引起非議。最先提出質疑的或是梁園東。他說到顧頡剛判定真書為偽的根本原因之一是「誤會了康有為『孔子託古改制』說的意思，在顧先生看簡直不是『託古改制』，直是『偽造古制以壯聲勢』」；〔註138〕此外，他還以《與錢玄同先生論古史書》中顧頡剛對堯舜禹的排列為例，重申「若不是瞭解顧君是在誤解了康有為的『孔子託古改制』說，就絕不會明白顧君何以會產出這樣奇怪的見地！『託古改制說』應用的限度且不談他，只是由他的流弊，竟會產出顧君這樣的見地時，那就連託古改制說也有改正的必要」。〔註139〕梁園東的態度很明確，堅決反對顧頡剛所持的刻意造偽說，直斥顧頡剛所憑藉的方法「只是一種極危險的『捉摸』和『臆測』」，「直等於無用」。〔註140〕雖然他一直強調顧頡剛誤會了康有為，但這並不妨礙他提出顧頡剛正因承受了今文經學的影響才提出了層累說這一觀點。梁園東的批駁並非直接針對《五德終始說下的政治和歷史》，也沒有就劉歆造偽說發表意見，而是指向作為方法源頭的層累說。在這其中，他受到了《五德終始說下的政治和歷史》怎樣的刺激似已無從知曉。與張蔭麟一樣，梁園東同樣意圖從根本上否定古史辨的合理性。

　　最直接也最有力的質疑來自錢穆。時至今日，關於顧頡剛學術身份的爭議都要回到這裡找尋答案。〔註141〕錢穆的批評見於《評顧頡剛〈五德終始說下

〔註137〕　紹來：《整理古史應注意之條件——質疑顧頡剛的〈古史辨〉》，顧頡剛編著：《古史辨》第二冊，上海：上海古籍出版社，1982 年，第 420 頁。

〔註138〕　梁園東：《古史辨的史學方法商榷》，《東方雜誌》第 27 卷第 22 號，1930 年 11 月 25 日，第 73 頁。

〔註139〕　梁園東：《古史辨的史學方法商榷》（續二十二號），《東方雜誌》第 27 卷第 24 號，1930 年 12 月 25 日，第 86 頁。

〔註140〕　梁園東：《古史辨的史學方法商榷》（續二十二號），《東方雜誌》第 27 卷第 24 號，1930 年 12 月 25 日，第 82、77 頁。

〔註141〕　相關研究參見羅義俊：《錢穆與顧頡剛的〈古史辨〉》，《史林》1993 年第 4 期，第 28～36 頁；廖名春：《錢穆與疑古學派關係述評》，陳明、朱漢民主編：《原道》第 5 輯，貴州：貴州人民出版社，1999 年，第 211～230 頁；陳勇：《疑古與考信——錢穆評古史辨派的古史理論》，《學術月刊》2000 年第 5 期；

的政治和歷史〉》一文。此文主要「認辯顧先生的《古史辨》和晚清今文學的異同」。〔註142〕關於顧頡剛與今文經學的不同，錢穆說到二者「未可一概而論」，「我們把顧先生的傳說演進的見解，和康有為孔子改制新學偽經等說法兩兩相較，似覺康氏之說有些粗糙武斷，不合情理，不如傳說演進的說法較近實際。……顧先生的古史剝皮，比崔述還要深進一步，絕不肯再受今文學那重關界的阻礙，自無待言」；至於相同之處，他指出顧頡剛「對晚清今文學家那種疑古辨偽的態度和精神，自不免要引為知己同調。所以《古史辨》和今文學，雖則盡不妨分為兩事，而在一般的見解，常認其為一流，而顧先生也時時不免根據今文學派的態度和議論來為自己的古史觀張目。……而同時顧先生和今文學家同樣主張歆莽一切的作偽」。〔註143〕其實，錢穆所要論辯的重點在「同」而不在「異」，這一傾向可以從其所言古史辨「沿襲清代今文學的趨勢而來，可是其間也確有幾許相異」一語中感受到。〔註144〕而他所耿耿於懷的「同」，即劉歆造偽說。他向顧頡剛提出的三點商榷意見——五帝之傳說、五行相勝及五行相生、漢為火德及堯後，皆為反對劉歆造偽說而發，並據此認為「顧先生原文所引各種史料及疑點，均可用歷史演進的原則和傳說的流變來加以說明，不必用今文家說把大規模的作偽及急劇的改換來歸罪於劉歆一人」，「這一點，似乎在《古史辨》發展的途程上，要橫添許多無謂的不必的迂迴和歧迷」。〔註145〕

在顧頡剛承接清代學術這一點上，錢穆早在寫作《國學概論》時便已述及：「今日考論古史一派，實接清儒『以復古為解放』之精神，而更求最上一層之解決，……若胡適之、顧頡剛、錢玄同諸家，雖建立未遑，而破棄陳說，駁擊

劉巍：《〈劉向歆父子年譜〉的學術背景與初始反響》，《歷史研究》2001 年第 3 期，第 45～64 頁；陳勇：《試論錢穆與胡適的交誼及其學術論爭》，《史學史研究》2011 年第 3 期，第 65～77 頁；王爾：《傳說與偽造的分野——重讀 1930～1931 年錢穆與顧頡剛「劉歆偽經」之爭》，《上海文化》2015 年第 6 期，第 120～127 頁；等等。

〔註142〕 錢穆：《評顧頡剛〈五德終始說下的政治和歷史〉》，顧頡剛編著：《古史辨》第五冊，上海：上海古籍出版社，1982 年，第 619 頁。

〔註143〕 錢穆：《評顧頡剛〈五德終始說下的政治和歷史〉》，顧頡剛編著：《古史辨》第五冊，上海：上海古籍出版社，1982 年，第 620～621 頁。

〔註144〕 錢穆：《評顧頡剛〈五德終始說下的政治和歷史〉》，顧頡剛編著：《古史辨》第五冊，上海：上海古籍出版社，1982 年，第 619 頁。

〔註145〕 錢穆：《評顧頡剛〈五德終始說下的政治和歷史〉》，顧頡剛編著：《古史辨》第五冊，上海：上海古籍出版社，1982 年，第 630、621 頁。

舊傳，確有見地。」〔註146〕《國學概論》完成於 1928 年春，〔註147〕此時顧頡剛正在中山大學講授《尚書》。正是在這一時期，顧頡剛首次明確談到劉歆造偽說。但他此時與錢穆並不認識，而且他關於劉歆造偽的看法似也僅體現在授課及講義中，尚未公開發表。因此，錢穆在《國學概論》中未就顧頡剛關於劉歆造偽說的觀點發表不同意見，便不足為怪了。這裡有一個問題值得注意。早在顧頡剛談論劉歆造偽之前，胡適便已在與廖仲愷、胡漢民討論井田制問題時提到了「劉歆造假書」，〔註148〕而錢玄同更是屢屢公開論及劉歆造偽。對於胡適與錢玄同的這些看法，錢穆應當有所瞭解，但在《國學概論》中卻沒有表示反對，反而肯定了他們的疑古事業。這與他在三年後對待《五德終始說下的政治和歷史》的態度形成了鮮明對比。

　　錢穆始終反對劉歆造偽說。在那篇「不啻特與頡剛諍議」的《劉向歆父子年譜》中，〔註149〕他列舉了「不可通者」二十八處來證明劉歆沒有造偽。〔註150〕這篇文章雖然「正面以康有為今文家說為批駁對象，板子卻是打在古史辨派學者身上的」。〔註151〕如果《五德終始說下的政治和歷史》是第一篇系統論證劉歆如何偽造古史系統的文章，那麼《劉向歆父子年譜》則是第一篇系統反對劉歆造偽說的文章。之後，他還在《周官著作時代考》《中國近三百年學術史》《秦漢史》等書中對劉歆並未造偽一事作了進一步說明。〔註152〕諸此

〔註146〕 錢穆：《國學概論》，《錢賓四先生全集》卷 1，臺北：聯經出版事業公司，1998年，第 372 頁。
〔註147〕 是書於 1926 年夏「開始編著」，中途「以兵亂輟講而止」，於 1928 年春續成，於 1931 年 5 月由商務印書館出版。錢穆：《弁言》，《國學概論》，《錢賓四先生全集》卷 1，臺北：聯經出版事業公司，1998 年，第 3 頁。
〔註148〕 胡適：《答廖仲愷胡漢民先生的信》，季羨林主編：《胡適全集》第 1 卷，合肥：安徽教育出版社，2003 年，第 413 頁。該信原載《建設》第 3 卷第 1 號，1920 年 2 月。
〔註149〕 錢穆：《八十憶雙親師友雜憶合刊》，《錢賓四先生全集》卷 51，臺北：聯經出版事業公司，1998 年，第 154 頁。
〔註150〕 錢穆：《劉向歆父子年譜》，顧頡剛編著：《古史辨》第五冊，上海：上海古籍出版社，1982 年，第 101 頁。對此文內容的分析還可參見汪學群：《錢穆學術思想評傳》，北京：北京圖書館出版社，1998 年，第 83～86 頁。
〔註151〕 陳勇：《和而不同：民國學術史上的錢穆與顧頡剛》，《暨南學報（哲學社會科學版）》2013 年第 4 期，第 134 頁。
〔註152〕 《〈周官〉著作時代考》於 1931 年作成，刊於《燕京學報》第 11 期（1932 年6 月）；《中國近三百年學術史》是錢穆任教北京大學時的授課講義，作於 1931 年秋，歷時五載編成，於 1937 年 5 月由商務印書館出版；《秦漢史》也是其任教北京大學時的講義，始作於 1931 年秋，於 1957 年出版。

種種，可見錢穆對顧頡剛的批評緊緊圍繞劉歆造偽說展開。1930 年代中期以後，錢穆將矛頭轉向了層累說，而層累說中的「造成」一意仍然是其批判的重點。

錢穆通過嚴密考證得出的結論引起了胡適的注意，但胡適是否因此而完全放棄了劉歆造偽說則尚有考慮的餘地。在讀過《劉向歆父子年譜》與《五德終始說下的政治和歷史》之後，胡適說到「顧說一部分作於曾見《錢譜》之後，而墨守康有為、崔適之說，殊不可曉」。〔註 153〕從中可以體會到《劉向歆父子年譜》帶給他的衝擊。在他看來，錢穆顯然動搖甚至推翻了康有為與崔適之說，而顧頡剛在讀過此文後竟然還能認同今文家言，這一點實在令人難以理解。其後，他又說到「我現在漸漸脫離今文家的主張，認西漢經學無今古文之分派，……康有為的《新學偽經考》始走極端，實不能自圓其說，故不能不說《史記》也經劉歆改竄了」。〔註 154〕胡適的這些改變不能不說與錢穆有很大的關係。

在《周禮》問題上，他指出「《周禮》是王莽用史遷所見的《周官》來放大改作的，似乎不算十分武斷。但我們不能因此便說劉歆遍偽群經」。〔註 155〕胡適對《周禮》的態度一直比較明確，從《中國哲學史大綱（卷上）》開始，他便主張《周禮》是西漢末年出現的一部託古改制之書，至此仍認為《周禮》與王莽有關。他所反對的是劉歆遍偽群經，但對劉歆是否偽造了群經中的一種或幾種仍持保留態度。這裡再次涉及如何界定「偽」與「造偽」這一問題。此時，胡適已基本不再使用「造偽」「造假書」等語詞，〔註 156〕而以相對中性的「改作」等詞彙代替之。在給錢穆的信中，他提到「康有為的《偽經考》便走上了偏激的成見一路。崔觶甫的《史記探源》更偏激了。……崔觶甫作繭自縛，頡剛也不免大上其當。……此等論斷，全憑主觀，毫無學者治學方法，不知頡剛何以會上他的大當」。〔註 157〕胡適最初之所以接受今文家言，是因他認為今

〔註 153〕 曹伯言整理：《胡適日記全集》第六冊，臺北：聯經出版事業股份有限公司，2004 年，第 351 頁。

〔註 154〕 曹伯言整理：《胡適日記全集》第六冊，臺北：聯經出版事業股份有限公司，2004 年，第 538 頁。

〔註 155〕 胡適：《論秦時及〈周官〉書》，顧頡剛編著：《古史辨》第五冊，上海：上海古籍出版社，1982 年，第 639 頁。

〔註 156〕 胡適：《答廖仲愷胡漢民先生的信》，季羨林主編：《胡適全集》第 1 卷，合肥：安徽教育出版社，2003 年，第 413 頁。該信原載《建設》第 3 卷第 1 號，1920 年 2 月。

〔註 157〕 胡適：《論秦時及〈周官〉書》，顧頡剛編著：《古史辨》第五冊，上海：上海古籍出版社，1982 年，第 637 頁。

文學家的論斷並非嚮壁虛造，而是以科學的考證法作為支撐。看過《劉向歆父子年譜》提供的反證後，他轉而說崔適之見出於主觀臆造且毫無治學方法，更將之歸於「全是成見作怪」，[註158] 今文經學的立場重又成為他評價今文經學的重要標準。由此，胡適對顧頡剛的批評雖然不如錢穆直白，但作為顧頡剛的老師與古史辨的領路人，胡適的態度無疑為顧頡剛的身份之爭添了一把火。

其後，馬乘風在《中國經濟史》中專列一章對顧頡剛及其《古史辨》展開了批判。他認為顧頡剛「一口判定中國底全部古史是戰國時人所偽造的，這是康有為聖人『託古改制』說之更大膽且『更無理取鬧』的廣泛的應用。……按照這一設計的圖案，製成了顧君底『層累地造成的中國古史』的『金字塔』。……其基礎是如何的空虛不正」。[註159]「無理取鬧」這一判語的出現表明，在他看來，層累說的學術價值還不如今文經學，甚至可以說毫無學術價值可言。在此問題上，馬乘風十分贊同梁園東的意見，並稱讚梁園東的批評「很痛快，比劉掞藜的見解高明多了」。[註160] 與錢穆、胡適偏重劉歆造偽說不同，梁園東、馬乘風更注重顧頡剛對託古改制說的誤用與濫用。無論劉歆造偽說還是託古改制說，核心問題都在於「造偽」。從這一點上講，他們對顧頡剛的批評是相通的。

回到歷史現場，關於顧頡剛是否走上了今文學家老路的質疑起於顧頡剛對劉歆造偽說與託古改制說的系統應用。尤其是顧頡剛對造偽說的認定甚至是推崇，觸動了很多反對者的神經，使一場原本限於證據是否充分的爭論與今古文之爭糾纏到了一起。如此一來，大家對顧頡剛的評判不免受到對今文經學看法的影響。同時也應看到，以錢穆、胡適為代表的一方，儘管在史學理念和文化立場方面與顧頡剛存有不同程度的差別，但仍努力堅持「拿證據來」這一原則，至於擺出的證據是否適用以及是否有說服力則是另一個問題了。

二、顧頡剛的回應與學界的聲援

《五德終始說下的政治和歷史》給顧頡剛惹來了意想不到的麻煩，其所持劉歆造偽說成為眾矢之的。從大家的質疑中可以看到，有些反對者對造偽說的批評是不留餘地的，甚至因此指斥顧頡剛的研究毫無學術價值。關於是否造偽

〔註158〕胡適：《論秦時及〈周官〉書》，顧頡剛編著：《古史辨》第五冊，上海：上海古籍出版社，1982 年，第 637 頁。

〔註159〕馬乘風：《中國經濟史》第 1 冊，南京：中國經濟研究會，1935 年，第 507 頁。

〔註160〕馬乘風：《中國經濟史》第 1 冊，南京：中國經濟研究會，1935 年，第 485 頁。

尤其是劉歆是否造偽的爭論早已有之，但劉歆造偽說被發掘出來還要得益於以康有為、崔適為代表的晚清今文學家。正因為被牽扯進了今古文之爭，所以處於歷史事實層面的劉歆造偽說在很大程度上被掩蓋了起來，更多地被納入到了經學範疇中進行討論。如此一來，劉歆是否造偽已不再是一個簡單的事實問題，而是具有了經史二重性。無論是人們的質疑還是顧頡剛等人的回應，都是在此種語境中展開的。要理解這一爭論，首先要明確他們的討論是否屬於同一層面；若屬於同一層面，他們何以堅持自己的觀點。尤其是顧頡剛所在的一方，寧可被誤解也要堅持劉歆造偽說。爭論的結果是顯而易見的，他們都不會因為幾句質疑而輕易改變甚至放棄自己的看法。在這其中，是什麼因素導致他們誰也說服不了誰？又有什麼癥結是身為當局者的他們難以察覺到的？在顧頡剛力主劉歆造偽說與言說他是一個「新今文家」之間，〔註161〕還有許多問題值得再思考。

對於學界的評價，顧頡剛向來是看重的。《五德終始說下的政治和歷史》是他「第一次所作的有系統的研究文字」，〔註162〕更是其數年來古史研究的首次總結。對於這樣一篇試圖「打碎偽古史之中堅」的文章，〔註163〕顧頡剛自然非常期待學界會有所反應。相比於剛提出層累說時，顧頡剛此時的處境略顯艱難。胡適「不疑古了，要信古了」，〔註164〕傅斯年也對他多有不滿。〔註165〕而且，他業已讀過《劉向歆父子年譜》，很清楚錢穆的態度。此種情況下，他應當能預測到文章推出後人們的反應。但因此而被戴上新今文學家的帽子，恐怕就有點超出他的預料了。

關於梁園東對他的批評，顧頡剛應當是知道的。梁園東所作《古史辨的史學方法商榷》發表於《東方雜誌》第 27 卷第 22 號與第 24 號，即 1930 年 11 月 25 日與 12 月 25 日。儘管顧頡剛在此前後並未作出回應，也未曾提及梁園

〔註161〕顧頡剛：《自序》，顧頡剛編著：《古史辨》第五冊，上海：上海古籍出版社，1982 年，第 3 頁。

〔註162〕顧頡剛：《顧頡剛書信集》卷一，北京：中華書局，2011 年，第 468 頁。

〔註163〕顧頡剛：《顧頡剛日記》卷二，北京：中華書局，2011 年，第 371 頁。

〔註164〕顧頡剛：《我是怎樣編寫古史辨的？》，顧頡剛：《顧頡剛古史論文集》卷一，北京：中華書局，2011 年，第 160 頁。

〔註165〕關於顧頡剛與胡適、傅斯年的關係，可參見李揚眉：《胡適、顧頡剛、傅斯年之關係管窺——以顧頡剛日記書信為中心的探討》，山東大學 2002 年碩士學位論文；李揚眉：《學術社群中的兩種角色類型——顧頡剛與傅斯年關係發覆》，《清華大學學報（哲學社會科學版）》2007 年第 5 期，第 92～99 頁。

東一名，但是不能據此判定顧頡剛對此一無所知。從日記中可以看到，自 1927
年至 1933 年，他對《東方雜誌》多有關注。1931 年 3 月 9 日的日記曾記錄顧
頡剛在這一天「看《東方雜誌》」，〔註 166〕這是他距離梁文發表時間最近的一
次閱讀記錄。同時，結合這條記錄可知，他前一天在日記中所寫下的「看梁周
東評《古史辨》一文」中的梁周東應指梁園東。〔註 167〕綜合以上所論，顧頡
剛應當知曉梁園東對他的批評意見，但始終沒有對之作出回應。

　　或許是已經看過《劉向歆父子年譜》的緣故，顧頡剛盼望能早日得到錢穆
對《五德終始說下的政治和歷史》的評價。屢次催促之下，他終於在 1931 年
3 月底收到了錢穆的回覆。〔註 168〕此時距離《五德終始說下的政治和歷史》
的刊出已過了半年之久。〔註 169〕在錢穆之前，顧頡剛還曾於 1930 年收到老朋
友于鶴年的來信。無論是于鶴年還是錢穆，都勸勉顧頡剛「研究古史不必再走
經學家的老路」，「不要引用今文家的學說」。〔註 170〕勸告的結果可想而知，他
們都沒有說服顧頡剛。對此，顧頡剛回應道：「我對於清代今文家的話，並非
無條件的信仰，也不是相信他們所謂的微言大義，乃是相信他們的歷史考
證。……要他（指劉歆——引者注）偽造許多書自然不可能，但這個古文學運
動是他於校書後開始提倡的（見本傳），是他於當權後竭力推行的（見《王莽
傳》），這是極明顯的事實。……這個改變的責任終究應歸他擔負。清代今文家
在這一方面，議論雖有些流於苛刻，而大體自是不誤。……我決不想做今文家；
不但不想做，而且凡是今文家自己所建立的學說我一樣地要把它打破。只是西
漢末的一幕今古文之爭，我們必須弄清楚，……清代今文學家的工作既沒有完

〔註 166〕 參見顧頡剛：《顧頡剛日記》卷二，北京：中華書局，2011 年，第 505 頁。

〔註 167〕 顧頡剛：《顧頡剛日記》卷二，北京：中華書局，2011 年，第 504 頁。「梁園
　　　　　東」，原作「梁周東」，疑誤。

〔註 168〕 《評顧頡剛〈五德終始說下的政治和歷史〉》刊於《大公報・文學副刊》第 170
　　　　　期（1931 年 4 月 13 日第 10 版），但作於何時卻難以確定。1931 年 3 月 30
　　　　　日，顧頡剛「看賓四評予《五德說》一文」。據此，錢穆一文至遲於此時已完
　　　　　成。顧頡剛：《顧頡剛日記》卷二，北京：中華書局，2011 年，第 512 頁。

〔註 169〕 1930 年 8 月 6 日，顧頡剛與錢玄同說到「為《清華學報》所作一文，印成多
　　　　　日，但尚不出版」。9 月 13 日，顧頡剛「看清華新印就之《五德終始說下的
　　　　　政治和歷史》」。由此，雖然此文刊於《清華學報》第 6 卷第 1 期（1930 年 6
　　　　　月），但出版似已在 9 月。顧頡剛：《顧頡剛書信集》卷一，北京：中華書局，
　　　　　2011 年，第 565 頁；顧頡剛：《顧頡剛日記》卷二，北京：中華書局，2011
　　　　　年，第 438 頁。

〔註 170〕 顧頡剛：《跋錢穆評〈五德終始說下的政治和歷史〉》，顧頡剛編著：《古史辨》
　　　　　第五冊，上海：上海古籍出版社，1982 年，第 632、631 頁。

了，我們現在何妨起來繼續討論呢！」〔註171〕顧頡剛強調自己之所以持劉歆造偽說，是因為根據《漢書》完全可以證實那些偽經確與劉歆有關，這是「極明顯的事實」，而今文學家正是這一歷史事實的發現者。在他看來，研究古史有著「不能不採取他們考訂文籍的學說的理由」。〔註172〕同時，他又一次申明其目標是將今古文經學一同打破，而不是站在今文經學一邊去推倒古文經學。

之後，在為收錄上述文章的《古史辨》第五冊作序時，顧頡剛又進行了一番解釋，說到「幾年來我們發表了些不信任古文家的議論時，人家就替我們加上了『新今文家』的頭銜了。……今古文問題總是一件懸案，懸案是必須解決的。……我們已不把經書當作萬世的常道；我們解起經來已知道用考古學和社會學上的材料作比較；我們已無須依靠舊日的家派作讀書治學的指導。……我們的推倒古文家，並不是要幫今文家占上風，我們一樣要用這種方法來收拾今文家」。〔註173〕在《漢代學術史略》中仍能看到顧頡剛的辯白：「我們說劉歆作偽，人家聽了往往以為言之過甚，說他一個人的精力如何造得了許多。……劉歆何須親手做，只消他發凡起例，便自有人承應工作。這承應的工作雖成於他人之手，難道他就可不負造意的責任嗎？」〔註174〕很顯然，顧頡剛所針對的仍然是錢穆所言劉歆未造偽這一點，每次給出的理由也都相差無幾。

顧頡剛對《劉向歆父子年譜》的評價並不高，僅在寫作《五德終始說下的政治和歷史》時參考過這篇文章，此外則鮮有論及。《劉向歆父子年譜》對顧頡剛的啟發不在於使其改變了關於劉歆造偽說的認識，而在於所提供的材料幫助顧頡剛證成了自己的結論。〔註175〕在顧頡剛看來，「劉歆所易，有醞釀成

〔註171〕顧頡剛：《跋錢穆評〈五德終始說下的政治和歷史〉》，顧頡剛編著：《古史辨》第五冊，上海：上海古籍出版社，1982年，第631～632頁。

〔註172〕顧頡剛：《跋錢穆評〈五德終始說下的政治和歷史〉》，顧頡剛編著：《古史辨》第五冊，上海：上海古籍出版社，1982年，第632頁。

〔註173〕顧頡剛：《自序》，顧頡剛編著：《古史辨》第五冊，上海：上海古籍出版社，1982年，第3頁。

〔註174〕顧頡剛：《秦漢的方士與儒生》，《顧頡剛古史論文集》卷二，北京：中華書局，2011年，第544頁。

〔註175〕朱浩毅認為「如沒受到錢穆《劉向歆父子年譜》一文的刺激，顧頡剛實無法在『修正』崔適的論點後，合理地解釋劉歆如何在『終始五德』盛行的時代，『發明』可以用來『佐莽篡漢』的古史系統。……不難看出錢穆《劉向歆父子年譜》所提供的史料，對顧頡剛所造成的震撼與影響」。朱浩毅：《論顧頡剛對崔適『終始五德』學說的推闡與修正》，《中國歷史學會史學集刊》第43期，2011年10月1日，第164頁。

熟的，也有不成熟的，有順從民意的，也有出以獨斷的，所以有許多太新的
東西就不能馬上取得一般人的信仰而屢受攻擊（事實見下數章）。在這一點
上，我很佩服錢賓四先生（穆），他的《劉向歆父子年譜》（《燕京學報》第七
期）尋出許多替新代學術開先路的漢代材料，使我草此文時得到很多的方
便」。〔註176〕其後，他還與錢玄同談到希望借《劉向歆父子年譜》「重激起今
古文問題的戰爭。……今古文問題或能逼上解決之路也」。〔註177〕但事實並不
如願，這場論戰始終沒有被激起。相比之下，顧頡剛對錢穆的欣賞多來自於《先
秦諸子繫年》。正是因為這部著作，他先後力薦錢穆去中山大學、燕京大學以
及北京大學任教。而且，在 1938 年至 1939 年間，他也曾多次翻看此書，並於
1939 年 7 月 2 日稱讚《先秦諸子繫年》「作得非常精練，民國以來戰國史之第
一部著作也，讀之羨甚，安得我亦有此一部書耶」。〔註178〕從顧頡剛對待這兩
部書的態度中，可以看到他對自己學術觀點的堅持。

　　馬乘風所著《中國經濟史》甫一出版，顧頡剛便注意到了馬乘風對自己的
批評。1935 年 5 月 18 日，他在日記中寫到「看馬乘風所著《中國經濟史》中
罵我的部分」；〔註179〕後於 1939 年 3 月 26 日又翻看了此書。但他對馬乘風的
意見作何感想，現有資料似乎沒有提供更多的線索。相比於梁園東與馬乘風，
顧頡剛更在意錢穆、胡適等人的看法。

　　不得不承認，儘管顧頡剛對自己的學術判斷充滿了自信，但這些質疑還是
對他產生了不小的影響。面對張爾田、夏震武等人的嘲諷甚至謾罵，他也不免
發出「是不敢勇嗎？是不能勇嗎？是不該勇嗎？」的慨歎。〔註180〕在這些感
慨的背後，或許也包含了幾多不被理解的無奈。而且自《五德終始說下的政治
和歷史》發表之後，每當談到經學問題，他總會多表達幾句自己與經學家的不
同。這種近乎常態化的申辯恰可以反證時人對他的誤解之深，同時我們也能夠
從中體會到顧頡剛所承受的壓力之大。好在顧頡剛並不是孤立無援。雖然錢穆
等人自以為推翻了今文家言，但劉歆造偽說依舊很有市場。

〔註176〕 顧頡剛：《五德終始說下的政治和歷史》，顧頡剛編著：《古史辨》第五冊，上
　　　　　海：上海古籍出版社，1982 年，第 483 頁。
〔註177〕 顧頡剛：《顧頡剛書信集》卷一，北京：中華書局，2011 年，第 564 頁。
〔註178〕 顧頡剛：《顧頡剛日記》卷四，北京：中華書局，2011 年，第 248 頁。
〔註179〕 顧頡剛：《顧頡剛日記》卷三，北京：中華書局，2011 年，第 344 頁。
〔註180〕 顧頡剛：《顧頡剛日記》卷二，北京：中華書局，2011 年，第 500 頁。

在這場爭論中，始終與顧頡剛站在一起的是錢玄同，他甚至表現得更為激進。早在 1912 年 10 月 23 日，他便開始懷疑《周禮》《左傳》為劉歆所竄亂。至遲於 1916 年元旦，他已明確提到「《周禮》確為歆造，殆無疑義。《王莽傳》云：『發得《周禮》以明因監』，即是鐵證」。〔註181〕由此可見，錢玄同亦以《漢書》作為判斷劉歆造偽的「鐵證」。與顧頡剛相識後，他曾多次向顧頡剛表達過其對劉歆造偽說以及今古文經學的看法，其中尤以 1921 年 3 月 23 日所言最具代表性：「他們辨偽的動機和咱們是絕對不同的。但他們考證底結果我卻認為精當者居多，此意至今未變。……古文之為劉歆偽作，則至今仍依康崔之說，我總覺得他們對於這一點的考證是極精當的。」〔註182〕錢玄同自述其於 1917 年「打破『家法』觀念，覺得『今文家言』什九都不足信」，〔註183〕此時再談古文經學為偽早已不存家派之見。1923 年 2 月 8 日，他自言發現了劉歆偽造《左傳》的鐵證，說到「看《東洋學報》……所說極有道理，足補康、崔二家所未及。《左傳》為劉歆偽造，得此證明，真可謂『鐵案如山推不動，萬牛回首丘山重』了」。〔註184〕自此之後，其觀點大體不出以上所論。

既然錢玄同如此堅持劉歆造偽說，那麼他對《劉向歆父子年譜》的態度也就可想而知了。1930 年 1 月 14 日，當顧頡剛示之以《劉向歆父子年譜》時，他的第一反應是錢穆「真堪與毛西河、洪良品作伴侶也」，〔註185〕不屑之情躍然紙上。在認定劉歆造偽的前提下，他再次申明對於今文經學的態度：「例如《周禮》，即使認劉歆偽造之說為論證不充分，總不能就說它真是周公所作。……例如說劉歆偽造《毛詩》之說不能成立，卻不能就因此而說劉歆偽造《左傳》之說也不能成立。……對於劉申受康長素諸人的考辨，不可因為他們是今文學者而不去理會它。就是對於古文學者考辨今文的話，咱們也該用同樣的態度來研究。」〔註186〕他認為顧頡剛等人「都是『超今文』的，但他們實

〔註181〕楊天石主編：《錢玄同日記》（上），北京：北京大學出版社，2014 年，第 282 頁。

〔註182〕錢玄同：《論今古文經學及〈辨偽叢書〉書》，顧頡剛編著：《古史辨》第一冊，上海：上海古籍出版社，1982 年，第 30 頁。

〔註183〕錢玄同：《論今古文經學及〈辨偽叢書〉書》，顧頡剛編著：《古史辨》第一冊，上海：上海古籍出版社，1982 年，第 30 頁。

〔註184〕楊天石主編：《錢玄同日記》（中），北京：北京大學出版社，2014 年，第 511 頁。

〔註185〕楊天石主編：《錢玄同日記》（中），北京：北京大學出版社，2014 年，第 745 頁。

〔註186〕錢玄同：《〈左氏春秋考證〉書後》，顧頡剛編著：《古史辨》第五冊，上海：上海古籍出版社，1982 年，第 9〜10 頁。

在是接受了康氏所發明而為更進一步的探討」。〔註187〕所謂「超今文」，即以史學家的立場研究問題。對於這些想法，錢玄同又在《重印〈新學偽經考〉序》以及由此改寫成《重論經今古文學》中進行了申說。〔註188〕及至晚年，他仍信守劉歆造偽說。相比於顧頡剛，錢玄同對今文經學的辨偽成績有著更高的認同度。但他們都視《新學偽經考》為「極精審的『辨偽』專著」，因其書「尊重事實，尊重證據」，所用方法是「科學的方法」。〔註189〕而且在他們看來，今文經學根據考證所得出的結論並非不刊之論，能否成立完全取決於證據是否充足。

《劉向歆父子年譜》刊出後不久，劉節也提出了不同的見解。他認為今文學家對於《周禮》《左傳》的懷疑「確有見地」，「《左氏傳》及《史記》中受後人改竄之處更多，雖未能斷定盡出劉歆，然改竄之事實俱在，未容否認。……凡此皆崔康輩所提出之事實，從事此問題者不能不切實解決者也」，同時指出錢穆「似未能離開古文家之立足點而批評康氏，……其見解未能超越也」。〔註190〕之後，在為《古史辨》第五冊作序時，他又說到劉歆所作《世經》是「捏造的假歷史」，「從康長素先生數到顧頡剛先生，所有的工作都是揭穿這些傳說的背景，惹得許多人對他們懷疑。到了現在，事實給我們的證明一天比一天多，康顧兩先生的功績是無可否認了。……他（指康有為——引者注）雖自命為今文學家，但這種工作已經拆穿今文家的西洋鏡而有餘了」。〔註191〕與顧頡剛一樣，劉節論劉歆造偽亦從事實出發。他之所以贊成今文家言，也是因為他認為今文學家指出了歷史事實。正是因為如此，顧頡剛才會說若再興起

〔註187〕錢玄同：《〈左氏春秋考證〉書後》，顧頡剛編著：《古史辨》第五冊，上海：上海古籍出版社，1982 年，第 14 頁。

〔註188〕關於《重印〈新學偽經考〉序》《重論經今古文學》與《劉向歆父子年譜》的關係，可參見劉巍：《〈劉向歆父子年譜〉的學術背景與初始反響》，《歷史研究》2001 年第 3 期，第 59～60 頁。

〔註189〕錢玄同：《重論經今古文學問題（方國瑜標點本〈新學偽經考〉序）》，顧頡剛編著：《古史辨》第五冊，上海：上海古籍出版社，1982 年，第 22、28 頁。

〔註190〕青松：《評〈劉向歆父子年譜〉》，顧頡剛編著：《古史辨》第五冊，上海：上海古籍出版社，1982 年，第 250～251 頁。據劉巍考證，青松即劉節。參見劉巍：《中國學術之近代命運》，北京：北京師範大學出版社，2013 年，第 277 頁。

〔註191〕劉節：《劉序》，顧頡剛編著：《古史辨》第五冊，上海：上海古籍出版社，1982 年，第 4～5 頁。

今古文之論戰，「劉節必加入，適之將成敵黨」。〔註192〕劉節直言錢穆似未脫離古文家說，這與錢穆批評顧頡剛拿今文家言來為自己張目一事具有同等的殺傷力。若說顧頡剛因《五德終始說下的政治和歷史》而被指責為新今文學家，那麼錢穆則因《劉向歆父子年譜》而惹上了新古文學家的嫌疑。錢穆晚年回憶說：「余文出，各校經學課多在秋後停開。但都疑余主古文家言。」〔註193〕當顧頡剛不停地為自己辯護時，估計錢穆也難免要為這些所謂的質疑糾結一番。

　　陳槃同樣稱讚顧頡剛「檢舉劉歆之竄亂故籍，處處深切著名，發前人之所未發」，他雖然指出《左傳》所載鄭子朝魯演說一段並非偽作，但總體認為「《左傳》的材料，很多是後人竄亂的；尤其劉歆是改竄《左傳》的罪魁，那是無可諱言的」。〔註194〕其後，張西堂也根據《漢書》認定《左傳》是「劉歆雜採諸書，一手編成」。〔註195〕趙貞信則談到劉歆所偽造的《書序》今已不存，而「現存的《百篇書序》即是經過了作《晉偽古文經》的人的改造的」，同時說到「我們承受了他們（指今文學家——引者注）已發現的疑案而沒有門戶家派的束縛，於是專就各方面的真憑實據，細心檢討，認識事實，照這樣得出來的結論，無疑地要比他們合理，這是我們『當仁不讓』的」。〔註196〕在他們那裏，「事實」亦是一個關鍵詞。即便認同劉歆造偽說，也已經脫離了「門戶家派的束縛」，只是憑證據說話而已。

　　支持劉歆造偽說者還有童書業。他為「《左傳》『三墳五典』語是劉歆們所竄入」提供了一條證據，即「左史倚相在《國語》中是個賢人，……在《左傳》這節裏他卻變成一個被貶的人物了，他成了這件故事的犧牲品了」。〔註197〕此外，范文瀾也主張古文經是為王莽託古改制服務的，如他在1940年論及《周

〔註192〕楊天石主編：《錢玄同日記》（中），北京：北京大學出版社，2014年，第806頁。

〔註193〕錢穆：《八十憶雙親師友雜憶合刊》，《錢賓四先生全集》卷51，臺北：聯經出版事業公司，1998年，第163頁。

〔註194〕陳槃：《寫在〈五德終始說下的政治和歷史〉之後》，顧頡剛編著：《古史辨》第五冊，上海：上海古籍出版社，1982年，第649、660頁。

〔註195〕張西堂：《〈左氏春秋考證〉序》，顧頡剛編著：《古史辨》第五冊，上海：上海古籍出版社，1982年，第272頁。

〔註196〕趙貞信：《〈書序辨〉序》，顧頡剛編著：《古史辨》第五冊，上海：上海古籍出版社，1982年，第335、341頁。

〔註197〕童書業：《童序》，顧頡剛、楊向奎：《三皇考》，呂思勉、童書業編著：《古史辨》第七冊中編，上海：上海古籍出版社，1982年，第32頁。

禮》中的一部分「當是王莽、劉歆私意附加，作為自己制作的依據」。〔註 198〕直至此時，仍有學者認同劉歆造偽說，劉歆是否造偽仍然是一個可以正常討論的話題。

　　經此梳理可見，從顧頡剛、錢玄同到劉節、童書業，他們雖然均持劉歆造偽說，但都強調自己的觀點本於證據與事實，所進行的工作是史學考辨而非經學論爭。換言之，他們並不認為持劉歆造偽說與成為今文學家之間存在必然關係。這些工作可以用顧頡剛的一句話略作說明：「中國的歷史，就結集於這樣的交互錯綜的狀態之中。你說它是假的罷，別人就會舉出真的來塞住你的嘴。你說它是某種主義家的宣傳罷，別人也會從這些話中找出不是宣傳的證據。你說它都是真的罷，只要你有些理性，你就受不住良心上的責備。你要逐事逐物去分析它們的真或假罷，古代的史料傳下來的太少了，不夠做比較的工作。所以，這是研究歷史者所不能不過而又極不易過的一個難關。既經研究了歷史，誰不希望得到真事實？」〔註 199〕要想在這種真假雜糅的歷史中得到真事實並不是一件容易的事情，更何況能否求得歷史之真相本就是一個難解的問題。顧頡剛等學者汲汲於審查史料，希望以史學眼光斷定經書及其所載史事的真偽，並試圖將經學析分進現代學科分類體系中去，這種「追求客觀性的現代歷史書寫」的努力顯然已不同於傳統經學家。〔註 200〕

　　根據前文的梳理，無論是劉掞藜、張蔭麟還是梁園東、錢穆，他們同樣認為自己提出的反對意見本於證據與事實。既然雙方都如此堅持各自的看法，那麼討論的結果自然是「誰也沒有說服誰」。〔註 201〕對於學術研究而言，這種現象再正常不過了。其實，從關於層累說的爭論開始，已有很多學者認識到了這一點。李宗侗便指出「顧頡剛劉掞藜兩先生所爭論的『禹的存在』，兩造所引的書籍皆是那兩句，實不足以解決這個問題」；〔註 202〕魏建功曾評價說「柳翼

〔註 198〕范文瀾：《中國經學史的演變──延安新哲學年會講演提綱》，中國社會科學院近代史研究所編：《范文瀾歷史論文選集》，北京：中國社會科學出版社，1979 年，第 281 頁。

〔註 199〕顧頡剛：《戰國秦漢間人的造偽與辨偽》，呂思勉、童書業編著：《古史辨》第七冊上編，上海：上海古籍出版社，1982 年，第 4 頁。

〔註 200〕葛兆光：《學術史講義──給碩士生的七堂課》，北京：商務印書館，2022 年，第 267 頁。

〔註 201〕劉巍：《〈劉向歆父子年譜〉的學術背景與初始反響》，《歷史研究》2001 年第 3 期，第 57 頁。

〔註 202〕李玄伯：《古史問題的唯一解決辦法》，顧頡剛編著：《古史辨》第一冊，上海：上海古籍出版社，1982 年，第 269 頁。

謀的《正史之史料》，我們就不好批評，因為他走的路子是另一途徑，根本你東我西，不得談攏上來」；〔註203〕周予同則認為「解釋字義的方法……我敢不客氣的說，實在沒有什麼了不得的價值並且有點危險。……如果我們先有了成見然後去解釋字義，每每可以用什麼對轉旁轉的方法，得到一個與原意相反的字。……我總覺得這樣咬文嚼字，都不見得乾脆而有力」。〔註204〕顧頡剛對此也有認識：「我很知道這是精神上的不一致，是無可奈何的。」〔註205〕這些評價同樣適用於劉歆是否造偽這一爭論。

從爭論的實際情況來看，兩方互不相讓。錢穆等人的看法確實對當時的學術界產生了不小的影響，這是毋需置疑的事實。但是，如果非要將兩方的討論置於清代今古文之爭後的語境中來看，所謂「使人從康有為《新學偽經考》的籠罩中徹底解放出來」以及「使晚清以來有關經今古文的爭論告一結束」等論斷還有再行思考的空間。〔註206〕因為如上所述，支持劉歆造偽說的聲音依舊強烈，關於經學問題的爭論仍在繼續，那麼應在何種層次上理解這種「徹底解放」與「告一結束」仍然值得考慮。但不管雙方如何討論經學問題，正如陳志明指出的那樣：「當時討論『新學偽經』之真確性時，雙方都已擺脫了今古文的家派色彩。」〔註207〕顧頡剛之所以竭力辯護，錢玄同等人之所以認定劉歆造偽說，兩方之所以通過不斷舉證的方式試圖說服對方，諸此種種，都可以為陳志明的判斷作一解釋。

雙方關於劉歆是否造偽的判斷集中在幾部經書上，所依據的文獻也大致相同，歧異的產生多因雙方對文獻的解讀不同。比如顧頡剛所指出的劉歆偽竄之處，在錢穆看來則非劉歆竄入；顧頡剛以《史》《漢》之異同作為劉歆造偽的參證，而錢穆則認為不能以《史》《漢》之詳略作為劉歆造偽的憑據；顧頡剛將劉歆校書視作劉歆主觀改編古書，錢穆則主張劉歆是在客觀整理古書。究

〔註203〕魏建功：《新史料與舊心理》，顧頡剛編著：《古史辨》第一冊，上海：上海古籍出版社，1982年，第258頁。

〔註204〕周予同：《顧著〈古史辨〉的讀後感》，顧頡剛編著：《古史辨》第二冊，上海：上海古籍出版社，1982年，第326頁。

〔註205〕顧頡剛：《答柳翼謀先生》，顧頡剛編著：《古史辨》第一冊，上海：上海古籍出版社，1982年，第228頁。

〔註206〕余英時：《〈猶記風吹水上鱗〉序》，《錢穆與中國文化》，上海：上海遠東出版社，1994年，第239頁；余英時：《〈周禮〉考證和〈周禮〉的現代啟示──金春峰〈周官之成書及其反映的文化與時代新考〉序》，《錢穆與中國文化》，上海：上海遠東出版社，1994年，第134頁。

〔註207〕陳志明：《顧頡剛的疑古史學》，臺北：商鼎文化出版社，1993年，第184頁。

其根本，這些矛盾多是難以調和的。從某種程度上說，他們的辨偽活動多半屬於「這種無從證實，又無從否證的考據。既無從證實，則是非得失終不能得定論，至多有個『彼善於此』而已」。〔註208〕更重要的是，在對文獻作出不同解讀的背後，所體現的是雙方不同的政治關懷以及在此關懷下不同的史學觀念。錢穆等人「認為上古史料通篇出自現實政治的需要而刻意偽造的可能性畢竟太少，出自自然演變者居多」，〔註209〕而顧頡剛的看法則正好相反，他很看重政治之於歷史或史學的作用，否則他就不會強調五德終始說下的「政治和歷史」了。這些問題更具有根本性，但也同樣難以調和。兩方的爭論將以何種方式解決，或許還需要新的契機。

從接觸今文經學開始，顧頡剛對今文經學的學術性和政治性便是分而視之的，尤其對其政治性的一面保持了相當程度的警惕。同時也應看到，顧頡剛在接受劉歆造偽說時，也難免遭到造偽說的某種反噬。在造偽說的框架內，一旦文獻中的內容被認定為竄入，那麼如何界定竄入以及如何判斷哪些內容不是竄入順而成為需要解決的問題。然而若拘泥於此，將會陷入循環論證的陷阱。再者，顧頡剛從文本證據出發論證劉歆造偽的方式同樣值得商榷。對於文本的解讀本就因人而異，顧頡剛執著於以幾條所謂的鐵證坐實劉歆造偽的做法雖然有其合理性，但不免在論證邏輯上形成閉環，從而取消了其他可能性。此外，顧頡剛雖然清楚古書不成於一人一時，但在下結論時，仍會將成書年代確定到某一個時間點上。類似的問題不僅在顧頡剛那裏存在，也是既定時代下的某種通病，他們都很難突破時代的局限。儘管存在這些問題，但持劉歆造偽說與成為今文學家是兩回事，不能輕易在二者之間畫上等號。

〔註208〕曹伯言整理：《胡適日記全集》第六冊，臺北：聯經出版事業股份有限公司，2004 年，第 584 頁。

〔註209〕王汎森：《古史辨運動的興起——一個思想史的分析》，臺北：允晨文化實業股份有限公司，1987 年，第 265 頁。

第四章　古史辨之後：顧頡剛對今文經學認識的深化與反思

　　「顧頡剛教授的古史學說，前後有兩個主要的課題：一是『層累地造成的古史說』，一是『五德終始說下的政治和歷史』。上一種說法是他的前期古史說的重點，下一種說法是他後期古史說的重點。」〔註1〕顧頡剛對這兩個課題的研究貫穿編著《古史辨》的終始。《古史辨》第七冊出版之後，顧頡剛再也沒有提出新的古史命題。隨著時局的變化，其學術觀點越發顯得不合時宜，不僅正在進行的研究受到冷落，此前的兩大課題也陸續受到批評。借助某些契機，他開始從辨偽轉向古籍整理，但並未因此改變之前的學術觀點，反而藉此機會尋得了支持其想法的新證據。隨後，在一系列政治運動的疾風驟雨中，其學術工作幾乎被全面否定，其與今文經學的關係在此過程中也被賦予了政治義涵。當考量標準由學術轉向政治，高壓之下的顧頡剛不得不重新審視自己與今文經學的關係。其表現出來的轉變成為後來研究的重要參照，但值此特殊時期，此種轉變是否確為顧頡剛所認同尚須具體考察。這些不免為理解古史辨與今文經學之關係橫添了許多迂迴與歧迷。

　　回到顧頡剛的實際工作來看，其對今文經學的關注仍集中於託古改制說與劉歆造偽說。直至其晚年，這些問題仍牽動他的心弦。無論是力有不逮還是受到時局影響，他對今文經學的繼續探索並不順利，雖然偶有所得，但總體看法沒有超出此前所論，關於託古改制說與劉歆造偽說的堅持一如既往，即便是

〔註 1〕楊向奎：《「古史辨派」的學術思想批判》，《文史哲》1952 年第 2 期，第 35 頁。

在批判運動最激烈的時候，也沒有放棄這些觀點。顧頡剛的堅持來自於對所持史料證據的自信，正是以此為憑藉，他堅稱自己是在進行科學的實證研究。那麼，若非以證據打敗證據，否則他那根深蒂固的史學觀念將很難容許他改變舊說。由此可以看到，即便顧頡剛的學術研究很難被唯物史觀史學所接納，儘管政治風暴來得猛烈，他依舊選擇沿著原有路徑向前推進。也正因如此，個人的研究工作與特定場合下的公開發言之間常常呈現出某種撕裂的樣態。在此過程中，顧頡剛為完善既有想法作了哪些努力？又有哪些新發現使他更為堅持劉歆造偽說？面對新一輪批判，他對自己與今文經學關係的重審是否反映了事實？在新的歷史語境中，顧頡剛始終對古史辨念念不忘，在遭受批判時也不禁認為這是「《古史辨》影響思想界者偉矣」的體現，〔註2〕所謂「卅年來求之而不得」的「無名無謗」更多的是一種無奈的自嘲。〔註3〕學術思想的轉變本非易事，他與今文經學的糾葛直至其生命的最後也沒有確定的答案。在顧頡剛的認知與他人對此的解讀之間，古史辨與今文經學的關係究竟是否得到了相對合理的呈現呢？

第一節 以解決經學公案為目標：既有認識的再闡釋

《古史辨》的完結不代表顧頡剛古史研究的終結。《古史辨》第七冊出版之後至 1949 年 9 月，不管是授課還是個人研究，仍圍繞之前討論的問題進行，劉歆造偽說與託古改制說繼續到顧頡剛的關注，今文經學並沒有退出他的視野，反而依然在其學術研究中處於核心位置。同時也應看到，雖然顧頡剛在《三皇考》之後仍不斷有考辨古史的文章發表，但其間看法多延襲前說，或在堅持前說的前提下作進一步補充，而甚少改變此前觀點，也鮮有突破性創見。賀昌群曾於 1943 年 8 月 13 日與顧頡剛談到其「古史工作已告一段落」，顧頡剛聽後表示贊同，並認為「一個人在學問上只能做一樁事，予在學術界有此一事可謂盡職」。〔註4〕這裡所說的「一樁事」即打破古史系統，今日對顧頡剛的毀譽即多由此而生。其後不久，顧頡剛再次說到「在民國十年至廿五年一段時間，即我之開花期，今則絢華已謝，惟望能結果而已」。〔註5〕按他的意思，其

〔註2〕顧頡剛：《顧頡剛日記》卷七，北京：中華書局，2011 年，第 198 頁。
〔註3〕顧頡剛：《顧頡剛書信集》卷三，北京：中華書局，2011 年，第 324 頁。
〔註4〕顧頡剛：《顧頡剛日記》卷五，北京：中華書局，2011 年，第 139 頁。
〔註5〕顧頡剛：《顧頡剛日記》卷五，北京：中華書局，2011 年，第 140 頁。

研究之弊「在於開端時規模太大」，[註6]要想「結果實」則須充實根柢，所以此後歲月的重心不在開拓新領域而在完善根據地。正因如此，「後《古史辨》時期」的顧頡剛才更看重對既有認識的再闡釋。或許也是因為這一時期的顧頡剛並沒有提出多少新觀點，故既有研究對此多有忽略。但是，考慮到顧頡剛所關心的仍然是《古史辨》時期的核心問題，而且他對這些問題的進一步理解同樣能夠說明其與今文經學關係的演變，並可以藉此觀照他之前的判斷，所以不妨對此試作分析。

在顧頡剛看來，「《古文尚書》問題解決之後」，「最須迫切解決之問題」便是《左傳》的成書，因為《左傳》是研究古史「最基本的材料，此書之真相如不明白，則古史之真相亦必不能明白」。[註7]自觸碰到古史系統的中心問題以來，《左傳》與劉歆之關係便一直縈繞在他的腦際。雖然顧頡剛總是在強調劉歆偽竄《左傳》，但他對於這一仍待詳加考證的假設依舊保持謹慎的態度，並沒有武斷地屏蔽掉關於《左傳》成書的其他可能。而且，他對《左傳》的判斷不可避免地會受到合編《左傳》《國語》以驗證《左傳》是否由《國語》分出這一學術計劃的影響，儘管這一學術計劃他並未真正去做。雖然顧頡剛打破古史系統的行動告一段落，但與古史系統有關的問題仍然牽動他的思考。在讀過羅倬漢所著《史記十二諸侯年表考證》之後，他對《左傳》又有了新的認識。1941 年 8 月 27 日，其與羅倬漢說到自己「前受康、崔陶冶，總以為《左傳》成書在西漢末，今讀大作，知司馬遷時，《左傳》本子即已如此，渙若發蒙。然左氏非魯人，其書不釋經，此前提弟仍堅持，然則何以有類似釋經之文廁入年表之中，而確與今本《左傳》相合？此一問題至堪玩味，亦大足悶人」。[註8]前面已經提到，自 1926 年 5 月作《整理十三經注疏計劃》以來，顧頡剛基本堅持劉歆析《國語》而成《左傳》，《左傳》成書於西漢末年。羅倬漢的書雖然讓他意識到《左傳》的本子在司馬遷時即已如此，但並沒有解答他對於《左傳》何以有釋經之文的疑惑，而這一疑惑指向的仍然是劉歆造偽說。換言之，如果此問題得不到更為合理的解釋，顧頡剛仍會傾向於劉歆竄改《左傳》一說。

〔註6〕顧頡剛：《顧頡剛日記》卷五，北京：中華書局，2011 年，第 139 頁。

〔註7〕顧頡剛：《顧頡剛書信集》卷三，北京：中華書局，2011 年，第 155、108～109 頁。

〔註8〕顧頡剛：《顧頡剛書信集》卷三，北京：中華書局，2011 年，第 155 頁。

　　或因授課之故，顧頡剛又於 1942 年多次閱讀皮錫瑞所著《經學通論》。1942 年 8 月 16 日，在看過 1941 年 10 月由成都東方書社再版的《漢代學術史略》後，他談到「當時上課學生並不感覺它好。及上海亞細亞書局出版，讀者亦無甚反響。但至去年東方書社再版後，卻引起一般人之注意，友朋相見，時時道之」。〔註9〕《漢代學術史略》在一開始遭遇了與《五德終始說下的政治和歷史》同樣的命運，之所以後來能夠引起大家的注意，或許如羅家倫所說「此書能寫出經學的背景，向來不易明瞭之問題得此而曉達」。〔註10〕對此，王冰洋曾表達過類似的看法，認為此書是「嚴格的通俗的文章」，「寫得極有趣，小學生也能懂得」，「這真是一本國民的書，專家可以看了參考，同時凡能認全了字的人，只要他看到第二章，就必定歡喜一口氣把它讀完，留下深刻的印象」。〔註11〕相比於《五德終始說下的政治和歷史》，此書確實通俗易懂得多，適宜作初學者的入門讀物，之後的多次重印也正可以說明這一點。同時，羅家倫還指出這本書「雖偏於今文說，然而即此是立場，可貽後生以指導也」。〔註12〕《漢代學術史略》的主旨思想與《五德終始說下的政治和歷史》一致，主張劉歆偽造新古史系統以助莽篡漢。羅家倫的看法即由此而起，也代表了部分學者的態度，但他並未因此書偏於今文家言而否定其學術價值。對於羅家倫的這一觀點，顧頡剛沒有進行回應。

　　其後，顧頡剛於 1942 年 10 月至翌年 2 月在中央大學任「春秋戰國史」課。四十餘年後，課堂講義終於在 1988 年 3 月以《春秋三傳及國語之綜合研究》為名出版。其中主要涉及四點問題：其一，他認為「《春秋經》確曾經後人以己意將魯史筆削而成」，但筆削之人非孔子，今文學家所謂「《春秋經》為後人所作，據其經文載孔丘事」之說「不為無見也」；其二，指出「《公羊傳》於漢武時已定，司馬遷時《穀梁傳》猶未出，直至漢宣帝時始出。……《穀梁傳》一定成於《公羊傳》後，且一定多鈔襲《公羊》之書」；其三，仍根據《左氏春秋考證》《左氏決疣》《新學偽經考》《史記探源》《春秋復始》等今文學家著作證成己說，堅持《左傳》「確非傳《經》者」，《左傳》由劉歆析《國語》而成且經過劉歆以後之人的竄改，《漢書・儒林傳》所載《左傳》傳授系統亦「出於歆以後之偽託」，而且《史記・十二諸侯年表》中提到《左氏春秋》的

<hr />

〔註 9〕顧頡剛：《顧頡剛日記》卷四，北京：中華書局，2011 年，第 725 頁。
〔註 10〕顧頡剛：《顧頡剛日記》卷四，北京：中華書局，2011 年，第 725 頁。
〔註 11〕顧頡剛：《顧頡剛日記》卷四，北京：中華書局，2011 年，第 673～674 頁。
〔註 12〕顧頡剛：《顧頡剛日記》卷四，北京：中華書局，2011 年，第 725 頁。

地方「恐為後人插入，因《左氏春秋》與《左傳》實不能完全具有一致之性質，⋯⋯前後實相背」；其四，主張《周官》出於王莽時，「莽時存古籍尚多，自可採用成偽書也。故《周官》係『偽書真材料』，其材料有十之二三為真，然甚多則偽者也，要當為王莽想像之作」。〔註13〕有一點需要注意，關於劉歆是否造偽，他指出「康之斥歆偽造，不詳舉理由，然以今徵之，清代修《四庫全書》多所竄改，則劉歆掌秘閣校書自得隨意竄改也」。〔註14〕綜上所述，他修正了此前關於《左傳》傳授源流問題的看法，進一步論證了《周禮》為王莽託古改制的想像之作，至於其他觀點則大致不出此前所論。

　　《春秋三傳及國語之綜合研究》是繼作於 1928 年至 1929 年間的《春秋學講義》之後又一部專門以《春秋》為研究對象的著作。在此之後，顧頡剛再未就此問題編寫過講義。在《左傳》與劉歆之關係這一關鍵問題上，他似乎沒有接受羅倬漢的觀點，繼續堅持《左傳》經劉歆偽竄一說，仍懷疑《十二諸侯年表》中與今本《左傳》相合之處為劉歆或者劉歆以後的人所竄入。對此，劉起釪在為本書所作的後記中認為「章炳麟、錢穆等所舉的許多材料是有說服力的（章說有時還有可商之處），所以劉歆偽造《左傳》之說，必不能成立」，此書除此點可議外，「其對這幾部史籍本身具體情況所作出的科學分析，是非常可珍貴的」。〔註15〕同時，他還指出顧頡剛的立論雖「遠在諸人之上」，但這本書的主旨「終究是今文學派一家之言」，是在揚今文經學之餘緒。〔註16〕他雖然不同意劉歆造偽說，但也沒有直接解答顧頡剛的疑問，尤其是無法回答為什麼清代纂修《四庫全書》多有竄改而劉歆校書則沒有任何竄改這一點。劉起釪的這些想法寫於 1985 年 12 月，以此為代表，可以說在 20 世紀 80 年代，憑藉劉歆造偽說而指責顧頡剛偏於今文經學立場的聲音依然強烈。

　　結束中央大學的課程之後，顧頡剛並沒有擱置對《左傳》的研究，除再次閱讀《左傳》外，還曾翻看楊向奎所作《論〈左傳〉之性質及其與〈國語〉

〔註13〕顧頡剛：《春秋三傳及國語之綜合研究》，《顧頡剛古史論文集》卷十一，北京：中華書局，2011 年，第 550、554、562～563、572～573、565、598 頁。

〔註14〕顧頡剛：《春秋三傳及國語之綜合研究》，《顧頡剛古史論文集》卷十一，北京：中華書局，2011 年，第 575 頁。

〔註15〕劉起釪：《劉起釪後記——兼述春秋、左傳學之流變遞嬗》，《顧頡剛古史論文集》卷十一，北京：中華書局，2011 年，第 617 頁。

〔註16〕劉起釪：《劉起釪後記——兼述春秋、左傳學之流變遞嬗》，《顧頡剛古史論文集》卷十一，北京：中華書局，2011 年，第 617～618 頁。

之關係》一文，並陸續寫有《左丘失明》《〈左傳〉之分析》《讀〈左傳〉雜記》等。自 1944 年 3 月起，他開始任復旦大學「史記研究」課，講授內容之一是「《漢書》與《史記》內容之比較」。〔註 17〕從準備《五德終始說下的政治和歷史》以來，《史》《漢》異同問題便一直受其關注，這是他接受今文家說的重要基礎。從 10 月開始，其又改任「春秋研究」課，並於 11 月起任齊魯大學「春秋史」課。在這些課程中，《左傳》問題仍是授課的重點，其中涉及「《左傳》對經對《國語》之改變」等內容。〔註 18〕此外，7 月 25 日至年底期間，顧頡剛還曾提到「編造《左傳》者不止一人」。〔註 19〕由此可見，他仍按照此前的路徑推進《左傳》研究，主要觀點也沒有發生改變。

翌年 8 月，其又一次點讀《左傳》，同時抄錄劉逢祿所著《左氏春秋考證》。10 月 25 日，他與楊向奎說到「傅先生謂我為經師而非史家，此語吾未嘗聞。其所謂『頡剛自己偏不肯承認』者，彼想當然之詞耳。……然我治經學之目的乃在化經學為史料學，並不以哲學眼光治經典，而將一己之理想套在孔子頭上，故稱我為經學研究者則可，稱我為經師則猶未洽也」。〔註 20〕截至此時，仍有學者將顧頡剛視作經師。其實在他們那裏，只要顧頡剛不放棄劉歆造偽說，這頂經師的帽子便會一直戴在他的頭上。但顧頡剛給自己的定位是「經學研究者」，並說「在未討論古史問題前，我從未想到以後是一史家，我只想繼承三百年來之清學而整理古文籍。自《古史辨》出版，群稱我以史家，乃不得不走向史學方面去而有種種史學上之計劃」。〔註 21〕即便在未討論古史前，他也不認為自己是經學家，而在此之後則始終將自己認定為一名史學家。

1945 年至 1946 年，顧頡剛與方詩銘、童書業合作完成《當代中國史學》。〔註 22〕此書後於 1947 年 1 月出版，是「第一部系統論述 1845 年以來百年中

〔註 17〕 顧頡剛：《顧頡剛日記》卷五，北京：中華書局，2011 年，第 286 頁。
〔註 18〕 顧頡剛：《顧頡剛日記》卷五，北京：中華書局，2011 年，第 382 頁。
〔註 19〕 顧頡剛：《融一齋筆記》，《顧頡剛讀書筆記》卷四，北京：中華書局，2011 年，第 234 頁。《融一齋筆記》始記於 1944 年 7 月 25 日，但何時記完則尚不知。據《顧頡剛年譜》所載，其於 1944 年「記筆記《融一齋筆記》」。所以，此筆記的寫作時間大致為 1944 年 7 月 25 日至 1944 年底。顧潮編著：《顧頡剛年譜》，北京：中華書局，2011 年，第 370 頁。
〔註 20〕 顧頡剛：《顧頡剛書信集》卷三，北京：中華書局，2011 年，第 112 頁。
〔註 21〕 顧頡剛：《顧頡剛書信集》卷三，北京：中華書局，2011 年，第 112 頁。
〔註 22〕 此書前半部由方詩銘代作，後半部由童書業代作，全書經顧頡剛修改而成。參見顧潮編著：《顧頡剛年譜》，北京：中華書局，2011 年，第 373 頁。

國史學的專著」,「無疑是現當代中國史學史敘事最重要的篇章之一」。〔註23〕
在這本書中,顧頡剛給予了今文經學很高的評價,特別指出劉逢祿關於《左傳》
的判斷是「改變天氣的一個霹靂」,康有為之託古改制說「實為千古不易的定
論」。〔註24〕他並不諱言古史辨之發生得益於「經今文學的興起」,所做的工作
是今文學家所研究問題的繼續,比如「已為晚清今文家所提出而沒有解決的」
《左傳》《國語》之著作時代問題等,而其工作的中心在於「替漢代經今古文問
題重新加以估定」,並堅持劉歆造偽說,認為「古史的傳說固然大半出於自然的
演變,卻著實有許多是出於後人有意的偽造」,劉歆作《世經》以助莽篡漢便是
一個典型例證。〔註25〕同時,他也認識到「劉歆、王肅一輩人的偽造古書古史,
也是因為當時流傳的古書古史不盡可信,所以想用自己認為可信的『古書』『古
史』去辨正它,這一方面是造偽,一方面也便是辨偽」,〔註26〕這樣的想法其
在此前即已表達過。對於錢穆、楊寬等人提出種種反證以駁斥今文家言這一點,
顧頡剛並不否認他們的意見「誠有是處」,但也認為今文經學確有長處,不能因
為今文學家的政治宣傳而抹殺其著作的學術價值,如「有為對諸問題的考證,
雖間有武斷或粗心的地方,然體大思精,其結論終無可疑易。……我們只問他
們的說法有沒有道著古書和古史真相的處所,如果有的話,則他們的著作和學
說便有了學術上的價值。破壞與建設本是一事的兩面,他們既揭發了偽經和偽
古史一部分的真相,便能引人去認識真經和真古史;至於他們所說的真經和真
古史,是不是比原來的偽經和偽古史可信些,我們現在暫時可以不問」。〔註27〕
顧頡剛很清楚今文學派「本在破壞偽經和偽古史,其積極的建設部分,能成立
之說本少」,〔註28〕而且他們不免受經學觀念的束縛,所採用的方法也不能算
是嚴格的科學方法,但這些都無礙於說明今文經學有其學術性的一面。

〔註23〕 王學典:《「二十世紀中國史學」是如何被敘述的——對學術史書寫客觀性的
　　　　 一種探討》,《清華大學學報(哲學社會科學版)》2008 年第 2 期,第 7 頁。
〔註24〕 顧頡剛:《當代中國史學》,《顧頡剛古史論文集》卷十二,北京:中華書局,
　　　　 2011 年,第 355～356 頁。
〔註25〕 顧頡剛:《當代中國史學》,《顧頡剛古史論文集》卷十二,北京:中華書局,
　　　　 2011 年,第 325、430、434 頁。
〔註26〕 顧頡剛:《當代中國史學》,《顧頡剛古史論文集》卷十二,北京:中華書局,
　　　　 2011 年,第 436 頁。
〔註27〕 顧頡剛:《當代中國史學》,《顧頡剛古史論文集》卷十二,北京:中華書局,
　　　　 2011 年,第 357、356～357 頁。
〔註28〕 顧頡剛:《當代中國史學》,《顧頡剛古史論文集》卷十二,北京:中華書局,
　　　　 2011 年,第 357 頁。

　　「在艱苦的八年抗戰之後，學術界百廢待興，急待重整。但如何重整、重振，則是當時人面對的一個嚴峻的挑戰。」〔註29〕《當代中國史學》是顧頡剛對此問題的一種回答。在他的設計裏，今文經學因有史料考辨貢獻而佔有一席之地。更進一步說，這是因為在他看來，經學「在骨子裏，對於史學實有很密切的關係。治史學的人所憑藉的是史料，有史料方有歷史，而經則大部分為古代的史料」。〔註30〕顧頡剛欣賞今文經學的地方正在於其執行了史料批判，而這是史學研究「第一步的工作」，〔註31〕縱然今文學派對史料的審查不盡合理，但他們依據史料的發問卻值得思考。

　　1946 年 12 月 19 日，顧頡剛在接受採訪時再次談到目前的研究仍圍繞「古史四專題」與「古書四專題」展開。前者涉及帝系、王制、道統與經學問題，後者則繼續考察《堯典》《禹貢》《王制》《月令》之著作時代。對於劃分疑古派與釋古派的爭論，他表示「疑古是手段，釋古是目的，這種分法很不合理」，〔註32〕自己也並非疑古派。在其 1947 年底開列的學術計劃裏，包括編纂「清代學術叢書」與「清代考證文選」兩項，《定盦文集》《新學偽經考》《孔子改制考》等今文學家著作均被收錄在內；此外，他還打算編纂「春秋學典」，其中涉及「三傳合編」與「春秋經傳考辨」等問題。〔註33〕顧頡剛一度想將《左傳》編入《國語》，但卻遲遲不曾動手，此時他的一句話或許道破了其中的原因：「有許多明知其為漢人所羼，而分析不開。」〔註34〕按此說法，在沒有更好的方法之前，這一計劃恐怕很難落實。

　　翌年 4 月 2 日，他在擬定的工作計劃中說到要繼續之前的研究，除作「古書四考」外，欲重讀《新學偽經考》《孔子改制考》《今古學考》《五經異義疏

〔註29〕 王晴佳：《〈當代中國史學〉導讀》，顧頡剛：《當代中國史學》，上海：上海古籍出版社，2002 年，第 10 頁。

〔註30〕 顧頡剛：《當代中國史學》，《顧頡剛古史論文集》卷十二，北京：中華書局，2011 年，第 354 頁。

〔註31〕 顧頡剛：《當代中國史學》，《顧頡剛古史論文集》卷十二，北京：中華書局，2011 年，第 428 頁。

〔註32〕 顧頡剛、蔣星煜：《顧頡剛論現代中國史學與史學家》，《寶樹園文存》卷二，北京：中華書局，2011 年，第 339 頁。根據《寶樹園文存》所錄此文的注釋，是文「原載《文化先鋒》第六卷第十六期，1947 年 9 月」。經核查發現，是刊第六卷第十六期的時間應為 1947 年 1 月 25 日。

〔註33〕 顧頡剛：《顧頡剛日記》卷六，北京：中華書局，2011 年，第 180、185、180～181 頁。

〔註34〕 顧頡剛：《顧頡剛日記》卷六，北京：中華書局，2011 年，第 198 頁。

證》《史記》等書，「備將來著作『經今古學問題』，徹底解決此問題」。〔註35〕
自此時起，他又一次點讀《新學偽經考》，直至 12 月 28 日讀完一遍。6 月 11
日，顧頡剛再次提到要作「古史四考」與「古書四考」，還計劃寫作「皋陶謨
著作時代考」「春秋左傳之分析」「寫定群經」「古文尚書公案」「劉歆偽經公案」
等。〔註36〕

其後，顧頡剛於 6 月 21 日至 12 月 2 日在蘭州大學任「上古史研究」課，
講授內容有《詩經》《楚辭》與《尚書》、道統說、三皇五帝三王說、五德終始
說及三統說等，並自覺此次授課「將卅年來研究組織一系統，且進益亦不少」。
〔註37〕在託古改制說問題上，他指出《孔子改制考》「是一部劃時代的著作，
不過這個名稱，應改作『戰國諸子託古改制考』，因為孔子尚無改制思想，還
沒有想到改制，到戰國諸子才有這種改革舊社會的思想」，諸子「不惜創造歷
史，以為他們託古改制的根據」；至於劉歆造偽說，顧頡剛同樣認為《左氏春
秋考證》「為劃時代的著作」，《新學偽經考》「對東漢古文學下一總攻擊」，並
談到「《國語》的體裁，是零碎一篇一篇的，後或為劉歆將它取出一部分，加
以編年，並竄入一些材料，來傳《春秋》，所以《左傳》的分量多，《國語》的
分量少。……《國語》已失去了它本來面目，如要將它還原，是一件極度困難
的工作」。〔註38〕此外，他還講到《史記》中與古文有關的地方出於後人偽竄，
《史記探源》對這一問題的揭露可以作為日後研究的參考。在顧頡剛看來，「清
人研究經學，雖是盲目的，零星的」，但「在無形中有一個總目標」，即「逐步
的打破清以前經學的積累，而恢復其原來的面目」。〔註39〕正是從這一意義上，
清代可以被稱作「史學時代」而非「經學時代」，是「以經典為研究古代社會
的對象」而非「為信仰中心」，是在將經典「歷史化」而非神聖化。〔註40〕顧
頡剛對清代學術的評價看上去似有過高之嫌，是否合理可以另行討論，但他也

〔註35〕顧頡剛：《顧頡剛日記》卷六，北京：中華書局，2011 年，第 266 頁。

〔註36〕顧頡剛：《顧頡剛日記》卷六，北京：中華書局，2011 年，第 264～265 頁。

〔註37〕顧頡剛：《顧頡剛日記》卷六，北京：中華書局，2011 年，第 343 頁。

〔註38〕顧頡剛：《上古史研究》，《顧頡剛古史論文集》卷七，北京：中華書局，2011
　　　年，第 283、282、293～294、302～303 頁。

〔註39〕顧頡剛：《上古史研究》，《顧頡剛古史論文集》卷七，北京：中華書局，2011
　　　年，第 293、276 頁。

〔註40〕顧頡剛：《顧頡剛日記》卷六，北京：中華書局，2011 年，第 351 頁；顧頡剛：
　　　《上古史研究》，《顧頡剛古史論文集》卷七，北京：中華書局，2011 年，第
　　　276 頁。

意識到清代學者「一方面在做經書的整理工作，一方面又在做逐步打破的工作。這實是一種自然趨勢，在他們是本無意識，無聯繫的」，而顧頡剛與清代學者的不同便在於他所作的整理與打破工作是「有意識，有目標的」。〔註41〕

1946 年 6 月至 1948 年間，他談到不同時代出於不同需要而有不同的託古，如戰國諸子託古改制是為救民，董仲舒則為炫耀漢家政治。在這其中，劉歆亦為改制而託古造偽，所編偽書有《左傳》《毛詩》《爾雅》《周禮》等，這是「不可掩之事實」。〔註42〕也應看到，劉歆的目標是「要將經典重整理一次，使之合理化，而其歷史觀念及其史學方法均不能作。……故彼欲求合理化而卒不能合理化者，時代為之也」。〔註43〕雖然顧頡剛認為劉歆所編偽書較今文經學為勝，但其深知「真偽是一事，好壞另是一事，盡可有真而壞、偽而好者，我輩只是披露其真相而已，不必有出主入奴之見也。此一態度，為康、崔諸氏所不能有」。〔註44〕對於康有為揭露劉歆造偽一事，「在一般人固執於康有為的政治目的時，顧卻指出，如同閻若璩因其時代揭發偽《古文尚書》條件齊備而有《尚書古文疏證》，以及因在他自己的時代綜合揭發偽古史的條件齊備而有《古史辨》的結集一樣，康有為以今文斥古文也屬於學術範疇內的問題，是在『歷史的潛伏力』的積澱和推動下而完成他的『歷史使命』」。〔註45〕比今文學家更進一步，顧頡剛認為自己所作諸文早已超出今古文問題，「而直向戰國儒家算賬」，而且也只有如此方能徹底解決經學爭議，「經學史乃能從頭寫起」。〔註46〕同時，他強調「自己站在歷史研究上，不站在信仰上」，「對於各派，皆還其真相，但有分析而無褒貶」，「今日研究古代

〔註41〕顧頡剛：《上古史研究》，《顧頡剛古史論文集》卷七，北京：中華書局，2011年，第 294～295 頁。

〔註42〕顧頡剛：《純熙堂筆記》，《顧頡剛讀書筆記》卷四，北京：中華書局，2011 年，第 293 頁。《純熙堂筆記》始記於 1946 年 6 月。據《顧頡剛年譜》所載，此筆記至 1948 年記完。參見顧潮編著：《顧頡剛年譜》，北京：中華書局，2011年，第 381 頁。

〔註43〕顧頡剛：《純熙堂筆記》，《顧頡剛讀書筆記》卷四，北京：中華書局，2011 年，第 293 頁。

〔註44〕顧頡剛：《純熙堂筆記》，《顧頡剛讀書筆記》卷四，北京：中華書局，2011 年，第 293 頁。

〔註45〕李揚眉：《方法論視野中的「古史辨派」》，山東大學 2005 年博士學位論文，第 74 頁。

〔註46〕顧頡剛：《純熙堂筆記》，《顧頡剛讀書筆記》卷四，北京：中華書局，2011 年，第 268 頁。

學術，求是而已，絕不當談致用」。〔註47〕還有一點值得注意，顧頡剛指出「康氏但斥劉歆，錢賓四等但為劉歆辯護，皆非也」，認為「書之有竄亂及偽撰則為極明白之事實」，不應皆歸獄劉歆，但若出於劉歆偽竄，也不必為劉歆辯護，一切須以事實為標準。〔註48〕面對這些經學遺留問題，顧頡剛表現得非常自信：「惟今古文問題，則曠視宇內尚無視予為更適宜於作結算之工作者。」〔註49〕他想繼續康有為未完成的事業，做清學的終結者與經學的結束者。

　　1949 年初至 6 月，顧頡剛再次點讀《新學偽經考》與《經學通論》。自 1939 年起，他便想為《經學通論》作注，但這一想法亦未曾實行。這是其第二次完整地點讀此書，而且他也沒有忘記之前欲為之作注的想法，說到若再點讀一次，便可以作注了。就目前的經學研究情況，他表示「現在研究經學人士寥寥可數，只沈鳳笙，張西堂數君，予苟不為，則康崔之緒即斷。故此後研究工作，必傾向經學，庶清代業績有一碩果也」。〔註50〕職是之故，「治經學」與「作古史鐫」成為其今後的工作目標。〔註51〕自 1947 年 10 月 5 日至 1949 年春夏間，他談到康有為所持《論語》中「述而不作」一語為劉歆偽竄的看法有誤，〔註52〕此語當為《論語》本有；指出《左傳》或出於魏國，「其傅合經文，造作偽史，則出於魯者特多，更有漢人羼入之文。必非一人一世之文」；〔註53〕提到儒家的三年之喪是戰國諸子託古的產物，三時田與四時田「出於漢代經師的臆想」，這些均為「有意造作」。〔註54〕此外，他還在《〈墨子‧非命〉與五德、三統說》《荀子不言三皇》《〈墨經〉反五勝說》《〈中庸〉之災祥說》等筆記中論及古史系統問題。

〔註47〕顧頡剛：《純熙堂筆記》，《顧頡剛讀書筆記》卷四，北京：中華書局，2011 年，第 269、295 頁。

〔註48〕顧頡剛：《純熙堂筆記》，《顧頡剛讀書筆記》卷四，北京：中華書局，2011 年，第 269、268 頁。

〔註49〕顧頡剛：《純熙堂筆記》，《顧頡剛讀書筆記》卷四，北京：中華書局，2011 年，第 268 頁。

〔註50〕顧頡剛：《顧頡剛日記》卷六，北京：中華書局，2011 年，第 401 頁。

〔註51〕顧頡剛：《顧頡剛日記》卷六，北京：中華書局，2011 年，第 403 頁。

〔註52〕邢昺：《論語注疏》卷七《述而》，阮元校刻：《十三經注疏》，北京：中華書局，1980 年，第 2481 頁。

〔註53〕顧頡剛：《逍遙堂摭錄》，《顧頡剛讀書筆記》卷四，北京：中華書局，2011 年，第 326 頁。「其傅合經文，……必非一人一世之文」一語「據修訂稿補」，但不知補於何時。

〔註54〕顧頡剛：《逍遙堂摭錄》，《顧頡剛讀書筆記》卷四，北京：中華書局，2011 年，第 335 頁。

　　1949 年 1 月 3 日至 9 月間，對於康有為和皮錫瑞之學，他認為「康、皮二家，結束清學。康氏才氣凌厲，匯合辨偽之說而成一書，校勘並不細緻。皮氏功力深厚，而意主調停，務求平穩，故影響殊弱」。〔註55〕顧頡剛還談到欲作「漢代今古文公案」一書，繼續今文學家的工作並嘗試作出判決；並接著考辨《堯典》《禹貢》《王制》等篇的著作年代，以期完全解決經學史上的問題，「復化經典為古史料」，還其本來面目而見古史真相，做「經學之結束者而古史學之開創者」。〔註56〕這些被他反覆述說的想法，雖已給人老生常談之感，但卻是其心聲所寄。

　　編輯《古史辨》一事由顧頡剛發起，卻不由他收尾。其中，討論古史與經學的第一、二、三、五冊由顧頡剛親自編著；討論諸子問題的第四冊與第六冊則交由羅根澤編著，而且其中只收錄了顧頡剛一篇文章；討論古史傳說的第七冊雖由呂思勉與童書業編著，但顧頡剛的文章卻居於核心位置。由此發現，雖然顧頡剛對諸子問題頗有興趣，但經學才是其研究的中心。若從第七冊的內容來看，倒也可以說《古史辨》還是由顧頡剛來收尾的。《古史辨》之後，顧頡剛仍以解決經學公案為目標，所談最多的是《左傳》問題。值得注意的是，雖然他總體上認為劉歆偽竄《左傳》，但又屢屢指出《左傳》「非一人一世之文」，〔註57〕這種看似矛盾的現象還體現在他對《周禮》《尚書》《詩經》等篇目的判定中。換一種角度思考，這正可以說明其與今文學家的不同。以今日之我挑戰昨日之我，根據證據不斷地調整觀點，是學者分析問題的常態。相比於傳統經學家，顧頡剛不需要固守某種師說或家法，得出結論的主要憑藉便是史料。而

〔註55〕顧頡剛：《滬樓日札》，《顧頡剛讀書筆記》卷四，北京：中華書局，2011 年，第 346 頁。《滬樓日札》始記於 1949 年 1 月 3 日。據《顧頡剛年譜》所載，此筆記至 1950 年記完。筆記中《春秋戰國間社會突變之故》一條收錄的是童書業於 1950 年 7 月 5 日的來信，由此可知《滬樓日札》的完成時間當在 1950 年 7 月 5 日之後。其中，《錢玄同先生》一條錄有顧頡剛於 1949 年 4 月 8 日寫給陳中凡的回信，《〈左傳〉之可信》一條記錄的是童書業於 1950 年 5 月 21 日的來信。綜合這兩條筆記及介於這兩條筆記中間的內容來看，暫以《戰國時之禪讓說》一條作為劃分 1949 年 10 月之前與之後筆記的界限。參見顧潮編著：《顧頡剛年譜》，北京：中華書局，2011 年，第 394 頁；顧頡剛：《滬樓日札》，《顧頡剛讀書筆記》卷四，北京：中華書局，2011 年，第 366、351、359、353 頁。

〔註56〕顧頡剛：《滬樓日札》，《顧頡剛讀書筆記》卷四，北京：中華書局，2011 年，第 345、350 頁。

〔註57〕顧頡剛：《逍遙堂摭錄》，《顧頡剛讀書筆記》卷四，北京：中華書局，2011 年，第 326 頁。

他與羅倬漢、錢穆、楊寬等人的看法之所以不同，是因為他們對史料的解讀不同，而不是因為經學抑或史學的立場之別。

「史料是歷史學的關鍵因素。」〔註58〕沒有史料，歷史學便無從談起。正是立足於顧頡剛對史料的批判審查，余英時才將顧頡剛稱作「中國史現代化的第一個奠基人」，認為「在『史料學』或『歷史文獻學』的範圍之內，顧先生的『累層構成說』的確建立了孔恩所謂的新『典範』，也開啟了無數『解決難題』的新法門，因此才引發了一場影響深遠的史學革命」。〔註59〕對於史料與現代史學的關係，羅新所言可以作為參考：「站在科學的立場，歷史學必須建立在對史料的搜集、整理、鑒別、分析和解釋的基礎上，傳統歷史學有太多崇古、信古的東西，根本上說，是分不清傳統文獻中哪些可以作為史料、哪些不能作為史料，或者說，各種成分複雜的史料，其使用價值各自有哪些邊界和局限。在理論上、思想上樹立了史料意識，現代歷史學的發展也就得到了一個重要保障」。〔註60〕這句話正可與顧頡剛在《戰國秦漢間人的造偽與辨偽》中對傳統史料的看法相呼應。〔註61〕在對中國思想史進行分期時，顧頡剛認為自己處於「科學時代」，〔註62〕那麼如何以科學的立場處理史料便成為他思考的方向，而這也正是分別傳統經學與現代史學極其重要的一點。由此，「重審史料，把非歷史的論述從歷史學中排除出去，在此基礎上展示歷史的真實面向，這正是疑古學派最成功的地方」，〔註63〕也是古史辨與今文經學最不同的地方。

〔註58〕羅新：《有所不為的反叛者：批判、懷疑與想像力》，上海：上海三聯書店，2019年，第16頁。

〔註59〕余英時：《顧頡剛、洪業與中國現代史學》，陳其泰、張京華主編：《古史辨學說評價討論集》，北京：京華出版社，2001年，第518、515頁。

〔註60〕羅新：《有所不為的反叛者：批判、懷疑與想像力》，上海：上海三聯書店，2019年，第14頁。

〔註61〕「中國的歷史，就結集於這樣的交互錯綜的狀態之中。你說它是假的罷，別人就會舉出真的來塞住你的嘴。你說它是某種主義家的宣傳罷，別人也會從這些話中找出不是宣傳的證據。你說它都是真的罷，只要你有些理性，你就受不住良心上的責備。你要逐事逐物去分析它們的真或假罷，古代的史料傳下來的太少了，不夠做比較的工作。所以，這是研究歷史者所不能不過而又極不易過的一個難關。」顧頡剛：《戰國秦漢間人的造偽與辨偽》，呂思勉、童書業編著：《古史辨》第七冊上編，上海：上海古籍出版社，1982年，第4頁。

〔註62〕顧頡剛：《顧頡剛日記》卷六，北京：中華書局，2011年，第352頁。

〔註63〕羅新：《有所不為的反叛者：批判、懷疑與想像力》，上海：上海三聯書店，2019年，第17頁。

第二節　關於今文經學的繼續探索

　　顧頡剛對今文經學的研究並沒有因為時局的變化而停止。與馮友蘭、陳垣等學者的迅速轉向不同，顧頡剛雖然不反對唯物史觀，但認為自己的研究「需用於唯物史觀的甚少」，且此種「『下學』適以利唯物史觀者的『上達』」，〔註64〕所以他仍固守之前的治學路數。相比之下，不免令人聯想到用遺老一詞來形容其身份。這種頗為尷尬的處境很大程度上是時過境遷的產物，「唯物史觀派分享了革命勝利的果實，依仗國家體制力量的支撐，借助與意識形態的合作，搖身一變為史學家的主宰。而昔日風光無限的史料學派，此時卻被時代超越，被視為『封建文人』、『資產階級學者』、『舊式學者』，越來越顯得不合時宜，成為被改造的對象」。〔註65〕暫且不論唯物史觀派與史料派這兩個概念是否適用，但雙方地位的升降顯然是事實。那麼問題在於，縱然顧頡剛所研究的問題過時了，但這些問題是否得到了相對合理的解釋？恐怕並沒有。就學術本身而言，這些被迫邊緣化甚至取消掉的問題還不應被送進博物館裏去，研究方法可以更新，研究視角可以改換，但將其棄置一邊總不是學術的態度。顧頡剛的執著即來自於此。與這種執著並行的是，他已經認識到了自己的不合時宜。從其對自己意欲結算經學問題、解決經學公案、結束經學的種種強調來看，顧頡剛也很想對這些問題作一了結，但這些問題的複雜性又讓他日漸陷入進退兩難的境地，接下來應當如何做是擺在他面前的一大難題。對今文經學的繼續探索令顧頡剛有了新發現，但從中或許更能感受到他的某種無力感。

一、堅持託古改制說與劉歆造偽說

　　1949 年 10 月前後的一段時間裏，顧頡剛處於史學界的核心圈之外。無論是 1949 年 7 月 1 日成立的中國史學研究會籌備委員會，還是 1951 年 7 月 28 日召開的中國史學會成立大會，其均「為新貴所排擯」而未得邀請。〔註66〕加之經歷了批判胡適、批判古史辨以及「三反、五反、思想改造三種運動」等，〔註67〕其處境可想而知。但在此種境況之下，他並沒有變更研究思路，以至於

〔註64〕顧頡剛：《顧序》，羅根澤編著：《古史辨》第四冊，上海：上海古籍出版社，1982 年，第 22～23 頁。
〔註65〕王學典、陳峰：《二十世紀中國歷史學》，北京：北京大學出版社，2009 年，第 126 頁。
〔註66〕顧頡剛：《顧頡剛日記》卷六，北京：中華書局，2011 年，第 484 頁。
〔註67〕顧頡剛：《顧頡剛書信集》卷三，北京：中華書局，2011 年，第 370 頁。

郭紹虞笑曰：「這個時代，你還弄這些做什麼？」〔註68〕顧頡剛的回答足以表現其痛苦：「此猶飲醇酒也，可借之以忘憂。」〔註69〕雖則如此，他寧肯「享受」這份痛苦也不願棄之。與此前一樣，託古改制說、劉歆造偽說及其與今文經學的關係是顧頡剛繼續申說的重點。

　　自 1949 年 9 月至翌年 1 月，顧頡剛在誠明文學院任「校勘學」課，講授「今古文的分別」「今古文傳授系統」「五德終始說」「《古史辨》第五冊自序」等；同時任「傳記研究」課，主講《史記》，授課內容包括「《史記》做法及其闕佚」「《史記》之竄入材料」等，並擬為「史記十書」，其中之一是《史記刪》，即「史記探源之重作」。〔註70〕此外，計劃作《假定本〈國語〉》，標點《新學偽經考》，並點讀《今古學考》《春秋復始》等今文學家著作。1949 年 12 月始，又在震旦大學任「專書選讀」課，仍講《史記》。翌年 3 月至 6 月，顧頡剛在誠明文學院任「史漢比較研究」課，所談內容有「《偽經考》評《左傳》」「《左氏》原書中不信實處」「《國語》之分析」「《史記》與漢《古文尚書》及司馬遷用《尚書》」等。〔註71〕上半年，他又在震旦大學任「專書選讀」課，〔註72〕繼續講讀《史記》，涉及「《左傳》不可信處」等問題；同時任「考證學」課，講「託古改制之例證——三年之喪」「《偽古文尚書》的絕對偽證」「無意的造偽」等。〔註73〕此外，還翻看了《班馬異同》等書。是年底，他談到想要編輯《晚成堂全集》，將得意之作以及欲作之文收錄進去，如「古史四考」「古書四考」「今古文問題的批判」「康有為學術地位的評定」「皮錫瑞經學通論校注」「左傳整理」等。〔註74〕在沒有講義可供參考的情況下，只能從顧頡剛的日記及年譜中獲取所需要的信息。從中可以看到，縱然時局改換，他仍然遵循之前的研究取徑，今古文經學、《左傳》的成書年代及其與《國語》之關係、《史》

〔註68〕 顧頡剛：《顧頡剛日記》卷六，北京：中華書局，2011 年，第 597 頁。

〔註69〕 顧頡剛：《顧頡剛日記》卷六，北京：中華書局，2011 年，第 597 頁。

〔註70〕 顧頡剛：《顧頡剛日記》卷六，北京：中華書局，2011 年，第 534、536、539、530、533、584 頁。

〔註71〕 顧頡剛：《顧頡剛日記》卷六，北京：中華書局，2011 年，第 618、626 頁。

〔註72〕 據《顧頡剛年譜》所載，1950 年上半年，顧頡剛「任復旦大學教授」，「授『專書選讀』(《史記》)、『考證學』課」。但據其日記，此時顧頡剛應在震旦大學任教。故疑《顧頡剛年譜》有誤，「復旦大學」應作「震旦大學」。顧潮編著：《顧頡剛年譜》，北京：中華書局，2011 年，第 394、397 頁。

〔註73〕 顧頡剛：《顧頡剛日記》卷六，北京：中華書局，2011 年，第 623、614、640、645 頁。

〔註74〕 顧頡剛：《顧頡剛日記》卷六，北京：中華書局，2011 年，第 711、713 頁。

《漢》異同等老問題依舊是其授課重點，對劉歆造偽說與託古改制說的堅持也絲毫未見減退。

在應趙紀彬之邀所作的自傳中，顧頡剛專列了一部分來談治學計劃。談治學計劃之前，他先就自己思想與學問的來源作了一番說明：「梁與章給我以批評的精神，胡給我以整理的方法，錢給我以研究的題目，我的學問到此方始有了一個雛形。」〔註75〕在這裡，今文經學並沒有露面，顧頡剛反倒是在章太炎之前突出了梁啟超的地位。在他們的影響下，顧頡剛提出了三項工作計劃，即撰寫研究古史的《古史四考》、整理古史史料、編輯《中國民族史史料集》，想以此「把宗教性的封建經典——經——整理好了，送進封建博物院，剝除它的尊嚴，然後舊思想不能在新時代裏延續下去」，「結三千年來經學的賬，結清了就此關店」。〔註76〕其中，他仍執著於解決《左傳》《國語》究竟是一部書還是兩部書這一問題，給出的方法是「儘量用先秦諸子及《史記》裏說到春秋時事的都抄出來和《國語》、《左傳》相比較，以猜測其原來的形式。要是這樣做了還不解決，那麼這個問題是永遠沒法解決的了」。〔註77〕這一方法雖有某種程度的可行性，但終究無法從根本上解決此問題。按照顧頡剛的邏輯，他早已認識到無法從《左傳》中分離出漢代人所羼入的內容，而且又認為《史記》等史料中亦有漢代人所偽竄的地方，那麼將《史記》等文獻與《左傳》《國語》相比較本身就是一件冒風險的事情，最終的結果可能只會導向「沒法解決」，從而走進死胡同裏去。從顧頡剛日後的操作來看，他似已無力解決這一問題了，或許可以說如何解決這樁聚訟二千餘年的公案已經超出了其能力範圍。繼1946年談疑古派與釋古派的劃分問題之後，此時顧頡剛重申「『疑古』並不能自成一派，因為他們所以有疑為的是有信；當先有所信，建立了信的標準，凡是不合於這標準者則疑之」。〔註78〕至於為什麼會疑古，「也就因得到一些社會學和考古學的知識，知道社會進化有一定的程序，而戰國、秦、漢以來所講的古史和這標準不合」。〔註79〕其在寫作《古史辨》第一冊《自序》時便已提過這一點，之後也屢有論及。諸如進化論等科學學說

〔註75〕顧頡剛：《顧頡剛自傳》，北京：北京大學出版社，2012年，第158頁。此文作於1950年5月至6月。
〔註76〕顧頡剛：《顧頡剛自傳》，北京：北京大學出版社，2012年，第153、158頁。
〔註77〕顧頡剛：《顧頡剛自傳》，北京：北京大學出版社，2012年，第164～165頁。
〔註78〕顧頡剛：《顧頡剛自傳》，北京：北京大學出版社，2012年，第153頁。
〔註79〕顧頡剛：《顧頡剛自傳》，北京：北京大學出版社，2012年，第153頁。

是「五四」一代敢於疑古的源動力，雖然以康有為為代表的部分今文學家也已受到進化學說的影響，但他們受聖道和家派的限制並不能做徹底的懷疑，而顧頡剛等學者則鮮有這些束縛，只想「促經學的死亡，使得我們以後沒有經學，而把經學的材料悉數變成古代史和古代思想史的材料」。〔註80〕此外，對於有人所言「《古史辨》的時代是過去了」這一看法，他回應說：「《古史辨》本不曾獨佔一個時代；以考證方法發現新事實，推倒舊史書，自宋到清不斷地在做，《古史辨》只是承接其流而已。至於沒有考出結果來的，將來還得考，例如『今古文問題』。這一項工作既是上接千年，下推百世，又哪裏說得到『過去』。」〔註81〕在顧頡剛看來，正如不必劃分疑古與釋古一樣，單為《古史辨》劃定一個時代沒有任何意義。今古文問題並非他們獨創的發明，而是自漢代起便出現的議題，他們只是「以考證方法發現新事實」，刷新舊事實，並試圖在所謂科學時代中對此作一解決而已。如果暫時無法解決，也應繼續考證下去，即便沒有他們來作這項工作，還會有其他人接手，直至這一問題得到一個相對合理的解釋為止。

接下來，顧頡剛將研究重點再次轉移到《尚書》上。1950 年 11 月至 12 月，他在誠明文學院任「尚書研究」課。翌年 1 月至 8 月，仍繼續講授這一課程。在此期間，他曾整理「《禹貢》篇託古諸證」，「鈔集《禹貢》偽、誤諸證」等；〔註82〕擬作《尚書析》一書，內容之一是指出各篇「羼廁與偽造之證據」；〔註83〕談到「衛宏真是一個造偽大家，與劉歆、皇甫謐可謂三傑，皆大言不慚、居之不疑者」。〔註84〕9 月 5 日，與王伯祥說到「清之經學漸走向科學化的途徑，脫離家派之糾纏，則經學遂成古史學，而經學之結束期至矣」，但清代學者「轉經學為史學是下意識的」，我輩既承清學之後，任務則是結束經學，當「以意識之力為之」，使「經學自變而為史學，惟如何必使經學消滅，如何必使經學之材料轉變為史學之材料，則其中必有一段工作，在此工作中我輩之責任實重」，同時提到有意出版《經學通論》之整理本，以作「《經學史》之前

〔註80〕　顧頡剛：《顧頡剛自傳》，北京：北京大學出版社，2012 年，第 156 頁。

〔註81〕　顧頡剛：《顧頡剛自傳》，北京：北京大學出版社，2012 年，第 154～155 頁。

〔註82〕　顧頡剛：《顧頡剛日記》卷七，北京：中華書局，2011 年，第 7～8 頁。

〔註83〕　顧頡剛：《法華讀書記（一）》，《顧頡剛讀書筆記》卷五，北京：中華書局，2011 年，第 12 頁。

〔註84〕　顧頡剛：《法華讀書記（二）》，《顧頡剛讀書筆記》卷五，北京：中華書局，2011 年，第 53 頁。

奏曲」。〔註85〕1月至11月間，顧頡剛還根據宋翔鳳之言，知「劉歆不獨偽經，亦且偽史，此人魄力真不小，而其為學術界橫添葛藤亦已多矣」。〔註86〕在這一年的授課中，他再次向學生講授了自己歷年的研究成果，如層累說、《三皇考》及《戰國秦漢間人的造偽與辨偽》等。

其後，對於近三百年的學術工作，顧頡剛認為似可分為四個階段，其中「第三階段為辨今、古文異同；第四階段為辨經、傳異同。……至近三百年，則方法入於客觀，討論日趨精密，經分析、比較之工作，將千餘年中紛如亂絲之學術理出了頭緒，凡從前因成見、宗派、缺乏歷史觀念而看不清楚之真相，經此細密整理工夫，掃除塵障，刊落葛藤，真相遂日顯」。〔註87〕他之所以給予清代學術很高的評價，是因其認為清代學者所使用的考證方法十分客觀，揭示了真相。之後，他又一次談到「劉歆將《國語》改為《左傳》」；〔註88〕還指出方苞根據《漢書‧王莽傳》「斥劉歆偽作《周禮》之專書」，「開後來廖平、康有為之先河」。〔註89〕

1953年2月底，顧頡剛開列了一份編書計劃，「古史四考」「古書四考」及《經學史》《考證文選》《古史勘》等仍被收錄在內。2月25日至3月4日間，他再次談到擬整理《經學通論》，糾正書中不合適的地方，希冀作成《經學通論補正》一書。次年2月前後，其提到「清代今文學派集矢劉歆，專從一個角度看古文《經》、《傳》，當然不能完全正確，語云『矯枉者必過其正』，在當時據西漢之學以反西漢末變古之學，態度不得不嚴屬操切」，今日應作「平心靜氣之研究」，拿證據去判斷劉歆是否造偽；〔註90〕還提到康有為之學襲自廖平但又超出廖平。在《左傳》問題上，他依據《漢書‧儒林傳》提出了一個新疑問：「張霸為通《左氏春秋》之人，生成帝時，則成帝時《左傳》已行，

〔註85〕顧頡剛：《法華讀書記（三）》，《顧頡剛讀書筆記》卷五，北京：中華書局，2011年，第78頁。
〔註86〕顧頡剛：《虯江市隱雜記（一）》，《顧頡剛讀書筆記》卷四，北京：中華書局，2011年，第440頁。
〔註87〕顧頡剛：《法華讀書記（四）》，《顧頡剛讀書筆記》卷五，北京：中華書局，2011年，第117～118頁。
〔註88〕顧頡剛：《法華讀書記（四）》，《顧頡剛讀書筆記》卷五，北京：中華書局，2011年，第124頁。
〔註89〕顧頡剛：《法華讀書記（五）》，《顧頡剛讀書筆記》卷五，北京：中華書局，2011年，第181頁。
〔註90〕顧頡剛：《法華讀書記（十九）》，《顧頡剛讀書筆記》卷六，北京：中華書局，2011年，第208頁。

何待哀、平之際劉歆表章之乎？亦何待劉歆校秘書而始得見之乎？滋可疑
也。」〔註91〕但他並沒有給出解釋。至於康有為與廖平之間的版權官司，顧頡
剛至遲於 1940 年已大致認定康有為抄襲了廖平，直至此時他仍堅持這一看法。
緊接著，其在為《知聖篇》所作的題記中重申《今古學考》《古學考》《知聖篇》
是《新學偽經考》《孔子改制考》的來源，此事「驗證分明，無事辯論。康氏
盜之而沒其名，心術誠不可問也」，但「廖氏條例散亂，文辭晦澀，讀其書如
誦古籍，要費一番整理工夫，與康氏之清楚顯豁者大異，此康氏之書所以能鼓
蕩一代思潮，而廖氏終不過涓涓之流也」；又在《新學偽經考》題記中言「康
氏此著襲方望溪、劉申受、魏默深、廖季平之說，而不甚著其所自出，其得謗
也固宜。然才氣蓬勃，合七襄為報章，鉤玄提要，令讀者識漢學之真面目而得
其綱領，斯亦一大貢獻也」。〔註92〕雖然顧頡剛明知《新學偽經考》沿襲眾人
之說，但仍因其「條析明備，可以識西漢之學術系統」而予以肯定。〔註93〕為
此，他曾計劃寫作《廖平與康有為的關係》一文來說明此問題。在此前後，顧
頡剛還在讀書筆記中舉出王莽以《周禮》改制之例證。

　　前面提過，《漢代學術史略》因通俗易懂而受到關注。此書出版於 1935 年
8 月，再版於 1941 年 10 月；之後，出於使內容和書名相符合的考慮，以《秦
漢的方士與儒生》為名於 1955 年 3 月重版，並於 1978 年 2 月再次重印。根據
小倉芳彥整理的三版內容對照表來看，此書的主要觀點沒有發生變化。雖然顧
頡剛知道書中有不少錯誤，但因這些缺點無礙於主旨內容的表達，加之不可控
的外界因素，故其並未對此進行大的改動。寫成於 1954 年 12 月 3 日的序言
呈現了他寫作此書的背景及其對於今文經學的態度。他對清代學術的欣賞來
自於清代學者「幫助人們認識了若干未經前人揭出的史實。……經過了長時期
的搜集材料、整理材料，竟把向來看不清楚的兩漢學術思想指出了一個輪
廓。……然而他們自身卻還沒有想到會發生這個破壞性的後果」。〔註94〕從其
所使用的詞彙中可以看到，他認為清代學者是在進行客觀研究，甚至因過於

〔註91〕顧頡剛：《法華讀書記（二一）》，《顧頡剛讀書筆記》卷六，北京：中華書局，
　　　　2011 年，第 310 頁。
〔註92〕顧洪、張順華編：《顧頡剛文庫古籍書目》卷二，北京：中華書局，2011 年，
　　　　第 789〜790 頁。
〔註93〕顧洪、張順華編：《顧頡剛文庫古籍書目》卷二，北京：中華書局，2011 年，
　　　　第 762 頁。
〔註94〕顧頡剛：《秦漢的方士與儒生》，《顧頡剛古史論文集》卷二，北京：中華書局，
　　　　2011 年，第 464〜465 頁。

「注重積聚材料」而「太偏於客觀主義」。〔註95〕至此,顧頡剛仍舊堅持方苞所著《周官辨》與康有為之《新學偽經考》已經揭露了劉歆助莽篡漢的事實,而且劉歆偽竄《左傳》與作《世經》同樣是事實。在他看來,縱然書中對陰陽五行、讖緯思想以及當時的政治制度有理解不到位的地方,但劉歆造偽與託古改制現象的存在卻是大體不誤的,這是漢代學術史上的事實。1941 年此書再版時,「友朋相見,時時道之」,〔註96〕這給了顧頡剛極大的信心,同時讓他更加認識到通俗讀物的重要性。但 1955 年的這次重版卻令他感到擔憂:「看輿論如何,如多抨擊,則予寫作生涯其將從此擱筆矣乎?」〔註97〕作為顧頡剛前半生的一次學術總結,此書是其用苦功換來的。除非拿出足以說服他的學術證據,否則很難令其放棄這些經過長期思考才形成的認識。身處批判胡適運動的漩渦之中,面對外界輿論的抨擊,若想繼續堅守自己的學術立場,無奈之下的「從此擱筆」不失為一種勇氣。

這一時期,除特別強調方苞與廖平之作的學術價值外,顧頡剛在今文經學的其他方面則大體延續了此前的看法,對託古改制說與劉歆造偽說的堅持亦未動搖。同樣,他繼續申明古史辨承接的是作為考據學的今文經學,所進行的工作是以考證的方法審查舊事實。對於這一方法的適用性,他意識到「考辨古籍現在還只得用此方法,而研究古史已不能適用時代也」。〔註98〕1949年 10 月,齊思和在總結近百年來中國史學發展時指出:「古史辨運動在中國近世史學史上地位與 19 世紀初西洋史家如尼泊(Niebuhr)等人,同垂不朽,都是指出了史學研究的第一步的基本工作,史料的審查。當然現在中國古史的研究早已超過古史辨時期,而進行著手各部門的建設工作了。」〔註99〕齊思和的這句話基本代表了 1949 年 10 月以來學界關於古史辨的評價,認為古史辨的貢獻主要在於審查上古史料,即所謂「辨偽的工作」,多破壞而少建設,而這一點又是「受了今文家的啟示」。〔註100〕顧頡剛之所以至此仍肯定

〔註95〕顧頡剛:《秦漢的方士與儒生》,《顧頡剛古史論文集》卷二,北京:中華書局,2011 年,第 471 頁。

〔註96〕顧頡剛:《顧頡剛日記》卷四,北京:中華書局,2011 年,第 725 頁。

〔註97〕顧頡剛:《顧頡剛日記》卷七,北京:中華書局,2011 年,第 671 頁。

〔註98〕顧頡剛:《顧頡剛日記》卷七,北京:中華書局,2011 年,第 595 頁。

〔註99〕齊思和:《近百年來中國史學的發展》,王學典、陳峰編:《二十世紀中國史學史論》,北京:北京大學出版社,2010 年,第 28 頁。

〔註100〕齊思和:《近百年來中國史學的發展》,王學典、陳峰編:《二十世紀中國史學史論》,北京:北京大學出版社,2010 年,第 28、14 頁。

並接受今文經學，也是因為今文經學的史料審查工作揭示了他所認為的事實。

二、從辨偽到古籍整理：找尋劉歆是否造偽的新證據

毋庸諱言，伴隨著《古史辨》的完結，顧頡剛的古史研究「絢華已謝」。〔註101〕自 1941 年 7 月至 1954 年底，其工作只是在原有框架內修修補補，鮮有實質性推進。而學術環境的改變，更使得他偏向於總結過去。由於變動的歷史更能引起研究者的興趣，因此顧頡剛這段像是進入了瓶頸期的學術歷程，很少進入研究者的視野。從 1954 年底開始，他應邀並受命點校《史記》《資治通鑒》、整理《古籍考辨叢刊》《尚書》等，由此開啟的古籍整理工作一直持續至其晚年。古籍整理與辨偽並不衝突。整理古籍時，顧頡剛並沒有忘記解決經學公案的目標，在閱讀史料的過程中，發現了些許未曾注意到的材料，這為他判斷劉歆是否造偽提供了新證據；另一方面，整理古籍自然會涉及文本是否經過續補、刪改等問題，這不免又與劉歆是否造偽糾纏到了一起，促使顧頡剛繼續反思如何解釋這一點。那麼，這些新發現是否有利於劉歆造偽說？晚年的顧頡剛是否修正了此前對於今文經學的認識？與今文經學糾纏了半個多世紀，在承受了批判高壓之後的生命盡頭，他如何看待自己與今文經學的關係？下文的辨析或許能對這些問題給出一個初步的回答。

在顧頡剛所做的古籍整理工作中，《古籍考辨叢刊》是較早出版的一種。第一集的序言完成於 1955 年 2 月 28 日，其中梳理了清代今文學家的考據成績，指出自劉逢祿至崔適已將「劉歆偽造《古文經》的一件事實」大致說清，以此為基礎，「將來我們把握了正確的方法和新出的資料（例如魏《三體石經》），必可比他們再進一步」；還說到清代學者「所用的方法也是接近於科學的」，但因無法擺脫聖道觀念，不免有「武斷主觀的成分」。〔註102〕8 月 28 日完成的後記對序言中的內容作了進一步說明。顧頡剛對這篇後記很是滿意，認為自己說出了「未經人道過者」，即過去的「考辨工作者其主觀願望為尊重孔子，而客觀效果為破壞經學，並打擊孔子之地位，亦即反封建運動」。〔註103〕

〔註101〕顧頡剛：《顧頡剛日記》卷五，北京：中華書局，2011 年，第 140 頁。

〔註102〕顧頡剛：《古籍考辨叢刊第一集序》，《顧頡剛古史論文集》卷七，北京：中華書局，2011 年，第 26～27 頁。

〔註103〕顧頡剛：《顧頡剛日記》卷七，北京：中華書局，2011 年，第 733 頁。9 月 7 日，顧頡剛說到「中華書局不願在《考辨叢刊》內廁入思想性的文字，因此

對於《左傳》，他指出啖助所言是「站在歷史事實的立場上」，清代今文學家承其後，已經「把《左傳》問題徹底解決」。〔註104〕其中，劉逢祿所列舉的「件件證據都真實，使人沒法反駁」，康有為「斷得簡單直捷，比劉逢祿又推進了一步」，崔適「考明《左傳》中的分野、互體、五德終始等學說不是原本《國語》所有，而是劉歆們所增竄，比了康有為又進一步」。〔註105〕在他們之後，應作《〈國語〉探源》《今本〈國語〉與〈左傳〉疏證》等書，將此問題作一了結，雖然這項工作非常艱巨，但確為下一步努力的方向。在這裡，顧頡剛判定劉歆造偽的「鐵證」不出此前所論，仍依《漢書》與《史記探源》而來。對於《書序》，他認為經過康有為、崔適以及趙貞信的考證，「推論益為完密」，幾成定案。〔註106〕顧頡剛的這些評論是就《古籍考辨叢刊》所收錄的內容而發，由此亦可見其在劉歆造偽問題以及關於今文經學的看法上基本維持了舊說。

　　與編輯《古籍考辨叢刊》同時進行的還有《史記》與《資治通鑑》的整理工作，這兩項工作的開展幫助顧頡剛尋得了判斷劉歆是否造偽的新證據。根據匡衡改定祀典而未引《周禮》的做法，他提出「使古有《周禮》存在，匡衡如何不引以證成其說？成帝行之，而《周禮》有其事，則其出於西漢末人所改可知」，〔註107〕認為《周禮》出於西漢末年。2月至5月9日間，其指出《史記集解》所言「自悼公以下盡與劉歆《曆譜》合，而反違《年表》」一語，〔註108〕可以作為「劉歆或其黨徒竄改《史記》之一證」。〔註109〕對此，他於1956年

　　　　前昨二天的工作白費了」。不知前昨二天白費的工作是否涉及所作後記中令他滿意的內容。顧頡剛：《顧頡剛日記》卷七，北京：中華書局，2011年，第736頁。

〔註104〕顧頡剛：《古籍考辨叢刊第一集後記》，《顧頡剛古史論文集》卷七，北京：中華書局，2011年，第32～33頁。

〔註105〕顧頡剛：《古籍考辨叢刊第一集後記》，《顧頡剛古史論文集》卷七，北京：中華書局，2011年，第42頁。

〔註106〕顧頡剛：《古籍考辨叢刊第一集後記》，《顧頡剛古史論文集》卷七，北京：中華書局，2011年，第40頁。

〔註107〕顧頡剛：《得性軒讀鑒記（二）》，《顧頡剛讀書筆記》卷七，北京：中華書局，2011年，第503頁。《得性軒讀鑒記》的頁首沒有出現寫作時間。據《顧頡剛年譜》所載，兩冊《得性軒讀鑒記》完成於1955年。顧潮編著：《顧頡剛年譜》，北京：中華書局，2011年，第419頁。

〔註108〕司馬遷：《史記》卷三十三《魯周公世家》，北京：中華書局，1959年，第1546頁。

〔註109〕顧頡剛：《法華讀書記（二二）》，《顧頡剛讀書筆記》卷六，北京：中華書局，2011年，第383頁。「或其黨徒」四字「據修訂稿補」，但不知補於何時。

4 月至 8 月間重申之，並言「劉歆之學者改得《魯世家》，忘並改《六國表》，遂致此誤。《史記》經漢人改竄，體無完膚如此」。〔註 110〕在《周禮》和《史記》之外，他仍繼續追蹤《左傳》的成書年代問題。5 月至年底，通過對比《竹書紀年》《史記》與《左傳》中關於黃帝傳位於顓頊還是少昊的記載，顧頡剛認為有《竹書紀年》這一「地下材料之作證」，《左傳》之說不可信「益可無疑」；〔註 111〕又依據杜預在《春秋經傳集解・後序》中所論《師春》與《左傳》之關係，說到「『魯君子左丘明』之說必然站不住。姚鼐謂《左傳》作於魏人，此亦一證也」；〔註 112〕之後還指出劉歆「偽撰『左丘明恥之』一章竄入《論語》」，〔註 113〕實則《左傳》與孔子無關。

在此期間，作於 8 月至 9 月間的《史記序》也涉及這些問題。顧頡剛認為劉歆為幫助王莽成為皇帝，所以「希望在短時間內做成『栽贓誣陷』的工作」，「將《古文經》的種子散佈到各個角落，在各部古書裏埋伏著援兵」，〔註 114〕《史記》便是被劉歆「栽贓誣陷」的古書之一。幸賴康有為「指出了《史記》中多有劉歆竄改的文字，或劉歆取了《史記》的資料以造作《古文經》的根據」，加之崔適辨別出了「劉歆加進《史記》的文字」，這才「確使我們看清了若干問題」，但也要意識到他們的說法「過於急進，希望一下子把這問題弄明白，主觀色彩不免濃重，所以有許多地方是需要我們糾正的」，「必須把康、崔兩家之說加以批判地接受，更精密地研究下去，方能得到一個近真的結論」。〔註 115〕「歷史是割不斷的長流，所以讀者對於歷史的書籍便有隨時增補的要求」，〔註 116〕

〔註 110〕 顧頡剛：《緩齋雜記（三）》，《顧頡剛讀書筆記》卷七，北京：中華書局，2011年，第 210 頁。「『《史記》經漢人改竄』以下，據修訂稿補」，但不知補於何時。

〔註 111〕 顧頡剛：《古柯庭瑣記（一）》，《顧頡剛讀書筆記》卷七，北京：中華書局，2011 年，第 27 頁。「地下材料之作證」與「益可無疑」二語均「據修訂稿補」，但不知補於何時。

〔註 112〕 顧頡剛：《古柯庭瑣記（一）》，《顧頡剛讀書筆記》卷七，北京：中華書局，2011 年，第 41 頁。

〔註 113〕 顧頡剛：《緩齋雜記（一）》，《顧頡剛讀書筆記》卷七，北京：中華書局，2011年，第 108 頁。

〔註 114〕 顧頡剛：《史記序》，《顧頡剛古史論文集》卷十一，北京：中華書局，2011 年，第 661 頁。

〔註 115〕 顧頡剛：《史記序》，《顧頡剛古史論文集》卷十一，北京：中華書局，2011 年，第 661～663 頁。

〔註 116〕 顧頡剛：《史記序》，《顧頡剛古史論文集》卷十一，北京：中華書局，2011 年，第 659 頁。

因此對已有史籍加以增補，在史學著作史上本非稀奇之事，而《史記》經過後人續補也是一件眾所周知的事實。在顧頡剛看來，既然褚少孫、馮商、衛衡等人可以增補《史記》，那麼劉歆自然也可以。且不必說劉知幾曾經指出「劉向、向子歆及諸好事者」相次撰續《史記》，〔註117〕即便劉知幾不提，也不能排除劉歆確有增補《史記》的可能。這更是因為與褚少孫等人不同，劉歆竄改《史記》是要助莽篡漢，而這一政治動機便是衡量劉歆是否造偽的重要因素。

11月23日，顧頡剛提到戰國諸子「託古以自重」而就此「模糊了學術發生的年代和書籍著作的年代」，還說到《周禮》《左傳》大體為戰國時期的著作，但均經過漢代人的改動。〔註118〕在《古籍考辨叢刊》第一集出版的同時，第二集的編輯工作也已展開。在這一集中，顧頡剛主要就《周禮》和《逸禮》問題發表了意見。相比於《尚書》《詩經》《左傳》，他對「《禮記》、《周官》二書，一生未用功」。〔註119〕藉此機會，他又找到了理解經學問題的新途徑，並打算細讀這兩本書。12月23日，在為《周官辨非》所作的序言中，他指出《周禮》是齊國人所作，但今本《周禮》是否還是齊國原本則尚不能斷定。在此之前，顧頡剛只說到《周禮》原為戰國著作，這似是其首次將《周禮》之作定位至齊國。隨後，他還指出王莽從秘府中發現了《周禮》，藉此行託古改制之事，「拿來選擇應用，該損的損，該益的益，完成了他為漢制禮的大事業」。在此過程中，劉歆將一些內容竄入《周禮》以適應時代要求。〔註120〕同時，他認為此書「不成於一人，也不作於一時，所以其中的制度常有牴牾和不可信的成分。然而其中也必然保存了一部分的古代的真制度」。〔註121〕對於劉歆所爭立的古文經學，他還提到這些經書雖然經過了修改，但總體上還是保持了原來的樣貌。緊接著，顧頡剛在作於28日的《周官辨序》中談到方苞列舉的劉歆偽竄《周禮》的幾條例證「理由實在不充足」，「是很少可信的」，但廖平所舉的例

〔註117〕 劉知幾撰，浦起龍釋：《史通通釋》卷十二《古今正史第二》，上海：上海古籍出版社，1978年，第338頁。

〔註118〕 顧頡剛：《「古籍年代簡說」寫作計劃》，《顧頡剛古史論文集》卷七，北京：中華書局，2011年，第49頁。

〔註119〕 顧頡剛：《顧頡剛日記》卷七，北京：中華書局，2011年，第775頁。

〔註120〕 顧頡剛：《周官辨非序——周公制禮的傳說和周官一書的出現》，《顧頡剛古史論文集》卷十一，北京：中華書局，2011年，第458頁。

〔註121〕 顧頡剛：《周官辨非序——周公制禮的傳說和周官一書的出現》，《顧頡剛古史論文集》卷十一，北京：中華書局，2011年，第460頁。

子則「證佐昭彰」，且其方法「謹慎而細密」。〔註 122〕顧頡剛整理《周禮》的總原則是考辨書中真偽，並將它們「細細地分析出來而部分地歸到正確的古代史裏去；就說是出於戰國和西漢時代的人們的計劃，那也應當分析出來而歸到戰國和西漢的政治經濟思想史和宗教史裏去。如果隨手放過或隨意屏斥則都是不應該的」。〔註 123〕他不會為了證成劉歆造偽而接受那些證據不充足的看法，也不會因為擔心遭受議論而拒絕那些確能說明劉歆造偽的觀點。總之，盡可能地以歷史主義的態度整理古籍是其孜孜以求的目標。

顧頡剛的這一態度也體現在其為《禮經通論》所作序言中。他談到「我們絕不否認劉歆真實地掌握了一些古代的資料，……但他志欲補經，就大言欺世，說得自孔壁，想借著孔子的招牌來提高他私人纂述的地位，以與當時的五經博士爭勝，弄得古代的真資料裏邊混入了很多的他的主觀成分，淆亂了資料的時代，這一種態度是必該受到嚴厲的批評的」。〔註 124〕在整理此書的過程中，他還翻閱了《新學偽經考》中的《漢書劉歆王莽傳辨偽》一卷以為參照。點校完《禮經通論》時，顧頡剛自念其一生的研究中心「為戰國秦漢間之改制問題，以前發表之《五德終始說》、《堯舜禪讓故事》、《秦漢間方士與儒生》及此篇皆是也。若能上推至春秋，下推至東漢，說明此一千年中之改制運動及其背景，則予生為不虛矣。……蓋必須認識此一運動，則治古史與古代學術者方可得其端緒，不致陷入迷魂陣」。〔註 125〕在顧頡剛看來，劉歆造偽的目的是改制，所以託古改制問題是古史呈現如此樣貌的關鍵。當然，也正是因為顧頡剛抓住了改制運動，所以他才更堅持劉歆造偽說。

翌年 4 月至 8 月間，他又一次申明《左傳》出於劉歆「引傳文以解經」。〔註 126〕8 月至 10 月 10 日間，指出「河間獻王對於中國歷史文獻大有關係，而《史記》言之太略，《漢書》言之則又牽入後來古文經典問題」。〔註 127〕在

〔註 122〕顧頡剛：《周官辨序》，《顧頡剛古史論文集》卷十一，北京：中華書局，2011年，第 475～477 頁。

〔註 123〕顧頡剛：《周官辨非序——周公制禮的傳說和周官一書的出現》，《顧頡剛古史論文集》卷十一，北京：中華書局，2011 年，第 460 頁。

〔註 124〕顧頡剛：《禮經通論序——儀禮和逸禮的出現與邵懿辰考辨的評價》，《顧頡剛古史論文集》卷十一，北京：中華書局，2011 年，第 486 頁。

〔註 125〕顧頡剛：《顧頡剛日記》卷七，北京：中華書局，2011 年，第 774 頁。

〔註 126〕班固：《漢書》卷三十六《楚元王傳》，北京：中華書局，1962 年，第 1967 頁。

〔註 127〕顧頡剛：《緩齋雜記（四）》，《顧頡剛讀書筆記》卷七，北京：中華書局，2011年，第 277 頁。

河間獻王問題上，《史記》與《漢書》是最重要的兩部參考文獻。康有為通過對比《史》《漢》而坐實了劉歆造偽，《史》《漢》之間的異同亦是顧頡剛判斷劉歆是否造偽的證據之一。與康有為不同的是，顧頡剛並不以此論定劉歆造偽，而只是將此作為衡量劉歆是否造偽的參照。而且在這裡，顧頡剛顯然已經認識到《史》《漢》比較這一方法的弊端，也似乎已意識到要想解決此問題，需要在《史》《漢》之外另尋出路。

臨近康有為百年誕辰，顧頡剛希望能就當時的歷史環境客觀地評價康有為的貢獻。他仍堅持之前的看法，主張《新學偽經考》對古文經學「下了總攻擊令」，《孔子改制考》「揭出了當時『託古改制』這一個明顯的事實」，雖然「這兩部書的結論都有商量的餘地，但在特別尊崇『道統』的封建社會只許人們盲目尊孔、信經的氛圍裏，彷彿扔下兩顆重磅炸彈，竟炸毀了二千餘年來頑固保守的壁壘」。〔註128〕無論是從學術史還是思想史層面，顧頡剛都認為康有為的學說有可取之處。之後，在作於 1958 年 3 月 23 日的《康有為百年誕辰紀念講稿》中，他講到清代今文學家「乃是用了歷史的眼光來分析兩漢經學的異同」，其中特別強調康有為「因為讀了世界史，又讀了《舊約》，知道各國的上古史都是茫昧無考的，帶有神話性的，中國的上古史也不能例外」。〔註129〕就他與康有為之間的關係而言，其自覺在重新估價中國固有的學術和歷史方面，是康有為的「私淑弟子」，「一直以繼承南海先生的學術為自己的不可動搖的意志」，是受康有為影響最深的一個人，而《古史辨》的編撰動機，也正是「南海先生這一思想的發展」。〔註130〕在紀念康有為百年誕辰這種特殊場合下，顧頡剛對康有為的評價並沒有超出此前所論而刻意吹捧之。但值得注意的是，他對自己與康有為關係的這些表述卻是前所未有的。顧頡剛受到康有為的影響是事實，這一影響到了何種程度卻需要具體分析。按照顧頡剛的意思，不免給人一種其儼然是今文經學繼承者的感覺。其中，出於紀念會發言的需要固然是原因之一，或許更重要的是，這恰恰是他經受批判運動影響的一種反映。從某種程度上講，此種反映自是說明了真實的問

〔註128〕顧頡剛：《康有為先生誕生百年紀念啟事》，《寶樹園文存》卷二，北京：中華書局，2011 年，第 405 頁。
〔註129〕顧頡剛：《康有為百年誕辰紀念講稿》，《寶樹園文存》卷二，北京：中華書局，2011 年，第 424～425 頁。
〔註130〕顧頡剛：《康有為百年誕辰紀念講稿》，《寶樹園文存》卷二，北京：中華書局，2011 年，第 423、425～426 頁。

題，但難免存在因為不可與外人道的緣故而有意誇大的成分。

　　據前所述，顧頡剛對皮錫瑞的著作一直頗有好感，曾多次計劃整理《經學通論》，認為此書是瞭解經學的入門書、是「有系統之作」。〔註131〕但在 1961 年 8 月前後，面對周予同及其學生關於《經學通論》的評價——「清代今文經學派的重要著作之一」，他卻認為「此書雖有條理，但並不精湛，不能說為重要著作。至其《經學歷史》，則大體鈔自《四庫提要》，更不當預於重要著作之列」。〔註132〕根據此前顧頡剛的評價來看，他也承認皮錫瑞的《經學通論》為清代今文學派的重要著作，否則不會多次點讀甚至準備為之作注。當然，顧頡剛既然將其視作經學門徑書，言下之意便是此書「雖有條理，但並不精湛」。這是通論類著作的特性，倒也不必苛責。可以說判斷一本書是否為重要著作與其是否精湛沒有必然關係，取決於從什麼層面發掘其重要性。由此看來，顧頡剛對於皮錫瑞著作的評價前後並不矛盾，不能因此而認為他否定了此書的價值。此時，顧頡剛與周予同的關係早已疏遠，他對周予同的學術觀點也多不認同，上述評價針對周予同及其學生關於《經學通論》的看法而發，個中緣由不免耐人尋味。

　　《中國史學入門》是瞭解顧頡剛關於今文經學態度的又一個入口。此書由 1965 年 12 月 25 日至 1966 年 1 月 26 日顧頡剛與何啟君談講史學的記錄整理而成，後於 1983 年 7 月出版。在《左傳》問題上，縱然眾說紛紜，但顧頡剛仍「以為清代經今文學家的說法有一定道理」，《左傳》「是古文學家劉歆所作」，其中既有真史料，也有偽史料。關於託古改制說，他同樣堅持「改制是孔子以後的事，是戰國時期的事，是諸子的事」，孔子並無改制之事。〔註133〕這些看法均與此前相差無二。之後，顧頡剛在給徐仁甫所著《左傳疏證》所提的意見中表示《左傳》「必非劉歆所作，可能有東漢鄭眾一班人的筆」。〔註134〕1970 年 4 月 30 日，顧頡剛再一次提到欲撰「《左》《國》合編——即康有為、錢玄同欲恢復之『國語原本』，但分析頗難」。〔註135〕1973 年 8 月 11 日，又

〔註131〕顧頡剛：《顧頡剛日記》卷三，北京：中華書局，2011 年，第 723 頁。

〔註132〕顧頡剛：《辛丑夏日雜鈔》，《顧頡剛讀書筆記》卷十，北京：中華書局，2011 年，第 53 頁。

〔註133〕顧頡剛：《中國史學入門》，《顧頡剛古史論文集》卷十二，北京：中華書局，2011 年，第 479、534、542 頁。

〔註134〕顧頡剛：《對徐仁甫左傳疏證提意見》，《寶樹園文存》卷二，北京：中華書局，2011 年，第 465 頁。

〔註135〕顧頡剛：《顧頡剛日記》卷十一，北京：中華書局，2011 年，第 206 頁。

與徐仁甫談到劉歆杜造金天氏一名「屬入古帝隊伍，而後得完成其政治任務」，「劉歆表章《左氏》，保存春秋一代史事，固一大功績；而其附莽以造偽史，淆亂當時史官記載，則為千古罪人。功罪固當分別論之」；後於 10 月 16 日說到《五德終始說下的政治和歷史》中「最大的錯誤，是承襲康崔之論，以『少昊』一名，為劉歆造說。其後悟太昊少昊兩名，俱為東方氏族之圖騰。……是故『少昊金天氏』一名，上半截出於鳥夷之神話，下半截則出於劉歆推戴王莽所臆造。康、崔二氏等量觀之者，非也」。〔註 136〕及至晚年，他更正了少昊出於劉歆杜造的看法，但在其他問題上仍持舊說。《左傳》成書問題「於《五德終始說下的政治和歷史》一文發其端」，〔註 137〕顧頡剛與之糾纏了近五十年。正像前面提到的那樣，他已經無力解決這一難題了，比如在合編《左傳》《國語》問題上，他明知「分析頗難」，但也沒有其他辦法，只是在反覆述說這一想法。《左傳疏證》的出現讓顧頡剛看到了一絲希望，他對徐仁甫說：「尊著如就，宛如代我完成一時代使命，無可憾矣。」〔註 138〕無論徐仁甫是否解答了顧頡剛的疑問，只要能在這一問題上有所推進，就足以讓顧頡剛「無任欣慰」。

《古史辨》第一冊《自序》是顧頡剛「任北大助教六年，慢慢讀、慢慢想而得到的」，〔註 139〕也是其「一生中寫得最長最暢的文章之一」。〔註 140〕或毀或譽，由《古史辨》引起的古史大討論都可以稱得上是一場史學革命。顧頡剛亦以此來看待自己的事業：「予三十後編著《古史辨》，在舊史學界起一革命，得名得謗，擾攘至今。」〔註 141〕與《自序》相呼應，顧頡剛於 1979 年 3 月至 1980 年 9 月撰寫了《我是怎樣編寫古史辨的？》一文。這篇絕筆之作是他對自己一生所從事疑古志業的最後總結。在談《古史辨》的學源時，與《自序》突出強調今文經學不同，此時顧頡剛基本隱去了今文經學對他的影響，只說「《古史辨》的指導思想，從遠的來說就是起源於鄭、姚、崔三人的思想，從

〔註 136〕 顧頡剛：《顧頡剛書信集》卷三，北京：中華書局，2011 年，第 512、514 頁。

〔註 137〕 顧頡剛：《顧頡剛書信集》卷三，北京：中華書局，2011 年，第 513 頁。

〔註 138〕 顧頡剛：《顧頡剛書信集》卷三，北京：中華書局，2011 年，第 515 頁。

〔註 139〕 顧頡剛：《顧頡剛書信集》卷三，北京：中華書局，2011 年，第 370 頁。

〔註 140〕 顧頡剛：《我是怎樣編寫古史辨的？》，《顧頡剛古史論文集》卷一，北京：中華書局，2011 年，第 168 頁。

〔註 141〕 顧頡剛：《法華讀書記（六）》，《顧頡剛讀書筆記》卷五，北京：中華書局，2011 年，第 194 頁。

近的來說則是受了胡適、錢玄同二人的啟發和幫助」。〔註 142〕只有在介紹《古史辨》第五冊的內容時，他才提到自從晚清今文學家提出了新學偽經說，許多古書和古史便都有了劉歆偽造的嫌疑，而「古史的傳說固然大半由於時代的發展而產生的自然的演變，但卻著實有許多是出於後人政治上的需要而有意偽造的」，〔註 143〕是故今文學家對劉歆造偽的揭露契合了事實。同時，他也擺明瞭自己與今文學家的不同：「我所說的如有錯誤，極盼望人們的駁詰。我絕不像廖平、康有為那樣，自居於教主而收羅一班信徒，盼望他們作我的應聲蟲。」〔註 144〕本於證據、事實而非家派、信仰，根據證據更新結論，是顧頡剛學術研究的準則，所以他才會說如果這些問題沒有得到解決，「即使我停筆不寫了，到安定的社會裏還是會有人繼續寫的，只有問題得到了合乎事實的令人信服的結論，像《偽古文尚書》一案，才沒有人會浪費精神去寫，這是我敢作預言的」。〔註 145〕在這篇文章的結尾，顧頡剛重申《古史辨》不曾佔據一個時代，以考證的方式發現新事實，不僅自宋至清在做，《古史辨》也在做，將來的學者同樣會去做，這是學術之所以為學術的根基所在。早在三十年前，他便已說過同樣的話，此時拿來作為這篇文章的結束語，彷彿也是在給自己一個交代。

　　在託古改制說與劉歆造偽說之間，顧頡剛對前者的接受要早於後者。接受託古改制說後，他並沒有過於糾結此說能否成立。作為一種歷史現象的託古與改制見載於文獻，經過晚清今文學家的彰顯，某種程度上已是眾所周知的事實。在這一問題上，討論的重點在於託古改制與造偽尤其是劉歆造偽之間的關係。相比之下，大致自 1927 年尤其是《五德終始說下的政治和歷史》刊出之後直至此時，顧頡剛更著意於劉歆造偽說，劉歆是否造偽以及造了哪些偽一直纏繞在他心頭。經由以上分析，顧頡剛發現的新證據多有利於其證成劉歆造偽。在這其中，他是否為了證成劉歆造偽而去找尋證據可以另行討論。而且，顧頡剛除在少昊金天氏問題上更正了自己的觀點外，關於其他問題的看法則

〔註 142〕　顧頡剛：《我是怎樣編寫古史辨的？》，《顧頡剛古史論文集》卷一，北京：中華書局，2011 年，第 159 頁。

〔註 143〕　顧頡剛：《我是怎樣編寫古史辨的？》，《顧頡剛古史論文集》卷一，北京：中華書局，2011 年，第 171 頁。

〔註 144〕　顧頡剛：《我是怎樣編寫古史辨的？》，《顧頡剛古史論文集》卷一，北京：中華書局，2011 年，第 174 頁。

〔註 145〕　顧頡剛：《我是怎樣編寫古史辨的？》，《顧頡剛古史論文集》卷一，北京：中華書局，2011 年，第 174 頁。

多補充而少修正。此外，他特別強調了唥助和廖平的貢獻。隨著研究的愈益深入，有些原本不在他視線內的人物開始受到其關注，前面提過的方苞也是一個例子。與此前一樣，他始終堅持自己是以審查史料的態度對待今文學家的觀點，判斷的標準仍是證據與事實。顧頡剛早就說過：「其實即無康，中國亦不能不如此，《六經》、孔子仍是維持不了。……即使沒有今文家，但在現在這時代中，《六經》與孔子依然要經過一次重新的估價。」〔註146〕即便沒有今文經學，他也可以得出那些結論。對他來說，今文經學只是一種助力而不具有決定性作用。

在為《史林雜識初編》所作引言中，他曾總結自己五十年來的積稿「有一主題思想堅持而不變者，曰對於戰國、秦、漢時代學說之批判」，「欲清掃戰國而下之蔀障，以恢復古代史實之真面目」。〔註147〕顧頡剛一心想解決經學公案，但他也已經意識到了囿於能力所限，意圖極力解決的問題「不能達到理想之境界」，所提出的疑問只能「以待後人之研究」，〔註148〕所暢想的那幅藍圖也只得留待後人去實現了。

第三節　批判再起：如何理解顧頡剛對今文經學的超越與妥協？

自《五德終始說下的政治和歷史》刊出以來，顧頡剛與今文經學的關係便不斷受到質疑。1949 年 10 月之後，隨著批判胡適運動的變本加厲，顧頡剛與今文經學的關係再次面臨審視。在新的歷史語境中，如何理解這一關係已不再單單是學術問題那樣簡單，特定的政治氣候「規定和控制著歷史評價」，〔註149〕階級立場已然成為衡量二者之間關係的決定性因素。當然，或許從來沒有單純的學術問題，只是這一時期學術討論的政治色彩尤為濃重而已。除了素來反對古史辨的學者，批判運動的參與者還有顧頡剛的學生們。身處政治高壓之下，他們的批判確實有不得已之言，但也有學術層面的反思，對此不應一概而論。

〔註146〕顧洪、張順華編：《顧頡剛文庫古籍書目》卷二，北京：中華書局，2011 年，第 790 頁。

〔註147〕顧頡剛：《史林雜識初編》，《顧頡剛讀書筆記》卷十六，北京：中華書局，2011年，第 261～262 頁。

〔註148〕顧頡剛：《顧頡剛書信集》卷二，北京：中華書局，2011 年，第 443 頁。

〔註149〕王學典：《語境、政治與歷史：義和團運動評價 50 年》，《史學月刊》2001 年第 3 期，第 14 頁。

作為被批判者的顧頡剛來說，1950 年代以來的一系列打擊如同「思想上的『煉獄』」，〔註 150〕令其深深體會到了何為「到此方知獄吏尊」，〔註 151〕而來自學生們的攻擊則不啻於雪上加霜。此時再談古史辨與今文經學的關係雖然屬於舊事重提，但政治批判對這一舊事進行了重新解讀。在學術之外，顧頡剛對今文經學的超越與妥協帶有了政治意味。在政治和學術的糾纏下，如何理解這種超越與妥協的二重性是一個問題。

一、批胡運動中的顧頡剛與今文經學

關於古史辨的新一輪批判直接導源於批胡運動。〔註 152〕在當時人眼中，胡適是疑古派的祖師爺，顧頡剛是胡適的「得意弟子」，而且被稱作胡適的「四大金剛」之一。〔註 153〕因此，由批判胡適而批判顧頡剛是難免的事情。早在批胡運動之前，對胡適及古史辨考據方法的批評已然不少，甚至一度到了「謾罵」的地步。〔註 154〕批胡運動時期，這一方法更是備受詬病。童書業曾直言：「我們所反對的考據，並不是一般的考據，而只是實驗主義的『考據』。」〔註 155〕也就是說，只有唯物史觀的考據才是有價值的。在那個大轉變時代，當屬於資產階級思想的實驗主義被棄置一邊時，被劃為封建主義的經學考據更是難有生存餘地。那麼，一隻手承接實驗主義而另一隻手承接今文經學的古史辨的境遇便可想而知了。無論是古史辨還是今文經學，都是作為唯物史觀的對立面接受批判的。此種語境下，相較於之前的質疑，人們關於古史辨與

〔註 150〕王學典、陳峰：《二十世紀中國歷史學》，北京：北京大學出版社，2009 年，第 136 頁。

〔註 151〕顧頡剛：《顧頡剛日記》卷七，北京：中華書局，2011 年，第 666 頁。

〔註 152〕關於批胡運動的相關研究參見王茜：《建國後胡適形象演變研究》，山東大學2019 年碩士學位論文；陳峰、李梅、鄒曉東：《〈文史哲〉與中國人文學術七十年（1951～2021）》，濟南：山東大學出版社，2021 年，第 51～84 頁；陳峰、董彩雲：《〈文史哲〉與共和國人文學術的初創（1951～1966）》，濟南：山東大學出版社，2021 年，第 13～59 頁。

〔註 153〕顧頡剛：《顧頡剛日記》卷七，北京：中華書局，2011 年，第 142～143 頁。「四大金剛」指傅斯年、顧頡剛、羅家倫與楊振聲。

〔註 154〕童書業曾言「我們所反對的，只是一部分的唯物史觀者的唯心歷史觀，和他們對於考據一派的謾罵式的批評。」童書業：《唯物史觀者古史觀的批判》，《童書業著作集》第三卷《童書業史籍考證論集》，北京：中華書局，2008 年，第 669 頁。

〔註 155〕童書業：《批判胡適的實驗主義「考據學」》，吳銳等編：《古史考》第二卷《批胡適乙編》，海口：海南出版社，2003 年，第 305 頁。

今文經學關係的認識發生了什麼變化？這些認識是否揭示了事實？縱然這些特殊時期的評價已成為過去時，但對於理解古史辨與今文經學的關係仍具有學術史意義。

「在胡適拒絕接受新政權對其『勸歸』的同時，大陸對他的批判已經相繼展開了。」〔註156〕1949 年 1 月 25 日，胡適登上了第二批戰犯的名單，〔註157〕之後被屢屢斥為「無恥奴才」「美帝走狗」「內戰戰犯」「反革命的辯護人」「反革命中的一分子」等。〔註158〕10 月之後，在政治立場問題仍是胡適批判重點的同時，關於胡適學術思想的批判也已在高校中慢慢展開。1951 年 8 月 4 日，北京大學召開胡適控訴會，沈尹默、顧頡剛、俞平伯等人「作批判發言，並檢討與胡適的關係」。〔註159〕隨後的知識分子改造運動也以批判、控訴胡適為主，批判涉及「整理國故」「考據的方法」「『歷史癖』與『考據癖』」等內容。〔註160〕直至此時，這些批判尚未特別指向顧頡剛及古史辨。

率先向顧頡剛及古史辨發難的是童書業與楊向奎。童書業指出「我們發現了與我們說法相反的證據時，又往往不惜襲用清末今文學家的辦法，武斷說這證據是後人偽竄進古書去的：這種方法連本派某些人也常常提出異議」，而且「『古史辨派』（疑古派的別名）與康有為根本就不能與閻百詩相提並論。閻百詩是位比較單純的考據家，而『古史辨派』與康有為並不是單純的考據家。閻百詩的考據是可以供參考的，而『古史辨派』與康有為的作品，在考據學上說，也沒有什麼價值。……『古史辨派』和康有為的作品中可採的考據實在太少

〔註156〕 陳峰、董彩雲：《〈文史哲〉與共和國人文學術的初創（1951～1966）》，濟南：山東大學出版社，2021 年，第 43 頁。

〔註157〕 參見王學典主編，陳峰、姜萌編撰：《20 世紀中國史學編年（1900～1949）》下冊，北京：商務印書館，2014 年，第 974～975 頁。

〔註158〕 新華社：《顛倒黑白的無恥奴才美帝走狗胡適顧維鈞竟為大西洋公約辯護》，吳銳等編：《古史考》第一卷《批胡適甲編》，海口：海南出版社，2003 年，第 1 頁；新華社：《美帝走狗胡適閉緊眼睛吹求乞求美國主子救命》，吳銳等編：《古史考》第一卷《批胡適甲編》，海口：海南出版社，2003 年，第 2 頁；何乾之：《「五四」的兩個基本口號》，吳銳等編：《古史考》第一卷《批胡適甲編》，海口：海南出版社，2003 年，第 6 頁。「《美帝走狗胡適閉緊眼睛吹求乞求美國主子救命》」，原作「《美帝走狗胡適團緊跟吹牛乞求美國主子救命》」，疑誤。

〔註159〕 王學典主編，郭震旦編撰：《20 世紀中國史學編年（1950～2000）》上冊，北京：商務印書館，2014 年，第 25 頁。

〔註160〕 游國恩：《我在解放前走的是怎樣一條道路》，吳銳等編：《古史考》第一卷《批胡適甲編》，海口：海南出版社，2003 年，第 57 頁。

了」。〔註161〕他認為古史辨是反科學的實驗主義的產物，屬於資產階級史學，在某種程度上又向封建勢力妥協，永遠無法建設起真古史。在這裡，所謂向封建勢力妥協主要針對古史辨與今文經學的聯繫，尤其是顧頡剛對劉歆造偽說的推崇。僅憑這一點，童書業已經可以將古史辨置之死地了。顧頡剛畢生致力於科學地考辨古史，一直堅持自己與康有為最不同的地方就在於自己是「單純的考據家」，更確切地說應當是客觀的現代史學家，而且那些建立在事實證據上的考據至少是立得住的、有可取之處的。童書業近乎全盤否定了這一點，從根源上抹殺了古史辨的學術價值。如果說其批判尚留有一絲餘地，那便是他還承認古史辨的疑古精神值得肯定，在打擊封建偶像與聖經賢傳方面發揮了一定作用。童書業的傾向很明顯，即否定古史辨的學術史意義而部分地保留其思想史意義。

　　「拿證據來」、〔註162〕有幾分證據說幾分話、史學便是史料學，這些耳熟能詳的口號曾是古史辨那一代學者的標籤。從胡適、傅斯年到顧頡剛甚至於童書業，他們都曾沉浸其中，而中國現代史學也正是因此才漸具雛形。在拿出證據後，「怎樣評判證據」同樣是他們關心的問題，〔註163〕但他們根據證據所給出的解釋已經無法適應時局的變化。如此一來，不僅這些解釋成為問題，就連那些證據還能否成為「證據」也要面臨重新評估。在此時的童書業看來，古史辨陷入了唯證據論的陷阱。他說到「過去舊考據家們受了胡適『小心求證』的毒素，往往是把硬證據看得比科學規律重要得多的，他們寧可不管科學規律，而只講硬證據，……他的所謂『證據』，實際上只是一種表面現象，並不是真正可靠的證據。……這種『考據』方法傳給古史辨派，使古史辨派否定了一切原始傳說，否定了原始社會。……這就是胡適的唯『證據』論的『考據』方法的典型應用」。〔註164〕童書業清楚地知道，與「舊考據家們」所爭辯的問題並不只是問題本身那麼簡單，而是「思想方法論的論爭」，「思想」是否正確要遠大於「方法」是否適用。〔註165〕也正是立足於這

〔註161〕童書業：《「古史辨派」的階級本質》，《文史哲》1952年第2期，第33～34頁。
〔註162〕曹伯言整理：《胡適日記全集》第三冊，臺北：聯經出版事業股份有限公司，2004年，第876頁。
〔註163〕曹伯言整理：《胡適日記全集》第三冊，臺北：聯經出版事業股份有限公司，2004年，第876頁。
〔註164〕童書業：《從中國開始用鐵的時代問題評胡適派的史學方法》，《文史哲》1955年第2期，第33頁。
〔註165〕童書業：《從中國開始用鐵的時代問題評胡適派的史學方法》，《文史哲》1955年第2期，第33頁。

一層面，他才指責古史辨「可採的考據實在太少了」。〔註166〕換言之，古史辨的學術價值並不由其本身決定，在很大程度上取決於是否還能被時代接納。

其後，童書業談到古史辨派的史學來源有三個，「第一個便是胡適的實驗主義『考據學』，第二個是康有為一派的今文經學，第三個是乾嘉考據學派的支流崔東壁的『疑古』史學」，而顧頡剛「在前期主要是受胡適的實驗主義『考據學』和崔東壁的『疑古』考據學的影響；到了後期，他主要是受康有為一派經今文學家的影響。……康有為的『託古改制』和『新學偽經』的說法，也因實驗主義的利用而更發展起來」。〔註167〕這一判斷大致是不錯的。根據前文的分析，層累說的提出與今文經學確實沒有特別的關係。他還指出「胡適派的『考據學』事實上要比康有為派的今文經學還要武斷。……康有為說古文經都是偽造的，結論雖不可靠，但是所舉的證據還多，而胡適的『考據』，往往只用『不值一駁』等話，就抹煞古書、古事，甚至抹煞古人；……古史辨派許多武斷的話，都是從胡適學來的」。〔註168〕有胡適作為參照，康有為的罪過反倒減輕了不少。但問題在於，如果認為康有為的「結論雖不可靠，但是所舉的證據還多」，那麼是否可以說顧頡剛的結論雖同樣不可靠，但仍舉出了很多證據？因為不管從什麼角度看，顧頡剛以證據立論總是事實。既然童書業承認了康有為所舉的證據是「證據」，那麼他何以認定受今文經學影響的顧頡剛或胡適擺出的證據不能被稱作「證據」呢？雖然他一直批判古史辨存在武斷主觀的以論代史現象，但實際上其批判行為本身也不免在以同樣的方式進行。

相比於為了「交作業」而寫的批判文章，他在為《古籍考辨叢刊》第二集所作序言中的看法要平和得多。他認為今文學家的考證「帶有極濃的政治宣傳的意味。雖則如此，他們的考證也有符合事實的部分，所以他們也算繼承了唐、宋、明、清的辨偽、疑古的考證學風。他們有考又有辨，他們的考辨工做到現在也還有值得繼承的成分」，而「『疑古派』與清末的『經今文學派』」有繼承關係，主要是利用考證的形式來批判舊學術，於是在史學上就出現了所謂的『古史辨派』」，作為古史辨派主將的顧頡剛「在考證上也有了一

〔註166〕 童書業：《「古史辨派」的階級本質》，《文史哲》1952年第2期，第34頁。
〔註167〕 童書業：《批判胡適的實驗主義「考據學」》，吳銳等編：《古史考》第二卷《批胡適乙編》，海口：海南出版社，2003年，第306～307。
〔註168〕 童書業：《批判胡適的實驗主義「考據學」》，吳銳等編：《古史考》第二卷《批胡適乙編》，海口：海南出版社，2003年，第309頁。

定的成就」。〔註169〕這一態度與此前大相徑庭，或許更符合其內心真實的想法。從今文經學到古史辨，雖然它們的結論並不完全正確，但其辨偽工作還是有學術價值的。

　　其晚年評價古史辨派的功過時，列舉了七項「成績」與六項「錯誤」。其中，肯定了古史辨派在破壞偽古史與提倡疑古風氣方面的貢獻，而認為其「錯誤」之一在於「承襲了清末經今文學家的武斷『治學』態度」。〔註170〕這篇文字作於「文革」時期，部分評價延續了其在批胡運動中的看法，但用詞已不再像當年那般激烈。童書業於 1968 年去世，這一評價可以說是他對古史辨派的最後表態。

　　在為《三皇考》作序與寫作《夏史三論》時，童書業尚認同造偽說，並在《左傳》《周禮》等相關問題上支持劉歆造偽說。至遲於 1950 年前後，他逐漸改變了對此問題的看法。1950 年 5 月 21 日，他列舉了六條證據以證《左傳》可信，與顧頡剛談到「最近頗覺《左傳》非西漢末人偽造（其紀事部分，戰國中年人所為；《春秋傳》部分，則似秦、漢間人為之）。其古經確有來源，解經語之一部亦早已有之（當然有後出部分）。……惟《左氏經》與金文合，是即《左經》非偽造之鐵證。……竊謂《左》、《國》二書中一部分材料蓋出同一來源，……吾人讀《史記》敘春秋事不據《左傳》處即滿紙戰國、秦、漢色彩，足見《左傳》之可信也」。〔註171〕後於 1954 年重申《左傳》未必出於劉歆，並認為《周禮》或亦不出於劉歆，其言「生過去崇信今文家說，以為《周官》及《左傳》解《經》語等皆劉歆等所為。近細讀《周官》，覺此書頗保存原始史料；即經劉歆等改竄，分量亦必極少。……《周官》為戰國之書，非劉歆等所創。《周官》中若干制度，至劉歆時已不能解。此書必非漢代之書也。……但堅信古文者又以為古書不可能竄亂，此亦偏見」。〔註172〕童書業對胡適的批判也涉及此問題。他指出胡適「利用經今文學家的說法，認為周禮是劉歆們偽造的。……胡適武斷周禮是西漢末劉歆們偽造的說法既破，則他製造出的『井

〔註169〕童書業：《序》，顧頡剛主編：《古籍考辨叢刊》第二集，北京：社會科學文獻出版社，2009 年，第 8～9 頁。

〔註170〕童書業：《古史辨派的功過》，《童書業著作集》第三卷《童書業史籍考證論集》，北京：中華書局，2008 年，第 843 頁。

〔註171〕顧頡剛：《滬樓日札》，《顧頡剛讀書筆記》卷四，北京：中華書局，2011 年，第 359～360 頁。

〔註172〕顧頡剛：《法華讀書記（十九）》，《顧頡剛讀書筆記》卷六，北京：中華書局，2011 年，第 207 頁。

田制的沿革線索』，也就不是真正的『線索』，……根據我們的考證，周禮的寫成可能還在孟子之前，則胡適『井田辨』的基本『假設』已被動搖了」。〔註173〕在劉歆是否造偽這一問題上，雖然童書業仍心存疑惑，但基本放棄了劉歆造偽說。雖則如此，他並沒有連帶否定造偽說，仍給造偽說留下了生存空間。需要注意的是，他也並未否認作為歷史事實的託古改制以及託古改制說的合理性，認為「戰國時代的學者，有某種程度的『託古改制』的習慣，確是事實，但所謂『託古改制』，也只是依據古事或傳說，加以誇大文飾而已。完全相信他們的話，固然不可；完全抹煞不信，是更錯誤的主觀態度」；〔註174〕還指出今文學家便是「託古改制地創造出一套新哲學和新政治思想」以變法維新。〔註175〕既然如此，童書業自然不會一杆子打倒揭露了造偽與託古改制問題的今文經學與古史辨。透過其學術觀點，可以反觀他對古史辨與今文經學關係的看法有哪些是迫於高壓而發，又有哪些是由衷之言。

　　與顧頡剛不同，大致在撰寫《夏史三論》的同時，童書業在《春秋史》中已開始借助唯物史觀分析問題，改變關於劉歆造偽說的看法也是「學習社會發展史之結果」。〔註176〕在評價古史辨與今文經學之關係時，「武斷」是童書業最常使用的詞彙。之所以這樣說，主要是因為在他看來，受今文經學影響的古史辨派「在客觀上抹殺了中國原始社會史」。〔註177〕相比於唯物史觀史學，古史辨對古史的破壞確實遠多於建設。按照童書業的觀點，古史辨「是永遠建設不起真古史來的」，〔註178〕在這其中，從今文經學那裏繼承來的「武斷『治學』態度」以及「武斷說這證據是後人偽竄進古書去的」等看法不免

〔註173〕童書業：《批判胡適的實驗主義「史學」方法》，《文史哲》1955 年第 5 期，第 27 頁。

〔註174〕童書業：《批判胡適的實驗主義「史學」方法》，《文史哲》1955 年第 5 期，第 27 頁。

〔註175〕童書業：《序》，顧頡剛主編：《古籍考辨叢刊》第二集，北京：社會科學文獻出版社，2009 年，第 8 頁。

〔註176〕顧頡剛：《滬樓日札》，《顧頡剛讀書筆記》卷四，北京：中華書局，2011 年，第 360 頁。對此，胡新生認為：「轉向馬克思主義史學以後，童先生對自己早年提出的一些疑古論斷作了反思和糾正。」胡新生：《童書業先生與先秦史研究——任教山東大學期間歷史觀的轉變和學術創新》，《文史哲》2011 年第 5 期，第 159 頁。

〔註177〕童書業：《古史辨派的功過》，《童書業著作集》第三卷《童書業史籍考證論集》，北京：中華書局，2008 年，第 844 頁。

〔註178〕童書業：《「古史辨派」的階級本質》，《文史哲》1952 年第 2 期，第 32 頁。

要負一部分責任。〔註179〕

　　以批判胡適作為擋箭牌，童書業對顧頡剛及其與今文經學關係的批判顯得相對溫和。楊向奎則不然。如果說1930年代對顧頡剛最有力的質疑來自錢穆，那麼此時楊向奎的評價則再一次引發了關於顧頡剛身份的認知危機。楊向奎直指顧頡剛「是『通經治史』，走的是『公羊學派』的老路，並不是乾乾脆脆的史學家」，並將古史辨派的思想歸於「半封建半殖民地開明地主階級的思想」。〔註180〕而童書業並不否認顧頡剛的史學家身份，同時認為古史辨派史學屬於資產階級史學。相比之下，楊向奎的批判直接將顧頡剛推下了深淵。他指出古史辨派的三個來源分別是公羊學派的學說、買辦資產階級的實驗主義方法與清代考據學派的方法，其中最重要的自然是公羊學派的學說。對於今文經學，楊向奎持全盤否定態度，這不僅是因為他認為今文學派是武斷的主觀唯心論者，不是在研究歷史，而是「完全否定了中國古代史，說那是由於後人的創造，作為後人變法維新的張本」，〔註181〕或許更是因為今文學派崇尚改良的主張不合於當時推崇革命的實際。那麼，深受今文經學影響的古史辨派便須加以批判。在他看來，顧頡剛的疑古精神是「接受了『公羊學派』的法寶」，其古史學說的兩個主要課題，即「層累地造成的中國古史」與「五德終始說下的政治和歷史」，亦皆是承襲今文家言的結果，從方法到觀點沒有任何學術價值，「沒有說明任何問題，沒有解決任何問題」，「根本不能成立」。〔註182〕不同於童書業對今文經學的寬容，楊向奎不僅反對劉歆造偽說，也不認同託古改制說，指出託古改制說「沒有任何證據，也沒有充分的理由」，顧頡剛「用『託古改制』的方法來講歷史」，只會越講越糊塗。〔註183〕總之，從今文經學到古史辨簡直可以說一無是處。需要注意的是，童書業主要將今文經學對古史辨的影響放在古史辨的後半程，而楊向奎則認為古史辨從一開始便受到了今文經學的啟發，甚至認為顧頡剛始終未擺脫經學上的門戶之見，是站在今文經學的

〔註179〕童書業：《古史辨派的功過》，《童書業著作集》第三卷《童書業史籍考證論集》，北京：中華書局，2008年，第843頁；童書業：《「古史辨派」的階級本質》，《文史哲》1952年第2期，第34頁。

〔註180〕楊向奎：《「古史辨派」的學術思想批判》，《文史哲》1952年第2期，第34～35頁。

〔註181〕楊向奎：《「古史辨派」的學術思想批判》，《文史哲》1952年第2期，第35頁。

〔註182〕楊向奎：《「古史辨派」的學術思想批判》，《文史哲》1952年第2期，第35、37頁。

〔註183〕楊向奎：《「古史辨派」的學術思想批判》，《文史哲》1952年第2期，第37頁。

立場反對古文經學，而不是站在史學立場反對整個經學。而且，雖然童書業與楊向奎在古史辨的來源問題上達成了一致，但童書業重在批判實驗主義，楊向奎則直接抨擊今文經學，二人的選擇耐人尋味，從中亦可窺得他們學術個性的不同。

「文革」之後，楊向奎的態度已然有變。他不再那樣排斥託古改制說，反而認為有些歷史記載正是「為了政治上的託古改制」。〔註184〕同時，他轉而贊成郭沫若於 1930 年關於層累說「的確是個卓識」的評價。〔註185〕隨後，楊向奎進一步肯定了顧頡剛在打破偽史方面的貢獻，指出「雖然『古史辨派』在方法論上以及由此方法得出的結果值得商榷，但成績還是應當肯定的」；還闡明了古史辨派與今文經學的不同，說到「康有為曾經提出造經造史的說法是為了樹立今文經學和孔子的權威，以為維新變法的主張找理論上的根據，如今《古史辨》採用了康有為的某些觀點，但幾個『打破』的結果，不是在樹立某些權威，而是在衝擊某些權威，……從這種意義上說，『古史辨派』的破，還有繼續『五四』精神的傳統，反對封建主義的積極意義，以此我們應當肯定《古史辨》的破的工作」。〔註186〕由此來看，他已經不再將古史辨視作封建史學。在古史辨的兩大課題上，對於層累說，楊向奎給予了部分肯定，認為此說主要受到實驗主義而非今文經學的影響，而且「四個打破」中的第一個打破「是一種科學的探討」；至於「五德終始說下的政治和歷史」，他仍堅持此前的觀點，主張「它只是重複過去的老路，恢復到今文學派康有為的立場，又來和劉歆作對」。〔註187〕此時，距離《「古史辨派」的學術思想批判》一文已近三十年，楊向奎的轉變是顯而易見的，但在劉歆造偽問題上，他始終不能原諒古史辨。

在趙儷生看來，楊向奎對顧頡剛的這一再評價「調子低了些」，「肯定處，相對說是無力的，否定處卻是苗苗實實的」。〔註188〕實際情況確實如此，楊向

〔註184〕楊向奎：《略論王國維的古史研究》，《東嶽論叢》1980 年第 1 期，第 78 頁。此文寫成於 1969 年，修改於 1979 年。

〔註185〕郭沫若：《中國古代社會研究（外二種）》上冊，石家莊：河北教育出版社，2000 年，第 291 頁。

〔註186〕楊向奎：《論「古史辨派」》，中華書局編輯部編：《中華學術論文集——中華書局成立七十週年紀念》，北京：中華書局，1981 年，第 23、15 頁。

〔註187〕楊向奎：《論「古史辨派」》，中華書局編輯部編：《中華學術論文集——中華書局成立七十週年紀念》，北京：中華書局，1981 年，第 14、32 頁。

〔註188〕楊向奎：《後記》，《論「古史辨派」》，中華書局編輯部編：《中華學術論文集——中華書局成立七十週年紀念》，北京：中華書局，1981 年，第 33 頁。

奎對顧頡剛的批評仍多於肯定。尹達也從正反兩方面表達了關於古史辨派的看法，認為顧頡剛對經典的否定「具有反封建的重大意義。這是《古史辨》派所以比今文學派前進了的突出的成果。但是這確實還存在著相當大的局限性，還沒有完全脫離今文學家框框，還徘徊於所謂『託古改制』今文家法的圈子之中，這就成了前進中的絆腳石了」。〔註189〕其看法倒與楊向奎頗為一致，只是更偏重古史辨與今文經學之託古改制說的聯繫。

楊向奎自陳「喜今文家言」，但「又懷疑今文家言，對於康有為學風之粗枝大葉有所不滿，所謂劉歆編偽《左傳》、《周禮》之說，不過是又一次的『託古改制』而已」。〔註190〕大致在修改《三皇考》的同時，楊向奎在《論〈左傳〉之性質及其與〈國語〉之關係》中已明確指出《左傳》非劉歆偽造且與《國語》無關，其言「書法、凡例、解《經》語及『君子曰』等為《左傳》所原有，非出後人之竄加，故《左傳》本為傳《經》之書。《國語》之文法、體裁、記事、名稱等皆與《左傳》不同，故二者決非一書之割裂」。〔註191〕之後，他在《從〈周禮〉推論中國古代社會發展的不平衡性》《〈周禮〉的內容分析及其成書時代》《論劉歆與班固》等文章裏多次申明《左傳》《周禮》均非劉歆偽造，劉歆沒有造偽「是鐵證如山，沒有方法駁倒的」。〔註192〕這是楊向奎最後的堅持，也是他與顧頡剛的根本分歧，其對古史辨的不滿正因此而起。

李錦全認為童書業與楊向奎「都把古史辨派史學的三個來源平列看待」，其實「古史辨派是受胡適的影響最深」。〔註193〕通過上文的分析，這一判斷尚有可議之處，童書業與楊向奎似乎不僅沒有同等看待這三個來源，而且還大體區分了它們在古史辨不同階段所產生的影響。總體而言，李錦全對古史辨的評價很低：「古史辨派的疑古論對研究中國古史是沒有多大貢獻，雖然它對摧毀傳統的古史系統起過一定作用，但它這種從懷疑到懷疑的研究態度以

〔註189〕楊向奎：《後記》，《論「古史辨派」》，中華書局編輯部編：《中華學術論文集——中華書局成立七十週年紀念》，北京：中華書局，1981年，第34頁。

〔註190〕楊向奎：《論「古史辨派」》，中華書局編輯部編：《中華學術論文集——中華書局成立七十週年紀念》，北京：中華書局，1981年，第11頁。

〔註191〕楊向奎：《論〈左傳〉之性質及其與〈國語〉之關係》，《繹史齋學術文集》，上海：上海人民出版社，1983年，第214頁。此文原載前北平研究院《史學集刊》1936年第2期。

〔註192〕楊向奎：《論「古史辨派」》，中華書局編輯部編：《中華學術論文集——中華書局成立七十週年紀念》，北京：中華書局，1981年，第32頁。

〔註193〕李錦全：《批判古史辨派的疑古論》，《中山大學學報（社會科學版）》1956年第4期，第76~77頁。

及牽強附會的方法，另方面卻給古史研究帶來了混亂，使古史變成不可知，所以說它是功不補過的。」〔註194〕與童書業和楊向奎一樣，李錦全的批判也主要是從疑古「成為中國原始社會抹殺論」這一點上來說的，而這一點又與古史辨受到今文經學的影響有關。他指出錢玄同的疑古「有別於康有為的託古改制說」，二者的區別在於是否反對孔子與六經，但是「錢玄同先生的疑古，與後來真正成為古史辨派的疑古論亦是有所區別」，後者最終向封建勢力低頭，「逐步走上反動的道路」。〔註195〕李錦全雖未明言，但這裡所謂「真正的古史辨派」顯然指的是顧頡剛。如此一來，問題便在於若以是否反對孔子與六經的標準來看，顧頡剛與錢玄同並沒有什麼兩樣，二人對待今文經學的態度是一致的，而且在上古史是否可信這一問題上，錢玄同表現得更為激進，那麼李錦全所言錢玄同與顧頡剛之間的區別應當作何理解呢？對此，他似乎沒有給出相對自洽的解釋。李錦全否認今文經學的學術價值，認為託古改制說服務於今文學家的政治目的，那麼受此影響的古史辨便也沒有多少學術價值可言了。雖然他強調應以歷史主義的態度來看待此問題，但終究未能逃離批判話語的緊逼。

延續批胡運動時期的看法，吳澤與袁英光將實驗主義史學視作古史辨最重要的思想淵源，而將清代考據學與公羊學視作古史辨運動的前期鋪墊，指出顧頡剛等學者「所接受的還是『孔子改制考』中所論『上古史靠不住』的懷疑古史的古學論部分。這就更促使了他們走進死胡同」。〔註196〕不久，吳澤再次撰文批判古史辨派，談到胡適「利用傳統的今文派的疑古思想，把孔子前的古史疑掉，否定中國古代有『均產制度』的原始共產主義社會的說法，以達到否定歷史唯物主義，否定馬克思列寧主義的目的」，而顧頡剛也是如此，「他們『疑古』的目的是要反對唯物史觀，是要『疑』掉原始共產主義社會，否認五種社會形態學說。這就是古史辨派的『疑古』與『五四』以前的『疑古』根本的不同之處」。〔註197〕

〔註194〕 李錦全：《批判古史辨派的疑古論》，《中山大學學報（社會科學版）》1956 年第 4 期，第 91 頁。

〔註195〕 李錦全：《批判古史辨派的疑古論》，《中山大學學報（社會科學版）》1956 年第 4 期，第 89、87～89 頁。

〔註196〕 吳澤、袁英光：《古史辨派史學思想批判》，《歷史教學問題》1958 年第 10 期，第 10 頁。

〔註197〕 吳澤：《「五四」前後「疑古」思想的分析和批判》，《歷史教學問題》1959 年第 4 期，第 21、24 頁。

　　此外，根據小倉芳彥的說法，增淵龍夫也曾就顧頡剛與今文經學的關係發表過意見，認為「顧頡剛的文獻批判方法超越了合理的程度，……和康有為等人所運用的今文學手法是相同的，即：『固執地信守某種價值準則的人，當著批判與他的信奉背離並且包含矛盾的文獻時，習慣於一種心理狀態，即喜歡立即將其解釋為某些人或者某種思想所企圖的某種行為』」。〔註198〕增淵龍夫的意思大概是，顧頡剛與今文學家在進行文本分析時，常是預設先行、先有成見橫亙於心，這有悖於史學研究的客觀性原則。

　　政治壓倒學術是這一時期的突出特徵。只有唯物史觀的證據才是「真正的證據」，也只有唯物史觀的考據才是「真正的考據」，〔註199〕其餘的「只是『鬧著玩』而已」。〔註200〕很顯然，上文有關古史辨與今文經學關係的評價大多披著政治的外衣，主要是意識形態之爭而非學術之爭。王汎森曾指出，童書業、楊向奎、李錦全等人的文章是「站在批判古史辨派研究成果之立場而撰寫的，並不是純粹的學術思想史研究」，「批判遠多於分析」。〔註201〕在當時人看來，古史辨是資產階級史學，今文經學則屬於封建主義範疇。所謂古史辨比今文經學前進了一步，主要便是就階級屬性而言的；而相較於唯物史觀史學，它們又是落後甚至反動的，不僅在學術上貢獻甚少，更重要的是在政治上存在問題，因而必須要受到批判。

　　學術雖在夾縫中求生，但其自身發展亦有內在邏輯可循，若企圖單靠政治的力量征服學術，恐怕要費一番工夫，至於收效如何也很難預測。學術臣服於政治或政治被學術反噬都已不再是新鮮事，反倒是如何在二者之間求取一種平衡更為人們所關注。從一定意義上講，學術與政治是一場博弈，它們各自有其需要守護的內核，當一方觸及另一方內核的時候，另一方多半不會坐以待斃。如前所述，因《五德終始說下的政治和歷史》而引發的關於顧頡剛是否走

〔註198〕小倉芳彥：《顧頡剛與日本》，陳其泰、張京華主編：《古史辨學說評價討論集》，北京：京華出版社，2000年，第504頁。增淵龍夫的評價載於《現代中國史學界研究古史問題的傾向（五）》，此文應作於1940年代中期至1960年代之間。

〔註199〕童書業：《批判胡適的實驗主義「史學」方法》，《文史哲》1955年第5期，第32頁。

〔註200〕童書業：《批判胡適的實驗主義「考據學」》，吳銳等編：《古史考》第二卷《批胡適乙編》，海口：海南出版社，2003年，第311頁。

〔註201〕王汎森：《序》，《古史辨運動的興起──一個思想史的分析》，臺北：允晨文化實業股份有限公司，1987年，第3、5頁。

上了今文學家老路的質疑尚且屬於學術範圍內的正常討論，爭議的焦點在於顧頡剛對劉歆造偽說與託古改制說的系統應用，即便這一爭議與今古文之爭糾纏到了一起，但也並沒有被政治化。起於 1950 年代的這一波質疑，可以說是二問「顧頡剛是否走上了今文學家的老路」。在以政治站隊作為衡量標準之餘，此前關於劉歆造偽說與託古改制說的爭論也被延續下來。雖然對此問題的再討論是在政治批判中進行的，而且更多的是將顧頡剛對劉歆造偽說與託古改制說的接受視作其向封建勢力妥協的標誌，但從中也能看到他們同樣不認可學術層面的劉歆造偽說與託古改制說，尤其否認劉歆有造偽的歷史事實。此外，學者史觀的轉變會影響他們對同一問題的判斷。雖然史觀的背後或許與政治有著千絲萬縷的聯繫，甚至在極端情況下完全受政治擺佈，但其中的學術力量同樣不可被小覷。對此，童書業態度的變化或許能夠提供參考。

「『評價』歷史本質上則意味著現實對過去的支配。」〔註202〕經此批判，古史辨與今文經學的學術價值被再次估定，二者之間的關係也被重新闡釋。胡繩認為：「顧頡剛先生在『古史辨』的名義下進行的一些工作是不應當被抹煞的，在這些工作中表現著的所謂『疑古』精神是當時的反封建的思潮的一個側面。……所謂『層累地造成的中國古史』只能是史料學範疇內的一個命題。」〔註203〕這是當時的代表性觀點，直至 21 世紀初仍頗有影響。也正是由此開始，古史辨反封建反傳統的思想史意義得以突顯，而其學術價值則被局限於史料學一隅。相比之下，今文經學的命運更為悲慘，既屬於「封建」又屬於「傳統」，其中本就不受重視的學術價值遭到進一步湮沒，時至今日仍沒有得到很好的說明。這些都為理解古史辨與今文經學的關係增添了不少困擾。

二、顧頡剛的動搖與堅守

如果說由《五德終始說下的政治和歷史》所引發的質疑多少有點超出顧頡剛預料的話，那麼經過這麼長一段時間，顧頡剛或許已經慢慢習慣了，當面對新一輪批判時，他應當有一定的心理準備了。但事實往往不遂人願。縱然他早已熟知人們批評他是一個新今文學家或者言其走上了今文經學的老路，但當

〔註202〕 王學典：《語境、政治與歷史：義和團運動評價 50 年》，《史學月刊》2001 年第 3 期，第 13 頁。

〔註203〕 胡繩：《社會歷史的研究怎樣成為科學——論現代中國資產階級唯心主義歷史學在這個問題上的混亂觀點》，《歷史研究》1956 年第 11 期，第 9 頁。

這樣的批評出自其學生之口時，他仍難以接受。相比於學術層面的批評，政治批判讓他更加痛苦，更何況這種政治批判基本意味著對他學術研究工作的全面否定。在這種非常態語境中，作為「艱難改造型」代表的顧頡剛不得不丟掉所謂的原則。〔註204〕若從當時的情形來看，這些被他放棄的東西究竟是出自不得已，還是其中也有幾分心甘情願，這一問題可以再行考慮。欲以學術為天職則須有所守，即便是在最艱難的情況下，顧頡剛也有不願意讓步的一面。對於某些問題，保持沉默是一種態度，「條件不具備時，要做到守節無為其實也不容易，同樣需要足夠的勇氣」。〔註205〕在顧頡剛的動搖與堅守之間，古史辨與今文經學的關係被塑造成了何種樣貌引人深思。

　　批判胡適自然少不得顧頡剛的參與。起初，他仍肯定胡適的進步作用，也不曾諱言自己與胡適的關係，說到「自一九二○年到三七年抗戰起而輟業，十多年中所想所寫大致沒有超出胡適的方法」，「用了他的方法做成若干篇研究論文，嘔出了半生心血」。〔註206〕在顧頡剛看來，這些都是真話，也是歷史事實，沒有什麼不能講的。但事態的發展證明「至於今日而真話說不得」，〔註207〕他只有言不由衷才能過關。

　　1952 年之前，雖然批胡運動愈演愈烈，但這把火還沒有真正燒到顧頡剛身上，他的日子過得還算平靜。打破這一局面的是其得意門生童書業與楊向奎，他們所寫的那兩篇文章——《「古史辨派的階級本質」》與《「古史辨派」的學術思想批判》——將顧頡剛及古史辨推上了風口浪尖，更使顧頡剛再次深感切膚之痛。從種種批判運動的風向來看，批判顧頡剛只是時間問題，童書業與楊向奎則開啟了這扇時間之門。對於他們的批判，顧頡剛雖知「有大力迫之，使不得不然耳」，但這種同情之理解仍然難掩其痛苦——「均給予無情之打擊」，〔註208〕更何況率先發難的不是別人，而是自己的學生。當向于鶴年解釋此事時，他依舊願以這種「不得不」來寬慰自己：「《文史哲》上之兩篇文字，非存心謗我，乃在思想改造階段中，非如此不足以表示其懺悔，猶之昔日以附

〔註204〕王學典、陳峰：《二十世紀中國歷史學》，北京：北京大學出版社，2009 年，第 135 頁。

〔註205〕羅新：《小序》，《有所不為的反叛者：批判、懷疑與想像力》，上海：上海三聯書店，2019 年，第 2 頁。

〔註206〕顧頡剛：《從我自己看胡適》，《寶樹園文存》卷六，北京：中華書局，2011 年，第 509、512 頁。

〔註207〕顧頡剛：《顧頡剛日記》卷七，北京：中華書局，2011 年，第 143 頁。

〔註208〕顧頡剛：《顧頡剛日記》卷七，北京：中華書局，2011 年，第 198 頁。

我為敲門磚也。」為此事「抱不平」的不只于鶴年，〔註209〕王樹民也來信表示不能同意童書業與楊向奎對古史辨的否定，認為「無原則的疑古自然是錯誤的，而古史傳說應該按照考據學的方法徹底整理一番卻是肯定的。硬以社會發展史的方式套上去，……實即為此『近視眼斷區』之規律所支配也」。〔註210〕顧頡剛以同樣的話回覆王樹民，說到「此是渠等應付思想改造時之自我批判耳，以彼輩與《古史辨》之關係太深，故不得不作過情之打擊。……是可以原諒者也」。〔註211〕在近乎一邊倒的批判聲中，于鶴年與王樹民的觀點對顧頡剛來說可謂雪中送炭。

之後的思想改造運動「亟須批評《古史辨》之毒素」。〔註212〕在此期間，他屢屢翻看童書業與楊向奎的批評文章，並以此檢討古史辨的學術地位。其實，但凡有一點空間，顧頡剛便不會輕易改變自己的看法，他在讀書筆記中寫下「因為王莽及身失敗，所以他的託古改制和竊國的種種事實為班固所揭發；其實列朝皇帝那個不是這般，只為史官不敢記載，甚少傳下來罷了。……他們（指「疑古家」──引者注）的方法或有未精，議論或有未當，但他們自覺或不自覺的方向總是朝著反地主社會和反官僚社會走去的」。〔註213〕面對童書業與楊向奎對今文經學的抨擊，他依舊在為今文經學辯護。但不得不說，批胡運動的確對顧頡剛造成了不小的影響。他在 1951 年底還大談胡適帶給自己的啟發，至此則閉口不言，並且否認自己「代表資產階級」，說自己的思想是「承繼劉知幾、鄭樵、朱熹、閻若璩、姚際恒、崔述的」，「《古史辨》是地主社會和官僚社會壓迫下所創造出來的知識匯總髮展的結果」，〔註214〕與資產階級思想無關。對此，他還在日記裏重申「自己無資產階級思想，……殆為封建階級思想，所以入資產階級者偶然事耳」。〔註215〕既然胡適被定為資產階級反動思想的代表，那麼為了與之劃清界限，只能將自己歸入封建階級，這是別無選擇的選擇。

〔註209〕顧頡剛：《顧頡剛書信集》卷三，北京：中華書局，2011 年，第 391 頁。
〔註210〕顧頡剛：《顧頡剛書信集》卷三，北京：中華書局，2011 年，第 324 頁。
〔註211〕顧頡剛：《顧頡剛書信集》卷三，北京：中華書局，2011 年，第 391～392 頁。
〔註212〕顧頡剛：《顧頡剛日記》卷七，北京：中華書局，2011 年，第 245 頁。
〔註213〕顧頡剛：《蚓江市隱雜記（三）》，《顧頡剛讀書筆記》卷四，北京：中華書局，2011 年，第 497～498 頁。
〔註214〕顧頡剛：《蚓江市隱雜記（三）》，《顧頡剛讀書筆記》卷四，北京：中華書局，2011 年，第 499～500、498 頁。
〔註215〕顧頡剛：《顧頡剛日記》卷七，北京：中華書局，2011 年，第 250 頁。

　　隨著全國性大規模批胡運動的開展，顧頡剛在公開發言中表示雖然 1921 年至 1926 年間的研究工作是跟著胡適走的，但自己「學問的實質和基本方法，原是宋人和清人」給的，至於將經學化作古史學的想法則受益於錢玄同，「同胡適絕不相干」。〔註216〕其後，他又說到自己「在未遇胡適之前已走到懷疑古史的道路上，及受到他的影響，只有演變一點，然此一點清代考據學者如崔述亦已看到」，之後「跟著錢玄同，走向漢代今古文學的問題上，又整理古文籍，與胡適無干」。〔註217〕可以看到，顧頡剛在極力拉低甚至掩飾胡適的影響。對他來說，憋出這些話已經很不容易了，但這仍然不能讓其他人滿意。某次批判會上，戴逸指出「康有為《新學偽經考》是反封建的」，這讓顧頡剛感到了一種久違的振奮，「是非固在人心」的感慨油然而生。〔註218〕在今文經學是否反封建這一問題上，顧頡剛的評判標準是看其考證工作是否有助於揭示歷史事實。他認為今文經學在某種程度上可以歸入考據學範疇，而「考據學之目標，在發掘古書、古史之真面目，將統治階級所塗附改竄者悉數掃除，故其立場恰站在統治階級之敵對方面，其方法則一字一筆絕不輕鬆放過」，「縱從事者無反封建之主觀願望，而工作之客觀效果，必使封建統治者之所竄改塗附盡歸掃除」，〔註219〕那麼今文經學也便具有了反封建意義。但在當時，學界的主流觀點是考據學「惟為封建統治者服務」，〔註220〕所以顧頡剛的這些看法頗遭非議。

　　針對辛樹幟勸其接受思想改造的建議，顧頡剛回覆說會努力清除資產階級思想，尤其是會與胡適劃清界限，「丟掉胡適的『庸俗進化論』」；還說到自己的學問「是集合康有為、夏曾佑、崔適、錢玄同的，稍前則是楊守敬、崔述、閻若璩、姚際恒，又前則是朱熹、鄭樵等人。至於胡適，則只是他的《水滸傳序》引起了我在民國初年看戲的疑問，從此我懂得用研究故事的方法研究古史。至於他的政治思想和行為，則我一些沒有接受。所以在 1928 年之後，我二人就分道揚鑣，甚至不相聞問了」。〔註221〕

〔註216〕顧頡剛：《在政協第二屆全國委員會第一次會議上的發言》，《寶樹園文存》卷六，北京：中華書局，2011 年，第 516 頁。
〔註217〕顧頡剛：《顧頡剛日記》卷七，北京：中華書局，2011 年，第 663 頁。
〔註218〕顧頡剛：《顧頡剛日記》卷七，北京：中華書局，2011 年，第 669 頁。
〔註219〕顧頡剛：《古柯庭瑣記（二）》，《顧頡剛讀書筆記》卷七，北京：中華書局，2011 年，第 93 頁。
〔註220〕顧頡剛：《古柯庭瑣記（二）》，《顧頡剛讀書筆記》卷七，北京：中華書局，2011 年，第 87 頁。
〔註221〕顧頡剛：《顧頡剛書信集》卷三，北京：中華書局，2011 年，第 280 頁。

　　李錦全的批評文章發表於 1956 年，引起顧頡剛的注意卻是 1958 年的事情了。〔註222〕顧頡剛認為「李錦全批判《古史辨》文，平心靜氣，有說服力。予政治思想已通，學術思想自當改造。此文足為予自鑒之助，當再三讀之。此文有二萬數千字，實一賣力之作」。〔註223〕對於吳澤的批評，顧頡剛似未有所回應。至於階級屬性，他仍傾向於稱自己為「徹頭徹尾的舊知識分子」，屬於封建地主階級而非資產階級，但在受胡適影響這一點上，也不免要承認「部分地轉化為資產階級知識分子」。〔註224〕只要對胡適的批判還在繼續，顧頡剛就會一直繃緊階級歸屬這根弦。

　　1960 年 1 月前後，顧頡剛憶起 1955 年時曾自念疑古思想「首先植根於姚際恒、康有為、夏曾佑之書；其後又受崔述、崔適、朱熹、閻若璩諸人之啟發」；1958 年時又與尹達說過其學術思想「悉由宋、清兩代學人來，不過將其零碎文章組織成一系統而已」。〔註225〕之後，他問童書業自己「所受之影響孰為最：鄭樵、朱熹、閻若璩、姚際恒、崔述、康有為、胡適」？〔註226〕童書業認為是康有為。顧頡剛表示首肯，並說「蓋少年時代讀夏曾佑書，青年時代上崔適課，壯年時代交錢玄同，三人皆宣傳康學者。至胡適，僅進化論一點皮毛耳」。〔註227〕

　　回看 1930 年代的那一波質疑，顧頡剛在當時尚能得到不少學者的聲援。而在這一時期，由於部分昔日的支持者已經變成了反對者，顧頡剛常常是在孤軍奮戰。在其晚年寫給王樹民的信中，此種落寞一覽無餘：「我年屆八十六，在世已無多時，而真正的同道已無多人，在京較有閒暇可以商量學問的惟你一人。」〔註228〕此時，另有部分學者的看法或許能稍慰其心。

　　在周策縱看來，顧頡剛及古史辨受到了今文學派與胡適的影響，但顧頡

〔註222〕1958 年 3 月 28 日，顧頡剛在日記中寫有「看李錦全《批判古史辨派的疑古論》」，這似是其閱讀此文的最早記錄。顧頡剛：《顧頡剛日記》卷八，北京：中華書局，2011 年，第 403 頁。
〔註223〕顧頡剛：《顧頡剛日記》卷八，北京：中華書局，2011 年，第 502 頁。
〔註224〕顧頡剛：《從抗拒改造到接受改造》，《寶樹園文存》卷六，北京：中華書局，2011 年，第 521 頁。
〔註225〕顧頡剛：《湯山小記（十七）》，《顧頡剛讀書筆記》卷九，北京：中華書局，2011 年，第 206～207 頁。
〔註226〕顧頡剛：《顧頡剛日記》卷九，北京：中華書局，2011 年，第 372 頁。
〔註227〕顧頡剛：《顧頡剛日記》卷九，北京：中華書局，2011 年，第 372 頁。
〔註228〕顧頡剛：《顧頡剛書信集》卷三，北京：中華書局，2011 年，第 395 頁。

剛並不是經學家，古史辨亦應歸入批判傳統的現代學術範疇。〔註229〕特別值得一提的是施耐德，其所撰《顧頡剛與中國新史學——民族主義與取代中國傳統方案的探索》是首部以顧頡剛為研究對象的著作。此書利用「截至1945年止以前的顧先生有關資料」寫成，〔註230〕實屬不易，至今仍有借鑒意義。他首先指出顧頡剛是中國現代史學家中的翹楚，繼而談到其史學研究受到康有為的直接影響與胡適的間接影響。在顧頡剛與康有為的關係這一問題上，施耐德認為顧頡剛是「康有為批判性學識的熱情研究者，這就是他和今文家唯一而謹慎的關聯」，而且「在疑古方面，顧氏的史學和康有為（顧受其《新學偽經考》之影響甚巨）的史學之間有很大的區別」，這主要表現在康有為「使中國的上古史變成一個空殼」，目的是建立真經，而顧頡剛則是「『重建』上古史，並給了它新的實質」。〔註231〕另外，施耐德並不滿意時人對顧頡剛的批評，說到「在研究古史方面，顧氏未遇到有才能的批評家。他多半為些無關重要的錯誤，遭受批評，而往往他的批評者都是因為他把古代神聖不可侵犯的人物視同凡夫俗子並予猛烈抨擊而被惹怒或驚嚇的人士」，但「二〇年代後期和三〇年代初期，一群自稱為馬克斯主義者和歷史唯物論者（亦稱為社會歷史學家）的確對顧氏的史學作了較有根據的批評」。〔註232〕施耐德的態度是明確的，顧頡剛與今文經學存在交集是客觀事實，但二者的目的已然不同。

該書出版兩年後，顧頡剛得以寓目。「海內存知己，天涯若比鄰」，他藉此表達讀過此書的感受。在政治批判帶來的陰影尚未散去的境況下，施耐德的評價之於顧頡剛而言無疑是一種安慰。其後，此書的譯者梅寅生也指出，顧頡剛畢生「致力於辨偽求真，其辨偽雖有過當之處，立說或有未可盡信者，然而他的古史層累構成說，卻奠定了中國史學現代化之基石。……不論我們的史觀如何，就純粹學術的立場來研究顧氏的史學應該是從事歷史研究者應有的努力，

〔註229〕　參見周策縱著，陳永明、張靜等譯：《五四運動史：現代中國的知識革命》，北京：世界圖書出版公司，2014年，第302～305頁。此書英文版於1960年由哈佛大學出版社出版。

〔註230〕　劉起釪：《顧頡剛先生學述》，北京：中華書局，1986年，第305頁。

〔註231〕　施耐德著，梅寅生譯：《顧頡剛與中國新史學——民族主義與取代中國傳統方案的探索》，臺北：華世出版社，1984年，第54、224～225頁。

〔註232〕　施耐德著，梅寅生譯：《顧頡剛與中國新史學——民族主義與取代中國傳統方案的探索》，臺北：華世出版社，1984年，第273頁。此書英文版於1971年由加州大學出版社出版。

也是件有意義的工作」。〔註 233〕遙想批胡運動時期,關於顧頡剛的批判「讓人感到『古史辨派』的工作似乎已帶有政治性質」。〔註 234〕而從周策縱到梅寅生,他們都試圖從現代學術的視角重新理解顧頡剛。世殊時異,斯人已逝,顧頡剛已經等不到大家對其學術工作重新作出評價了。

之所以要縷述顧頡剛在批胡運動中的表現,不僅是因為這一時期本身具有特殊性,更是因為他對胡適態度的變化直接影響到其關於今文經學的看法。當然,正是這一特殊時期促成了顧頡剛的轉變,時代與觀念的互動因此而呈現得更為鮮活。前面提到,古史辨的來源有三個,分別是實驗主義、今文經學以及考據學。這是時人較為一致的認識,顧頡剛也表示認同。面對批判,當胡適與今文經學分屬資產階級和封建階級兩個不同的陣營時,顧頡剛必須要做出選擇。很顯然,身處批胡運動的當口,選擇後者也許更穩妥些。但後者也並不保險,在肯定革命而否定改良的浪潮中,今文學派又因否定古史而被斥為主觀唯心論者,同樣遭到了嚴厲的批判。如此一來,只剩下考據學可以選擇了。雖然今文經學與考據學同屬於封建階級,但考據學的政治衝動明顯弱於今文經學,在政治批判的語境中,其罪狀反倒減輕了不少,這對於顧頡剛來說可能是最合適的選擇了。從上文的梳理中可以看到,顧頡剛有時會談到自己受劉知幾、鄭樵、朱熹、閻若璩、姚際恒等學者的影響最深,而其此前卻很少這樣認為。可以說,顧頡剛不停地反思自己的階級歸屬,不停地調整自己所受影響的先後順序,這或許恰恰是其內心真正所想與為了保護自己而暫作妥協之間進行搏鬥的體現。其實,對於影響古史辨的這三個來源,無論顧頡剛如何給它們排排坐,從某種意義上講均有其合理性。但相較於之前,顧頡剛此時的態度確實發生了變化,正是這些變動有助於我們驗證此前的判斷。

顧頡剛起初強調胡適對他的影響,後來又刻意隱去這一影響,此種反差正可以反證胡適在他心中的地位。顧頡剛曾在日記中保留了一則剪報,內容是胡適關於「清算胡適思想」的看法:「顧頡剛和朱光潛兩位老朋友所發表的清算我的文章,我非常同情他們諒解他們,……我一看顧頡剛、朱光潛的文章,就

〔註 233〕 梅寅生:《譯序》,施耐德著,梅寅生譯:《顧頡剛與中國新史學——民族主義與取代中國傳統方案的探索》,臺北:華世出版社,1984 年,第 1 頁。「過當之處」,原作「遇當之處」,疑誤。

〔註 234〕 王學典、陳峰:《二十世紀中國歷史學》,北京:北京大學出版社,2009 年,第 136 頁。

知道是言不由衷，完全是被逼迫寫出的。」〔註235〕這則剪報能被顧頡剛留在日記中，可以說明胡適的話戳中了他的心思，也足以反映他對胡適的在意。在《我是怎樣編寫古史辨的？》一文中，胡適對他的影響再次重回其敘述的中心，這可以說是處於生命最後階段的顧頡剛對前事的一種彌補。相比之下，顧頡剛對今文經學的強調常常處於胡適之後。在顧頡剛那裏，今文經學的學術價值有賴於實驗主義的方法而得以彰顯，這一判斷應當是有道理的。以上視角又為解釋古史辨的現代性增添了幾分說服力。

　　顧頡剛曾指出：「政治思想固有無產階級和資產階級的分別，至於客觀性的科學則並不因人的階級而有不同，何必一起加以否定。」〔註236〕正因為秉持這樣的看法，他始終不太情願從政治上批判實驗主義與今文經學。與此同時，他堅持自己是在進行客觀科學的史學研究，所以也「不願意人家稱道他是『經師』」。〔註237〕但面對政治批判，他像是一個矛盾體，已經無暇也沒有機會申辯自己的學術研究與實驗主義尤其是今文經學有什麼不同。在諸種「影響」的裹挾之下，其學術研究的獨立性也隨之被掩埋。「證據本身是不會說話的；說話的不是證據，而是號稱掌握了證據的人。」〔註238〕當顧頡剛所持的證據不再被視為「證據」，他所期待的那幅藍圖便很難實現了。人們對其與今文經學關係的評價也停留在了此時，選擇何種方式重啟評價不僅意味著如何認定「證據」，在這背後更重要的是以何種史學觀念理解這一問題。

〔註235〕顧頡剛：《顧頡剛日記》卷七，北京：中華書局，2011 年，第 313 頁。
〔註236〕顧頡剛：《我在兩年中思想的轉變》，《寶樹園文存》卷六，北京：中華書局，2011 年，第 532 頁。
〔註237〕楊向奎：《「古史辨派」的學術思想批判》，《文史哲》1952 年第 2 期，第 34 頁。
〔註238〕何兆武：《譯者前言》，伊格爾斯著，何兆武譯：《二十世紀的歷史學——從科學的客觀性到後現代的挑戰》，瀋陽：遼寧教育出版社，2003 年，第 2 頁。

餘　論

　　當談古史辨時，我們應該談些什麼？這是一個無法迴避的問題，也並沒有標準答案。在史學開始走向「後—後現代」的今天，再來回看顧頡剛的學術世界，發現其中還不曾出現後現代史學的身影。他與後現代擦肩而過了！如果再多給顧頡剛一點時間，很難說他不會對後現代理論產生共鳴。「試看一腔血，化為兩鬢霜。」〔註1〕終其一生，顧頡剛都在為建立中國現代史學而戰，與傳統經學的角鬥構成了其學術志業的主題。對於何為現代學術的追尋固然是那一代人的使命，但並不是所有的學者都有這樣的學術自覺，顧頡剛的努力不應被湮沒在時代的變化中。「發現這種樂趣並為此而獻身，這就是人們所稱的天職。」〔註2〕顧頡剛足以擔起這份天職所承載的重量。

　　與很多史學家一樣，顧頡剛對史學也並非一見鍾情。倘若沒有遇見胡適，他可能會成為一名出色的目錄學家。顧頡剛在學術領域所掌握的技藝與所具有的品質，使他得以從容地轉向史學，層累說的提出已經很好地證明了這一點。如果說「高度的簡潔質樸只是少數特選之人才享有的恩典」，〔註3〕那麼顧頡剛無疑是幸運的。無論是層累說還是五德說，都因其高度的概括力與解釋力而上升為理論命題，進而奠定了顧頡剛在現代學術中的地位。而他對於現代史學的追問，也都可以從這些命題中找到答案。

〔註1〕顧頡剛：《顧頡剛日記》卷三，北京：中華書局，2011年，第503頁。
〔註2〕布洛克著，黃豔紅譯：《歷史學家的技藝》，北京：中國人民大學出版社，2011年，第33頁。
〔註3〕布洛克著，黃豔紅譯：《歷史學家的技藝》，北京：中國人民大學出版社，2011年，第31頁。

　　這並不是要將顧頡剛塑造成一位堅定且徹底的現代主義者，而且「將方方面面必須限制在『現代』和『傳統』這兩個殼子裏毫無依據」。〔註4〕傳統與現代本就是相對而言的，二者的實際分野在任何時代都不曾涇渭分明過。自幼接受傳統教育的顧頡剛從一開始自然更傾向於接受傳統認知。在1917年前後，他還相信三皇五帝時期有信史可徵；直至27歲，他仍然認為六經為孔子所刪述。最先帶給他衝擊並為其開啟通向新世界大門的是胡適，但新世界放射出的光芒能在顧頡剛身上摺射出何種色彩缺卻是難以預估的，而這多半取決於顧頡剛的個人選擇。雖則如此，個人的努力又往往很難超脫於所處的時代。進化論等科學觀念的傳入已經動搖了原有的古史系統，由「新知識界」與「新型知識人」發起的新文化運動也在試圖將孔家店打倒在地。〔註5〕與此同時，所謂保守派或傳統派的勢頭卻依舊強勁。面對如此複雜的情勢，顧頡剛也在進行著艱難的思想選擇，在摸索中走著自己的路。那是一個激情澎湃的年代，憑藉種種響亮的口號，人們的觀念便可以得到重塑。然而，這些口號背後是否有學理依據以及其是否得到了切實的學術證明則依舊成為問題。經學在當時看似已被「打倒孔家店」所連累，上古史不可信也成為了學者間的共識，但仍有不少人堅守經學信仰，經學依舊活躍在歷史前臺。這在某種程度上說明經典權威著作並沒有得到系統清理，人們雖然已經感受到了科學與經學的衝突，但應當給經學一個怎樣的歸宿卻是棘手問題，由此表現出來的觀念與實際的脫節，或者說理念世界與經驗世界的偏差可以說是近代學術史與思想史上的普遍現象。如果經學的內核不被掏空，則科學無法真正落地生根，因此顧頡剛便打算沿著這樣一條路來實現心中的藍圖。從與他同時代的學者所做的工作來看，似乎沒有人比顧頡剛更適合這條路了。也正是因為這樣的經歷難以被複製，才更襯托出路途的艱辛與其為之努力的可貴。當然，若不是顧頡剛已經走出了一條這樣的路，為解決那些問題提供了可行的借鏡，也很難說這種方式能被今天的我們理解或踐行到何種程度。

　　「後—後現代」是對後現代的「反叛」，後現代是對現代的「反叛」，現代是對傳統的「反叛」。「反叛」意味著「去質疑那些被廣泛接受的說法，重新質疑、一再質疑」，並由此探尋那些失落的真相與「被塗抹的歷史」，從而更坦誠

〔註4〕柯文著，劉楠楠譯：《走過兩遍的路：我研究中國歷史的旅程》，北京：社會科學文獻出版社，2022年，第36頁。

〔註5〕楊念群：《五四的另一面：「社會」觀念的形成與新型組織的誕生》，上海：上海人民出版社，2019年，第20頁。

地面對人類自身。對史學家來說，所依據的只能是歷史事實。「講述真實的過去、忠誠於事實，是歷史唯一的特性」，也是史學之所以為史學的根本，更是史學家最重要的職責。〔註6〕顧頡剛堅持自外於經學與我們視其為現代史學家即由此而來。

　　近代以降，自然科學對史學的主要影響在於證據原則的再確立。這與史學本身要求如實地記載過去形成了默契，並強化了史學的求真屬性，也使得新史學是以史料批判、重審史料的形式出現在人們面前的。「新舊史料觀點」的衝突因此而起，「什麼可以成為歷史證據」引得時人關注，〔註7〕經學也因之受到了最為致命的打擊。「在傳統社會裏，真理和權威是在經典那裏的」，〔註8〕史學尤其是經書中關於上古史的內容不得不服從於經學的設定。新史學若想確立自己的位置，必然要碰觸經學的逆鱗。另一方面，「通過最遙遠的東西來解釋最切近的事物無疑是個寶貴的想法」，〔註9〕對源頭的執著促使人們思考經典形成之前的問題，所以一旦重審史料的程序被啟動，記載早期歷史的經典文本必先接受審查。乘著「五四」之風，史學領域的反傳統與反權威便是從反經典起步的。

　　這是一場事實之戰，史學與經學只能有一方勝出。既然是在史學範疇內討論事實，那麼經學所認定的事實便要經過史學的審視，結果很可能是只有一小部分經學事實會與史學事實相重合，而對此的混淆恰恰是人們誤讀顧頡剛學術身份的關鍵。與其說經學表現政治，倒不如說經學本身就是政治，這與它能夠揭示歷史事實並不衝突，經學也可以更貼近歷史真相。但是，顧頡剛顯然是以史學所遵從的那套原則與規範看待經學的。他並不按照經學邏輯行事，其出發點與目的地均與經學旨趣相去甚遠。關於歷史證據的判定應當建立在歷史事實的基礎之上，但文本證據所反映的文本事實並不能完全等同於歷史事實，因為其中還有某種心理事實在起作用，這無疑增加了確定歷史事實的難度。由

〔註6〕羅新：《有所不為的反叛者：批判、懷疑與想像力》，上海：上海三聯書店，2019年，第9、22、2頁。

〔註7〕王汎森：《什麼可以成為歷史證據——近代中國新舊史料觀點的衝突》，《傅斯年：中國近代歷史與政治中的個體生命》，北京：生活‧讀書‧新知三聯書店，2017年，第328頁。

〔註8〕葛兆光：《思想史研究課堂講錄》初編《視野‧角度與方法》，北京：生活‧讀書‧新知三聯書店，2019年，第78頁。

〔註9〕布洛克著，黃豔紅譯：《歷史學家的技藝》，北京：中國人民大學出版社，2011年，第48頁。

於心理事實更多地牽涉到解釋層面，因此顧頡剛等學者希望通過避免以心理事實解讀經學史料的方式來呈現它們本來面貌的行為，便多少帶有了拒絕闡釋的意味。「闡釋是以修補翻新的方式保留那些被認為太珍貴以至不可否棄的古老文本的極端策略。闡釋者並沒有真的去塗掉或重寫文本，而是在改動它。但他不能承認自己在這麼做。他宣稱自己通過揭示文本的真實含義，只不過使文本變得可以理解罷了。不論闡釋者對文本的改動有多大，他們都必定聲稱自己只是讀出了本來就存在於文本中的那種意義。」〔註10〕用這句話來形容經學家的解經行為也並不違和。顧頡剛反對經學家所建構的意義世界，要求拋卻經學的價值性一面，回到經書及其所載事蹟的真實性上來。他能否做到是另一回事，但對於歷史事實與歷史真相的執念已經表現出顧頡剛作為現代史學研究者的職業素養。

「事實就像是磚瓦，人們用它來建造名為歷史學的大廈。」〔註11〕對歷史事實的強調構成了史學專業化的重要內容，關於如何判定歷史事實的疑問則對史學家提出了更高要求。「歷史事實，哪怕是最不起眼的事實，它們的生命也是歷史學家給的。」〔註12〕若想不被種種證據迷亂雙眼，史學家需要時刻保持懷疑與批判的態度，這也是從傳統權威中解放出來的現代學術理應具有的氣質與美德。福柯曾經指出，「在一個時期，對人的統治本質上是一種精神行為，或本質上是一種與教會的權威、與聖經的聖訓聯繫在一起的宗教實踐，……批判的發展多半——當然不是全部——與聖經有關。不妨說，歷史上批判就是聖經批判」。〔註13〕對於經典的批判性反思是世界近代學術發展史上的普遍現象。如果說對人的統治始於聖經，那麼批判可以被視作逃離統治的藝術，由此興起的啟蒙運動不僅是對常識的挑戰，更給人以說真話的勇氣。從這一意義上講，古史辨的誕生並非異例，關於傳統經典的反思式清理也總要有人去做，只有在經歷不斷的批判之後，現代史學才有立足的空間與可能。

〔註10〕桑格塔著，程巍譯：《反對闡釋》，上海：上海譯文出版社，2018年，第7～8頁。

〔註11〕普羅斯特著，王春華譯，石保羅校：《歷史學十二講》，北京：北京大學出版社，2018年，第53頁。

〔註12〕費弗爾著，高煜譯：《為歷史而戰》，南京：譯林出版社，2022年，第25頁。

〔註13〕福柯著，汪民安編：《什麼是批判》，《福柯文選》第二卷，北京：北京大學出版社，2016年，第175頁。

　　放眼 20 世紀的中國史學界，古史辨的發起更像是一小部分志同道合者的
狂歡。「一切已死的先輩們的傳統，像夢魘一樣糾纏著活人的頭腦。」〔註14〕
如果狂歡不過頭，夢魘能否被徹底打破？這又是一個爭論不休的難題。在那份
熱情之下，顧頡剛亦有其盲區。我們不必過於拿時代或個人的局限性為之辯
護，馬克思的那句名言——「人們自己創造自己的歷史，但是他們並不是隨心
所欲地創造，並不是在他們自己選定的條件下創造，而是在直接碰到的、既定
的、從過去承繼下來的條件下創造」，〔註15〕應當成為我們理解歷史的前提而
不是作為解釋歷史的原因。我們也不必揪住顧頡剛的失誤不放，更不必因此否
定古史辨的現代學術價值。

　　面對「腳下堆積起來的大量話語」，〔註16〕再來研究古史辨與今文經學的
關係本就需要勇氣，而學術史書寫中的路徑依賴更增加了解決這一問題的難
度，這也促使我們反思如何書寫學術史。或許應當更為謹慎地使用諸如「來源」
「影響」等一類語詞，它們生來就帶有某種指向連續性的隱喻，這套概念系統
會在潛移默化中影響人們感知歷史的方式。但替代詞彙的匱乏令人不得不繼
續使用它們進行表達，由此也對其運用的合理限度提出了更嚴格的要求。討論
今文經學之於古史辨的影響便是這種來源式與影響式思維方式的體現。與此
同時，對於因果律的執著也使得我們難以對這一問題作出更多反思，尤其在因
果律的背後還牽連到價值判斷。正如布洛克所言，「起源的幽靈可能只是真正
的歷史學的另一個邪惡敵人的變體：這個敵人就是價值判斷的怪癖」。〔註17〕
考慮到這些問題，如何恰如其分地表述古史辨與今文經學的關係仍然值得思
考。

　　無論是討論古史辨與今文經學的關係還是對古史辨的學術價值進行再評
價，抑或是藉此反思學術史書寫中存在的問題，這些都與我們如何理解現代學
術有很大的關係。「常有人道：每一代歷史學家，都要重寫上一代歷史學家寫

〔註14〕中共中央馬克思恩格斯列寧斯大林著作編譯局編譯：《馬克思恩格斯選集》第
　　　　一卷，北京：人民出版社，2012 年，第 669 頁。
〔註15〕中共中央馬克思恩格斯列寧斯大林著作編譯局編譯：《馬克思恩格斯選集》第
　　　　一卷，北京：人民出版社，2012 年，第 669 頁。
〔註16〕福柯著，汪民安編：《什麼是批判》，《福柯文選》第二卷，北京：北京大學出
　　　　版社，2016 年，第 27 頁。
〔註17〕布洛克著，黃豔紅譯：《歷史學家的技藝》，北京：中國人民大學出版社，2011
　　　　年，第 51 頁。

下的歷史。」〔註18〕顧頡剛之於傳統史家如是，我們之於顧頡剛如是，後來者之於我們亦如是。史學就在這種代際傳遞中不慌不忙地向前走去。今天我們繼續發起關於顧頡剛與古史辨的討論，是因為這一話題對於當下與未來仍具有不可忽視的意義。

〔註18〕柯文著，劉楠楠譯：《走過兩遍的路：我研究中國歷史的旅程》，北京：社會科學文獻出版社，2022 年，第 47 頁。

附錄　顧頡剛經書辨偽觀點綜表*

表 1　顧頡剛經書辨偽觀點綜表（1914.3.1～1923.5.6）

經書		辨偽觀點
《易》	《易經》	是戰國上半期辨偽經書的範圍為十三經。在子表格中，將根據顧頡剛在不同時段辨偽經書的情況決定呈現哪些經書。「經書」一欄按通行的十三經順序排列；「辨偽觀點」一欄以經書為單元，按主要觀點的先後順序排列，內容大多錄自原文，其中部分係目為行文方便會在原文基礎上進行改動。另外，部分觀點出現的時間尚有不確定之處，表中所列僅供參考。其餘需要說明的內容將隨子表格作注。參考顧頡剛等編著：《古史辨》，上海：上海古籍出版社，1982 年；顧頡剛主編：《古籍考辨叢刊》第一集，北京：社會科學文獻出版社，2010 年；顧頡剛：《顧頡剛全集》，北京：中華書局，2011 年。是戰國上半期結集的，到戰國後半期孟子一輩人時，就確認作孔子手筆了。（《〈堯典〉破綻》，1922 年4 月 20 日～1922 年 6 月 2 日，《簒史隨筆〔一〕》、《顧頡剛讀書筆記》卷一）

* 附錄所列列顧頡剛辨偽經書

－215－

《易傳》	1. 終清一代蓋無疑者，雖有偽附，又不能定其著書之人，然終不當與虛造者等視。(《古今偽書考》跋)，1914 年 3 月 1 日，《古籍考辨叢刊》第一集) 2. 孔子《易傳》，宜與離經。《子夏易傳》，明知偽書，然不知何代人所作。(1915 年 4 月 24 日，《乙舍讀書記》，《顧頡剛讀書筆記》卷十五)
《書》 《今文尚書》	1. 今以《莊子》觀《今文尚書》、《列子》觀《古文尚書》，何其似也。(1915 年 3 月 30 日，《乙舍讀書記》，《顧頡剛讀書筆記》卷十五) 2. 《洪範》為世事之目錄，而漢篇以之附災祥，可哂也。(1915 年 3 月 31 日，《乙舍讀書記》，《顧頡剛讀書筆記》卷十五) 3. 《堯典》、《臯陶謨》為周史補作。《禹貢》一篇，可見戰國時人欲廣其土地於九州。(《〈尚書〉各篇》，1920 年 3 月～1920 年 10 月，《寄居錄》，《顧頡剛讀書筆記》卷一) 4. 《尚書》是周史記的當可信，而唐至殷不過是一種神話的逸聞不過了。除了神話的逸聞之外，略為可信的逸聞不過這九篇罷了。(《〈尚書〉質疑》，1920 年 10 月 22 日～1921 年 1 月，《瓊東雜記》，《顧頡剛讀書筆記》卷一) 5. 東周以前，僅限於《詩經》及《今文尚書》所記。(《致李石岑》，1921 年 7 月 8 日，《顧頡剛書信集》卷二) 6. 《禹貢》當是戰國時代的出產品，因為那時正盛吹九州之說。(《舜故事與戲劇規格》，1921 年 10 月 14 日～1921 年 10 月 30 日，《景丙雜記》(三)，《顧頡剛讀書筆記》(三)) 7. 戰國人皆欲以疆域擴充至極大，故有《禹貢》之作。(《疆域觀念之擴大》，1921 年 10 月 31 日～1921 年 12 月 3 日，《景丙雜記》(四)，《顧頡剛讀書筆記》(四)) 8. 《今文尚書》未必完全無偽。《堯典》、《臯陶謨》，明明白白是後人理想中的揖讓政治。《甘誓》的文體正和《堯典》相同，很像春秋、戰國間人所作。《禹貢》是戰國作品。商代的史料，在《尚書》中有《商書》。(《中學校本國史教科書編纂法的商榷》，1922 年 3 月 29 日，《寶樹園文存》卷三) 9. 是戰國上半期結集的，到戰國後半期孟子一輩人時，就確認作孔子手筆了。戰國上半期有一批偽書，如《堯典》，(《〈堯典〉破綻》《戰國以下偽〈尚書〉》，1922 年 4 月 20 日～1922 年 6 月 2 日，《纂史隨筆》(一)，《顧頡剛讀書筆記》卷一)

	10. 在《論語》之後，有《堯典》、《皋陶謨》、《禹貢》等篇出現。（《致錢玄同》，1923年2月25日，《顧頡剛書信集》卷一）
	11. 《大誥》、《康誥》是一組，《無逸》、《金縢》等又是一組：上一組詰屈聱牙，不容易讀；下一組語語明白。我們若是承認詰屈聱牙是真西周文字，便不得不否認文義明白的是非西周文字。（《〈詩經〉的厄運與幸運》，1923年3月，《古史辨》第三冊）
	12. 《禹貢》的為戰國著作，只要看「東漸於海，西被於流沙，朔，南暨，聲教訖於四海」可知。（《紅樓夢辨序初稿》，1923年3月5日，《寶樹園文存》卷一）
	13. 《尚書》中惟《周書》為較可靠。文氣太平正了，不像是西周文字，恐怕這出於東周人的擬作。《禹貢》作於戰國。（《〈周書〉作於戰國》、《〈禹貢〉中古史資料》，1923年3月23日～1923年5月17日，《淞上讀書記〔一〕》，《顧頡剛讀書筆記》）（註1）
《古文尚書》（註2）	1. 《古文尚書》之偽，梅君而後，百詩、穆堂、松崖、懋堂，良庭辨說明矣。（《〈古今偽書考〉跋》，1914年3月1日，《古籍考辨叢刊》第一集）
	2. 擬仿吳摯甫寫定《尚書》，將《偽古文尚書》及偽而又偽之姚方興二十八字、蔡沈考定《武成》等抄為一峽。《古文尚書》雖偽，而文字亦殊爾雅淵厚。今以《莊子》、《列子》觀《古文尚書》，何其似也。（1915年3月30日，《乙舍讀書記》，《顧頡剛讀書筆記》卷十五）
	3. 《書古文》，誠知其偽，然搜輯補苴，必有不偽者。若姚方興二十八字，則鄙俚無根，無借芟削。（1915年4月24日，《乙舍讀書記》，《顧頡剛讀書筆記》卷十五）
	4. 東晉又有一批偽書，如《偽古文尚書》。所謂偽，絕不至於完全想像，如東晉《偽古文尚書》亦甚有根據。（《戰國以下偽〈尚書〉》，1922年4月20日～1922年6月2日，《纂史隨筆〔一〕》，《顧頡剛讀書筆記》卷一）
	5. 東晉人所作。（《紅樓夢辨序初稿》，1923年3月5日，《寶樹園文存》卷一）

（註1）1923年5月6日，顧頡剛在日記中寫到「擬《禹貢》辨之小題目」。據此推測，《〈禹貢〉作于戰國考》或記於此時。故以此為境界，將《淞上讀書記》第一冊此條及之前的內容歸入表1，而將此條之後的內容歸入表2。顧頡剛：《顧頡剛日記》卷一，北京：中華書局，2011年，第355頁。

（註2）《古文尚書》包括兩漢《古文尚書》與東晉偽《古文尚書》，具體所指可以根據表中內容辨別，故此處不再細分。

《書序》	1. 漢代人最喜歡做序，所以《書》有序。（《詩序》，1921年12月3日～1921年2月4日，《景西雜記〔五〕》，《顧頡剛讀書筆記》卷一） 2. 《書序》靠不住。（《〈周書〉中古史資料》，1923年3月23日～1923年5月17日，《淞上讀書記〔一〕》，《顧頡剛讀書筆記》卷二）
《逸周書》	若《逸周書》，似非偽書，又似非偽書。（1915年4月23日，《乙盦讀書記》，《顧頡剛讀書筆記》卷十五）
《詩》 《毛詩》 （註3）	1. 東周以前，僅限於《詩經》及《今文尚書》所記。（《致李石岑》，1921年7月8日，《顧頡剛書信集》卷二） 2. 《詩經》經漢人附會。（《漢·宋儒說〈詩〉》之結果》，《景西雜記〔四〕》，《顧頡剛讀書筆記》卷一） 3. 《詩經》大部是東周詩，偶有幾首是西周流傳下來的，也說不定。今《詩經》之輯集必更在《論語》之後。孟子引《詩》，與今本無異同，則《詩經》輯集必在孟子之前。凡《風》、《雅》，皆是東周的詩。《頌》中有一部分是西周的詩，而流傳到東周的。結集的時代在戰國間。（《〈詩〉三百篇》著作時代〉《詩三百篇》、《景西雜記〔五〕》），1921年12月3日～1922年2月4日，《〈詩經〉輯集時代》《〈詩經〉的原則》《顧頡剛讀書筆記》卷一） 4. 現在的《詩經》，是出於漢人的搜集編纂，出於漢人的刪削整齊的·春秋·戰國時固有《詩》，但不即是現在的《詩經》。（《朱彝尊辨刪〈詩〉》，1922年2月4日～1922年2月21日，《景西雜記〔六〕》，《顧頡剛讀書筆記》卷一） 5. 商代的史料，在《詩經》中有《商頌》。（《中學校本國史教科書編纂法的商榷》，1922年3月29日，《寶樹園文存》卷三） 6. 是戰國上半期結集的，到戰國後半期孟子一輩人時，就確認作孔子手筆了。（《〈堯典〉破綻》，1922年4月20日～1922年6月2日，《景西雜記〔一〕》，《顧頡剛讀書筆記》卷三）

（註3）關於《詩經》辨偽的更多內容參見《景西雜記》第三冊至第六冊。參見顧頡剛：《顧頡剛讀書筆記》卷一，北京：中華書局，2011年。

	7. 今本《詩經》的輯集，必在孔子之後。《詩經》輯集必在孟子以前。是戰國中期的出品。—《讀〈詩〉隨筆》，1923 年 1 月，《古史辨》第三冊）
	8. 刪《詩》之說起來之後，使得《詩經》與孔子發生了不可解的關係。一部《詩經》，大部分是東周的詩。—《商頌》是西周中葉末年所作。《閟宮》作於魯僖公時。《生民》是西周作品。—《致錢玄同》，1923 年 2 月 25 日，《顧頡剛書信集》卷一）
	9. 《詩經》這一部書，可以算做中國所有的書籍中最有價值的；裏面載的詩，有的已經二千餘年了，有的已經二千年了。我們要找春秋時人以至西周時人的作品，只有它是比較的最完全，而目最可靠。（《〈詩經〉的厄運與幸運》，1923 年 3 月，《古史辨》第三冊）
	10. 《詩經》這部書，原是春秋時通行的歌曲，後來人因為孔子喜歡講它，就算做聖人之書。—《紅樓夢辨序初稿》，1923 年 3 月 5 日，《寶樹園文存》卷一）
《詩序》	1. 《中庸》非偽書，自程氏以為子思憂道學失傳而作，則與《詩序》亦同。—《〈古今偽書考〉跋》，1914 年 3 月 1 日，《古籍考辨叢刊》第一集）
	2. 當時作《詩序》的人只會傳會。衛宏在東漢初作《詩序》。—《〈詩經〉中之情詩與孔子刪定說之矛盾》，《詩序》之附會，1921 年 10 月 14 日～1921 年 10 月 30 日，《景西雜記 [三]》，《顧頡剛讀書筆記》卷一）
	3. 《詩序》之作在秦後。《詩序》原為一整篇，為毛公所析置。—《〈南陵〉等筆詩》，1921 年 10 月 31 日。（《〈南陵〉等筆詩》，1921 年 12 月 3 日，《景西雜記 [四]》，《顧頡剛讀書筆記》卷一）
	4. 漢代人最歡喜做序，所以《詩》有序。—《〈詩〉序》，1921 年 12 月 3 日～1922 年 2 月 4 日，《景西雜記 [五]》，《顧頡剛讀書筆記》卷一）
	5. 孔子作《詩序》或子夏作《詩序》一類的話自可根本打破。《詩序》不可信。《詩序》作於衛宏。—《朱彝尊辨刪《詩》》《《詩序》不可信》，1922 年 2 月 4 日～1922 年 2 月 21 日，《景西雜記 [六]》，《顧頡剛讀書筆記》卷一）
	6. 一直到了漢代人手裏，就替它一篇一篇的造起序來。—《紅樓夢辨序初稿》，1923 年 3 月 5 日，《寶樹園文存》卷一）
	7. 《詩序》靠不住。—《〈周書〉中古史資料》，1923 年 3 月 23 日～1923 年 5 月 17 日，《淞上讀書記 [一]》，《顧頡剛讀書筆記》卷二）

《禮》	《周禮》	1. 《周禮》顗見攻於晚近，雖有偽附，又不能定其著書之人，然終不當與虛造者等視。(《古今偽書考》跋），1914 年 3 月 1 日，《古籍考辨叢刊》第一集） 2. 漢承秦緒，歷年又久，自有傳土博論之餘閒，而《周禮》等大著作乃出焉。(《漢代之改制派與訓解派》，1922 年 4 月 20 日～1922 年 6 月 2 日，《纂史隨筆》〔一〕）《顧頡剛讀書筆記》卷一）
	《儀禮》	1. 雖有偽附，又不能定其著書之人，然終不當與虛造者等視。(《古今偽書考》跋），1914 年 3 月 1 日，《古籍考辨叢刊》第一集） 2. 恐是春秋末年或戰國初期的出品。(《《詩經》的叵運與幸運》，1923 年 3 月，《古史辨》第三冊）
	《禮記》	1. 雖有偽附，又不能定其著書之人，然終不當與虛造者等視。《中庸》非偽書，自程氏以為子思憂道學失傳而作，則與《詩序》亦同。(《古今偽書考》跋），1914 年 3 月 1 日，《古籍考辨叢刊》第一集） 2. 《大、小戴記》雖明知漢人所作《戴記》二書，執為周作，固難辨矣。(1915 年 4 月 24 日，《乙舍讀書記》，《顧頡剛讀書筆記》卷十五） 3. 《大、小戴記》則真叢書也。作非一人，記非一事，雜而集之，非叢書之所昉乎。(《青火書》，《顧頡剛讀書筆記》卷七) 4. 《王制》為漢人想像之書。(《《王制》》，1921 年 1 月～1921 年 6 月 10 日，《瓊東雜記〔二〕》，《顧頡剛讀書筆記》卷一) 5. 《王制》、《月令》出於漢代。(《漢代之改制派與訓解派》，1922 年 4 月 20 日～1922 年 6 月 2 日，《纂史隨筆》〔一〕）《顧頡剛讀書筆記》卷一) 6. 大部分是西漢人所作。(《《詩經》的叵運與幸運》，1923 年 3 月，《古史辨》第三冊）
《春秋》	《春秋經》	是戰國上半期結集的，到戰國後半期孟子一輩人時，就確認作孔子手筆了。(《《漢代之改制派與訓解派》，1922 年 4 月 20 日～1922 年 6 月 2 日，《纂史隨筆》〔一〕）《顧頡剛讀書筆記》卷一)
	《左傳》	1. 恐是戰國前期的作品。(《從傳言推測〈左傳〉著作年代》，1922 年，《纂史隨筆〔三〕》，《顧頡剛讀書筆記》卷一) 2. 《左傳》成於戰國。左氏確為六國時人。(《《左傳》成於戰國〔一〕》，1922 年 4 月 20 日～1922 年 6 月 2 日，《顧頡剛讀書筆記》卷一)

	3. 《左傳》是戰國時的著作。(《致錢玄同》，1923年2月25日，《顧頡剛書信集》卷一) 4. 《左傳》固是記載春秋時事最詳細的，但做書人的態度既不忠實，並且他確是生在戰國時的，這部書又經過了漢番竄亂，可靠的程度也是很低。(《詩經》的厄運與幸運，1923年3月，《古史辨》第三冊)
《公羊傳》	《公羊傳》雖漢代筆錄，然墨守口說，度與悟高悟無殊，從《左》、《穀》之類。(1915年4月24日，《乙含讀書筆記》卷十五)
《論語》	1. 《論語》是戰國早期的一部書，當然說這話比別的可信。雖也經過後來人竄亂了，究竟還不多。(《《論語》中的古史材料》，1921年，《景西雜記[二]》，《顧頡剛讀書筆記》卷一) 2. 《論語》輯集已在孔子後多時。(《《詩經》輯集時代》1921年12月3日~1922年2月4日，《景西雜記[五]》，《顧頡剛讀書筆記》卷一) 3. 《堯曰》疑後人加入。(《致錢玄同》，1923年2月25日，《顧頡剛書信集》卷一) 4. 是戰國初期的出品。(《《詩經》的厄運與幸運》，1923年3月，《古史辨》第三冊)
《孝經》	1. 《孝經》本偽書，漢儒者所作，明標秦、漢篇者所作，則不可謂偽。(《《古今偽書考》跋》，1914年3月1日，《古籍考辨叢刊》第一集) 2. 《孝經》劉歆之際顯然，其為偽書，不足論。漢儒獨立一經，使解散《戴記》，則經不勝立矣。(1915年4月24日，《乙含讀書記》，《顧頡剛讀書筆記》卷十五) 3. 《孝經》本偽書，無足辨。(1915年秋~1916年5月3日，《餘師錄[一]》，《顧頡剛讀書筆記》卷十五) 4. 孔壁所出，惟其有《孝經》，乃絕不可恃。(《《尚書》質疑》，1920年10月22日~1921年1月，《瓊東雜記[一]》，《顧頡剛讀書筆記》卷一)
《爾雅》	《爾雅》誤題焦贛，同於《易林》之誣。(《《古今偽書考》跋》，1914年3月1日，《古籍考辨叢刊》第一集)

辨偽觀點〔註4〕
1. 孔子手定之經，存者惟《周易》《尚書》《詩》《春秋》。(1915年4月24日，《乙卯讀書記》，《顧頡剛讀書筆記》卷十五）
2. 在時間方面，有西周同時所作的（《詩經》）、《尚書》的一部分、《春秋》）；有春秋時所作的（《論語》《尚書》的一部分、《禮記》的一部分、《易傳》）；有戰國前期（戰國時期）所作的《儀禮》《尚書》的一部分、後期：《孟子》《左傳》《易傳》的一部分、《禮記》的一部分；有漢朝人所作的（《公羊傳》《穀梁傳》《周禮》《禮記》的一部分、《孝經》《爾雅》）；甚至於有東晉人所作的（《偽古文尚書》）；約有一千五百年的歷史。（《紅樓夢辨序初稿》，1923年3月5日，《寶樹園文存》卷一）

表2　顧頡剛經書辨偽觀點綜表（1923.5.7～1926.6.11）

經	書	辨偽觀點
《易》	《易傳》	託名於子夏的《易傳》，現在已知道是假設的了。《易傳》文體太平正了，似乎不像西周兩人所作，與《金縢》《無逸》似均為後出者。（《答書》，1923年6月1日，《古史辨》第二冊）
《書》	《今文尚書》	1. 《立政》《康誥》《酒誥》《梓材》《召誥》《洛誥》《多士》《無逸》《大誥》《盤庚》似均為後出者。《盤庚》《大誥》《文侯之命》《多方》《秦誓》，這一組可信為真文字。《呂刑》此篇是否出於穆王，尚不可知，但不出於擬作則可信耳。《甘誓》《湯誓》《高宗肜日》《西伯戡黎》《微子》《牧誓》《洪範》《立政》《顧命》《金縢》《無逸》《君奭》，這些也是後世史官的造作，或雖是治人治觀念很重，或者竟有些為偽作摻入其中，亦未可知。不似那時作人摻入的思想。這一組，不似古文，有的文體平順，雜入了些揣測和模擬的性質；有的是治人治觀念重。過便是偽作也是很早的，與那時的偽作，與漢那時的政治和諸子學說有相連的關係。《堯典》《皋陶謨》必在《堯典》之先。（《立政》《堯典》，可分為三組）《禹貢》作於《堯典》之先。這一組一定是戰國至漢初所作，（《尚書》口氣大《淞上讀書記（一）》，1923年3月23日～1923年5月17日，《顧頡剛讀書筆記》卷二） 2. 《禹貢》地名近於《楚辭》而遠於《詩》《書》，當是戰國所作。若《堯典》《皋陶謨》則更在其後，恐怕是秦漢作品。（《致胡適》，1923年5月28日，《顧頡剛書信集》卷一）

〔註4〕凡不便在上表呈現的內容，將在表後另立一表列出。下同，不再另作說明。

	3.《甘誓》本偽書，不足信。《呂刑》為穆王時所作。《洪範》、《立政》二篇文義明暢，與《大誥》、《康誥》等篇文體相差甚遠，當是後世史官補作，與《無逸》、《金縢》、《尚書》二十八篇中確可信為真的不過十二三篇；為東周時史官補作的也有十篇左右。《討論古史答劉胡二先生》，1923 年 8 月 5 日~1923 年 10 月 7 日，《古史辨》第一冊
	4.疑心《堯典》《禹貢》等都是漢初斷承師承時湊補出來的。《韓愈論漢初學術》，1924 年 2 月 20 日~1924 年 4 月 18 日，《泣籲循軒室筆記〔一〕》，《顧頡剛讀書筆記》卷一）
	5.《禹貢》當在孟子之後。（《禹貢》與〈孟子〉），1924 年 4 月 18 日~1924 年 8 月 2 日，《泣籲循軒室筆記〔二〕》，《顧頡剛讀書筆記》卷二）
	6.《大誥》但言文王而不及武王，則《大誥》之是否為成王作，未可知也。姑述謂《康誥》為武王書，恐《大誥》亦然。（《〈大誥〉》，1924 年 11 月 5 日~1925 年 7 月 6 日，《泣籲循軒室筆記〔五〕》，《顧頡剛讀書筆記》卷二）
	7.《盤庚》是真有的商代文字，或是周代人擬作的文字，現在固然沒有考定，但無論如何，我們可以說，這是戰國以前的作品，不是秦漢人的手筆。（《盤庚中篇》今譯），1925 年 1 月 26 日，《古史辨》第二冊
	8.《金縢》著作的年代雖未能確定，也許是東西周史官所補述，因為文體很明順，和《大誥》等篇不相類。（《金縢篇》今譯），1925 年 8 月 17 日，《古史辨》第二冊
《古文尚書》	1.孔壁《古文尚書》實即《逸周書》一類文字，出於漢人偽造。（《〈湯誥〉與〈呂刑〉》，1924 年 4 月 18 日~1924 年 4 月 18 日，《泣籲循軒室筆記〔二〕》，《顧頡剛讀書筆記》卷二）
	2.西漢時偽造的《泰誓》。東晉時偽造的《古文尚書》。（《〈盤庚中篇〉今譯》，1925 年 1 月 26 日，《古史辨》第二冊）
	3.東晉時出之《偽古文尚書》。（《擬編輯尚書左傳讀本計劃書》，1926 年 5 月 28 日，《顧頡剛古史論文集》卷七）
《逸周書》	1.《逸周書》雖後出，然記同人剪商之陰謀有部分之真實性。（《文王與殷之關係》，1923 年 6 月 14 日~1923 年 6 月 23 日，《淞上讀書記〔三〕》，《顧頡剛讀書筆記》卷二）
	2.孔壁《古文尚書》實即《逸周書》一類文字，出於漢人偽造。（《〈湯誥〉與〈呂刑〉》，1924 年 4 月 18 日~1924 年 4 月 18 日，《泣籲循軒室筆記〔二〕》，《顧頡剛讀書筆記》卷二）

《詩》	《毛詩》	可信為最古的詩惟有《周頌》。可見作於在成、康以後，《魯頌》《閟宮》《商頌》《長發》《商頌》、殷武》作於春秋時，已無疑義。《大雅·韓奕》為宣王時所作，似尚可信。疑《大》《小雅》都是西周後期及東周初期之作。《小雅·信南山》《大雅·信南山》文王有聲》自可定為西周後周期所作。《討論古史答劉胡二先生》，1923 年 10 月 7 日，《古史辨》第一冊
	《詩序》	託名於子夏的《詩序》，現在已知道是假造的了。《答書》，1923 年 6 月 1 日，《古史辨》第二冊
《禮》	《周禮》	1.《周禮》，直到西漢末年——公元前一世紀，才跑出來。更不能叫人家信他為周朝的官制了。《周禮》一書，相傳是周公手定的稿本，藏書初廣收簡冊，獨沒有見到他的名目，已很可疑；直到西漢末年劉歆大加表彰，說是河間獻王在山岩屋壁間得到的（原缺《冬官》，便把《考工記》補上），才有人說起。所以人家很疑心是劉歆偽偽託的《周禮》疑非其真書。《現代初中教科書本國史》，1923 年 9 月~1924 年 6 月，《顧頡剛古史論文集》卷十二 2.《周官》者，漢人擬議設官之書而託於周者也。《整理十三經注疏計劃》，1926 年 5 月 4 日~1926 年 5 月 6 日，《顧頡剛古史論文集》卷七
	《儀禮》	《儀禮》者，周末禮節之殘編也。《整理十三經注疏計劃》，1926 年 5 月 4 日~1926 年 5 月 6 日，《顧頡剛古史論文集》卷七
	《禮記》	1.《大、小戴記》是漢朝人所輯錄。已不能完全置信。《現代初中教科書本國史》，1923 年 9 月~1924 年 6 月，《顧頡剛古史論文集》卷十二 2.《禮記》者，自戰國至西漢已經卸對於《禮》意及《禮》文之雜說雜記也。《整理十三經注疏計劃》，1926 年 5 月 4 日~1926 年 5 月 6 日，《顧頡剛古史論文集》卷七
《春秋》	《春秋經》	1. 惟《春秋》是本著魯國舊藏的史冊來推衍成書的，當無可疑。《現代初中教科書本國史》，1923 年 9 月~1924 年 6 月，《顧頡剛古史論文集》卷十二 2.《春秋》為魯史特例，亦當有例。出自歷世相承的史官之手。孟子以前無言孔子作《春秋》的。孟子的話本是最不可信。《致錢玄同》，1925 年 3 月 21 日，《顧頡剛書信集》卷一
	《左傳》	1. 謂《左傳》為前三○○年所作，甚覺近情。左氏著作於後期之初，蓋得其所。《左傳》為秦稱帝前之書。《《左傳》著作年代》，1923 年 6 月 14 日~1923 年 6 月 23 日，《淞上讀書記》顧頡剛讀書筆記》卷二

	辨偽觀點
	2.《左傳》是記元前三百年間所著，約當報王初元。（詩論古史答劉朔二先生），1923年8月5日，《古史辨》第一冊）
	3.《左傳》記春秋初期事多不可信。（《左傳》記春秋初期事多不可信），1924年4月18日～1924年8月2日，《顧頡剛讀書筆記〔二〕》，《顧頡剛讀書筆記》卷二）
	4.《左傳》為戰國時書。《左傳》之來源非一，有晉史、魯史、楚史、鄭史之成分。（《李札評詩樂》《《左傳》說夏事》，1924年8月2日～1924年10月，《泣籬循軌室筆記〔三〕》，《顧頡剛讀書筆記》卷二）
	5.《左氏傳》者，本春秋分國之史，劉歆析之，以為釋《春秋》者。（《國語》而獨立，使脫離《國語》）（整理十三經注疏計劃），1926年5月4日～1924年6月，《顧頡剛古史論文集》）（整理十三經注疏計劃），1926年5月6日，《顧頡剛讀書筆記》卷七）
《論語》	許多書中，最純粹而目最可靠的，自當首推《論語》。（《現代初中教科書本國史》，1923年9月～1924年6月，《顧頡剛古史論文集》卷十二）
《孝經》	1.《孝經》為秦、漢時書。必非孔子之物，而孔壁亦有之，則孔壁之不足信明矣。（《湯誥》與〈呂刑〉），1924年4月18日～1924年8月2日，《泣籬循軌室筆記〔三〕》，《顧頡剛讀書筆記》卷二） 2.《孝經》者，不詳所自來，大要為託孔子以張孝道者也。（《整理十三經注疏計劃》，1926年5月4日～1926年5月6日，《顧頡剛古史論文集》卷十二）

辨偽觀點
《書》、《詩》、《樂》都是舊文，《樂》又不傳於後，《易傳》是否全出於孔子尚有問題，則較為可信的，只有《春秋》一書或者曾經過他的整理而已。經書的最古而目最可靠的，只有《易》、《書》、《詩》、《春秋》。然《書經》已很有竄亂和附益的痕跡了。至於諸經的真相，《易》本是當時卜筮的占繇。《書》只是片段的古史，沒有勒定統系，自然容易摻混裝點。《詩》是當時民謠俗歌和樂詞的總集，《樂》詞的斷集，只不能像猜謎一樣的說定某篇是某人作，某詩為某事而發能了。《禮》是那時時社會風尚逐漸造成的儀式，自然是後起的東西，不能必疑以為某人所勒定或公布的。《書經》的竄亂之跡甚顯。（《現代初中教科書本國史》，1923年9月～1924年6月，《顧頡剛古史論文集》卷十二）

表 3　顧頡剛經書辨偽觀點綜表（1926.6.12～1930.6.2）（註 5）

經書		辨偽觀點
《易》	《易經》	1. 《易》似可信為西周初作。（《〈周易〉著作時代》，1926 年 6 月 26 日～1926 年 11 月 30 日，《斬闢室雜記》[二]，《顧頡剛讀書筆記》卷三） 2. 《卦爻辭》著作時代尚在西周。（《中國上古史講義》，1928 年 3 月～1928 年 9 月，《顧頡剛古史論文集》卷三） 3. 《卦爻辭》與孔子無關，是西周時的著作。（《中國上古史研究講義》，1929 年 10 月～1930 年 6 月，《顧頡剛古史論文集》卷三） 4. 《易經》的著作時代在西周。《易經》作於西周初葉。（《〈周易〉〈卦爻辭〉中的故事》，1929 年 12 月，《古史辨》第三冊） 5. 文王、周公作《經》之說雖不可信，而要為西周時物。（《研究員顧頡剛工作報告》，1930 年 4 月 30 日，《寶樹園文存》卷一）
	《易傳》	1. 《易傳》不出於孔子，也不是一人的手筆。有幾篇是漢宣帝時才出來的。最早不能過戰國之末，最遲也不能過西漢之末，這七種傳是公元前三世紀中逐漸產生的；至其著作的人，則大部分是曾受道家深刻的暗示的儒者。《象傳》為原始的《說卦傳》，而《說卦傳》乃是進步的《象傳》，其間時代相差頗久。《繫辭傳》是京房或是京房的後學們所作的，它的時代不能早於漢元帝。（《中國上古史研究講義》，1929 年 10 月～1930 年 6 月，《顧頡剛古史論文集》卷三） 2. 《易傳》（這不是一種書名，是《彖傳》、《象傳》、《文言傳》、《說卦傳》、《序卦傳》、《雜卦傳》的總名）的著作時代至早不得過戰國，遲則在西漢中葉。（《〈周易〉〈卦爻辭〉中的故事》，1929 年 12 月，《古史辨》第三冊）

（註 5）除表中內容外，還可參見顧頡剛：《中國上古史講義》，《顧頡剛古史論文集》卷三，北京：中華書局，2011 年；顧頡剛：《中國上古史研究講義》，《顧頡剛古史論文集》卷三，北京：中華書局，2011 年；顧頡剛：《五德終始說下的政治和歷史》，顧頡剛編著：《古史辨》第五冊，上海：上海古籍出版社，1982 年；等等。

		3. 子楚疑《象傳》出《象傳》之後。（《〈象傳〉出〈象傳〉後》，1930 年 2 月 12 日～1930 年 11 月 21 日，《遂初堂至筆記〔二〕》，《顧頡剛讀書筆記》卷三）〔註6〕
		4. 疑《象傳》即是《象傳》，後來因為有了《新象傳》，把「象」字略改變，變成「象」字，遂分二種。《象傳》之文的部分與《象傳》相合，這一種出現任前；至《象傳》的部分即是後出來的。疑《象傳》之文即是把《象傳》這種話擴充而成的。（《論〈易經〉的比較研究及〈象傳〉與〈象〉傳〉的關係》，1930 年 3 月 21 日，《古史辨》第三冊）
		5. 《傳》則非一時代所所成，其至遲者可及內漢之末。（《研究員顧頡剛工作報告》，1930 年 4 月 30 日，《寶樹園文存》卷一）
		6. 說卦傳》出於漢宣帝時。（《五德終始說下的政治和歷史》，1930 年 6 月 2 日，《古史辨》第五冊）
《書》〔註7〕	《今文尚書》	1. 《甘誓》作於戰國。（「賞於祖，戮於社」，1926 年 6 月 26 日～1926 年 11 月 30 日，《斬開室雜記〔二〕》，《顧頡剛讀書筆記》卷一）
		2. 《周書》中有幾篇是最靠住的，春秋戰國間人補撰之《夏商周》，秦漢間人補撰之《虞書》。（《致胡適》，1926 年 9 月 15 日，《顧頡剛讀書信集》卷一）
		3. 《洪範》一文、言五行、言天人感應，和漢人的思想很接近，說不定是戰國時陰陽家的東西。（《與馮沅君論古書用韻》，1926 年 11 月 30 日～1927 年 10 月 21 日，《斬開室雜記〔三〕》，《顧頡剛讀書筆記》筆記）
		4. 除了《文侯之命》和《秦誓》兩篇外，都是講的西周以前的事情。自從東周到六朝，經過了多少次的竄亂。（《尚書講義第一編序目》，1927 年 1 月 3 日，《顧頡剛古史論文集》卷八）

〔註6〕根據《顧頡剛讀書筆記》、《遂初堂至筆記》第二冊僅錄有開始時間而未錄完成時間，又據《顧頡剛年譜》所載，顧頡剛於 1930 年完成《遂初堂至筆記》第一冊與第二冊，此處將《遂初堂至筆記》第二冊的完成時間暫限下限暫定為緊隨其後的《郊居雜記》第一冊的開始時間，即 1930 年 11 月 21 日。參見顧頡剛：《郊居雜記（二）》，《顧頡剛讀書筆記》卷三，北京：中華書局，2011 年，第 66 頁；顧頡剛：《郊居雜記（一）》，《顧頡剛讀書筆記》卷三，北京：中華書局，2011 年，第 111 頁；顧潮編著：《顧頡剛年譜》，北京：中華書局，2011 年，第 214 頁。

〔註7〕關於《尚書》辨偽的更多內容多見顧頡剛：《尚書講義》、《顧頡剛古史論文集》卷八、《顧頡剛古史論文集》卷八、《尚書講義》、《尚書學講義》，《顧頡剛古史論文集》卷八，北京：中華書局，2011 年；等等。

5.	即〈二十八篇〉，可明知其皆真乎？即曰〈大誥〉、〈洛誥〉、〈君奭〉、〈金縢〉、〈禹貢〉必偽，〈堯典〉、〈皋陶謨〉等篇稍後出，〈堯典〉、〈無逸〉、〈君奭〉等篇較早，〈禹貢〉等篇乃西漢初期所結集之〈尚書〉，其中有作於西周者，有作於東周者，有作於秦及漢初者。（〈尚書學及講義〉，1927年11月～1928年9月，〈顧頡剛古史論文集〉卷八）其聞之〈君奭〉等篇，然介於真偽固為一不能遽解之懸案也。（〈今文經〉二十八篇乃西漢初期所，〈尚書學及講義〉，1927年）
6.	疑〈湯誓〉、〈西伯戡黎〉等篇為戰國時作。（〈湯誓〉、〈西伯戡黎〉後出之證，1927年11月13日～1928年2月21日，〈東山筆乘〔二〕〉，〈顧頡剛讀書筆記〉卷二）
7.	〈堯典〉一篇，疑出於秦漢之間。（〈致彭煒棠〉，1928年6月14日，〈顧頡剛書信集〉卷二）
8.	〈堯典〉、〈皋陶謨〉之著作時代，最早不能過堯，最遲當在漢武帝之世。〈禹貢〉之編入〈尚書〉，實在漢初，其著作時代必不能甚早可知。〈禹貢〉之作疑在〈堯典〉之前。（〈古代地理研究講義〉，1928年下半年，〈顧頡剛古史論文集〉卷五）
9.	二十八篇是漢武帝時的〈尚書〉，〈墨子〉、〈孟子〉、〈墨子〉內所引的〈書〉是西周漢初的〈書〉。（〈中國上古史研究課旨趣書〉，1928年12月5日，〈顧頡剛古史論文集〉卷三）
10.	〈堯典〉中有〈孟子〉時的〈尚書〉，〈緇衣〉、〈坊記〉內所引的〈書〉是戰國時的〈書〉。〈禹貢〉時的一部分和漢代加入的一部分。（〈古史中最佔地位之人與書〉，1929年5月26日～1930年3月，〈逯初室筆記〔一〕〉，〈顧頡剛讀書筆記〉卷三）
11.	〈堯典〉、〈皋陶謨〉、〈禹貢〉，都是秦漢人的思想。〈書〉乃東周或西周人作。〈尚書〉前後不同，前半有周秦漢統一的思想和制度，後半則近實事。（〈中國的學術概況〉，1929年6月，〈顧頡剛全集補遺〉）
12.	〈堯典〉出〈禹貢〉後。〈呂刑〉一篇為齊人所作著乎？其中言「絕地天通」，只是戰國時人的思想。〈顧當在〈孟子〉之前。（〈〈堯典〉著於〈禹貢〉後於〈呂刑〉雜論〉，1929年8月，〈忍小齋筆記〉，〈顧頡剛讀書筆記〉卷三）
13.	〈康誥〉是王命康叔監殷時的語。（〈〈周易〉〈卦爻辭〉中的故事〉，1929年12月，〈古史辨〉第三冊）
14.	〈禹貢〉尚是戰國人作，而〈堯典〉、〈皋陶謨〉二篇直是漢初人作。（〈研究員顧頡剛工作報告〉，1930年4月30日，〈寶樹園文存〉卷一）

書名	觀點
《古文尚書》	15. 《洪範》出於戰國之末。《甘誓》頭《墨子》是同時代的東西，出於戰國末代的東西，出於戰國末或西漢初。《五德終始說下的政治和歷史》，1930 年 6 月 2 日，《古史辨》第五冊） 1. 漢代人假造《泰誓》。東晉人假造之《古文尚書》。（《致胡適》，1926 年 9 月 15 日，《顧頡剛書信集》卷一） 2. 《偽古文》作於魏晉之間。《孔壁尚書》《中古文》是偽作。（《尚書講義第一編序目》，1927 年 1 月 3 日，《顧頡剛古史論文集》卷八） 3. 《大誓》為偽。《武成》所記乃西漢末期所結集之《尚書》，然其著作時代必較早於《大誓》《牧誓》諸篇。《古文經》五十六篇乃西漢中期以後者。（《尚書學講義》，1927 年 11 月～1928 年 9 月，《顧頡剛古史論文集》卷八） 4. 武帝時所出之《泰誓》。《古文尚書》出於西漢末之古文學家。魏晉間之《偽古文尚書》依仿《書序》而造。（《中國上古史講義》，1928 年 3 月～1928 年 9 月，《顧頡剛古史論文集》卷三） 5. 《偽古尚書》，起在魏、晉間。（《古今偽書考序》，1930 年 2 月 23 日，《顧頡剛古史論文集》卷七）
《逸周書》	1. 漢代人假造《逸周書》。（《致胡適》，1926 年 9 月 15 日，《顧頡剛書信集》卷一） 2. 是戰國時人偽造的《尚書》。（《講授尚書言》劉盼遂，1926 年 9 月 21 日，《顧頡剛古史論文集》卷八） 3. 偽作。（《尚書講義第一編序目》，1927 年 1 月 3 日，《顧頡剛古史論文集》卷八） 4. 明是秦、漢人偽造。然如《世俘解》，以種種材料比勘之，若可信為戰國以前文字。（《尚書學講義》，1927 年 11 月～1928 年 9 月，《顧頡剛古史論文集》卷八） 5. 雜集周秦漢人之單篇文字以為一書，其性質比於《大》《小戴記》。（《中國上古史講義》，1928 年 3 月～1928 年 9 月，《顧頡剛古史論文集》卷三）
《書序》	1. 《書序》鈔襲經文，臆造故事，語皆似是而非，其偽望而可見。為西漢末古文家所造。（《尚書學講義》，1927 年 11 月～1928 年 9 月，《顧頡剛古史論文集》卷八） 2. 出於西漢末之古文學家。（《中國上古史講義》，1928 年 3 月～1928 年 9 月，《顧頡剛古史論文集》卷三）

《詩》	三家《詩》	3. 《書序》是古文學派假造出來以反對博士們的「尚書」為備」的話的，非司馬遷時代所應有。（《中國上古史研究講義》，1929 年 10 月～1930 年 6 月，《顧頡剛古史論文集》卷三） 4. 為張霸作，不能誣為劉歆。（《自貢自證》，1930 年 2 月 12 日～1930 年 11 月 21 日，《淺初室筆記〔二〕》，《顧頡剛讀書筆記》卷三） 《商頌》、《三家詩》皆謂正考父作於未襄公之世。（《周易》〈卦爻辭〉中的故事，1929 年 12 月，《古史辨》第三冊）
	《毛詩》	1. 《詩經》的《大雅》、《小雅》都是西周後期的詩。（《春秋時的孔子和漢代的孔子》，1926 年 10 月 23 日，《古史辨》第二冊） 2. 《商頌》五篇，作於宋人。（《古代地理研究講義》，1928 年下半年，《顧頡剛古史論文集》卷五） 3. 《詩》則有偽(但有偽說而無偽經)。（《春秋研究講義》，1928 年 10 月～1929 年 1 月，《顧頡剛古史論文集》卷十一） 4. 《詩》乃東周或西周人作。（《中國的學術概況》，1929 年 6 月，《顧頡剛全集補遺》） 5. 信得過的最古的書，是《詩經》。裏邊許多是東周人做的，也許有些是西周人做的。《商頌·玄鳥》是東周時宋國人做的（大雅·生民）是周朝（西周或東周·尚未考定）人做的《魯頌·閟宮》是魯僖公時人做的。（《中國上古史研究講義》，1929 年 10 月～1930 年 6 月，《顧頡剛古史論文集》卷三）
	《詩序》	1. 《詩序》者，東漢初衛宏所作，明者於《後漢書》。（《中國上古史講義》，1928 年 3 月～1928 年 9 月，《顧頡剛古史論文集》卷三） 2. 東漢初，衛宏作《詩序》。（《周易》〈卦爻辭〉中的故事，1929 年 12 月，《古史辨》第三冊）
《禮》	《周禮》	1. 《周官》「外史氏掌三皇五帝之書」，恐是劉歆改編《左傳》時放進去的。（《致彭禕棠》，1928 年 6 月 14 日，《顧頡剛書信集》卷二） 2. 溯其來源則由於王莽的「發得」，忽然發得了《周禮》一書以供他制禮作樂時的「因監」，在這樣崇拜周公的高潮之下，在周公的偶像這樣支配現實政治的時候，這部書的出現不是很可疑嗎？（《五德終始說下的政治和歷史》，1930 年 6 月 2 日，《古史辨》第五冊）

經書	辨偽觀點
《儀禮》	1. 《儀禮》，相傳是周公所做，自周初行到春秋的；但我們卻在春秋時得到許多反證，證明這書是春秋以後的出品，於是周公作《儀禮》這句話便不攻而破了。（《講授尚書計劃書》，1926年9月21日，《顧頡剛古史論文集》卷八） 2. 《儀禮》非全書。（《《儀禮》非全書》，1927年11月13日～1928年2月21日，《東山筆乘〔二〕》，《顧頡剛讀書筆記》卷二）
《禮記》	1. 《王制》自認周後人作。（《《王制》自認周後人作》，1926年6月26日～1926年11月30日，《斬至雜記〔二〕》，《顧頡剛讀書筆記》卷二） 2. 《五帝德》作於秦漢之際。（古代地理研究講義，1928年下半年，《顧頡剛古史論文集》卷五） 3. 《月令》是全部偽的。《月令》出於劉歆之手。（《中國上古史研究講義》，1929年10月～1930年6月，《顧頡剛古史論文集》卷三） 4. 《月令》有劉歆偽竄的痕跡。《月令》為周公所作，既不可信，且也沒有理由。（《《月令》入〈呂覽〉之經過》《《月令》非周公作》，1930年2月12日～1930年11月21日，《遂初室筆記〔二〕》，《顧頡剛讀書筆記》卷三）
《春秋經》	1. 《春秋》本可信為魯史所作，但有了「十有一月」、庚子、「孔子生」一條，它信實的程度便大減了，也許裏面有許多是儒家所改以求合於其所謂之「義」了！孔子未嘗作（或修）《春秋》。（《〈春秋經〉之經秘》《劉知幾〈惑經〉提要，並為解答》，1928年2月21日～1929年8月，《東山筆乘〔三〕》，《顧頡剛讀書筆記》卷二） 2. 魯史。（《〈春秋〉與三傳之關係》，1928年3月，《纂史隨筆〔三〕》，《顧頡剛讀書筆記》卷一）
《春秋》 〔註8〕 《左傳》	1. 《國語》與《春秋》本是個不相關的兩部史書，但經漢人看到，以為可以釋經，遂依經之分析，而為《左氏傳》。（《假定〈春秋經〉之經秘》與《左氏傳》，《劉知幾〈惑經〉提要，並為解答》，1928年2月21日～1929年8月，《東山筆乘〔三〕》，《顧頡剛讀書筆記》卷一） 2. 直接錄自魯史，但仍承認孔子與《春秋》有關係。左丘明因與孔子同時，故其義較後儒為真。（《〈春秋〉與三傳之關係》，1928年3月，《纂史隨筆〔三〕》，《顧頡剛讀書筆記》卷一）

〔註8〕關於《春秋》辨偽的更多內容，參見顧頡剛：《春秋研究講義》，《顧頡剛古史論文集》卷十一，北京：中華書局，2011年。

	3. 「三墳五典」之言恐是劉歆是改編《左傳》時放進去的。(《致彭翼棠》1928 年 6 月 4 日,《顧頡剛書信集》卷二)
	4. 《左傳》之前身為《國語》,《國語》作於戰國。(《古代地理研究講義》1928 年下半年,《顧頡剛古史論文集》卷五)
	5. 及劉歆起,不甘使《春秋》終於為聖經,而欲摻入多量之歷史成分,使之回復歷史書之地位,於是分析《國語》,隸於經文各條之下,名之曰「《春秋左氏傳》」。(《春秋研究講義》1928 年 10 月～1929 年 1 月,《顧頡剛古史論文集》卷十一)
	6. 左丘明只有《國語》一部書,《春秋左氏傳》乃是劉歆把《國語》中的一大半析附《春秋》經文而成的,故所謂《國語》直是左丘明原本,而所謂《國語》乃是《左傳》以外的殘餘。(《中國上古史研究講義》1929 年 10 月～1930 年 6 月,《顧頡剛古史論文集》卷三)
	7. 《左傳》是一部很有問題的書。惟為劉歆改頭換面之作。它的材料固有甚早的,亦有甚後的。故此書之梁有濃厚的漢代色彩。劉歆從秘府裏尋出來的一部《春秋左氏傳》,他對於《左氏傳》是曾經勳過一番手的。《左傳》的材料、性質甚為複雜。有的是《國語》原文,有的是他種古書之文而為劉歆所採,有的是劉歆所臆增的人所增,有的是劉歆以後的人所增,原不可一概而論。即劉歆所臆增者,有的是為解釋經文而增,有的是發揮他自己意見而增,有的是為適應漢末新初的時勢而增,也不可一概而論。且劉歆所增的功今,或因不合於東漢人的脾胃,以致被刪削或被改。也是可有的事。(《五德終始說下的政治和歷史》1930 年 6 月 2 日,《古史辨》第五冊)
《公羊傳》	孔子以後《公羊》儒者增飾,託為孔子所作。(《《春秋》與三傳之關係》1928 年 3 月,《纂史隨筆〔三〕》,《顧頡剛讀書筆記》卷一)
《論語》〔註 9〕	1. 《論語》作於戰國初年。(《怎樣讀書》1927 年 2 月 24 日,《寶樹園文存》卷三)
	2. 康有為認為「左丘明恥之」一章為古學家所竄入則甚是。(《孔子研究講義》1928 年 10 月～1929 年 1 月,《顧頡剛古史論文集》卷四)
	3. 《論語》大約戰國初年作。更後於《尚書》。(《中國的學術概況》,1929 年 6 月,《顧頡剛全集補遺》)

〔註 9〕關於《論語》辨偽的更多內容多見顧頡剛:《孔子研究講義》、《顧頡剛古史論文集》卷四,北京:中華書局,2011 年。

4. 《論語》「才難，不其然乎？……」一段，一定是後來假造的，說不定在漢初。（《〈論語·才難〉章晚出》，1929年8月，《忘小廎筆記》，《顧頡剛讀書筆記》卷三）

5. 現在這部《論語》，也定把《魯論》、《齊論》、《古論》，雜湊成的，並目到了三國時何晏作了《集解》之後才凝固的，裏邊不但摻入了許多戰國的氣味，並且摻入了些漢代的氣味。（《孔子事實的變遷》，1929年9月29日，《顧頡剛古史論文集》卷四）

6. 已當是戰國的初期了。（《中國上古史研究講義》，1929年10月~1930年6月，《顧頡剛古史論文集》第三冊）

7. 《堯曰篇》是最不可信的一篇。（《〈周易〉〈卦爻辭〉中的故事》，1929年12月，《古史辨》第三冊）

《爾雅》	1. 其書正能代表西漢人之學識水平。（《莊有可辨〈爾雅〉》，1928年2月21日~1929年8月，《東山筆乘〔三〕》，《顧頡剛讀書筆記》卷二）	
	2. 《爾雅》是一部西漢末年的「訓詁註總匯」。（《中國上古史研究講義》，1929年10月~1930年6月，《顧頡剛古史論文集》卷三）	
《孟子》	《孟子》作於戰國末年。（《怎樣讀書》，1927年2月24日，《寶樹園文存》卷三）	

表4　顧頡剛經書辨偽觀點綜表（1930.6.3~1941.6）（註10）

經書		辨偽觀點
《易》	《易經》	1. 《周易》是西周的著作。（《自序》，1931年11月1日，《古史辨》第三冊）
《書》（註11）	《今文尚書》	1. 《堯典》之後至司馬遷時，共有三個本子。第一個本子在孟子之前。第二個本子出在漢武帝時。孟子時出有大批偽書《泰誓》與《皋陶謨》為同時代之作品。以虞為舜臣始個本子出於孟子時。第三於《堯典》，任秦統一後《呂刑》、疑擊仿《康誥》而作。此是有了法治觀念以後的出品。（《論〈堯典〉著作時代》，見《顧頡剛古史論文集》卷八，北京：中華書局，2011年。

（註10）除表中內容外，還可參見顧頡剛：《秦漢的方士與儒生》，《顧頡剛古史論文集》卷二，北京：中華書局，2011年；顧頡剛：《顧頡剛古史論文集》卷七，北京：中華書局，2011年；等等。

（註11）關於《尚書》辨偽的更多內容多見顧頡剛：《尚書研究講義》，《崔東壁遺書序一》，《顧頡剛古史論文集》卷八，北京：中華書局，2011年。

典〉三本）《戰國》《泰誓》與〈皋陶謨〉為同時代作品）《各書所載堯、舜臣》《〈呂刑〉疑仿〈康誥〉作》，1931 年 3 月 4 日～1931 年 8 月 9 日，《郊居雜記〔二〕》《顧頡剛讀書筆記》

2. 吾儕所見則為漢武之《堯典》。和四宅章與巡守四嶽章皆漢武帝時編入《堯典》者。《堯典》為武帝時書。可信諸篇當自《大誥》始，則亦在周初。《堯典》之本子可數者八。（《尚書研究講義》，1931 年 8 月 1 日～1931 年 9 月初，《顧頡剛古史論文集》卷八）

3. 大約《秦誓》比《堯典》為早出。（《漢武詔引〈皋陶謨〉》，1931 年 8 月 14 日～1931 年 8 月 16 日，《郊居雜記〔四〕》《顧頡剛讀書筆記》卷三）

4. 《左傳》中所引《尚書》多出戰國人手。此數句《周書》太平順了。正和《堯典》同。疑亦戰國偽物。（《〈左傳〉中所引〈尚書〉多出戰國人手》，1931 年 8 月 16 日～1931 年 8 月 19 日，《郊居雜記〔五〕》《顧頡剛讀書筆記》卷三）

5. 《呂刑》之篇，為呂國強盛時所作，自當為春秋前文字。（《尚書研究講義參考資料》，1931 年 9 月～1931 年 12 月，《顧頡剛古史論文集》卷八）

6. 久疑《堯典》作於《皋陶謨》之後，有許多地方是沿襲《皋陶謨》的。（《關於尚書研究講義之討論》，1932 年 1 月 1 日，《顧頡剛古史論文集》卷八）

7. 《堯典》著作時代似不能早於漢武帝中葉。孟子所見為戰國時之《堯典》而我儕所見則為西漢時之《堯典》。然《堯典》本子尚不止此。（《尚書研究本年工作報告》，1932 年 6 月，《寶樹園文存》卷一）

8. 《禹貢》一書作者不但欲分配當時地域，固欲以偽託禹事文獻也。（《溝通江、淮、河、濟、孟子與〈禹貢〉異觀》，1932 年 9 月 10 日～1934 年 2 月 12 日，《郊居雜記〔十三〕》《顧頡剛讀書筆記》卷三）

9. 《堯典》在《禹貢》之後。（《〈周禮〉復官職方氏案語》，1933 年，《顧頡剛古史論文集》卷八）

10. 九州的名詞及其具體制度的說明都當西元前四世紀至三世紀的事。《禹貢》的著作，只能後於這個時代而不能早於這個時代。今本《堯典》作於漢武帝時。（《州與岳的演變》，1933 年 8 月，《顧頡剛古史論文集》卷五）

11. 《堯典》非虞、夏時書。今本《堯典》非秦以前書，成於西漢，為漢武帝時書。（《堯典》，1934 年 10 月～1935 年 3 月，《旅杭雜記〔一〕》《顧頡剛讀書筆記》卷三）

12. 《堯典》出於漢武之世。（《堯典著作時代問題之討論》，1934 年 12 月 26 日，《顧頡剛古史論文集》卷八）

	13. 戰國時曾有過《堯典》，但我們所見的這篇乃是漢武帝時的作品。(《張季若遺著序》，1935 年 7 月 30 日，《寶樹園文存》卷二)
	14. 《洪範》大約出於戰國人的手筆。(《秦漢的方士與儒生》，1935 年 8 月，《顧頡剛古史論文集》卷二)
	15. 《二十八篇》傳於春秋戰國，編定於漢初。(《三皇考·自序》，1936 年 1 月 8 日，《古史辨》第七冊)
	16. 《商書》當是周代的末國人做的。《立政》不是西周人的手筆，可總是戰國以前的文章。今本《堯典》是漢代人作。(《禪讓傳說起於墨家考》，1936 年 4 月，《顧頡剛古史論文集》卷五)
	17. 《堯典》、《禹貢》，這兩篇書的出產在秦代以後。(《漢代以前中國人的世界觀念與域外交通的故事》，1936 年 4 月 16 日，《顧頡剛古史論文集》卷二)
	18. 至於《尚書》中的幾篇，如《皐陶謨》，乃是承襲《論語》思想的；如《禹貢》，乃是戰國末年大一統的思想下所產生的，都決不能出現於夏代。(《學人訪問記——歷史學家顧頡剛》，1936 年 10 月 8 日，《寶樹園文存》卷一)
	19. 《洪範》是戰國末年的作品。(《夏史三論——夏史考第五、六、七章》，1936 年 11 月，《顧頡剛古史論文集》卷一)
	20. 《堯典》乃晚出之書。出於戰國末或西漢初之《禹貢》。《禹貢》應在《墨子》一書後也。(《中國疆域沿革史》，1938 年 3 月，《顧頡剛古史論文集》卷六)
	21. 《洪範》是《墨子》以後的書。今本的《堯典》和《皐陶謨》乃是西漢初年的作品。在這兩篇書前，還有一篇《禹貢》。(《鯀禹的傳說——夏史考第四章》，1939 年 3 月~1939 年 6 月，《顧頡剛古史論文集》卷一)
《古文尚書》	1. 晉代的《偽古文尚書》。漢《偽古文》比了晉《偽古文》，作者既複雜，時期又加久，方面又加多，然而比較的材料反而減少。(《自序》，1934 年 12 月 31 日，《古史辨》第五冊)
	2. 晉梅賾所獻的偽《古文尚書》《劉歆的《古文尚書》已是假，這乃是假中之假。(《秦漢的方士與儒生》，1935 年 8 月，《顧頡剛古史論文集》卷二)
	3. 《偽古文尚書》出於晉魏。(《三皇考·自序》，1936 年 1 月 8 日，《古史辨》第七冊)
	4. 《五子之歌》是西晉末漢末古文家所造《逸尚書》十六篇之一。(《夏史三論——夏史考第五、六、七章》，1936 年 11 月，《顧頡剛古史論文集》卷一)

《逸周書》	1. 《逸周書》的材料很有問題，不便充分相信。(《春秋時代的縣》，1937年6月1日，《顧頡剛古史論文集》卷五) 2. 《逸周書》與《禹貢》同時或稍後之。(《中國疆域沿革史》，1938年3月，《顧頡剛古史論文集》卷六)
《書序》 《書》	1. 《書序》非劉歆偽造，大約已到東漢後期了。或西漢已有《書序》，至東漢懲王莽之禍，乃重作一過，馬、鄭所傳者是也。是一定有了百篇之說以後起來的。(《書序》非劉歆偽造)，1930年11月21日～1931年3月14日，《郊居雜記〔一〕》，《顧頡剛讀書筆記》卷三) 2. 《書序》中正不少晉人筆墨。予嘗疑今之《書序》必非與漢人原本。劉歆之序，或早亡之矣。(「五子之歌」本作〔五觀〕，1931年3月4日～1931年8月9日，《郊居雜記〔二〕》，《顧頡剛讀書筆記》卷三) 3. 《書序》本不可信。(《許道齡來信〔通訊七三〕編者按》，1936年5月16日，《寶樹園文存》卷三) 4. 今本《百篇書序》大概是東漢人所作而插入《史記》的。《序》當是根據《逸書》作的，西漢末年或東漢初年人所造的《書序》。(《夏史三論——夏史考第五、六、七章》，1936年11月，《顧頡剛古史論文集》卷一)
《毛詩》 《詩》	1. 最早者莫過於《周頌》，《周頌》作於成、康以後，遲則至陳靈公，約包括公元前十世紀至六世紀。《六月》等篇則出西周之末。(《尚書研究講義》，1931年8月1日～1931年9月初，《顧頡剛古史論文集》卷八) 2. 《商頌》數篇，依《史記·宋世家》說，為宋襄公時作，是已當春秋之中葉矣。《大雅·生民》之篇，依其他篇之關係論，當作於西周之末。《魯頌》、《閟宮》，是作於魯僖公時。(《尚書研究講義參考資料》，1931年9月～1931年12月，《顧頡剛古史論文集》卷八) 3. 《商頌》之作約略與《魯頌》同時。《魯頌》作於魯僖公時。《商頌》作於宋襄公時。(《商頌》與正考父之關係)，1931年10月17日～1931年12月28日，《郊居雜記〔八〕》，《顧頡剛讀書筆記》卷三) 4. 《詩三百篇》，是西周至東周的著作。(《自序》，1931年11月1日，《古史辨》第三冊) 5. 《商頌》五篇，經多方面的考證，以《史記·宋世家》所云宋襄公時作為最近情。(《州與岳的演變》，1933年8月，《顧頡剛古史論文集》卷五)

		6. 現存的《詩經》中便有一大部分是春秋時代的作品。(《春秋史講義》，1935 年 11 月～1936 年 6 月，《顧頡剛古史論文集》卷四)
	《詩序》	東漢初年衛宏作的《毛詩序》。(《秦漢的方士與儒生》，1935 年 8 月，《顧頡剛古史論文集》卷二)
《禮》	《周禮》	1. 《周禮》一書的出現乃更在《禹貢》後。這是戰國至秦國的人對於地方志的一種見解。(《研究地方志的計劃》，1931 年 1 月，《寶樹園文存》卷一)
		2. 《職方》之作，不知其時。雖偽，而材料則未必盡由一二人憑臆所構。《職方》在《禹貢》之後。(《周禮夏官職方氏案語》，1933 年，《顧頡剛古史論文集》卷八)
		3. 不知在什麼時候提出了一篇《職方》。九州的名詞及其具體的說明都是西元前四世紀至三世紀的事。《職方》只能後於這個時代而不能早於這個時代。(《州與嶽的演變》，1933 年 8 月，《顧頡剛古史論文集》卷五)
		4. 《周禮》這部書是王莽發見的。(《秦漢的方士與儒生》，1935 年 8 月，《顧頡剛古史論文集》卷二)
		5. 《周官》是一部很有問題的書，也許裏面保存了一些真材料，但是真偽雜糅，異說紛紜。(《春秋時代的縣》，1937 年 6 月 1 日，《顧頡剛古史論文集》卷五)
		6. 《職方篇》與《禹貢》同時或稍後之。(《中國疆域沿革史》，1938 年 3 月，《顧頡剛古史論文集》卷六)
	《禮記》	1. 以羲和、伯夷、龍等為羲、舜臣始於《五帝德》，任秦統一後。(《各書所載堯、舜臣》，1931 年 8 月 9 日～1931 年 8 月 4 日，《顧頡剛讀書筆記〔二〕》卷三)
		2. 《月令》之作，當出成帝時。《月令》之書必不在元。成帝出現。(《月令》當出成帝時)《東漢時郊祀記與〈月令〉二》，1932 年 8 月 8 日～1932 年 9 月 10 日，《顧頡剛讀書筆記〔二〕》卷三)
		3. 《王制》之作必在《禹貢》之後。(《〈王制〉在〈禹貢〉後》，1932 年 9 月 10 日～1934 年 2 月 12 日，《郊居雜記〔十三〕》，《顧頡剛讀書筆記》卷三)
		4. 《中庸》，這是一篇秦人所著而經過漢人改竄的書。(《禪讓傳說起於墨家考》，1936 年 4 月，《顧頡剛古史論文集》卷三)
《春秋》	《春秋經》	從魯之《春秋》變為《春秋經》，是刪削的，被刪削之原文今已不可知，故無從恢復其本來面目。(《〈春秋經〉與〈左傳〉》，1936 年 11 月～1937 年秋，《榮蘭讀書記》，《顧頡剛讀書筆記》卷四)

書名	內容
《左傳》	1. 左丘《國語》為戰國中葉作品，至漢，劉歆刪改之以成《左傳》，而衰其剩餘為《國語》。（《尚書研究講義之引論》，1931年9月~1931年12月，《顧頡剛古史論文集》卷八） 2. 《左傳》這部書到西漢末才編定，材料本有問題。（《州與岳的演變》，1933年8月，《顧頡剛古史論文集》卷五） 3. 《左氏傳》卻是一部真古書。這部書實在叫做《國語》。《左傳》是一部真材料的偽書，它的真名是《國語》，它的偽物是經說。《左傳》這部書，十之八九是真史料，其十之一二是劉歆改作的或是增加的。（《秦漢的方士與儒生》，1935年8月10日，《顧頡剛古史論文集》卷二） 4. 這部書原名叫做《國語》，原來是與《春秋經》毫無關係的一部書。西漢末年人在這部《國語》中加進了許多不相干的解經的話，才把它改頭換面，成為一部《春秋左氏傳》。（《春秋史講義》，1935年11月~1936年6月，《顧頡剛古史論文集》卷四） 5. 東漢人對於《左傳》更有刪改整理的明證。（《夏史三論——夏史考第五、六、七章》，1936年11月，《顧頡剛古史論文集》卷一》） 6. 從左氏《春秋左氏傳》變成《春秋》與《左傳》，是增加的，原來材料一部分存在，而增益者亦有破綻可求，故得以恢復其本來面目。（《春秋》與《左傳》，1936年11月~1937年秋，《榮蘭讀書記》，《顧頡剛讀書筆記》卷四） 7. 《左傳》的材料，無疑是春秋時傳下來而經戰國人編輯的。第一個表章這部書而稱為《春秋傳》的是劉歆。他對於《左傳》，很下過一番整理工夫。他是開始把左氏的書和《春秋經》合起來的。《左傳》中不免夾雜了些當時需要顧及的偽品。（《春秋時代的縣》，1937年6月1日，《顧頡剛古史論文集》卷五） 8. 《左傳》所載孔子語不可信。（《〈左傳〉所載孔子語不可信》，1939年1月~1939年2月，《浪口村隨筆〔一〕》，《顧頡剛讀書筆記》卷四） 9. 《左傳》作者將《國語》湊合《春秋》。現在《左傳》與《春秋》，是當初《國語》是雜書拼湊。（《〈國語〉與〈左傳〉》，1939年2月~1939年5月，《浪口村隨筆〔二〕》，《顧頡剛讀書筆記》卷四） 10. 增入材料之屬於《經》者，可一望而知其增竄；增入材料之屬於記事者，則撲朔迷離，便無從辨別。（《論整理〈左傳〉法》，1940年11月14日，《西燻讀書記》，《顧頡剛讀書筆記》卷一）
《公羊傳》	在戰國未出現而在漢初寫定。（《禪讓傳說起於墨家考》，1936年4月，《顧頡剛古史論文集》卷一）

經書	辨偽觀點
《論語》	1. 《論語》記及曾子之卒，其成編當在戰國之初。然《齊論》與《魯論》不同而混合之，出於漢代之《古論語》又有所竄亂，其可信之價值已不甚高。（《尚書研究講義參考資料》，1931 年 9 月～1931 年 12 月，《顧頡剛古史論文集》卷八） 2. 《堯曰》早則出於戰國之末，遲則當在秦、漢之交。（《禪讓傳說起於墨家考》，1936 年 4 月，《顧頡剛古史論文集》卷一） 3. 《泰伯》《堯曰》兩章必是墨子以後的文字。《堯曰》也是戰國、秦、漢間的產品。（《縣禹的傳說——夏更考第四章》，1939 年 3 月～1939 年 6 月，《顧頡剛古史論文集》卷一）
《爾雅》	1. 《爾雅》，也不知是什麼時候出來的。出於西漢後期。（《州與岳的演變》，1933 年 8 月，《顧頡剛古史論文集》卷五） 2. 《爾雅》之作者不但可知為西漢人，且可知為武帝後人。（《爾雅釋地以下四篇案語》，1934 年，《顧頡剛古史論文集》卷八）

表 5　顧頡剛論經書辨偽觀點綜表（1941.7～1980.12.25）〔註 12〕

經書		辨偽觀點
《易》	《易經》	1. 《周易》一書，非一時代所成。未必出於魯。《彖》、《象》、《文言》、《繫辭》則為戰國、秦、漢間齊、魯儒者之作耳。《周易》出於魯。（《南縣五姓》《周易》，1955 年 5 月，《古何庭瑣記〔一〕》，《顧頡剛讀書筆記》卷七） 2. 《周易》卦爻辭》之文出於春秋時人。（《〈周易〉卦爻辭》之編成年代，1959 年 8 月～1959 年 10 月，《湯山小記〔十五〕》，《顧頡剛讀書筆記》卷九）

〔註 12〕除表中內容外，還可參見顧頡剛：《顧頡剛讀書筆記》卷七，北京：中華書局，2011 年；顧頡剛：《顧頡剛讀書筆記》卷十四，北京：中華書局，2011 年；顧頡剛：《上古史研究》，北京：中華書局，2011 年；顧頡剛：《經學通講講義》，《顧頡剛古史論文集》卷七，北京：中華書局，2011 年；顧頡剛：《當代中國史學》《顧頡剛古史論文集》卷十二，北京：中華書局，2011 年；顧頡剛：《中國史學入門》，《顧頡剛古史論文集》卷十二，北京：中華書局，2011 年等等。

《易傳》	3.	《周易》不出西周，可於語法證之。(《〈周易〉不出西周，可於語法證之》，1967年6月～1967年8月，《高春璅語〔二〕》，《顧頡剛讀書筆記》卷十三)
		《易・象辭、文言》等篇，雖未必出於一手，而其出於同時代則可斷也。此時代，或在孔子弟子十傳後矣。(《以修辭學定古書年代》與〈易傳〉同時，1952年10月27日～1953年2月25日，《法華讀書記〔五〕》，《顧頡剛讀書筆記》卷五)
《書》[註13]《今文尚書》	1.	近二十年來研究的結果，大家已經承認《禹貢》是戰國時代的著作。現存的《牧誓》不是原本的《牧誓》，是西周以後的人補作出來的。如果承認《費誓》是西周時的作品，就不得不說《牧誓》是春秋以後的作品了。(《古代巴蜀與中原的關係說及其批判》，1941年9月，《顧頡剛古史論文集》卷五)
	2.	至漢、搜羅綬剩，作第一次之整理，為二十八篇。第二次之整理，含有甚重之主觀，作極整齊之分配，使《堯典》為二十篇，《商書》各為四十篇，遂致包含偽作之成分。(《漢人對於〈尚書〉之整理》，1946年6月，《純熙堂筆記》，《顧頡剛讀書筆記》卷四)
	3.	《堯典》和《皋陶謨》乃是後來孔門弟子或再傳弟子根據儒家思想所偽作。(《上古史研究》，1948年6月～1948年12月，《顧頡剛古史論文集》卷七)
	4.	群知《禹貢》非夏時書。(《九州名義小記》，1949年4月8日，《顧頡剛讀書筆記》卷十五)
	5.	《商書》五篇，文體相近，疑出一手。(《〈商書〉五篇疑出一手》，1951年1月，《海光樓裒載》，《顧頡剛讀書筆記》卷十五)
	6.	《大誥》、《康誥》、《酒誥》等篇為周公稱王時作均無問題了。《洪範》出較早，或謂之「商書」，或謂之「周書」。(《〈大誥〉、〈康誥〉、〈酒語〉著作時代考》《洪範》出較早，或謂之「商書」，或謂之「周書」》，1951年1月，《劍江市隱雜記〔一〕》，《顧頡剛讀書筆記》卷四)
	7.	《商書》恐為周人作。《西伯戡黎》、《微子》二篇，為周代人自作。(《〈商書〉二篇，恐周人作》，1951年1月～1951年4月，《法華讀書記〔一〕》，《顧頡剛讀書筆記》卷五)

〔註13〕關於《尚書》辨偽的更多內容多見顧頡剛：《顧頡剛讀書筆記》卷十，北京：中華書局，2011年；顧頡剛：《顧頡剛讀書筆記》卷十一，北京：中華書局，2011年；顧頡剛：《顧頡剛古史論文集》卷九，北京：中華書局，2011年。

8.《召誥》和《洛誥》為一時所作。《多士》應在《多方》後是無疑的事。《無逸》與《金縢》最相近，最易解，無疑地同是偽古文董、《無逸》時代當任偽古文《國語》之前。（《尚書召誥校釋譯論》《尚書多士校釋譯論》，1951 年 3 月～1951 年 8 月，《顧頡剛古史論文集》卷九）

9.《書·堯典、禹貢》等篇，雖未必出於同一手，而其出於同時代則可斷也。此時代，或在孔子弟子十傳後矣。《堯典》與《易傳》同時。（《以修辭學定古書年代》《堯典》與《易傳》同時），1952 年 10 月 27 日～1953 年 2 月 25 日，《法華讀書記〔五〕》，《顧頡剛讀書筆記》卷五）

10.《洛誥》自是成王史官逸（尹佚）所作。《召誥》當是隨周、召二公至洛邑之史官所作。（《《召誥》、《洛誥》之作者》，1953 年 5 月～1953 年 6 月，《法華讀書記〔十〕》，《顧頡剛讀書筆記》卷五）

11.《秦誓》為秦博士作。漢博士傳《尚書》而塗改《堯典》以媚漢。（《《秦誓》為秦博士作》，1953 年 6 月～1953 年 8 月，《法華讀書記〔十一〕》，《顧頡剛讀書筆記》卷五）

12.《禹貢》為秦人滅蜀後作。（《《禹貢》為秦人滅蜀後作之證》，1953 年 11 月，《法華讀書記〔二十〕》，《顧頡剛讀書筆記》卷六）

13.周末人觀《武誓》而作《牧誓》。（《《牧誓》與〈武誓〉》，1955 年 5 月，《古柯庭瑣記〔一〕》，《顧頡剛讀書筆記》卷七）

14.《禹貢》作於戰國。（《江南與巴蜀為兩大產米區》，1955 年 8 月 14 日～1955 年 11 月，《綏齋雜記〔一〕》，《顧頡剛讀書筆記》卷七）

15.《禹貢》當是秦始皇三十三年略取陸梁地以前所作。（《雍州田上上》，1955 年 11 月～1956 年 4 月，《綏齋雜記〔二〕》，《顧頡剛讀書筆記》卷七）

16.《盤庚》本出殷人，是一篇尚屬聱牙的真古書，但經周代史官一動筆，「若綱在綱」有條而不紊，這般從字順的句子說出現了。（「古籍年代簡說」寫作計劃，1955 年 11 月 23 日，《顧頡剛古史論文集》卷七）

17.《禹貢》可信為戰國末年地理學家的著作。（《中國地方志的由來和今後的改造》，1956 年 1 月 13 日，《寶樹園文存》卷二）

18.《康誥》為命康叔為司寇時作，《酒誥》則作於監殷時。（《《康誥》為命康叔為司寇時》作，《酒誥》則作於監殷時，1956 年 4 月～1956 年 8 月，《綏齋雜記〔三〕》，《顧頡剛讀書筆記》卷七）

19.	王莽作《大誥》。(《齊、燕、魯竟三封資摸〈尚書〉》，1956 年 8 月，《綴齋雜記〔四〕》，《顧頡剛讀書筆記》卷七)
20.	《禹貢》作於戰國。(《辛樹幟〈禹貢制作時代的初步推測〉節目》，1957 年 4 月～1957 年 5 月 19 日，《湯山小記〔一〕》，《顧頡剛讀書筆記》卷八)
21.	《禹貢》為戰國時書，作者可能是秦國人。(《尚書禹貢注釋》，1959 年 1 月 16 日，《顧頡剛古史論文集》卷九)
22.	例如《堯典》、《皋陶謨》，充滿了儒家的倫理思想，決不是周以前所能有的。《禹貢》的疆域和戰國末年各國開拓的新區域相應，也絕對不是夏代的地理記載。(《求學問——訪史學家顧頡剛》，1961 年 8 月 12 日，《顧頡剛日記》卷九)
23.	《堯典》、《皋陶謨》、《禹貢》等等皆是典麗的大文章都可斷定為戰國時人的文章，又經過漢人的塗飾，並沒有保存什麼虞、夏的真史料。《虞》、《夏書》應當一刀割斷它和虞、夏時代的關係。《商書》，也需要東周時代的史官們得到一點殷商的史料，加工寫成的。只有《周書》，絕大部分是當時史官的記載。在《尚書》中史料價值是無比的高超。(《尚書大誥今譯〔摘要〕》，1962 年 4 月～1962 年 5 月，《顧頡剛古史論文集》)
24.	《呂刑》疑是楚王刑書。(《〈呂刑〉疑是楚王刑書》，1963 年 5 月，《愚修錄〔三〕》，《顧頡剛讀書筆記》卷十二)
25.	《君奭》一篇，本無召公不悅之意，而漢人鍛鍊成文。(《漢人說召公不說周公之故》，1963 年 6 月，《愚修錄〔四〕》，《顧頡剛讀書筆記》卷十二)
26.	《費誓》即非周初文字，亦不能放得太後，可能出於西周中期。《費誓》之作必在宣前。《大誥》之作在周于省吾討論《費誓》年代。(《再與于省吾論〈費誓〉年代》，1964 年 6 月～1964 年 9 月 28 日，《愚修錄〔八〕》，《顧頡剛讀書筆記》卷十二)
27.	《無逸》固非真周公書也。(《〈尚書〉為帝王教科書》，1967 年 9 月～1968 年 1 月，《高春瑣語〔三〕》，《顧頡剛讀書筆記》卷十三)
28.	苟其能知，則今本《堯典》必作於漢武時或武以後矣。(「昧古」，鄭玄本作「柳合」，慶翻當作「柳合」，即張攸之柳合口水)，1973 年，《蓍學叢記〔一〕》，《顧頡剛讀書筆記》卷十四)

書名	內容
	29.《盤庚》原文是由史臣記錄的盤庚所講的誥誡之詞，雖然到了後來經過流傳有了加工，段王盤庚總是這《盤庚》誥語的作者。《西伯戡黎》寫成於周代。《湯誓》流傳本文字的最後寫定時間是頗晚的，顯然已經到了東周。《微子》是商亡以後到周代才寫定的。(《尚書盤庚三篇校釋譯論》《尚書西伯戡黎校釋譯論》《尚書湯誓校釋譯論》《尚書微子校釋譯論》，1979年，《顧頡剛古史論文集》卷九)
	30. 成書於戰國時的《禹貢》。(《「夏」和「中國」——祖國古代的稱號》，1979年1月～1979年6月，《顧頡剛古史論文集》卷一)
《古文尚書》	1. 自《史記》記《周本紀》，而偽作《武成》者乃全襲之。王肅作《偽古文尚書》。(《〈周本紀〉及〈綴齋雜記〔四〕〉》，1956年8月，《綴齋雜記〔四〕》)、〈武成〉文由張良借筶語末〈齊、燕、廣陵三封筶模〈尚書〉〉，《顧頡剛讀書筆記》卷七)
	2. 張霸偽造《百兩篇》。(《再與于省吾討論〈賓誓〉年代》，1964年6月～1964年9月28日，《愚修錄〔八〕》《顧頡剛讀書筆記》)
	3. 張霸偽造《古文尚書》百篇，合《書序》二篇（《虞夏書》、《商書》四十篇為上卷，《周書》六十篇為上卷、《商書》六十篇）為《百兩篇》也。(《百兩經》缺二事與張霸〈百兩篇〉，1968年2月～1973年10月，《高春項語〔五〕》《顧頡剛讀書筆記》卷十三)
	4. 《史記·殷本紀》所引的《湯誓》、《湯誥》是西漢成帝時張霸偽作。偽《古文尚書》二十五篇。(《整理尚書的項目》，1970年，《寶樹園文存》卷二)
	5. 東晉時出現的《偽古文尚書·武成》。(《「夏」和「中國」——祖國古代的稱號》，1979年1月～1979年6月，《顧頡剛古史論文集》卷一)
《逸周書》（註14）	1. 《逸周書》中有偽人著作。(《逸周書·周月、時訓〉皆漢人作》，1952年3月～1952年10月，《法華讀書記〔四〕》《顧頡剛讀書筆記》卷五)
	2. 《逸周書》出於戰國。(《計然、白圭之農業經驗及其迷信》，1958年11月，《湯山小記〔十二〕》《顧頡剛讀書筆記》卷九)

〔註14〕關於《逸周書》辨偽的更多內容參見顧頡剛：《逸周書世俘篇校注、寫定與評論》，《顧頡剛古史論文集》卷九，北京：中華書局，2011年。

	3. 《逸周書‧世俘》，即《武成》，乃一書而二名。(《逸周書世俘篇校注‧寫定與評論》，1962 年 10 月，《顧頡剛古史論文集》卷九)
	4. 大部分出漢人，一部分則較早，如《商誓》、《世俘》等是。(《整理尚書的項目》，1970 年，《寶樹園文存》卷二)
《書序》	1. 《書序》出於張霸。(《〈九共〉九篇為張霸書》，1953 年 11 月，《法華讀書記〔二十〕》，《顧頡剛讀書筆記》卷六)
	2. 《書序》則作於西漢。(《相土之東都即商丘》，1954 年 6 月，《法華讀書記〔二四〕》，《顧頡剛讀書筆記》卷六)
	3. 《書序》出於王莽之前。(《漢人說召公不說周公之故》，1963 年 6 月，《愚修錄〔四〕》，《顧頡剛讀書筆記》卷十二)
	4. 張霸的書有兩篇《書序》。(《再與于省吾討論〈費誓〉年代》，1964 年 9 月 28 日，《愚修錄〔八〕》，《顧頡剛讀書筆記》卷十二)
	5. 《書序》是西漢成帝時張霸偽作。(《整理尚書的項目》，1970 年，《寶樹園文存》卷二)
《詩》 ﹝註 15﹞ (毛詩)	1. 《大雅》是周朝人做的，《魯頌》是魯國人做的。(《古代巴蜀與中原的關係說及其批判》，1941 年 9 月，《顧頡剛古史論文集》卷五)
	2. 《詩》為春秋作品。(《〈詩〉與〈騷〉、〈九歌〉之興》，1947 年 10 月 5 日~1949 年春夏，《逍遙堂撫錄》，《顧頡剛讀書筆記》卷四)
	3. 《小雅》為東遷後詩。(《〈小雅〉為東遷後詩》，1951 年 11 月，《蚓江市隱雜記〔二〕》，《顧頡剛讀書筆記》卷四)
	4. 《采薇》為懿王時詩、《出車》、〈六月〉為宣王時詩。(《〈采薇〉、〈出車〉、〈六月〉之時代》，1952 年 1 月，《蚓江市隱雜記〔三〕》，《顧頡剛讀書筆記》卷四)
	5. 《小雅》是周人所作。(《周官辨非序——周公制禮的傳說和周官一書的出現》，1955 年 12 月，《顧頡剛古史論文集》卷十一)

〔註 15〕關於《詩經》辨偽的更多內容參見顧頡剛:《湯山小記〔六〕》，《顧頡剛讀書筆記》卷八，北京:中華書局，2011 年。

經書	觀點
	6.《閟宮》一詩固作於僖公之世。(《與于省吾討論〈費誓〉年代》，1964年6月，《愚修錄〔八〕》、《顧頡剛讀書筆記》卷十二)
	7.《詩·商頌》為末人所作。(「商」與「殷」可更迭使用」，1976年10月，《丙辰雜記》、《顧頡剛讀書筆記》卷十四)
《詩序》	1.《史》、《漢》著作時尚無《詩序》。(《采薇》、〈出車〉、〈六月〉之時代」，1952年1月，《虯江市隱雜記〔三〕》、《顧頡剛讀書筆記》卷四)
	2.衛宏替《毛詩》作《序》。(《程大昌》詩論序》，1957年7月，《顧頡剛古史論文集》卷十一)
	3.今日所傳的《毛詩序》作於衛宏。(《由丞報等婚姻方式看社會制度的變遷》，1965年8月~1965年9月，《顧頡剛古史論文集》卷四)
《周禮》	1.《周官》是漢代的作品。(《上古史研究》，1948年6月~1948年12月，《顧頡剛讀書筆記》卷七)
	2.《職方》非周時書。(《九州名義小記》，1949年4月8日，《顧頡剛讀書筆記》卷十五)
	3.《考工記》大概是戰國時人所寫。(《中國古代的城市》，1953年5月上旬，《顧頡剛古史論文集》卷六)
	4.《周官》大體上是戰國的著作，但其中說到九服為方萬里，分明是漢武帝以後的疆域。(「古籍年代簡說」寫作計劃)，1955年11月23日，《顧頡剛古史論文集》卷七)
	5.《周官》是齊國人所作，但今本《周官》是否即是齊國的原本卻不能斷定。部分的偽造必有的，劉歆把整理好的資料插入其中以適應時代要求。這書不成於一人，也不作於一時。(《周官辨非序》──周公制禮的傳說和周官一書的出現》，1955年12月作，《顧頡剛古史論文集》卷十一)
	6.《職方》仿《禹貢》而作。(《中國地方志的由來和今後的改造》，1956年1月13日，《寶樹園文存》卷二)
	7.《周官》為齊人所作。(《齊魯州固鄉曲之制》，1957年12月，《湯山小記〔八〕》、《顧頡剛讀書筆記》卷八)
《禮》	8.《周官》出於西漢末。(《符籬只冬、春蒐、秋獮皆軍事，夏苗為農事》，1962年11月，《壬寅冬日雜鈔》、《顧頡剛讀書筆記》卷十)

《儀禮》	9. 劉歆定《周禮》。(《天官本義為掌曆象之官，劉歆乃以之專主宮職，而將曆象之官地位壓低》，1967年9月～1968年1月，《高春瑣語》[三]，《顧頡剛讀書筆記》卷十三) 10.《周官》當作於戰國。(秦、漢間，儒生方士化而造讖緯之書，1975年，《筆學叢談》[四]，《顧頡剛讀書筆記》卷十四) 《儀禮》出於戰國。(《顧棟高疑〈周官〉〈儀禮〉》，1953年3月，《法華讀書記》[十三]，《顧頡剛讀書筆記》卷四)
《禮記》	1.《大戴》《小戴記》者，非出戴德、戴聖手集，蓋大、小戴之學者皆謂之大戴、小戴，而其所編集之記謂之《大戴記》《小戴記》。故今之《大戴禮》者，東漢時為《大戴禮》學者所集，今之《小戴禮記》者，東漢時為《小戴禮》學者所集。一部《禮記》中，恐什九為漢人作。(《漢人對於〈尚書〉之整理》，1946年6月，《純熙堂書筆記》，《顧頡剛讀書筆記》卷四) 2. 廖平謂《禮記》中有今文、有古文，使其言而信，則《禮記》之輯集必在東漢矣。(《禮記》輯集必在東漢，《逍遙堂摭錄》，《顧頡剛讀書筆記》卷四) 3.《禮記》是漢代的作品。(《上古史研究》，1948年6月～1948年12月，《顧頡剛古史論文集》卷七) 4.《樂記》作於武帝時。《王制》之作於文帝時。(《月令》之作，度必在《史記》後。(《經傳中漢人作》後，《史記》之作，1951年8月～1952年3月，《法華讀書記》[三]，《顧頡剛讀書筆記》卷五) 5.《月令》成書必在西漢後期。《禮記》一書，恐不但有西漢人著作，尚有東漢人著作。(《武帝前為鬼神時代，後為術數時代》《章帝立大、小戴〈禮〉博士》，1955年2月～1955年5月9日，《法華讀書記》[二二]，《顧頡剛讀書筆記》卷六) 6.《禮記》本是由戰國到西漢時儒家門所著的一部叢書而歸之於春秋時的孔子及其弟子。(「古籍年代簡說」寫作計劃，1955年11月23日，《顧頡剛古史論文集》卷七) 7.《曲禮》大概出於漢初人所纂輯。漢文帝令博士們作《王制》。(《周官辨非序——周公制禮的傳說和周官一書的出現》，1955年12月，《顧頡剛古史論文集》卷十一) 8.《樂記》作於漢代。(《《樂記》篇目及其存佚，〈樂記〉為漢人作》，1956年4月～1956年8月，《緩齋雜記》[三]，《顧頡剛讀書筆記》卷七)

經書	內容
	9. 《禮運》為子遊學派所作。《中庸》、《表記》、《坊記》、《緇衣》四篇皆出子思後學。《中庸》作於《孟子》後。（《《禮運》為子遊學派所作；其中有五行說，為子思、孟軻所信》《中庸》、《象傳》多言「中」，與《中庸》合；《中庸》、《表記》、《坊記》、《緇衣》四篇皆出子思後學》《《坊記》、《表記》、《緇衣》共為一篇：《中庸》作於《孟子》後》1958年4月《湯山小記〔九〕》《顧頡剛讀書筆記》卷八）
	10. 《曲禮》成書在《曾子大孝》之後。《檀弓》是戰國時書。（《《曲禮》「若夫坐如尸」鄭〈注〉謬》《將軍官稱老子》1960年2月，《朝陽類聚》《顧頡剛讀書筆記》卷十）
	11. 一部《禮記》，每篇的著作者是誰，我們無法決定。每篇的著作年代也不易決定，但各篇都是出於儒家之手則是可以決定的，其作於戰國到西漢約四百八十年裏也是可以決定的。（由先秦到西漢等婚姻方式看出社會制度的變遷》1965年8月~1965年9月，《顧頡剛古史論文集》卷四）
	12. 《月令》必待武帝之封禪、巡狩而後有之。（《漢〈郊祀記〉樂》之「鄒子樂」》1968年1月~1974年6月，《高春瑣語〔四〕》《顧頡剛讀書筆記》卷十三）
	13. 《投壺》之禮作於漢人。（《三百篇》至漢已大量散失，可歌者僅〈鹿鳴〉等八篇，故不別〈風〉與〈雅〉，而一律謂之〈雅〉；〈漢聲〉「鄭聲」（漢歌〉相對》1973年《耄學叢記〔一〕》《顧頡剛讀書筆記》卷十四）
	14. 《王制》為漢文帝時作。（《篇生方士化而造讖緯之書》1975年，《耄學叢談〔四〕》《顧頡剛讀書筆記》卷十四）
《春秋》[註16] 《左傳》	1. 弟前愛康、崔（陶）冶，總以為《左傳》成書在西漢末，今讀大作，知司馬遷時，《左傳》本子即已如此，後若發家。然左氏非魯人，其書不釋經，此前提弟仍堅持，樂則何以有類似釋經之文廁入年表之中，而確與今本《左傳》相合？此一問題至堪至堪玩味。亦大足悶人。《致羅倬漢》1941年8月27日，《顧頡剛書信集》卷三）
	2. 編造《左傳》者不止一人。（《編〈左傳〉者未識夏、周制之不同》1944年7月，《融一齋筆記》卷四《顧頡剛讀書筆記》卷四）

〔註16〕關於《春秋》辨偽的更多內容參見顧頡剛：《春秋三傳及國語之綜合研究》，《顧頡剛古史論文集》卷十一，北京：中華書局，2011年。

3. 劉歆改《左氏》而為《春秋傳》。(《漢代造作偽書之原因及其價值》，1946 年 6 月，《純熙堂筆記》、《顧頡剛讀書筆記》卷四)

4. 《左傳》資料大體出於魏，其傳合經文，造作偽史，則出於營者特多，更有漢人羼入之文，必非一人一世之文。(《〈國語〉〈左傳〉出於魏》，1947 年 10 月 5 日～1949 年春夏，《逍遙堂擷錄》、《顧頡剛讀書筆記》卷四)

5. 劉歆將《國語》改為《左傳》。(《〈左傳〉與〈綱目〉》，1952 年 3 月～1952 年 10 月，《法華讀書記〔四〕》、《顧頡剛讀書筆記》卷五)

6. 《左傳》之作必為戰國中葉之事。(《從備遷帝丘之卜可證〈左氏〉書之時代》，1953 年 11 月，《法華讀書記〔十七〕》、《顧頡剛讀書筆記》卷六)

7. 《左傳》作為《毛詩傳》之後。《左傳》之發展共歷三個階段：第一階段為春秋時周、晉、齊、楚諸國之史書，體例不本一致；第二階段為左氏搜羅各國史書其門人、本人未經動筆；第三階段段為後代學者將各國史書打通，編次年月，配合《春秋經》而為《春秋傳》。由〈毛詩〉末〈毛詩〉論《靜女》〈啖〉論〈左傳〉發展三階段〉〈漢家〈周易〉》，1955 年 5 月，《古柯庭瑣記〔一〕》、《顧頡剛讀書筆記》卷七)

8. 《左氏傳》實與孔子無關，而劉歆必欲其有關，則偽撰「左丘明恥之」一章羼入《論語》，使其人與孔子發生關係。使其書與孔子發生關係。(《王若虛譏啖助之非》，1955 年 8 月 14 日～1955 年 11 月，《綏齋雜記〔一〕》、《顧頡剛讀書筆記》卷七)

9. 《左傳》大體上是戰國時人搜集了春秋時代的史料而編著的史書，但其中暗示劉氏為堯後，又分明是漢代新治階級的要求。(「古籍年代簡說」寫作計劃，1955 年 11 月 23 日，《顧頡剛古史論文集》卷七)

10. 《左傳》本由《國語》抽出。(1957 年 6 月 30 日，《顧頡剛日記》卷八)

11. 《左傳》是戰國時書。(《將軍官稱與〈老子〉》，1960 年 2 月，《朝陽類聚》、《顧頡剛讀書筆記》卷十)

12. 《左傳》出於西漢末。(《狩獵只是冬、春蒐、秋獮皆軍事，夏苗為農事》，1962 年 11 月，《王賓冬日雜鈔》、《顧頡剛讀書筆記》卷十)

	13. 《左傳》必非劉歆所作，可能有東漢鄭眾一班人的筆。(《對徐仁甫左傳疏證提意見》，1970年，《寶樹園文存》卷三)
	14. 《左傳》之原本為《國語》。觀史遷兩言「左丘失明，厥有國語」可見。又觀《左傳》修改《晉語》文以入書，亦可知。(《致徐仁甫》，1973年8月11日，《顧頡剛書信集》卷三)
《公羊傳》	1. 《公羊傳》實成於戰國。(《〈公羊〉、〈穀梁傳〉之時代》，1949年1月13日，《滬樓日札》，《顧頡剛讀書筆記》卷四)
	2. 《公羊傳》之作為曾子弟子以後之事。(《〈公羊傳〉之時代》，1951年11月，《蚓江市隱雜記〔二〕》，《顧頡剛讀書筆記》卷四)
《穀梁傳》	《穀梁》時月日例更密於《公羊》，此即《穀》出《公》後之證。(《〈公羊〉、〈穀梁傳〉之時代》，1949年1月13日，《滬樓日札》，《顧頡剛讀書筆記》卷四)
《論語》	《左氏傳》實與孔子無關，而劉歆欲定其為有關「左丘明恥之」一章羼入《論語》。(《王若虛臆識》。則偽撰《綏齋雜記〔一〕》，1955年8月14日～1955年11月，《顧頡剛讀書筆記》卷七)
《孝經》	1. 《孝經》為秦、漢間人所作。(《上古史研究》，1948年6月～1948年12月，《顧頡剛古史論文集》卷七)
	2. 儘管《孝經》出戰國，但至西漢則自可有此改本也。(《〈孝經‧諸侯〉章與漢代封國》，1952年3月～1952年10月，《法華讀書記〔四〕》，《顧頡剛讀書筆記》卷五)
	3. 《孝經》當出於西漢初。(《朱熹辨〈孝經〉》，1954年4月，《法華讀書記〔二一〕》，《顧頡剛讀書筆記》卷六)
	4. 《孝經‧諸侯章》為景、武間諸侯而作。(《〈孝經‧諸侯章〉為景、武間諸侯所作》，1955年5月始，《顧頡剛讀書筆記》卷七)
	5. 《孝經》出於戰國末期乃至秦、漢之世。(《〈孝經〉用〈左傳〉、〈孟子〉語》，1960年2月，《朝陽類聚》，《顧頡剛讀書筆記》卷十)
《爾雅》	1. 王莽時已有《爾雅》，明此書不任書班後；然謂其任馬遷後則甚可信也。(《〈史〉、〈漢〉、〈爾雅〉記臊之殊》，1955年5月，《古柯庭瑣記〔一〕》，《顧頡剛讀書筆記》卷七)

2.《釋地》仿《禹貢》而作。(《中國地方志的由來和今後的改造》,1956 年 1 月 13 日,《寶樹園文存》卷二)

3.《爾雅》出於西漢末。(《狩獵只冬、春蒐、秋獮皆曾軍事,夏苗為農事,鈔》,《顧頡剛讀書筆記》卷十)

4.《爾雅》一書定出《詩》毛氏《傳》之後。(《北方之橋皆眾舟所為》,1972 年 7 月 28 日~1975 年 10 月,《顧頡剛讀書筆記》卷十四)月,《著學叢記〔二〕》,《顧頡剛讀書筆記》

參考文獻

一、著作、文集與論文集

1. 班固:《漢書》,北京:中華書局,1962 年。

2. 北京大學考古文博學院編:《考古學研究(五):慶祝鄒衡先生七十五壽辰暨從事考古研究五十年論文集》,北京:科學出版社,2003 年。

3. 北京大學中國古文獻研究中心編:《北京大學中國古文獻研究中心集刊》第 4 輯,北京:北京大學出版社,2004 年。

4. 曹伯言整理:《胡適日記全集》,臺北:聯經出版事業股份有限公司,2004 年。

5. 曹家齊:《頓挫中嬗變——20 世紀的中國歷史學》,北京:西苑出版社,2000 年。

6. 常超:《「託古改制」與「三世進化」:康有為公羊學思想研究》,北京:北京大學出版社,2015 年。

7. 車行健:《現代學術視域中的民國經學:以課程、學風與機制為主要關照點》,臺北:萬卷樓圖書股份有限公司,2011 年。

8. 陳壁生:《經學的瓦解:從「以經為綱」到「以史為本」》,上海:華東師範大學出版社,2014 年。

9. 陳峰、李梅、鄒曉東:《〈文史哲〉與中國人文學術七十年(1951〜2021)》,濟南:山東大學出版社,2021 年。

10. 陳峰、董彩雲:《〈文史哲〉與共和國人文學術的初創(1951〜1966)》,濟南:山東大學出版社,2021 年。

11. 陳明主編：《原道——文化建設論集》第四輯，上海：學林出版社，1998年。

12. 陳明、朱漢民主編：《原道》第 5 輯，貴陽：貴州人民出版社，1999 年。

13. 陳平原：《中國小說敘事模式的轉變》，上海：上海人民出版社，1988 年。

14. 陳平原：《中國現代學術之建立：以章太炎、胡適之為中心》，北京：北京大學出版社，2020 年。

15. 陳其泰：《中國近代史學的歷程》，鄭州：河南人民出版社，1994 年。

16. 陳其泰、張京華主編：《古史辨學說評價討論集》，北京：京華出版社，2001 年。

17. 陳清泉、蘇雙碧等編：《中國史學家評傳》，鄭州：中州古籍出版社，1985年。

18. 陳少明：《漢宋學術與現代思想》，廣州：廣東人民出版社，1998 年。

19. 陳學然：《再造中華——章太炎與「五四」一代》，上海：上海人民出版社，2019 年。

20. 陳勇、謝維揚主編：《中國傳統學術的近代轉型》，上海：上海人民出版社，2011 年。

21. 陳志明：《顧頡剛的疑古史學》，臺北：商鼎文化出版社，1993 年。

22. 成祖明：《記憶的經典：封建郡縣轉型中的河間儒學與漢中央帝國儒學》，北京：人民出版社，2019 年。

23. 崔適：《史記探源》，北京：中華書局，1986 年。

24. 崔述撰著，顧頡剛編訂：《崔東壁遺書》，上海：上海古籍出版社，2013年。

25. 杜維運：《史學方法論》，北京：北京大學出版社，2006 年。

26. 方苞：《方苞集》，上海：上海古籍出版社，1983 年。

27. 高國抗、楊燕起主編：《中國近代史學史概要》，廣州：廣東高等教育出版社，1994 年。

28. 葛兆光：《中國思想史》，上海：復旦大學出版社，2011 年。

29. 葛兆光：《且借紙遁：讀書日記選（1994～2011）》，桂林：廣西師範大學出版社，2014 年。

30. 葛兆光：《思想史研究課堂講錄》，北京：生活・讀書・新知三聯書店，2019 年。

31. 葛兆光：《學術史講義——給碩士生的七堂課》，北京：商務印書館，2022年。

32. 耿雲志、歐陽哲生編：《胡適書信集》，北京：北京大學出版社，1996年。

33. 龔自珍：《龔自珍全集》，上海：上海人民出版社，1975年。

34. 顧潮編：《顧頡剛學記》，北京：生活‧讀書‧新知三聯書店，2002年。

35. 顧潮編著：《顧頡剛年譜》，北京：中華書局，2011年。

36. 顧潮、顧洪：《顧頡剛評傳》，南昌：百花洲文藝出版社，1995年。

37. 顧洪、張順華編：《顧頡剛文庫古籍書目》，北京：中華書局，2011年。

38. 顧頡剛：《當代中國史學》，上海：上海古籍出版社，2002年。

39. 顧頡剛：《秦漢的方士與儒生》，上海：上海古籍出版社，2005年。

40. 顧頡剛：《顧頡剛日記》，臺北：聯經出版事業股份有限公司，2007年。

41. 顧頡剛：《顧頡剛全集》，北京：中華書局，2011年。

42. 顧頡剛：《顧頡剛自傳》，北京：北京大學出版社，2012年。

43. 顧頡剛等編著：《古史辨》，上海：上海古籍出版社，1982年。

44. 顧頡剛、王鍾麒編輯，胡適校訂：《現代初中教科書本國史》上冊，上海：商務印書館，1923年。

45. 顧頡剛、王鍾麒編輯，胡適校訂：《現代初中教科書本國史》中冊，上海：商務印書館，1924年。

46. 顧頡剛、王鍾麒編輯，胡適校訂：《現代初中教科書本國史》下冊，上海：商務印書館，1924年。

47. 顧頡剛主編：《古籍考辨叢刊》第二集，北京：社會科學文獻出版社，2009年。

48. 顧頡剛主編：《古籍考辨叢刊》第一集，北京：社會科學文獻出版社，2010年。

49. 顧頡剛著，顧潮整理：《顧頡剛全集補遺》，北京：中華書局，2021年。

50. 郭慶藩撰，王孝魚點校：《莊子集釋》，北京：中華書局，1961年。

51. 郭震旦編撰：《〈文史哲〉與中國人文學術編年（1951～2021）》，濟南：山東大學出版社，2021年。

52. 胡逢祥等著：《中國近現代史學思潮與流派（1840～1949）》，北京：商務印書館，2019年。

53. 胡逢祥、張文建:《中國近代史學思潮與流派》,上海:華東師範大學出版社,1991 年。

54. 胡頌平編著:《胡適之先生年譜長編初稿》,臺北:聯經出版事業公司,1984 年。

55. 侯雲灝:《20 世紀中國史學思潮與變革》,北京:北京師範大學出版社,2007 年。

56. 黃海烈:《顧頡剛「層累說」與 20 世紀中國古史學》,北京:中華書局,2016 年。

57. 黃開國:《清代今文經學的興起》,成都:巴蜀書社,2008 年。

58. 黃開國:《清代今文經學新論》,北京:人民出版社,2017 年。

59. 季羨林主編:《胡適全集》,合肥:安徽教育出版社,2003 年。

60. 江藩:《國朝經師經義目錄》,北京:中華書局,1983 年。

61. 蔣俊:《中國史學近代化歷程》,濟南:齊魯書社,1995 年。

62. 姜義華、武克全主編:《二十世紀中國社會科學·歷史學卷》,上海:上海人民出版社,2005 年。

63. 康有為著,姜義華、張榮華編校:《孔子改制考》,北京:中國人民大學出版社,2010 年。

64. 康有為著,朱維錚、廖梅編校:《新學偽經考》,上海:中西書局,2012 年。

65. 李炳泉、邸富生主編:《中國史學史綱》,大連:遼寧師範大學出版社,1997 年。

66. 李潔非:《古史六案》,北京:人民文學出版社,2020 年。

67. 李孝遷編校:《中國現代史學評論》,上海:上海古籍出版社,2016 年。

68. 李學勤:《走出疑古時代》,瀋陽:遼寧大學出版社,1994 年。

69. 李學勤:《走出疑古時代》,瀋陽:遼寧大學出版社,1997 年。

70. 梁啟超著,俞國林校:《清代學術概論》,北京:中華書局,2020 年。

71. 梁啟超著,俞國林校:《中國近三百年學術史》,北京:中華書局,2020 年。

72. 梁韋弦:《古史辨偽學者的古史觀與史學方法:〈古史辨〉讀書筆記》,哈爾濱:黑龍江人民出版社,2014 年。

73. 廖名春:《中國學術史新證》,成都:四川大學出版社,2005 年。

74. 林慶彰：《顧頡剛的學術淵源》，臺北：萬卷樓圖書股份有限公司，2017 年。

75. 劉逢祿：《書序述聞》，《續修四庫全書》第 48 冊，上海：上海古籍出版社，2002 年。

76. 劉俐娜：《顧頡剛學術思想評傳》，北京：北京圖書館出版社，1999 年。

77. 劉俐娜：《由傳統走向近代：論中國史學的轉型》，北京：社會科學文獻出版社，2006 年。

78. 劉夢溪主編：《中國現代學術經典‧黃侃 劉師培卷》，石家莊：河北教育出版社，1996 年。

79. 劉起釪：《顧頡剛先生學述》，北京：中華書局，1986 年。

80. 劉起釪：《古史續辨》，北京：中國社會科學出版社，1991 年。

81. 劉起釪：《尚書學史》，北京：中華書局，2016 年。

82. 劉巍：《中國學術之近代命運》，北京：北京師範大學出版社，2013 年。

83. 劉知幾撰，浦起龍釋：《史通通釋》，上海：上海古籍出版社，1978 年。

84. 路新生：《中國近三百年疑古思潮研究》，上海：上海人民出版社，2001 年。

85. 路新生：《中國近三百年疑古思潮史綱》，上海：復旦大學出版社，2014 年。

86. 盧毅：《「整理國故」運動與中國現代學術轉型》，北京：中共中央黨校出版社，2008 年。

87. 盧鍾鋒：《中國傳統學術史》，鄭州：河南人民出版社，1998 年。

88. 洛陽大學文化研究院主編：《疑古思潮回顧與前瞻》，北京：京華出版社，2003 年。

89. 羅新：《有所不為的反叛者：批判、懷疑與想像力》，上海：上海三聯書店，2019 年。

90. 羅志田主編：《20 世紀的中國：學術與社會‧史學卷》，濟南：山東人民出版社，2001 年。

91. 羅志田：《經典淡出之後——20 世紀中國史學的轉變與延續》，北京：生活‧讀書‧新知三聯書店，2013 年。

92. 馬乘風：《中國經濟史》，南京：中國經濟研究會，1935 年。

93. 馬金科、洪京陵編著：《中國近代史學發展敘論（1840～1949）》，北京：中國人民大學出版社，1994 年。

94. 麻天祥:《中國近代學術史》,武漢:武漢大學出版社,2007 年。

95. 馬宗霍、馬巨:《經學通論》,北京:中華書局,2011 年。

96. 彭林:《〈周禮〉主體思想與成書年代研究》,北京:中國人民大學出版社,2011 年。

97. 彭明輝:《疑古思想與現代中國史學的發展》,臺北:臺灣商務印書館股份有限公司,1991 年。

98. 彭明輝:《歷史地理學與現代中國史學》,臺北:東大圖書股份有限公司,1995 年。

99. 皮錫瑞:《古文尚書冤詞平議》,《四庫未收書輯刊》第 4 輯第 3 冊,北京:北京出版社,2000 年。

100. 皮錫瑞著,周予同注釋:《經學歷史》,北京:中華書局,2011 年。

101. 皮錫瑞著,吳仰湘點校:《經學通論》,北京:中華書局,2017 年。

102. 錢大昕:《十駕齋養新錄》,上海:上海書店,1983 年。

103. 錢穆:《錢賓四先生全集》,臺北:聯經出版事業公司,1998 年。

104. 錢穆:《先秦諸子繫年(外一種)》,石家莊:河北教育出版社,2002 年。

105. 錢穆:《中國近三百年學術史》,北京:九州出版社,2011 年。

106. 錢穆:《兩漢經學今古文平議》,北京:人民文學出版社,2020 年。

107. 錢玄同:《錢玄同文集》,北京:中國人民大學出版社,1999 年。

108. 屈守元:《經學常談》,北京:北京出版社,2014 年。

109. 人文雜誌編輯委員會:《人文雜誌》專刊《先秦史論文集》,1982 年。

110. 阮元校刻:《十三經注疏》,北京:中華書局,1980 年。

111. 邵東方:《崔述與中國學術史研究》,北京:人民出版社,1998 年。

112. 沈玉成、劉寧:《春秋左傳學史稿》,南京:江蘇古籍出版社,1992 年。

113. 盛邦和主編:《現代化進程中的中國人文學科·史學卷》,上海:上海人民出版社,2005 年。

114. 舒大剛、楊世文主編:《廖平全集》,上海:上海古籍出版社,2015 年。

115. 四川大學歷史系編:《徐中舒先生九十壽辰紀念文集》,成都:巴蜀書社,1990 年。

116. 司馬遷:《史記》,北京:中華書局,1959 年。

117. 宋翔鳳:《尚書譜》,《續修四庫全書》第 48 冊,上海:上海古籍出版社,2002 年。

118. 蘇位智、劉天路主編：《義和團研究一百年》，濟南：齊魯書社，2000 年。

119. 孫慶偉：《追跡三代》，上海：上海古籍出版社，2015 年。

120. 湯志鈞：《近代經學與政治》，北京：中華書局，1989 年。

121. 佟大群：《清代文獻辨偽學研究》，北京：人民出版社，2012 年。

122. 童書業：《童書業著作集》，北京：中華書局，2008 年。

123. 王葆玹：《今古文經學新論》，北京：中國社會科學出版社，2004 年。

124. 王葆玹：《西漢經學源流》，成都：四川人民出版社，2021 年。

125. 王汎森：《古史辨運動的興起——一個思想史的分析》，臺北：允晨文化實業股份有限公司，1987 年。

126. 王汎森：《執拗的低音：一些歷史思考方式的反思》，北京：生活‧讀書‧新知三聯書店，2014 年。

127. 王汎森：《傅斯年：中國近代歷史與政治中的個體生命》，北京：生活‧讀書‧新知三聯書店，2017 年。

128. 王國維：《觀堂集林（外二種）》，石家莊：河北教育出版社，2001 年。

129. 汪暉：《現代中國思想的興起》，北京：生活‧讀書‧新知三聯書店，2015 年。

130. 王明德等：《近代中國的學術傳承》，成都：巴蜀書社，2010 年。

131. 汪榮祖：《從傳統中求變——晚清思想史研究》，南昌：百花洲文藝出版社，2002 年。

132. 汪榮祖：《康有為論》，北京：中華書局，2006 年。

133. 王樹民：《中國史學史綱要》，北京：中華書局，1997 年。

134. 王先慎撰，鍾哲點校：《韓非子集解》，北京：中華書局，1998 年。

135. 王曉興主編：《國學論衡》第九輯，北京：社會科學文獻出版社，2021 年。

136. 王煦華編選：《顧頡剛選集》，天津：天津人民出版社，1988 年。

137. 王煦華編：《顧頡剛先生學行錄》，北京：中華書局，2006 年。

138. 王學典：《良史的命運》，北京：生活‧讀書‧新知三聯書店，2013 年。

139. 王學典：《懷念八十年代》，廣州：廣東人民出版社，2015 年。

140. 王學典：《把中國「中國化」：人文社會科學的近期走向》，上海：上海人民出版社，2017 年。

141. 王學典、陳峰：《二十世紀中國歷史學》，北京：北京大學出版社，2009 年。

142. 王學典、陳峰編：《二十世紀中國史學史論》，北京：北京大學出版社，2010 年。

143. 王學典、孫延傑：《顧頡剛和他的弟子們》，濟南：山東畫報出版社，2000 年。

144. 王學典主編，陳峰、姜萌編撰：《20 世紀中國史學編年（1900～1949）》，北京：商務印書館，2014 年。

145. 王學典主編，郭震旦編撰：《20 世紀中國史學編年（1950～2000）》，北京：商務印書館，2014 年。

146. 王學典主撰：《顧頡剛和他的弟子們》，北京：中華書局，2011 年。

147. 汪學群：《錢穆學術思想評傳》，北京：北京圖書館出版社，1998 年。

148. 王應憲編校：《中國經學評論》，上海：上海古籍出版社，2021 年。

149. 王兆成主編：《歷史學家茶座》第 1 輯，濟南：山東人民出版社，2005 年。

150. 魏源：《魏源全集》，長沙：嶽麓書社，2004 年。

151. 魏徵等：《隋書》，北京：中華書局，1973 年。

152. 文史哲編輯部編：《「疑古」與「走出疑古」》，北京：商務印書館，2010 年。

153. 吳懷祺主編，洪認清著：《中國史學思想通史‧近代後卷（1919～1949）》，合肥：黃山書社，2002 年。

154. 吳銳等編：《古史考》，海口：海南出版社，2003 年。

155. 吳少珺、趙金昭主編：《二十世紀疑古思潮》，北京：學苑出版社，2003 年。

156. 蕭公權著，汪榮祖譯：《康有為思想研究》，北京：中國人民大學出版社，2014 年。

157. 夏曾佑：《中國古代史》，北京：東方出版社，2016 年。

158. 謝貴安：《中國史學史》，武漢：武漢大學出版社，2012 年。

159. 許冠三：《新史學九十年》上冊，香港：香港中文大學出版社，1986 年。

160. 許冠三：《新史學九十年》下冊，香港：香港中文大學出版社，1988 年。

161. 許紀霖主編：《啟蒙的遺產與反思》，南京：江蘇人民出版社，2009 年。

162. 許慎：《說文解字》，北京：中華書局，1963 年。

163. 楊伯峻：《經子淺談》，北京：中華書局，2016 年。

164. 楊念群：《五四的另一面：「社會」觀念的形成與新型組織的誕生》，上海：上海人民出版社，2019 年。

165. 楊慶中、廖娟編：《疑古、出土文獻與古史重建》，桂林：灘江出版社，2012 年。

166. 楊天石主編：《錢玄同日記》，北京：北京大學出版社，2014 年。

167. 楊向奎：《繹史齋學術文集》，上海：上海人民出版社，1983 年。

168. 楊緒敏：《中國辨偽學史》，天津：天津人民出版社，2007 年。

169. 尹達、張政烺等主編：《紀念顧頡剛學術論文集》，成都：巴蜀書社，1990 年。

170. 尹達主編，《中國史學發展史》編寫組編著：《中國史學發展史》，鄭州：中州古籍出版社，1985 年。

171. 余英時：《史學與傳統》，臺北：時報文化出版事業有限公司，1982 年。

172. 余英時：《錢穆與中國文化》，上海：上海遠東出版社，1994 年。

173. 余英時：《未盡的才情：從〈日記〉看顧頡剛的內心世界》，臺北：聯經出版事業股份有限公司，2007 年。

174. 余英時著，彭國翔編：《中國情懷：余英時散文集》，北京：北京大學出版社，2012 年。

175. 張富祥：《宋代文獻學研究》，上海：上海古籍出版社，2006 年。

176. 張國安：《終結「疑古」》，北京：人民出版社，2017 年。

177. 張國剛、喬治忠：《中國學術史》，上海：東方出版中心，2002 年。

178. 張京華：《古史辨派與中國現代學術走向》，廈門：廈門大學出版社，2009 年。

179. 張凱：《今古文之爭與近代學術嬗變》，成都：四川人民出版社，2020 年。

180. 張立文主編：《中國學術通史》，北京：人民出版社，2004 年。

181. 張書學：《中國現代史學思潮研究》，長沙：湖南教育出版社，1998 年。

182. 章太炎著，龐俊、郭誠永疏證：《國故論衡疏證》，北京：中華書局，2008 年。

183. 張向榮：《祥瑞——王莽和他的時代》，上海：上海人民出版社，2021 年。

184. 張心澂編著：《偽書通考》，上海：商務印書館，1957 年。

185. 章學誠著，葉瑛校注：《文史通義校注》，北京：中華書局，2014 年。

186. 張越：《五四時期中國史壇的學術論辯》，南昌：百花洲文藝出版社，2004 年。

187. 張越：《新舊中西之間：五四時期的中國史學》，北京：北京圖書館出版社，2007 年。

188. 張越：《近現代中國史學史論略》，北京：商務印書館，2017 年。

189. 鄭大華、鄒小站主編：《中國近代思想史研究集刊》第二輯《西方思想在近代中國》，北京：社會科學文獻出版社，2005 年。

190. 鄭大華、鄒小站主編：《中國近代史上的激進與保守》，北京：社會科學文獻出版社，2011 年。

191. 鄭良樹編著：《續偽書通考》，臺北：臺灣學生書局，1984 年。

192. 中共中央馬克思恩格斯列寧斯大林著作編譯局編譯：《馬克思恩格斯選集》，北京：人民出版社，2012 年。

193. 中國社會科學院近代史研究所編：《范文瀾歷史論文選集》，北京：中國社會科學出版社，1979 年。

194. 中國社會科學院近代史研究所編：《中國社會科學院近代史研究所青年學術論壇》2000 年卷，北京：社會科學文獻出版社，2001 年。

195. 中國社會科學院歷史研究所、中山大學歷史系合編：《紀念顧頡剛先生誕辰 110 週年論文集》，北京：中華書局，2004 年。

196. 中國圖書館學會編：《中國圖書館學會年會論文集》2015 年卷，北京：國家圖書館出版社，2015 年。

197. 中國哲學編輯部：《中國哲學》第十一輯，北京：人民出版社，1984 年。

198. 《中國哲學》編委會主編：《中國哲學》第十七輯，長沙：嶽麓書社，1996 年。

199. 中華書局編輯部編：《中華學術論文集》，北京：中華書局，1981 年。

200. 仲偉民：《茶葉與鴉片：十九世紀經濟全球化中的中國》，北京：中華書局，2021 年。

201. 周予同著，朱維錚編校：《周予同經學史論》，上海：上海人民出版社，2010 年。

202. 朱維錚：《中國經學史十講》，上海：復旦大學出版社，2002 年。

203. 朱維錚：《音調未定的傳統》，北京：中信出版社，2018 年。

204. 莊述祖：《說文古籀疏證‧條例》之一，《續修四庫全書》第 243 冊，上海：上海古籍出版社，2002 年。

205. 艾爾曼著，趙剛譯：《經學、政治和宗族：中華帝國晚期常州今文學派研究》，南京：江蘇人民出版社，1998 年。

206. 艾略特著，卞之琳、李賦寧等譯：《傳統與個人才能：艾略特文集・論文》，上海：上海譯文出版社，2012 年。

207. 布洛克著，黃豔紅譯：《歷史學家的技藝》，北京：中國人民大學出版社，2011 年。

208. 費弗爾著，高煜譯：《為歷史而戰》，南京：譯林出版社，2022 年。

209. 福柯著，董樹寶譯：《知識考古學》，北京：生活・讀書・新知三聯書店，2021 年。

210. 福柯著，汪民安編：《福柯文選》，北京：北京大學出版社，2016 年。

211. 吉本著，戴子欽譯：《吉本自傳》，北京：生活・讀書・新知三聯書店，1989 年。

212. 韓大偉著，唐光榮譯：《中國經學史・周代卷——孔子、〈六經〉與師承問題》，北京：社會科學文獻出版社，2018 年。

213. 柯文著，劉楠楠譯：《走過兩遍的路：我研究中國歷史的旅程》，北京：社會科學文獻出版社，2022 年。

214. 普羅斯特著，王春華譯，石保羅校：《歷史學十二講》，北京：北京大學出版社，2018 年。

215. 伊格爾斯著，何兆武譯：《二十世紀的歷史學——從科學的客觀性到後現代的挑戰》，瀋陽：遼寧教育出版社，2003 年。

216. 桑格塔著，程巍譯：《反對闡釋》，上海：上海譯文出版社，2018 年。

217. 山口久和著，王標譯：《章學誠的知識論——以考證學批判為中心》，上海：上海古籍出版社，2006 年。

218. 施耐德著，梅寅生譯：《顧頡剛與中國新史學——民族主義與取代中國傳統方案的探索》，臺北：華世出版社，1984 年。

219. 周策縱著，陳永明等譯：《「五四」運動史：現代中國的知識革命》，北京：世界圖書出版公司，2016 年。

220. Schneider, Laurence A. *Ku Chieh-kang and China's New History: Nationalism and the Quest for Alternative Traditions*, Los Angeles: University of California Press, 1971.

二、論文

1. 《北京舉行學術報告會：悼念史學家顧頡剛》，《人民日報》1981 年 1 月 24 日第 4 版。

2. 蔡尚思：《顧頡剛創建的新疑古派——〈古史辨〉派作用的具體分析》，《社會科學戰線》1981 年第 4 期。

3. 車行健、盧啟聰整理：《顧頡剛先生逝世四十週年紀念座談會——走在歷史的路上：顧頡剛先生的疑經、辨史與采風》，《中國文哲研究通訊》（臺北）第 31 卷第 4 期，2021 年 12 月 1 日。

4. 陳壁生：《今文經學的變異與「古史辨」的興起》，《中原文化研究》2014 年第 3 期。

5. 陳淳：《疑古、考古與古史重建》，《文史哲》2006 年第 6 期。

6. 陳寒鳴：《試論顧頡剛先生的疑古思想》，《蘇州大學學報（哲學社會科學版）》1988 年第 3 期。

7. 陳平原：《西潮東漸與舊學新知——中國現代學術之建立》，《北京大學學報（哲學社會科學版）》1998 年第 1 期。

8. 陳學然：《中日學術交流與古史辨運動：從章太炎的批判說起》，《中華文史論叢》2012 年第 2 期。

9. 陳學然：《「重起爐灶」：民族危機與顧頡剛學術思想的轉變》，《中國文化研究所學報》第 62 期，2016 年 1 月 1 日。

10. 陳勇：《疑古與考信——錢穆評古史辨派的古史理論》，《學術月刊》2000 年第 5 期。

11. 陳勇：《試論錢穆與胡適的交誼及其學術論爭》，《史學史研究》2011 年第 3 期。

12. 陳勇：《和而不同：民國學術史上的錢穆與顧頡剛》，《暨南學報（哲學社會科學版）》2013 年第 4 期。

13. 陳泳超：《〈世經〉帝德譜的形成過程及相關問題——再析「五德終始說下的政治和歷史」》，《文史哲》2008 年第 1 期。

14. 成祖明：《走出疑古與釋古時代的庶人經學》，《江海學刊》2016 年第 3 期。

15. 成祖明：《封建、郡縣之變中儒學演進的歷史考察——層累成長的古史與記憶重構中的今古文經學》，《文史哲》2017 年第 5 期。

16. 戴登雲:《現代中國的學術精神與學科規訓——以顧頡剛、陳寅恪為論述中心》,《西南民族大學學報（人文社會科學版）》2012 年第 10 期。

17. 鄧京力:《探索中國當代史學思潮的變遷——王學典教授訪談錄》,《文史哲》2001 年第 3 期。

18. 范靜靜:《周予同今古文經學劃分標準問題新探》,《歷史教學（下半月刊）》2022 年第 8 期。

19. 葛興苗:《顧頡剛「古史層累說」探析》,河北大學 2014 年碩士學位論文。

20. 顧潮:《略論顧頡剛先生研究古史的方法》,《中國史研究》1994 年第 4 期。

21. 顧洪:《論古史辨學派產生的學術思想背景》,《中國文化研究》1995 年第 2 期。

22. 郭延坡:《顧頡剛「層累說」理論體系的思想與方法》,《廣播電視大學學報（哲學社會科學版）》2011 年第 2 期。

23. 郭震旦:《「八十年代」史學譜》,山東大學 2010 年博士學位論文。

24. 郭震旦:《他仍然值守在八十年代的崗位上》,《讀書》2019 年第 4 期。

25. 何小蓮:《試論「層累說」的方法論及其當代價值》,《人文雜誌》2000 年第 4 期。

26. 何曉明:《「疑古」派的學術理路淺析》,《天津社會科學》2010 年第 2 期。

27. 洪認清:《顧頡剛的「疑古辨偽」思想與胡適的學術影響》,《安徽史學》2002 年第 1 期。

28. 胡逢祥:《從方法論看顧頡剛與「古史辨」》,《歷史教學問題》2008 年第 2 期。

29. 胡繩:《社會歷史的研究怎樣成為科學——論現代中國資產階級唯心主義歷史學在這個問題上的混亂觀點》,《歷史研究》1956 年第 11 期。

30. 胡新生:《略論「古史辨派」的古史研究方法》,《史學月刊》1993 年第 6 期。

31. 胡新生:《童書業先生與先秦史研究——任教山東大學期間歷史觀的轉變和學術創新》,《文史哲》2011 年第 5 期。

32. 黃海烈:《顧頡剛「古史層累說」初探》,吉林大學 2007 年博士學位論文。

33. 黃海烈:《從辨偽到疑古:顧頡剛的新史學之路》,《古代文明》2010 年第 4 期。

34. 黃仁燕:《顧頡剛的史學批評研究》,雲南師範大學 2018 年碩士學位論文。

35. 季蒙、程漢：《顧頡剛與二十世紀疑古辨偽史學》，《中國文化》2015 年第 1 期。

36. 姜廣輝、肖永貴：《康有為「壁中書出自劉歆偽造」說論辯述評》，《中州學刊》2021 年第 11 期。

37. 金春峰：《邏輯分析是學術研究的重要方法——評顧頡剛先生的學術研究》，《河北師範大學學報（哲學社會科學版）》2021 年第 9 期。

38. 賴國棟：《再論「層累說」的來源——兼談歷史與故事的距離》，《福建論壇（人文社會科學版）》2013 年第 1 期。

39. 李長銀：《古史辨運動的興起——一個學術史的分析》，山東大學 2013 年碩士學位論文。

40. 李長銀：《古史之中心題目：顧頡剛的〈五德終始說〉及其影響》，《史學理論與史學史學刊》2016 年第 2 期。

41. 李長銀：《夏曾佑的「新史學」與「古史辨運動」》，《史學月刊》2020 年第 2 期。

42. 李長銀：《梁啟超的「新史學」與「古史辨運動」》，《史學理論研究》2020 年第 5 期。

43. 李長銀：《由經入史：崔適的今文家言與「古史辨運動」》，《孔子研究》2021 年第 4 期。

44. 李桂花：《錢穆〈劉向歆父子年譜〉與現代疑古運動》，《思想戰線》2001 年第 4 期。

45. 李吉東：《論顧頡剛的由經入史說》，《山東大學學報（哲學社會科學版）》2008 年第 2 期。

46. 李錦全：《批判古史辨派的疑古論》，《中山大學學報（社會科學版）》1956 年第 4 期。

47. 李錦全：《如何理解「層累造史」理論在歷史研究中的作用》，《廣東社會科學》2002 年第 5 期。

48. 李民：《可貴的治學精神——悼念顧頡剛先生》，《鄭州大學學報（哲學社會科學版）》1981 年第 2 期。

49. 李銳：《疑古與重建的糾葛——從顧頡剛、傅斯年等對三代以前古史的態度看上古史重建》，《清華大學學報（哲學社會科學版）》2009 年第 1 期。

50. 李銳：《「上古史重建的新路向暨〈古史辨〉第一冊出版八十週年國際學術研討會」側記》，《學燈》（網刊）2007 年第 2 期。

51. 李學勤：《走出「疑古時代」》，《中國文化》1992 年第 2 期。

52. 李揚眉：《胡適、顧頡剛、傅斯年之關係管窺——以顧頡剛日記書信為中心的探討》，山東大學 2002 年碩士學位論文。

53. 李揚眉：《方法論視野中的「古史辨」派》，山東大學 2005 年博士學位論文。

54. 李揚眉：《歷史學與微觀社會的互動——史家自述中的學術與人生》，《史學理論研究》2005 年第 1 期。

55. 李揚眉：《學術社群中的兩種角色類型——顧頡剛與傅斯年關係發覆》，《清華大學學報（哲學社會科學版）》2007 年第 5 期。

56. 李幼蒸：《顧頡剛史學與歷史符號學——兼論中國古史學的理論發展問題》，《文史哲》2007 年第 3 期。

57. 李振宏：《漢代儒學的經學化進程》，《中國史研究》2013 年第 1 期。

58. 李振宏：《漢代學術史研究的新探索——讀熊鐵基先生著〈漢代學術史論〉》，《史學月刊》2015 年第 5 期。

59. 李政君：《1930 年前後顧頡剛學術理念的變與不變》，《史學月刊》2014 年第 6 期。

60. 廖群：《「說體」「託體」與回到「疑古」「信古」之間——以先秦兩漢出土文獻為例》，《文史哲》2022 年第 4 期。

61. 林分份：《古史辨派「科學」形象的自我塑造——以顧頡剛、胡適為中心》，《雲夢學刊》2007 年第 1 期。

62. 林甘泉：《二十世紀的中國歷史學》，《歷史研究》1996 年第 2 期。

63. 劉開軍：《顧頡剛對「古史辨」的自我反思》，《淮北煤炭師範學院學報（哲學社會科學版）》2005 年第 6 期。

64. 劉俐娜：《顧頡剛與古史辨派》，《近代史研究》1988 年第 4 期。

65. 劉玲娣：《中國傳統學術及其特點——「中國傳統學術特點」學術座談會綜述》，《華中師範大學學報（人文社會科學版）》2002 年第 3 期。

66. 劉起釪：《顧頡剛先生與〈尚書〉研究》，《社會科學戰線》1984 年第 3 期。

67. 劉巍：《〈劉向歆父子年譜〉的學術背景與初始反響》，《歷史研究》2001 年第 3 期。

68. 劉巍:《重訪廖平、康有為學術交涉公案——關於「新學偽經」說之偷意與升級版「孔子改制」論之截獲的新探》,《齊魯學刊》2019 年第 4 期。

69. 劉錫誠:《顧頡剛與「古史辨」神話學——紀念〈古史辨〉出版 80 週年》,《長江大學學報（社會科學版）》2006 年第 4 期。

70. 劉秀俊:《「疑古」與「走出疑古」的第一次正面交鋒——〈古史辨〉第一冊出版八十週年國際學術研討會綜述》,《文史哲》2007 年第 1 期。

71. 劉毓慶:《中國歷史上的三次疑古思潮及其意義》,《山西大學學報（哲學社會科學版）》2013 年第 5 期。

72. 路新生:《崔述與顧頡剛》,《歷史研究》1993 年第 4 期。

73. 路新生:《顧頡剛疑古學淺論》,《華東師範大學學報（哲學社會科學版）》2002 年第 1 期。

74. 羅厚立、葛佳淵:《跨世紀的啟示:從章太炎到古史辨》,《讀書》1991 年第 10 期。

75. 羅義俊:《錢穆與顧頡剛的〈古史辨〉》,《史林》1993 年第 4 期。

76. 羅志田:《民國史研究的「倒放電影」傾向》,《社會科學研究》1999 年第 4 期。

77. 寧騰飛:《諸子學研究與顧頡剛的疑古辨偽學》,《天津社會科學》2022 年第 1 期。

78. 寧鎮疆:《「層累」說之「默證」問題再討論》,《學術月刊》2010 年第 7 期。

79. 瞿林東:《中國史學史:20 世紀的發展道路》,《北京師範大學學報（社會科學版）》1999 年第 2 期。

80. 彭春凌:《五四前後顧頡剛的思想抉擇與學術徑路》,《現代中文學刊》2009 年第 1 期。

81. 彭國良:《顧頡剛史學思想的認識論解析》,山東大學 2007 年博士學位論文。

82. 彭國良:《不應被樹立的真相——論顧頡剛「不立一真」口號下對歷史本體的擱置》,《遼寧師範大學學報（社會科學版）》2009 年第 4 期。

83. 孫福熙:《古史辨第一冊》,《北新》第 1 期,1926 年 8 月 21 日。

84. 湯瑩:《破壞與建設:顧頡剛古史學的雙重面向》,山東大學 2020 年博士學位論文。

85. 湯志鈞：《經史糾誤和辨明真偽》，《史林》1996 年第 3 期。

86. 田旭東：《20 世紀中國古史研究主要思潮概論》，中國社會科學院研究生院 2001 年博士學位論文。

87. 田旭東：《〈古史辨〉及疑古學派之我見》，《西北大學學報（哲學社會科學版）》2003 年第 3 期。

88. 童書業：《「古史辨派」的階級本質》，《文史哲》1952 年第 2 期。

89. 童書業：《從中國開始用鐵的時代問題評胡適派的史學方法》，《文史哲》1955 年第 2 期。

90. 童書業：《批判胡適的實驗主義「史學」方法》，《文史哲》1955 年第 5 期。

91. 王爾：《傳說與偽造的分野——重讀 1930～1931 年錢穆與顧頡剛「劉歆偽經」之爭》，《上海文化》2015 年第 6 期。

92. 王汎森：《從經學向史學的過渡——廖平與蒙文通的例子》，《歷史研究》2005 年第 2 期。

93. 王汎森：《「顧頡剛先生逝世四十週年紀念座談會」發言記錄》，《國文天地》第 36 卷第 7 期，2020 年 12 月號。

94. 王紅霞：《現代史學語境下的經學認知——顧頡剛的經學批評探析》，《安徽史學》2016 年第 5 期。

95. 王紅霞：《顧頡剛史學通識視域中的經學認知探析》，《齊魯學刊》2018 年第 4 期。

96. 王樹民：《〈古史辨〉評議》，《河北師院學報（社會科學版）》1997 年第 2 期。

97. 王茜：《建國後胡適形象演變研究》，山東大學 2019 年碩士學位論文。

98. 王曉東：《「古史辨」在學術與思潮間的兩難之境》，《南京師範大學文學院學報》2009 年第 2 期。

99. 王學典：《語境、政治與歷史：義和團運動評價 50 年》，《史學月刊》2001 年第 3 期。

100. 王學典：《「二十世紀中國史學」是如何被敘述的——對學術史書寫客觀性的一種探討》，《清華大學學報（哲學社會科學版）》2008 年第 2 期。

101. 王學典：《「80 年代」是怎樣被「重構」的？——若干相關論作簡評》，《開放時代》2009 年第 6 期。

102. 王學典：《六十年來中國史學之變遷》，《文史知識》2009 年第 8 期。

103. 王學典:《當代史研究的開展刻不容緩》,《山東社會科學》2009 年第 11 期。

104. 王學典:《中國現代學術史上的顧頡剛——寫在〈顧頡剛全集〉出版之際》,《光明日報》2011 年 1 月 11 日第 13 版。

105. 王學典:《「顧頡剛研究」應更多地納入到學術史範疇中去——寫於顧頡剛先生誕辰 120 週年之際》,《中華讀書報》2013 年 6 月 26 日第 7 版。

106. 王學典:《歷史研究為什麼需要「理論」?——與青年學生談治學》,《思想戰線》2019 年第 5 期。

107. 王仲孚:《顧頡剛的古史研究與著述》,《臺灣師範大學歷史學報》第 15 期,1987 年 6 月。

108. 吳方:《晚成堂主人:史家顧頡剛》,《讀書》1991 年第 1 期。

109. 吳飛:《從古史重建到經義新詮》,《中國文化》2018 年第 2 期。

110. 吳懷祺:《近代新文化和顧頡剛先生的史學思想》,《史學史研究》1993 年第 2 期。

111. 吳義雄:《清代中葉今文經學派學術思想論略》,《中山大學學報(社會科學版)》1993 年第 2 期。

112. 吳澤:《「五四」前後「疑古」思想的分析和批判》,《歷史教學問題》1959 年第 4 期。

113. 吳澤、袁英光:《古史辨派史學思想批判》,《歷史教學問題》1958 年第 10 期。

114. 謝進東:《現代性與「古史辨」》,《古代文明》2009 年第 4 期。

115. 謝進東:《現代性與 20 世紀中國的歷史學解釋模式》,東北師範大學 2011 年博士學位論文。

116. 解樹明:《顧頡剛批校本〈新學偽經考〉及其學術價值》,《圖書館雜誌》2019 年第 10 期。

117. 徐國利:《民國時期顧頡剛學術價值觀的轉向及與經世致用觀的離合》,《史學月刊》2022 年第 4 期。

118. 許紀霖:《沒有過去的史學危機》,《讀書》1999 年第 7 期。

119. 許雪濤:《錢玄同、顧頡剛對待儒家經典的態度與方法》,《華南師範大學學報(社會科學版)》2005 年第 4 期。

120. 楊寬:《顧頡剛先生和〈古史辨〉》,《光明日報》1982 年 7 月 19 日第 3 版。

121. 楊春梅：《去向堪憂的中國古典學——「走出疑古時代」述評》，《文史哲》2006 年第 2 期。

122. 楊春梅：《為「顧頡剛年」做個標點》，《中華讀書報》2007 年 1 月 10 日第 4 版。

123. 楊國榮：《史學的科學化：從顧頡剛到傅斯年》，《史林》1998 年第 3 期。

124. 楊善群：《論顧頡剛的史學思想》，《江漢論壇》1994 年第 7 期。

125. 楊善群：《顧頡剛疑古思想評價》，《淮陰師範學院學報（哲學社會科學版）》2009 年第 2 期。

126. 楊向奎：《「古史辨派」的學術思想批判》，《文史哲》1952 年第 2 期。

127. 楊向奎：《略論王國維的古史研究》，《東嶽論叢》1980 年第 1 期。

128. 余兼勝：《顧頡剛古史觀的形成與其古今文經學認識的關係》，《歷史教學問題》1992 年第 3 期。

129. 虞雲國：《古史辨「剿襲」案的再辯識》，《文匯報》2014 年 11 月 28 日第 T10 版。

130. 沅思：《近代古史研究鳥瞰》，《無錫國專季刊》第 1 期，1933 年 5 月。

131. 袁忠東：《試論顧頡剛現代學術觀念的形成》，《山東大學學報》1998 年第 3 期。

132. 臧知非：《顧頡剛先生誕生一百週年學術討論會綜述》，《蘇州大學學報（哲學社會科學版）》1993 年第 3 期。

133. 張京華：《古史辨派的研究方法與材料別擇——顧頡剛〈三皇考〉讀後》，《懷化學院學報》2006 年第 10 期。

134. 張京華：《顧頡剛的經學與史學》，《中南大學學報（社會科學版）》2006 年第 6 期。

135. 張凱：《「超今文學」與近現代經史轉型》，《浙江大學學報（人文社會科學版）》2019 年第 2 期。

136. 張青：《風雨飄搖九十年 長留風範在人間——記顧頡剛誕生一百週年學術研討會》，《學術月刊》1993 年第 8 期。

137. 張書學：《顧頡剛與傅斯年治史異同論》，《東嶽論叢》1994 年第 1 期。

138. 張文靜、周頌倫：《「堯舜禹抹殺論」與「古史辨」中的「疑古」思想——以白鳥庫吉與顧頡剛對〈禹貢〉的考辨為中心》，《東北師大學報（哲學社會科學版）》2015 年第 3 期。

139. 趙保勝：《近現代學術轉型與古史辨運動》，廣西師範大學 2015 年博士學位論文。

140. 趙光賢：《顧頡剛與〈古史辨〉》，《史學史研究》1992 年第 1 期。

141. 趙吉惠、毛曦：《顧頡剛「層累地造成中國古史」觀的現代意義》，《史學理論研究》1999 年第 2 期。

142. 趙利棟：《〈古史辨〉與〈古史新證〉——顧頡剛與王國維史學思想的一個初步比較》，《浙江學刊》2000 年第 6 期。

143. 趙儷生：《〈洪範疏證〉駁議——為紀念顧頡剛先生誕生 100 週年而作》，《齊魯學刊》1993 年第 6 期。

144. 周春元：《論古史辨派的史學》，《史學史研究》1984 年第 1 期。

145. 周文玖：《我國二十世紀三四十年代的史學評述》，《史學理論研究》1999 年第 2 期。

146. 周文玖：《顧頡剛與朱希祖、李大釗的學術關係——以〈顧頡剛日記〉為中心的探討》，《淮陰師範學院學報（哲學社會科學版）》2013 年第 5 期。

147. 周文玖、王紅霞：《經學在中國現代史學史的嬗變——顧頡剛的經史關係論探析》，《甘肅社會科學》2014 年第 3 期。

148. 朱浩毅：《論顧頡剛對崔適「終始五德」學說的推闡與修正》，《中國歷史學會史學集刊》第 43 期，2011 年 10 月 1 日。

149. 祝曉風：《「中國古典學」面臨重新定向嗎？》，《文匯讀書週報》2007 年 7 月 27 日第 5 版。

150. 谷中信一著，張青松譯：《新出土資料的發現與疑古主義的走向》，《中國歷史博物館館刊》2001 年第 1 期。

151. 魯道夫·G·瓦格納著、李秋紅譯：《現代中國學術困境的全球背景：疑古還是信古（上）》，《國學學刊》2021 年第 3 期。

152. 魯道夫·G·瓦格納著、李秋紅譯：《現代中國學術困境的全球背景：疑古還是信古（下）》，《國學學刊》2021 年第 4 期。

153. Hon, Tze-Ki. "Ethnic and Cultural Pluralism: Gu Jiegang's Vision of a New China in His Studies of Ancient History," *Modern China*, Vol. 22, No. 3, 1996.

154. Richter, Ursula. "Obituaries: Gu Jiegang（1893～1980）," *The Journal of Asian Studies*, Vol. 41, Issue. 2, 1982.

155. Richter, Ursula. "Gu Jiegang: His Last Thirty Years," *The China Quarterly*, Vol. 90, Issue. 90, 1982.〔註 1〕

156. Richter, Ursula. "Historical Scepticism in the New Culture Era: Gu Jiegang and the 'Debate on Ancient History'," 《「中央研究院」近代史研究所集刊》第 23 期，1994 年 6 月。

157. Wang, Qingjia Edward. "Zweifei am Altertum: Gu Jiegang und die Diskussion über Chinas Alte Geschichte als Konsequenz der 'Neuen Kulturbewegung' ca. 1915～1923," *The Journal of Asian Studies*, Vol. 53, Issue. 2, 1994.

〔註 1〕譯文參見烏素拉・里奇特著，周先進譯：《顧頡剛的最後三十年》，《世界經濟與政治論壇》1983 年第 12 期。譯文關於 Ursula Richter 的國籍有誤，應是德國而非英國。